“十二五”普通高等教育本科国家级规划教材

国家精品在线开放课程配套教材

无机及分析化学

（第五版）

王　运　胡先文　主编

科学出版社

北京

内 容 简 介

本书为"十二五"普通高等教育本科国家级规划教材。

本书全面、系统介绍了无机及分析化学的基本理论和基础知识，是学生学习后续专业类课程的重要基础。全书内容包括溶液的理论、化学反应的一般原理、物质结构理论、分析化学概论、四大平衡和四大滴定法、电势分析法和分光光度法等。本书在第四版基础上进行了系统修订，并进行数字化升级，即线上增加视频、动画、章节测试、阅读材料。这种新形态教材不仅有利于学生自主学习，而且便于教师开展混合式课堂教学改革。

本书可作为高等学校农科类、理科类、工科类、生物医学类等相关专业本科生的教材，也可供相关专业的教师和科研人员参考。

图书在版编目(CIP)数据

无机及分析化学 / 王运，胡先文主编. —5 版. —北京：科学出版社，2019.11

"十二五"普通高等教育本科国家级规划教材 国家精品在线开放课程配套教材

ISBN 978-7-03-063520-4

Ⅰ. ①无… Ⅱ. ①王…②胡… Ⅲ. ①无机化学–高等学校–教材②分析化学–高等学校–教材 Ⅳ. ①O61②O65

中国版本图书馆 CIP 数据核字(2019)第 264663 号

责任编辑：赵晓霞 丁 里 杨向萍/责任校对：杨 赛

责印任制：师艳茹/封面设计：陈 敬

科学出版社 出版

北京东黄城根北街 16 号

邮政编码：100717

http://www.sciencep.com

天津市新科印刷有限公司印刷

科学出版社发行 各地新华书店经销

*

2000 年 6 月第 一 版 开本：787×1092 1/16

2006 年 9 月第 二 版 印张：21

2011 年 1 月第 三 版 插页：1

2016 年 6 月第 四 版 字数：490 000

2019 年 11 月第 五 版 2025 年 7 月第五十二次印刷

定价：59.00 元

（如有印装质量问题，我社负责调换）

《无机及分析化学(第五版)》

编写委员会

主　编　王　运　胡先文

副主编　侯振雨　李巧玲　梁大栋　韩晓霞
吴方琼　阎　杰　李幼荣　李慧慧
吴　瑛

编　委（按姓名汉语拼音排序）

陈朝晖　邓绍新　范文秀　韩晓霞
侯振雨　胡先文　焦晨旭　景红霞
李慧慧　李巧玲　李幼荣　李芸玲
梁大栋　王　玲　王　运　吴　瑛
吴方琼　阎　杰

主　审　董元彦

◆ **本书配套教辅资源**

书名：《无机及分析化学学习指导（第三版）》

作者：胡先文

书号：9787030537935

科学出版社电子商务平台购买二维码如下：

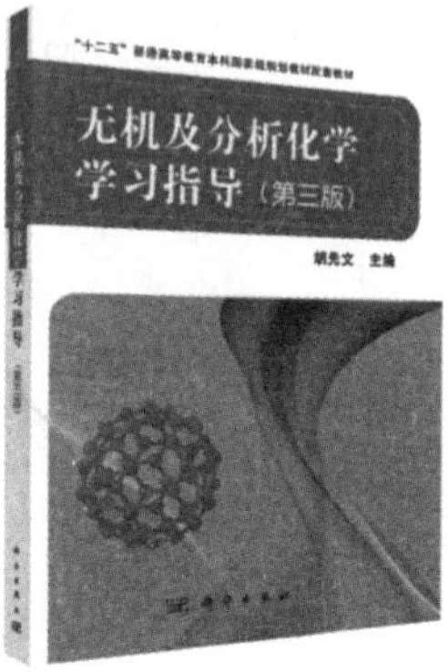

第五版前言

本书第五版在现代信息技术发展的大环境中诞生，是国家推进一流本科课程建设的必然产物，是基于信息技术修订的新形态教材。

党的二十大报告提出："教育、科技、人才是全面建设社会主义现代化国家的基础性、战略性支撑。"本书从第一版出版以来，始终坚持"夯实学科基础、强化育人功能"的理念，将知识传授、能力培养和价值塑造融为一体，全面贯彻党的教育方针。

本书先后被国内一百多所高等院校采用，受到广大师生的欢迎和好评。为进一步提高教材编写质量，提升教材信息化水平，强化课程思政，使教材建设与时代发展同步，同时根据一些使用学校反馈的信息和专家的意见，编者决定将本书从第五版开始升级为新形态教材，将纸质教材与视频、动画、在线检测、课程思政等教学资源通过线上线下融为一体，构建形式新颖、内容精练、资源丰富的教材新体系。为推进新形态教材的建设，本书编委会于2019年6月召开了第五次教材修订会议，确立了教材建设的"信息化、立体化、精品化"的原则，强化基础地位，突出育人功能，深度融合课程思政。本次修订对教材内容作了部分增删，将前沿知识引入教材，在提升教材信息化建设水平的基础上，着力提升"两性一度"。建立了和教材配套的信息化学习系统，为推进基于信息技术的课堂教学改革提供了基础。书中标有"*"号和小字号内容为选学内容。

参加本书修订的有王运、胡先文、李慧慧(绪论，第5、7章，附录，华中农业大学)，吴方琼、陈朝晖(第1章，西南大学)，梁大栋(第2章，吉林农业大学)，吴瑛(第3章，塔里木大学)，韩晓霞、王玲(第4、12章，宁夏大学)，阎杰(第6章，仲恺农业工程学院)，李巧玲、焦晨旭、景红霞(第8章，中北大学)，侯振雨、范文秀、邓绍新、李芸玲(第9、10章，河南科技学院)，李幼荣(第11章，扬州大学)。

在此向关心本书的各位同仁表示感谢，向科学出版社表示感谢，向本书的主审华中农业大学董元彦教授表示感谢。欢迎广大读者一如既往地对本书提出宝贵意见和建议。

本书依托的课程2017年获批首批国家精品在线开放课程，2020年被认定为国家线上一流课程，同时获批国家线上线下混合式一流课程。读者可扫描二维码查看本书的数字化资源，还可登录中国大学MOOC网站参与并学习国家精品在线开放课程"无机及分析化学"。

编　者

2023年6月

第四版前言

本书在面向21世纪教学改革的进程中诞生，并在21世纪我国高等学校基础课程的创新与实践研究中完善和发展。

本书从第一版至今，已在国内一百多所高等院校的教学实践中使用，受到广大师生的欢迎和好评。根据一些使用学校反馈的信息和专家的意见，以及近年来课程教学改革的发展要求，本书编委会于2015年6月召开了第四版教材修订会议，确定了利用先进信息技术提升教材修订质量的原则，强化与先进信息技术对接，与大规模开放在线课程（MOOC）建设对接。本次修订对教材内容作了部分增删，加强了教材的数字化建设，建立了和教材配套的学习网站，为推进MOOC及混合式课堂教学改革提供了基础。书中标有“*”号的小字号内容为选学内容。

参加本书修订的有王运、胡先文、李慧慧（绪论，附录，第5、7章，华中农业大学），吴方琼、陈朝晖（第1章，西南大学），栾国有、程志强（第2、3章，吉林农业大学），李莉、韩晓霞、曹洋（第4、13章，宁夏大学），阎杰（第6章，仲恺农业工程学院），李巧玲、景红霞、焦晨旭（第8章，中北大学），侯振雨、范文秀（第9、10章，河南科技学院），李幼荣（第11、12章，扬州大学）。

在此向关心本书的各位同仁表示感谢，向科学出版社表示感谢，向本书的主审华中农业大学董元彦教授表示感谢。欢迎读者继续对本书提出批评和建议。

编　者

2015年12月

第三版前言

本书在面向21世纪教学改革的进程中诞生，并在21世纪我国高等学校基础课程的创新与实践研究中修改、完善。

十年来，本书在多所高等农林院校的教学实践中使用，受到广大师生的欢迎和好评。根据各使用学校反馈的信息和专家们的意见，以及学科的发展和教学改革的要求，本书编委会于2009年9月召开会议，对教材内容进行了深入研讨，并就该系列教材的改编目的、原则、要求及安排达成共识。本次修订对教材内容作了部分增删，调整了部分章节的结构；为拓宽学生的视野，结合学科发展的前沿，增加了一些阅读材料。书中标有“*”号和小字号内容为选学内容。

为适应多媒体教学的发展，满足教师上课和学生自学的需要，本书配套有电子课件的光盘和辅助教材《无机及分析化学学习指导(第二版)》。

参加本次修订的有董元彦、王运、张方钰、胡先文、张新萍(绪论，第3、5、7、12章，华中农业大学)，陈朝晖、吴方琼(第1章，西南大学)，栾国有(第2章，吉林农业大学)，李莉、韩晓霞、曹洋(第4、13章，宁夏大学)，阎杰(第6章，仲恺农业工程学院)，黄喜根、黄忠、吴东平(第8章，江西农业大学)，侯振雨、陶建中(第9、10章，河南科技学院)，王春娜、周先林(第11章，北京农学院)。

在此向关心本书的各位同仁表示谢意，向科学出版社和编辑杨向萍、赵晓霞表示谢意。欢迎读者继续对本书提出批评和建议。

编　者

2010年11月

第二版前言

本书是高等农业院校“无机及分析化学”课程的教科书，适用于农林、生物类等各专业本科生教学使用，也可供综合大学和师范院校生物系及林学、医学、轻工业等各类院校和部分专业研究生及教师参考。

本书是在面向21世纪教学改革的进程中诞生的，并在21世纪中国高等学校农林类专业数理化基础课程的创新与实践课题研究中修改、完善。

本书第一版出版后，在华中农业大学及多所农林院校的教学实践中使用，受到广大师生的欢迎和好评。根据使用本书第一版的各学校反馈的信息和专家们的意见，以及学科的发展和新世纪教学改革的要求，本书编委会于2006年对全书进行了修改，调整了部分章节的结构，如将电解质溶液调整到第一章；将第一版书中的十八章整合为十三章；删除了某些内容；适当强化物质结构、化学分析等内容。为拓宽学生的视野，增加了某些阅读材料。各章增加英文小结和部分英文习题，以逐步适应双语教学的需要。

为适应多媒体教学的发展，满足教师上课和学生自学的需要，本书配套出版电子课件的光盘。光盘中还有本课程的教学大纲、部分化学家的小传等内容。该光盘是本书编委会与武汉理工大学理学院应用化学系联合制作的，在此特向武汉理工大学郭丽萍教授、刘小青和刘勇等老师表示衷心的感谢。

参加本书第二版修订的有董元彦（绪论，第二、三、十一、十三章）、张方钰（第一、四章）、王运（第五、八章）、胡先文（第六、七、十二章）、张新萍（第九、十章）。

在此向关心本书的各位同仁表示谢意。

由于水平所限，本书与编者的期望尚有不少差距，书中谬误之处在所难免，欢迎读者批评指正。

编　者

2006年7月于武昌狮子山

第一版前言

本书为高等农林院校“无机及分析化学”课程的教材，适用于农林院校各有关专业的教学，也可供综合大学和师范院校生物系及水产、医学、轻工等各类院校的师生参考。

本书阐明化学的基本原理(化学热力学、化学平衡、化学动力学、物质结构、定量分析等)；溶液中的化学平衡及其应用；滴定分析、吸光光度分析、电势分析等基本分析方法。删除了某些过于深奥的内容，增加了配位化合物的应用，生物无机化学简介，现代仪器分析简介，生化标准吉布斯自由能，部分重要元素简介等内容。全书内容分为三个层次：第一层次是教学基本要求的内容；第二层次是深入提高的内容，书中用星号标出，供教学中选用；第三层次是拓宽知识面的内容，书中用小号字排印，供学生阅读参考。

本教材是在面向 21 世纪教学改革进程中诞生的，在华中农业大学经过几年试用，受到师生的欢迎。编者力求使本书具有较高的科学性和系统性，同时也具有鲜明的时代性，能反映化学科学的新进展及化学与农业科学、生命科学的联系，具有先进性和一定的趣味性。

根据学生的知识水平和能力，以及本课程与有机化学、物理学、生物化学、物理化学等课程的联系，编者尽力拓宽本书覆盖的知识面，同时力求避免重复、脱节，强调概念准确，重在对化学知识的掌握，避免不必要的推导和证明。全书计量单位采用 SI 单位制。

本书是教育部面向 21 世纪教学改革研究 04—8 课题的一项成果，现冠以“面向 21 世纪教材”标记出版。在此谨向关心和指导本书的 04—8 课题主持人朱寿衍教授、农业部教学指导委员会基础学科组组长叶孟兆教授，向审阅本书并提出宝贵意见的赵士铎、贾之慎、王淑玉等先生，以及所有关心支持本书的同仁致以衷心谢意。

参加本书编写的有董元彦(第二、四章)、左贤云(第五、十七、十八章)、邬荆平(第六、十六章)、文利柏(第九、十、十一章)、李家良(第十二、十三、十四章)、张方钰(第一、三章)、岳霞丽(第七、八、十五章)。

由于水平所限，书中谬误之处在所难免，欢迎读者批评指正。

编　者

1999 年于武昌狮子山

目　录

绪　论

0.1　化学是 21 世纪的一门中心学科

化学(chemistry)是一门既古老又年轻的科学，在某种意义上，可以说化学是人类文明进步的标杆。利用火是从猿进化到人的标志之一，燃烧是人类最早掌握的化学反应；烧制陶器诞生了人类的早期文明；金属冶炼技术的进步，使人类社会从青铜时代步入铁器时代，从奴隶制社会步入封建社会；酿酒、陶瓷、玻璃、染色等工艺是古代实用化学的结果。

17 世纪中叶以后，数学、物理学、天文、哲学等学科的进步促进了化学发展，逐步建立了正确的研究方法。波义耳(Boyle)把化学确立为科学，明确提出“化学的对象和任务就是寻找和认识物质的组成和性质”。

1777 年，拉瓦锡(Lavoisier)提出燃烧的氧化学说，“把过去建立在燃素说基础上倒立着的全部化学正立过来了”(恩格斯)。1807 年，道尔顿(Dalton)建立原子论，合理地解释定组成定律和倍比定律，为化学新理论的诞生奠定基础。1811 年，阿伏伽德罗(Avogadro)提出分子假说。1869 年，门捷列夫(Mendeleev)提出元素周期律，形成较为完整的化学体系。1913 年，丹麦科学家玻尔(Bohr)把量子概念引入原子结构理论，量子力学的建立开辟了现代原子结构理论发展的新历程。

20 世纪是自然科学飞速发展的世纪，涌现了许多重大发明，最重要的当属信息技术、生物技术和包括合成抗生素、新药物、新材料和高分子的化学合成技术。这一时期，化学取得了一系列令人瞩目的巨大成就，在基础理论、研究方法、实验技术及应用各方面都发生了深刻的变化。

在 21 世纪的今天，科学技术高速发展，许多领域与化学关系密切，包括农业科学、生命科学、计算机科学、环境科学、材料科学、信息科学、医药科学、能源科学、军事科学、纳米科技、航天技术、遥感技术等。

化学在工农业生产中发挥重要的作用，对人类社会的发展起着无可替代的作用。化学处于中心学科的地位，要解决人类最关心的环境、能源、人口、粮食等问题都离不开化学。

0.2　化学与化学的分支学科

世界是物质组成的，物质是不断运动和变化的。化学是在原子和分子水平上研究物质的组成、结构、性质及其变化规律和变化过程中能量关系的科学。

化学科学涉及范围广泛，具有广阔的发展前景。化学各分支学科之间的界限不是很分明，而且彼此交叉，按传统可将化学分为四大分支学科：无机化学、有机化学、物理化学和分析化学。

无机化学(inorganic chemistry)：无机化学研究无机物质的组成、性质、结构和反应。无机物包括所有化学元素的单质及其化合物。简单的碳化合物属无机物，其余含碳的化合物为有机物。

无机化学是化学学科中发展最早的一个分支学科。这一分支的形成是以 19 世纪 60 年代元素周期律的发现为标志，它奠定了现代无机化学的基础。随着原子能工业和半导体材料工业的兴起，宇航、能源、催化、生化等领域的出现和发展促使无机化学在实践和理论上均有新的突破。1990 年，科学家发现了 C_{60}。近年以 C_{60} 为代表的球烯化学飞速发展，尽管球烯是否属于无机化合物尚无定论。

有机化学(organic chemistry)：有机化学是“碳的化学”，以碳氢化合物及其衍生物为研究对象。有机化合物和无机化合物没有绝对分界。碳位于元素周期表第二周期第四主族，通常与其他原子共用外层电子，形成稳定的电子构型，这种共价键结合方式决定了有机化合物内在的特有联系和性质。

世界上每年合成的近百万种新化合物中，70%以上是有机化合物，这些化合物直接或间接地为人类生产生活提供大量的物质。有机化学的迅速发展产生了不少分支学科，包括有机合成化学、金属有机化学、元素有机化学、天然有机化学、有机催化等。

物理化学(physical chemistry)：物理化学以物理学和数学的原理和方法为基础，研究化学性质和物理性质之间的本质联系。物理化学包括化学热力学，研究化学变化的方向和限度；化学动力学，研究化学变化的速率和机理；结构化学，研究物质的微观结构及其与物质性质的关系。

分析化学(analytical chemistry)：分析化学是测定物质的化学组成、研究测定方法及其有关理论的分支学科。分析化学的主要研究对象是物质的化学组成(定性分析)；各种成分的数量或物质纯度(定量分析)；分子内原子的连接及空间排列(结构分析)等。

现代分析化学以化学基本理论和实验技术为基础，结合物理学、统计学、计算机技术、自动控制技术等方面的研究进展，向快速、准确、微量、远程、自动化的方向发展，是人类认识物质的敏锐“眼睛”。

随着科学进步，诞生了许多新的化学分支学科，如高分子化学、胶体化学、合成化学、量子化学、催化化学等。

化学与物理、地质、能源、材料、生物、医学等学科相互影响，共同发展，衍生出许多交叉学科，如生物化学、农业化学、地球化学、土壤化学、海洋化学、大气化学、材料化学、环境化学、食品化学、宇宙化学、放射化学、光化学、激光化学、药物化学等。化学已成为 21 世纪的中心科学。

0.3 无机及分析化学的主要内容和学习方法

无机及分析化学是高等院校重要的基础课程，许多专业(如农学、生物学、土壤科学、环境科学、食品科学等)的专业基础课和专业课与化学联系紧密，需要运用化学的原理和方法解决各专业的问题。

在中学化学课程和物理课程的基础上，无机及分析化学主要介绍化学反应的基本规律以及无机化学、分析化学的基础知识。学习本课程的目的：了解化学的基础理论；学会用现代物质结构理论理解物质的性质；掌握溶液中的化学平衡与化学分析的理论和方法；了解无机化学、分析化学和仪器分析的基本原理。

大学教学课堂讲授内容多，信息量大。要求学生提高自学能力，认真听讲，做好课堂笔记，掌握基本概念和基本理论。学习中充分发挥主动性，既要独立思考，又要加强讨论，包括同学之间、师生之间的讨论。

重视化学实验。化学是以实验为基础的学科，实验不仅训练学生实验操作的基本技能，同时培养学生理论联系实际的能力和创新能力，培养学生的科学态度。

网络技术的发展为学生发散性思维、创造性思维的发展提供平台。互联网是最大的知识库、资源库。学生可以通过网上大量的精品资源共享课程和 MOOC 课程等优质共享资源进行学习。

学习无机及分析化学，不仅要求学生掌握化学基础知识，更重要的是培养学生对物质世界的正确认识，为后续课程打下基础；培养学生严谨的科学态度和实事求是的作风，初步掌握科学研究的技能，初步具备科学研究的素质。正如化学家戴安邦院士所说：“化学人才的智力因素是由动手、观察、查阅、记忆、思维、想象和表达七种能力所组成。”化学能力乃至科学素养的提高需要从课堂到实验室，从理论到实践，多方面培养、锻炼。

0.4 学习无机及分析化学的预备知识

0.4.1 分压定律

科学上常用理想气体状态方程式描述气体的行为：

$$pV=nRT$$

式中：R 为摩尔气体常量，R=8.314J · mol^{-1} · K^{-1}、8.314kPa · L · mol^{-1} · K^{-1} 或 8.314Pa · m^{3} · mol^{-1} · K^{-1}。

在科学实验、工业生产和日常生活中所遇到的气体有时是气体混合物。气体的特性是能均匀地充满它占有的全部空间，容器中的混合气体只要不发生化学反应(或反应已达到平衡)，其中任一组分，分子之间的作用力可以忽略，如同该组分气体单独存在时一样，均匀地分布在整个容器中。

一定温度下，某组分气体占据与混合气体相同体积时所具有的压力称为该组分气体的分压(partial pressure)。混合气体总压力是由各组分共同产生的。

$$p(\text{总})=p(\text{A})+p(\text{B})+p(\text{C})+\cdots$$

式中：p(总)为混合气体的总压；p(A)、p(B)、p(C)分别为混合气体中 A、B、C 组分气体的分压。该式就是道尔顿分压定律的数学表示式。它表明“一定温度、一定体积条件下，混合气体的总压等于各组分气体分压之和”。

理想气体状态方程式不仅适用于单组分理想气体，也适用于多组分的混合理想气体：

$$p(\text{总})=\frac{n(\text{总})}{V}RT$$

$$p(\text{B})=\frac{n(\text{B})}{V}RT$$

将上两式相除得

$$\frac{p(\text{B})}{p(\text{总})}=\frac{n(\text{B})}{n(\text{总})}=x(\text{B})$$

式中：$x(\text{B})$为 B 组分气体的摩尔分数，则

$$p(\text{B})=p(\text{总})\cdot x(\text{B})$$

这是分压定律的另一种数学表示式。

在实际反应中，直接测定各组分气体的分压较困难，而测定某一组分气体的摩尔分数及混合气体的总压较方便，故通常需用上式来计算各组分气体的分压。

【例 0-1】 在 298.15K 和总压为 100kPa 时，一容器中含有 2mol O_2、3mol N_2 和 1mol H_2，求三种气体的分压。

解 混合气体的总量为

$$n(\text{总})=2+3+1=6(\text{mol})$$

据 $p(\text{B})=p(\text{总})\cdot x(\text{B})$，有

$$p(O_2)=100\times\frac{2}{6}=33.3(\text{kPa})$$

$$p(N_2)=100\times\frac{3}{6}=50.0(\text{kPa})$$

$$p(H_2)=100-33.3-50.0=16.7(\text{kPa})$$

定温条件下，某组分气体的分压与混合理想气体总压相同时，其单独占据的体积称为该组分气体的分体积(partial volume)。混合气体的总体积是各组分气体分体积的加和，称为分体积定律。

$$V(\text{总})=V(\text{A})+V(\text{B})+V(\text{C})+\cdots=\sum_{\text{B}}V_{\text{B}}=\sum_{\text{B}}n_{\text{B}}\left(\frac{RT}{p}\right)$$

$$V(\text{总})=\frac{n(\text{总})}{p}RT$$

$$V(\text{B})=\frac{n(\text{B})}{p}RT=x(\text{B})\cdot V(\text{总})$$

即

$$V(\text{B})=x(\text{B})\cdot V(\text{总})$$

0.4.2 有效数字

有效数字(significant figure)是实际能测量的数字，通常包括由仪器直接读出的全部准

确数字和最后一位估计的可疑数字。在记录测定数值时，只保留一位可疑数字，一般认为在可疑数字的位数上有 ±1 个单位的误差。例如，从滴定管放出的标准溶液体积是 24.25mL，其中 24.2 是准确数字，最后一位“5”是可疑数字，可能是“4”，也可能是“6”，有 ±1 个单位的误差，这个“5”虽然是估计的，但不是臆造的，所以是有效的，因此 24.25mL 有四位有效数字。又如

试样质量　　0.2450g，四位有效数字，分析天平称量。

溶液体积　　20.20mL，四位有效数字，滴定管量取。

标准溶液浓度　　$0.1030 mol \cdot L^{-1}$，四位有效数字。

离解常数　　1.8×10^{-5}(0.000 018)，两位有效数字。

pH　　4.30，两位有效数字。

数字“0”具有双重意义。当“0”表示测量值时，它是有效数字；当“0”用来定位，即用“0”表示小数点位数时，它是非有效数字。即数字中间和数字后面的“0”是有效数字；而数字前面的“0”是非有效数字，只起定位作用。例如，0.2050 中数字中间的“0”和末位的“0”都是有效数字，离解常数 0.000 018 中的前五个“0”是定位的非有效数字，为了避免混淆，应当用 1.8×10^{-5} 的指数形式正确表示它是两位有效数字。

对数数值的有效数字位数只取决于小数部分的位数，整数部分代表该数为 10 的多少次方，起定位作用。例如，pH=4.30，只有两位有效数字，表示 $c(H^+)=5.0 \times 10^{-5} mol \cdot L^{-1}$。

化学计算中的自然数、倍数、分数、系数等，非测量所得，可视为无误差数字，其有效数字的位数是无限的。

1. 有效数字的修约

对分析数据进行处理时，必须合理保留有效数字而弃去多余的尾数，这个过程称为有效数字的修约(rounding)。有效数字的修约规则是“四舍六入五留双”。当尾数≤4 时则舍；当尾数≥6 时则入；当尾数等于 5 时，若“5”前面为偶数(包括零)则舍，为奇数则入；若 5 后面的数字是不为 0 的任何数，则不论 5 前面的数为偶数或奇数均进入。例如，将下列数据修约为四位有效数字：

0.526 64→0.5266

0.526 66→0.5267

10.2452→10.25

10.2450→10.24

10.2350→10.24

应当注意，在修约有效数字时，必须一次修约到所需位数，不可分次修约。例如，将 0.1749 修约到两位有效数字，应一次修约到 0.17，不可先修约到 0.175，再修约到 0.18。

2. 有效数字的运算

对分析数据进行处理时，每个测定值的误差都传递到分析结果中，因此必须按有效数字运算规则合理取舍，既不保留过多位数使计算复杂化，也不舍弃过多尾数使准确度受到损失。运算过程中应先按上述规则将各个数据进行修约，再计算结果。

1）加减法

当几个数相加减时，保留有效数字的位数以绝对误差最大或以小数点后位数最少的那个数为标准。例如

$$0.0121+1.0356+25.64=0.01+1.04+25.64=26.69$$

原数	绝对误差	修改为
0.0121	±0.0001	0.01
1.0356	±0.0001	1.04
+25.64	±0.01	25.64
26.6877	±0.01	26.69

三个数中以第三个数的绝对误差为最大，其他误差小的数不起作用，结果的绝对误差仍保持±0.01，故为26.69。

实际计算中，先以小数点后位数最少的数25.64为准，将其他各数修约为两位小数的数，再相加求和，这样较为简捷，如右式所示，结果也为26.69。

2）乘除法

当几个数相乘除时，保留有效数字的位数以相对误差最大或通常以有效数字位数最少的那个数为标准。例如

$$0.0121\times25.64\times1.0356=0.0121\times25.6\times1.04=0.322$$

这三个数的相对误差为

0.0121：$\quad \frac{1}{121}\times100\%=0.8\%$

25.64：$\quad \frac{1}{2564}\times100\%=0.04\%$

1.0356：$\quad \frac{1}{10356}\times100\%=0.01\%$

其中以0.0121的相对误差为最大，有效数字是三位最少，应以它为准，其他各数都修约为三位有效数字，然后相乘，如上所示，结果为0.322。

应当指出，当几个数相乘或相除时，如果位数最少的数的首位数是8或9，则有效数字位数可多算一位。例如，0.9×1.26，可将0.9看成两位有效数字，因为0.9与两位有效数字1.0的相对误差相近，因此0.9×1.26=1.2。

定量分析结果一般要求准确到四位有效数字，若用计算器运算，应特别注意将最后结果修约成适当位数。

按照有效数字正确表示分析结果时，通常填报分析结果的标准是，对于高含量组分（>10%）的测定，化学分析中用到的分析天平和滴定管等仪器测定结果一般有四位有效数字，则要求分析结果有四位有效数字（如19.36%）；对于中含量组分（1%～10%）的测定，一般要求三位有效数字（如5.74%），对于微量组分（<1%）的测定，一般要求两位有效数字（如0.56%）。此外，在表示误差时，一般只取一位有效数字，最多取两位有效数字。

习　题

0-1 处于室温一密闭容器内有水及与水相平衡的水蒸气。现充入不溶于水也不与水反应的气体，则水蒸气的压力（　　）。

A.不变　　B.减少　　C.增加　　D.不能确定

0-2 25℃时以排水集气法收集氧气于钢瓶中，测得钢瓶压力为 150.5kPa，已知 25℃时水的饱和蒸气压为 3.2kPa，则钢瓶中氧气的压力为（　　）。

A.147.3kPa　　B.153.7kPa　　C.150.5kPa　　D.101.325kPa

0-3 以加热驱除水分法测定 $CaSO_4 \cdot \frac{1}{2}H_2O$ 中结晶水的含量，称取试样 0.2000g；已知天平称量误差为 ± 0.1mg，分析结果的有效数字应取（　　）。

A.一位　　B.四位　　C.两位　　D.三位

0-4 下列各数中，有效数字位数为四位的是（　　）。

A. $c(H^+)=0.0003mol \cdot L^{-1}$　　B.pH=10.42

C. $c(MgO)=0.1996$　　D.4000

0-5 已知某溶液 pH=0.070，其氢离子浓度的正确值为（　　）。

A. $0.85mol \cdot L^{-1}$　　B. $0.8511mol \cdot L^{-1}$

C. $0.8mol \cdot L^{-1}$　　D. $0.851mol \cdot L^{-1}$

0-6 测得某种新合成的有机酸 $pK_a^\ominus$ 值为 12.35，其 $K_a^\ominus$ 值应表示为（　　）。

A. 4.467×10^{-13}　　B. 4.47×10^{-13}

C. 4.5×10^{-13}　　D. 4×10^{-13}

0-7 根据有效数字修约规则，将下列数据修约为四位有效数字：3.141 592 6，0.517 49，15.454 546，0.378 502，7.691 688，2.362 568，2.666 50，2.655 50。

0-8 在 298.15K、10.0L 的容器中含有 1.00mol N_2 和 3.00mol H_2，设气体为理想气体，试求容器中的总压和两气体的分压。

0-9 在 100kPa 和 20℃时，从水面上收集 28.4mL 的氢气，干燥后氢气的体积是多少？已知在 20℃水的饱和蒸气压 $p(H_2O)=2.33kPa$。

0-10 根据有效数字运算规则计算下列各值：

(1) 2.386+5.2+4.65

(2) $0.0120 \times 25.25 \times 1.057\ 80$

(3) $\dfrac{3.10 \times 21.14 \times 5.10}{0.001\ 120}$

(4) $\dfrac{0.098\ 02 \times \dfrac{21.12-13.40}{1000} \times \dfrac{162.21}{3}}{1.4193}$

第1章　分散体系

由一种或几种物质分散到另一种物质中所形成的体系称为分散体系，简称分散系(disperse system)。其中被分散的物质称为分散质(又称分散相，disperse phase)，起分散作用的物质称为分散剂(又称分散介质，disperse medium)。

例如，糖水是一种分散系，其中糖是分散质，水是分散剂；牛奶也是一种分散系，其中奶油、蛋白质和乳糖是分散质，水是分散剂。

按照分散质粒子的大小，常把分散系分为三类，见表1-1。

表1-1　分散系按分散质粒子的大小分类

<table>
<tr><th colspan="2" rowspan="2">分散系类型</th><th rowspan="2">分散质粒子直径</th><th rowspan="2">分散质</th><th rowspan="2">主要性质</th><th colspan="3">实例</th></tr>
<tr><th>分散系</th><th>分散质</th><th>分散剂</th></tr>
<tr><td colspan="2">小分子或离子分散系</td><td><1nm</td><td>小分子、离子或原子</td><td>均相[1]，稳定，扩散快，颗粒能透过半透膜</td><td>食盐水</td><td>Na^+、Cl^-</td><td>H_2O</td></tr>
<tr><td rowspan="2">胶体分散系</td><td>高分子溶液</td><td>1～100nm</td><td>大分子</td><td>均相，稳定，扩散慢，颗粒不能透过半透膜</td><td>血浆</td><td>蛋白质</td><td>H_2O</td></tr>
<tr><td>溶胶</td><td>1～100nm</td><td>分子的小聚集体</td><td>多相，较稳定，扩散慢，颗粒不能透过半透膜</td><td>AgI溶胶</td><td>AgI</td><td>H_2O</td></tr>
<tr><td colspan="2">粗分散系</td><td>>100nm</td><td>分子的大聚集体</td><td>多相，不稳定，扩散很慢，颗粒不能透过滤纸</td><td>泥浆</td><td>泥土</td><td>H_2O</td></tr>
</table>

1)在体系内部物理性质和化学性质完全相同且均匀的部分称为相。

表1-1中三种分散系之间虽然有明显的区别，但是没有截然的界限，三者之间的过渡是渐变的。实际上，已经发现颗粒直径为500nm的分散系也表现出溶胶的性质。

综上所述，分散系既包括均匀的单相体系(如糖水)也包括非均匀的多相体系(如牛奶)，其颗粒高度分散，并具有很大的表面能。

1.1　溶　　液

分散质以小分子、离子和原子为质点均匀地分散在分散剂中所形成的分散系称为溶液(solution)。在生产与日常生活中，水作为分散剂的溶液尤为重要。

1.1.1 物质的量及其单位

“物质的量”(amount of substance)是用于计算指定的微观基本单元，如分子、原子、离子、电子等微观粒子或特定组合的一个物理量，符号为 n，单位为 mol。［摩尔］是一系统的物质的量，该系统中所包含的基本单元与 0.012kg ^{12}C 的原子数目相等。1mol ^{12}C 所含的原子数称为阿伏伽德罗常量(L)，其值约为 $6.023\times10^{23}mol^{-1}$。1mol 任何物质均含有 L 个基本单元。例如，1mol H_2 表示有 L 个氢分子，2mol Na 表示有 $2L$ 个钠原子，即物质 B 的物质的量是 n 正比于物系中的基本单元数目 L 的量。

基本单元是系统组成物质的基本组合，用符号“B”表示，B 既可以是分子、原子、离子、电子及其他粒子，也可以是这些粒子的特定组合。例如，H、H_2、NaOH、$\frac{1}{2}H_2SO_4$、$\frac{1}{5}KMnO_4$、SO_4^{2-} 和($H_2+\frac{1}{2}O_2$)等。使用摩尔及其导出单位时，必须用元素符号或化学式指明其基本单元而不能用文字。

1mol 物质的质量称为摩尔质量，用符号“M(B)”表示，即

$$M(\mathrm{B})=\frac{m(\mathrm{B})}{n(\mathrm{B})} \tag{1-1}$$

式中：M(B)的单位为 $kg\cdot mol^{-1}$(或 $g\cdot mol^{-1}$)。摩尔质量也必须指明基本单元。

任何基本单元的摩尔质量，当单位为 $g\cdot mol^{-1}$ 时，其数值等于相对原子质量或相对分子质量。

1.1.2 物质的量浓度

有很多方法表示溶液的组成，化学上常用物质的量浓度、质量摩尔浓度、摩尔分数及质量分数等。

溶液中溶质(solute)B 的物质的量除以混合物的体积(volume)为溶质 B 的物质的量浓度(molarity)，简称浓度(concentration)，用符号“c(B)”表示，即

$$c(\mathrm{B})=\frac{n(\mathrm{B})}{V} \tag{1-2}$$

式中：c(B)的 SI 单位为 $mol\cdot m^{-3}$，常用单位为 $mol\cdot dm^{-3}$ 或 $mol\cdot L^{-1}$。

若溶质 B 的质量为 m(B)，摩尔质量为 M(B)，则

$$c(\mathrm{B})=\frac{m(\mathrm{B})/M(\mathrm{B})}{V}$$

1.1.3 质量摩尔浓度

溶液中溶质 B 的物质的量除以溶剂(solvent)的质量(mass)为溶质 B 的质量摩尔浓度(molality)，用“b(B)”表示，即

$$b(\mathrm{B})=\frac{n(\mathrm{B})}{m(\mathrm{A})}=\frac{m(\mathrm{B})}{M(\mathrm{B})\cdot m(\mathrm{A})} \tag{1-3}$$

式中：$b(\mathrm{B})$的SI单位为$\mathrm{mol \cdot kg^{-1}}$。

例如，将18.0g葡萄糖溶于1000.0g水中，此溶液中葡萄糖的质量摩尔浓度为$0.100\mathrm{mol \cdot kg^{-1}}$。质量摩尔浓度$b(\mathrm{B})$的数值不随温度变化。溶剂是水的稀溶液［$b(\mathrm{B})<0.100\mathrm{mol \cdot kg^{-1}}$］，$b(\mathrm{B})$与$c(\mathrm{B})$的数值近似相等。

1.1.4 摩尔分数

溶液中溶质B的物质的量与混合物(mixture)的物质的量之比称为组分B的摩尔分数(molar fraction)，用“$x(\mathrm{B})$”表示，其量纲为1，即

$$x(\mathrm{B})=\frac{n(\mathrm{B})}{n} \tag{1-4}$$

若溶液由A和B两种组分组成，溶质物质的量为$n(\mathrm{B})$，溶剂的物质的量为$n(\mathrm{A})$则

$$x(\mathrm{A})=\frac{n(\mathrm{A})}{n(\mathrm{A})+n(\mathrm{B})}$$

$$x(\mathrm{B})=\frac{n(\mathrm{B})}{n(\mathrm{A})+n(\mathrm{B})}$$

显然，溶液各组分物质的摩尔分数之和等于1，即

$$x(\mathrm{A})+x(\mathrm{B})=1$$

若溶液由多种组分组成，则

$$\sum x_i=1$$

1.1.5 质量分数

溶质B的质量占溶液质量的分数称为质量分数，用符号$w(\mathrm{B})$表示，即

$$w(\mathrm{B})=\frac{m(\mathrm{B})}{m} \tag{1-5}$$

式中：$w(\mathrm{B})$的量纲为1(也可以用百分数表示)。

【例1-1】 在100.0g水中溶解17.10g蔗糖($C_{12}H_{22}O_{11}$)，溶液的密度为$1.064\mathrm{g \cdot mL^{-1}}$，求蔗糖的物质的量浓度、质量摩尔浓度、摩尔分数和质量分数。

解 (1)

$$V=\frac{m(\mathrm{A})+m(\mathrm{B})}{\rho}=\frac{100.0+17.10}{1.064}=110.0(\mathrm{mL})$$

$$n(C_{12}H_{22}O_{11})=\frac{m(C_{12}H_{22}O_{11})}{M(C_{12}H_{22}O_{11})}=\frac{17.10}{342.0}=0.05000(\mathrm{mol})$$

根据式(1-2)

$$c(C_{12}H_{22}O_{11})=\frac{n(C_{12}H_{22}O_{11})}{V}=\frac{0.05000}{110.0\times10^{-3}}=0.4545(\mathrm{mol \cdot L^{-1}})$$

(2) 根据式(1-3)

$$b(C_{12}H_{22}O_{11})=\frac{n(C_{12}H_{22}O_{11})}{m(H_2O)}=\frac{0.05000}{100.0\times10^{-3}}=0.5000(mol\cdot kg^{-1})$$

(3) 根据式(1-4)

$$n(H_2O)=\frac{m(H_2O)}{M(H_2O)}=\frac{100.0}{18.02}=5.549(mol)$$

$$x(C_{12}H_{22}O_{11})=\frac{n(C_{12}H_{22}O_{11})}{n(C_{12}H_{22}O_{11})+n(H_2O)}=\frac{0.05000}{0.05000+5.549}=0.008930$$

$$x(H_2O)=\frac{n(H_2O)}{n(C_{12}H_{22}O_{11})+n(H_2O)}=\frac{5.549}{0.05000+5.549}=0.9911$$

(4) 根据式(1-5)

$$w(C_{12}H_{22}O_{11})=\frac{17.10}{17.10+100.0}=0.1460$$

1.2 稀溶液的依数性

溶液的性质有两类：一类是由溶质的本性决定的，如密度、颜色、导电性、酸碱性等；另一类性质是由溶质粒子数目的多少决定的，如溶液的蒸气压下降(vapor pressure lowering)、溶液的沸点升高(boiling point elevation)、溶液的凝固点降低(freezing point depression)和溶液的渗透压(osmotic pressure)等。这些性质均与溶质粒子数目多少有关，而与溶质的本性无关，称为依数性(colligative properties)。

1.2.1 溶液的蒸气压下降

在一定温度下，将纯液体置于真空容器中，当蒸发速度与凝聚速度相等时，液体上方的蒸气所具有的压力称为该温度下液体的饱和蒸气压(saturated vapor pressure)，简称蒸气压(vapor pressure)，如图 1-1(a)所示。任何纯液体在一定温度下都有确定的蒸气压，且随温度的升高而增大。当纯溶剂溶解一定量难挥发溶质(如蔗糖溶于水中，萘溶于苯中)时，在同一温度下，溶液的蒸气压总是低于纯溶剂的蒸气压。这种现象称为溶液的蒸气压下降，即

$$\Delta p=p^*-p \tag{1-6}$$

式中：Δp 为溶液的蒸气压下降值；p^*为纯溶剂的蒸气压；p 为溶液的蒸气压。

显然，这里所说的溶液的蒸气压，实际是指溶液中溶剂的蒸气压(因为溶质是难挥发的)。

溶液蒸气压下降的原因是溶质分子占据着一部分溶剂分子的表面［图 1-1(b)］，在单位时间内逸出液面的溶剂分子数目相对减少。因此，达到平衡时，溶液的蒸气压必定低于纯溶剂的蒸气压，且浓度越大，蒸气压下降越多。

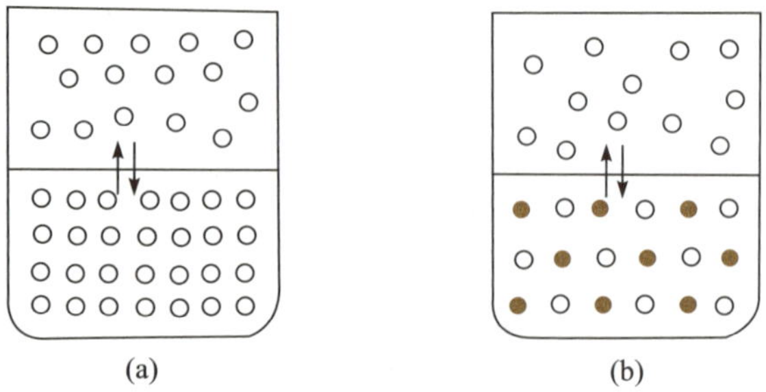

图 1-1 纯溶剂(a)和溶液(b)蒸发示意图

○代表溶剂分子；●代表溶质分子

1887 年，法国物理学家拉乌尔(Raoult)根据大量实验结果提出：“在一定温度下，难挥发非电解质稀溶液的蒸气压下降与溶质 B 的摩尔分数成正比。”这一规律称为拉乌尔定律，即有

$$\Delta p = p^* \cdot x(\mathrm{B}) \tag{1-7}$$

对于两组分溶液

$$\Delta p = p^* \frac{n(\mathrm{B})}{n(\mathrm{A}) + n(\mathrm{B})}$$

当溶液很稀时

$$n(\mathrm{A}) + n(\mathrm{B}) \approx n(\mathrm{A})$$

$$\Delta p = p^* \frac{n(\mathrm{B})}{n(\mathrm{A})} = p^* \cdot \frac{n(\mathrm{B})}{m(\mathrm{A})} \cdot M(\mathrm{A})$$

当温度一定时，p^*和 $M(\mathrm{A})$为一常数，用 K 表示，则

$$\Delta p = K \cdot b(\mathrm{B}) \tag{1-8}$$

所以拉乌尔定律又可以表述为，在一定温度下，难挥发非电解质稀溶液的蒸气压下降，近似地与溶质 B 的质量摩尔浓度成正比，而与溶质的本性无关。

当溶质是挥发性的物质时(如乙醇加入水中)，式(1-8)仍适用，只是Δp 代表的是溶剂的蒸气压下降，不能表示溶液蒸气压的变化(因乙醇也易于蒸发，所以整个溶液的蒸气压等于水的蒸气压与乙醇蒸气压之和)。当溶质是电解质时，溶液的蒸气压也下降，但不遵循式(1-8)。

1.2.2 溶液的沸点升高

当液体的蒸气压等于外界大气压时，液体沸腾，此时的温度称为沸点(boiling point)。由图 1-2 可见，在 373.15K 时，水的蒸气压等于外界大气压(101.3kPa)，所以水的沸点是 373.15K(100℃)。

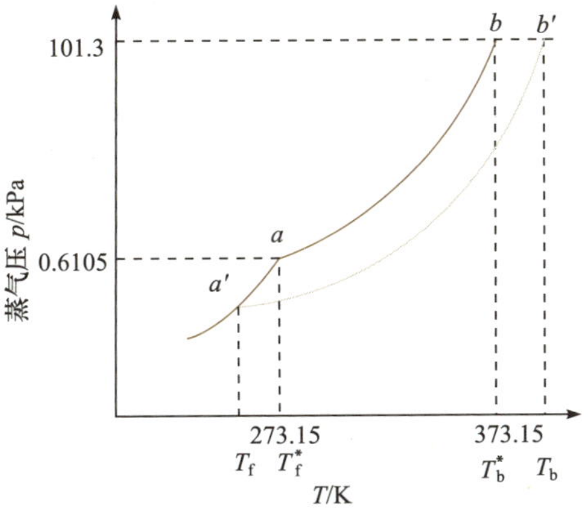

图 1-2 溶液沸点升高和凝固点降低

ab 为纯水蒸气压曲线；*a′b′* 为稀溶液蒸气压曲线；*aa′* 为冰的蒸气压曲线

如果在纯水中加入少量难挥发的非电解质，由于溶液的蒸气压低于纯水，故373.15K(100℃)时，溶液不能沸腾。欲使溶液沸腾，必须升高温度，直到溶液的蒸气压正好等于外界压力(101.3kPa)时，溶液才能沸腾，因此溶液的沸点总是高于纯溶剂的沸点。溶液的沸点升高(ΔT_b)等于溶液的沸点(T_b)与纯溶剂的沸点(T_b^*)之差

$$\Delta T_b = T_b - T_b^* \tag{1-9}$$

溶液沸点升高的根本原因是溶液的蒸气压下降。溶液越浓，蒸气压越低，沸点升高越多。难挥发非电解质稀溶液的沸点升高也近似地与溶质B的质量摩尔浓度成正比，即

$$\Delta T_b = K_b \cdot b(\mathrm{B}) \tag{1-10}$$

式中：K_b 称为沸点升高常数，这个数值只取决于溶剂，而与溶质无关。不同的溶剂有不同的 K_b 值，见表1-2。

表 1-2 几种溶剂的 K_b 和 K_f 值

溶剂	沸点 T_b/K	K_b/(K·kg·mol^{-1})	凝固点 T_f/K	K_f/(K·kg·mol^{-1})
水	373.15	0.512	273.15	1.86
苯	353.15	2.53	278.5	5.12
乙酸	390.9	3.07	289.6	3.90
四氯化碳	349.7	5.03	250.2	29.8

应用式(1-10)，可以计算溶液的沸点或测定难挥发非电解质的摩尔质量。

【例 1-2】 在200.0g水中溶解10.0g葡萄糖($C_6H_{12}O_6$)，试求该溶液在101.3kPa时的沸点。[已知 $M(C_6H_{12}O_6)$=180g·mol^{-1}]

解

$$b(C_6H_{12}O_6) = \frac{10.0 \times 1000}{180 \times 200.0} = 0.278(\mathrm{mol \cdot kg^{-1}})$$

$$\Delta T_b = 0.512 \times 0.278 = 0.142(\mathrm{K})$$

$$T_b = T_b^* + \Delta T_b = 373.15 + 0.142 = 373.29(\mathrm{K})$$

1.2.3 溶液的凝固点降低

在一定的外压下(一般指常压)，物质的固相蒸气压和液相蒸气压相等，两相平衡共存时的温度称为该物质的凝固点(freezing point)。由图 1-2 可见，水的蒸气压等于冰的蒸气压(均等于 0.6105kPa)时的温度是 273.15K(0℃)，此时水和冰共存，所以在空气中水的凝固点是 273.15K。在纯水中加入少量难挥发的非电解质后，由于溶液的蒸气压下降，在 273.15K 时，溶液的蒸气压小于冰的蒸气压，溶液和冰不能共存。欲使溶液的蒸气压等于冰的蒸气压，溶液和冰共存一体，必须降低温度，此时的温度称为溶液的凝固点。溶液的凝固点是溶液的蒸气压与固相纯溶剂的蒸气压相等时的温度。显然，溶液的凝固点 T_f 总是低于纯溶剂的凝固点 T_f^*，这种现象称为溶液的凝固点降低，即有

$$\Delta T_f = T_f^* - T_f \qquad (1\text{-}11)$$

溶液的凝固点降低的原因也是溶液的蒸气压下降。溶液越浓，溶液的蒸气压下降越多，凝固点降低越大。非电解质稀溶液的凝固点降低近似地与溶质 B 的质量摩尔浓度成正比，即

$$\Delta T_f = K_f \cdot b(\mathrm{B}) \qquad (1\text{-}12)$$

式中：K_f 称为凝固点降低常数，常见溶剂的 K_f 值见表 1-2。

K_b 和 K_f 的数值均不是在 $b(\mathrm{B})=1\mathrm{mol\cdot kg^{-1}}$ 时测定的，因为许多物质当其质量摩尔浓度远未达到 $1\mathrm{mol\cdot kg^{-1}}$ 时，拉乌尔定律已不适用。此外，还有许多物质的溶解度很小，根本不能形成 $1\mathrm{mol\cdot kg^{-1}}$ 的溶液，实际 K_b 和 K_f 值是从稀溶液性质的一些实验结果推算而得出的。

【例 1-3】 2.60g 尿素［$CO(NH_2)_2$］溶于 50.0g 水中，试计算此溶液在常压下的凝固点和沸点。已知 M［$CO(NH_2)_2$］=60.0g · mol⁻¹。

解

$$b[\mathrm{CO(NH_2)_2}] = \frac{2.60\times1000}{60.0\times50.0} = 0.867(\mathrm{mol\cdot kg^{-1}})$$

$$\Delta T_f = K_f \cdot b(\mathrm{B}) = 1.86\times0.867 = 1.61(\mathrm{K})$$

$$\Delta T_b = K_b \cdot b(\mathrm{B}) = 0.512\times0.867 = 0.444(\mathrm{K})$$

$$T_f = 273.15-1.61 = 271.54(\mathrm{K})$$

$$T_b = 373.15+0.444 = 373.59(\mathrm{K})$$

【例 1-4】 在 100.7g 水中溶解蔗糖($C_{12}H_{22}O_{11}$) 10.0g，测得溶液的凝固点为 272.61K，求蔗糖的摩尔质量。

解 根据式(1-12)

$$\Delta T_f = K_f \cdot b(\mathrm{B}) = 1.86\times\frac{10.0\times1000}{M(\mathrm{B})\times100.7}$$

$$M(\mathrm{B}) = \frac{1.86\times10.0\times1000}{(273.15-272.61)\times100.7} = 342(\mathrm{g\cdot mol^{-1}})$$

溶液的蒸气压下降、沸点升高和凝固点降低具有广泛的用途。例如，植物体内细胞中

具有多种可溶物(氨基酸、糖等)，这些可溶物的存在，使细胞的蒸气压下降，凝固点降低，从而使植物表现出一定的抗旱性和耐寒性。根据凝固点降低的原理，人们常用冰盐混合物作冷冻剂。例如，1 份食盐和 3 份冰混合，体系的温度可降至-20℃；10 份六水氯化钙与7～8 份碎冰均匀混合，可将体系的温度降至-40～-20℃；汽车的水箱中加入甘油或乙二醇等物质，可防止水箱在冬天结冰而胀裂。

1.2.4 溶液的渗透压

1. 渗透作用

如图 1-3 所示，连通容器中间安装一种溶剂分子可通过、溶质分子不能通过的半透膜(semipermeable membrane)，如羊皮纸、动物肠衣、细胞膜等。B 侧装纯水，A 侧装糖水，两侧液面等高。一段时间后，B 侧水面从 b 降到 b'，A 侧糖水面从 a 升到 a'。水分子可以自由地从两个方向透过半透膜，由于糖水中水分子数目较纯水少，单位时间内进入糖液的水分子比离开糖液的水分子多，于是出现了 A 侧液面升高，B 侧液面降低的现象，直到两侧水分子相互扩散的速度相等为止，这种溶剂分子通过半透膜进入溶液的自发过程称为渗透作用(渗透现象)。

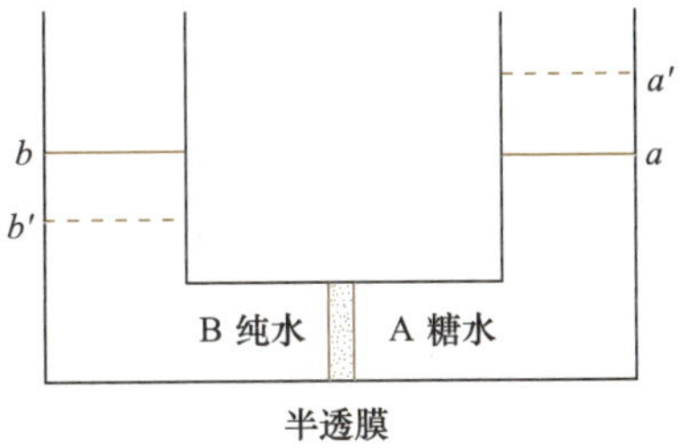

图 1-3 渗透压示意图

2. 渗透压

在 A 侧液面上施加一额外压力，当外压恰好能使半透膜两侧水分子进出速度相等时，体系处于渗透平衡状态。为了维持渗透平衡而向溶液上方施加的最小压力称为溶液的渗透压。

如果半透膜两侧溶液的浓度相等，则渗透压相等，这种溶液称为等渗溶液。如果半透膜两侧溶液的浓度不相等，其渗透压不等，则渗透压高的称为高渗溶液，渗透压低的称为低渗溶液。

1886 年，荷兰物理学家范特霍夫(van't Hoff)总结大量实验指出，在一定温度下，难挥发非电解质稀溶液的渗透压与溶质 B 的物质的量浓度成正比，即

$$\pi V=n(\mathrm{B})RT$$

$$\pi=c(\mathrm{B})RT \qquad (1\text{-}13)$$

式中：π 为渗透压，单位为 kPa；R 为摩尔气体常量，R=8.314kPa · L · mol^{-1} · K^{-1}。

当水溶液很稀时，则有

$$\pi=b(\mathrm{B})RT \qquad (1\text{-}14)$$

通过测定溶液的渗透压就可以计算所测定的溶质的摩尔质量，尤其在测定高分子化合物的摩尔质量时更为实用。

【例 1-5】 293.15K 时，将 1.00g 血红素溶于水中，配制成 100.0mL 溶液，测得其渗透压为 366Pa。(1)求血红素的摩尔质量；(2)说明能否用其他依数性测定血红素的摩尔质量。

解 (1)设血红素的摩尔质量为 $M(\mathrm{B})$，由

$$\pi=\frac{n(\mathrm{B})}{V}RT=\frac{m(\mathrm{B})RT}{M(\mathrm{B})V}$$

$$M(\mathrm{B})=\frac{m(\mathrm{B})RT}{\pi V}=\frac{1.00\times 8.314\times 293.15}{366\times 10^{-3}\times 100.0\times 10^{-3}}=6.66\times 10^{4}(\mathrm{g\cdot mol^{-1}})$$

(2)由于血红素摩尔质量很大，溶液的质量摩尔浓度数值很小，Δp、ΔT_b 和 ΔT_f 值都很小，不易精确测量，故不能用其他依数性测定血红素的摩尔质量，只有渗透压的数据相对较大，能够准确测量。

稀溶液的渗透压和其他依数性还可以在数值上联系起来，即

$$\frac{\pi}{RT}=\frac{\Delta T_f}{K_f}=\frac{\Delta T_b}{K_b}=\frac{\Delta p}{K}=b(\mathrm{B}) \tag{1-15}$$

3. 渗透作用的应用

渗透作用在植物的生理活动中有着非常重要的意义。细胞膜是一种很容易透水，几乎不能透过溶解于细胞液中的物质的薄膜。水进入细胞中产生相当大的压力，能使细胞膨胀，这就是植物茎、叶、花瓣等具有一定弹性的原因。它使植物能够远远地伸出枝叶，更好地吸收二氧化碳并接受太阳光。另外，植物吸收水分和养料也是通过渗透作用，只有当土壤溶液的渗透压低于植物细胞溶液的渗透压时，植物才能不断地吸收水分和养料，促使本身生长发育；反之，植物就可能枯萎。

渗透作用在动物生理上同样具有重大意义。人和动物体内的血液都要维持等渗关系，因此在向人体内血管输液时，应输入等渗溶液，如果输入高渗溶液，则红细胞中水分外渗，使之产生皱缩；如果输入低渗溶液，水自外渗入，使红细胞膨胀甚至破裂，产生溶血现象。海洋中的动物不能在淡水中生活，反之亦然。

1.3 电解质溶液

1.3.1 电解质溶液

酸、碱和盐都是电解质。大多数盐和强碱是离子型化合物，它们溶于水时，与极性的水分子结合成水合离子。这个过程可简单表示为

$$\mathrm{NaCl}=\!=\!=\mathrm{Na^+}+\mathrm{Cl^-}$$

$$\mathrm{Ba(OH)_2}=\!=\!=\mathrm{Ba^{2+}}+2\mathrm{OH^-}$$

大多数强酸的分子具有很强的极性，溶于水时也可形成水合离子，简式为

$$\mathrm{H_2SO_4}=\!=\!=\mathrm{H^+}+\mathrm{HSO_4^-}$$

$$\mathrm{HCl}=\!=\!=\mathrm{H^+}+\mathrm{Cl^-}$$

强酸、强碱和各种盐在水溶液中均全部以离子形式存在，故称它们为强电解质(strong electrolyte)，在水溶液中完全离解。

弱酸、弱碱在水溶液中大部分以分子形式存在，只有少部分发生离解

$$HAc \rightleftharpoons H^+ + Ac^-$$

$$NH_3 \cdot H_2O \rightleftharpoons NH_4^+ + OH^-$$

1.3.2 离解度

弱电解质(weak electrolyte)在水溶液中已离解的部分与其全量之比称为离解度，记为 α，一般用百分数表示。例如，25℃时，0.1mol · L^{-1}的 HAc 溶液，α=1.32%。

强电解质在水溶液中完全离解，但由于正、负离子之间的相互作用，实际测定的离解度小于 100%，这种实际测得的“离解度”称为表观离解度。

1.3.3 电解质稀溶液的依数性

难挥发非电解质稀溶液的四个依数性都符合拉乌尔定律，其实验测定值和计算值基本相符。但电解质稀溶液的各项依数性值都比根据拉乌尔定律计算的数值大得多，这种现象称为电解质的“反常行为”，见表 1-3。

表 1-3 几种电解质水溶液的$\Delta T_f'$

电解质	b(B)/(mol · kg^{-1})	ΔT_f(计算值)/K	$\Delta T'_f$(实验值)/K	$i=\frac{实验值}{计算值}$
NaCl	0.1	0.186	0.346	1.86
	0.01	0.0186	0.0361	1.94
K_2SO_4	0.1	0.186	0.454	2.44
	0.01	0.0186	0.0521	2.80
KNO_3	0.2	0.372	0.664	1.78
$MgCl_2$	0.1	0.186	0. 519	2.79

电解质稀溶液依数性偏大的原因，是电解质在水溶液中能够全部离解，使同浓度的电解质溶液比非电解质溶液含有更多的溶质粒子数。强电解质稀溶液的依数性理论上应是同浓度非电解质稀溶液的整数倍，事实上 0.1mol · L^{-1} NaCl 溶液的$\Delta T_f'$=0.346 K，而不是 2×0.186=0.372K；0.1mol · L^{-1} $MgCl_2$ 溶液的$\Delta T_f'$=0.519K，而不是 3×0.186=0.558K。其 i 值分别为 1.86 和 2.79，而不是 2 和 3。似乎强电解质在水溶液中不是全部离解的，实际上这是由于存在离子间的相互作用。

*1.3.4 强电解质理论简介

1923 年，德国化学家德拜(Debye)和休克尔(Hückel)针对强电解质溶液依数性发生偏差的事实，以离子间存在着相互牵制作用为基础，提出了强电解质溶液理论——离子互吸学说。其要点如下：

强电解质在水中是完全离解的，在溶液中的离子浓度很大。由于离子间存在较强的静电引力，对某一正离子来说，必然吸引负离子而排斥正离子，使其周围聚集较多的负离子和较少的正离子，即在正离子周围形成一个负离子的包围圈，称为“离子氛”(ion atmosphere)，如图 1-4 所示。由于“离子氛”的存在，溶液中的离子互相牵制，离子的运动不能完全自由，使离子在溶液中的迁移速度减慢。

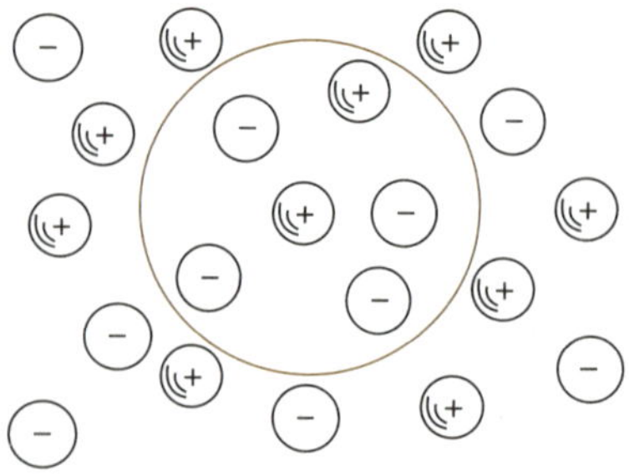

图 1-4　离子氛

此外，人们还发现，在强电解质溶液中不但有离子氛存在，而且带相反电荷的离子间还能相互缔合成“离子对”，如 Na^+Cl^-，在溶液中作为一个整体运动，比较稳定，就像一个电中性分子。

由于“离子氛”和“离子对”的影响，强电解质溶液的依数性都比完全离解时的理论计算值小。溶液越浓，离子价数越高，这种偏差就越大。

*1.3.5　活度

离子间相互作用使其有效浓度降低，路易斯(Lewis)提出了活度的概念

$$a=\gamma\cdot\frac{c}{c^{\ominus}}\quad 或\quad a=\gamma\cdot\frac{b}{b^{\ominus}} \tag{1-16}$$

式中：a 为活度，即有效浓度；c 为浓度；γ 为校正系数，称为活度系数。a 和 γ 是量纲为 1 的数，$c^{\ominus}=1mol\cdot L^{-1}$，$b^{\ominus}=1mol\cdot kg^{-1}$。当溶液无限稀时，离子间相互作用很弱，可以忽略不计。此时可近似认为 $\gamma=1$，即 $a=c/c^{\ominus}$。

应当指出，用活度表示有效浓度，对非电解质的溶液，甚至对某些体系中的溶剂也可适用。活度系数 γ 是一个校正系数，在电解质溶液中一般是小于 1 的常数，但在某些特殊情况下可能大于 1；在非电解质溶液中，γ 可能大于 1，也可能小于 1。

*1.3.6　离子强度

当多种离子同时存在于溶液中时，它们之间的相互作用非常复杂，与溶液中总体的离子浓度及其电荷数有关。路易斯于 1921 年提出离子强度的概念

$$I=\frac{1}{2}\sum c(\mathrm{B})Z^2(\mathrm{B}) \tag{1-17}$$

式中：I 为离子强度；$c(\mathrm{B})$ 和 $Z(\mathrm{B})$ 分别为组分 B 的浓度和电荷数。

离子平均活度系数 $\gamma_{\pm}$ 与离子强度 I 有关

$$\lg\gamma_{\pm}=-A|Z_+\cdot Z_-|\sqrt{I} \tag{1-18}$$

式(1-18)是德拜-休克尔极限公式，可用于很稀的溶液中计算 $\gamma_{\pm}$，A 为常数，在 298.15K 时，A=0.509。

1.4 胶体溶液

1.4.1 分散度与比表面

在多相分散系内，相与相之间存在着界面。如果两相中有一个相是气相，则这个界面习惯上称为表面。分散质分散得越细，总表面积就越大。分散系的分散度(dispersion degree)常用比表面(specific surface)表示。比表面是物质所具有的表面积除以体积，即

$$S_0=\frac{A}{V} \tag{1-19}$$

式中：S_0为比表面；A为表面积；V为总体积。

假设分散质粒子是一个立方体，边长为L，体积为L^3，总表面积为$6L^2$，则

$$S_0=\frac{A}{V}=\frac{6L^2}{L^3}=\frac{6}{L}$$

可见，粒子越小，比表面越大，分散度越大。

例如，将边长为1cm的立方体分割成10^{-7}～10^{-5}cm的小立方体时(胶体粒子范围)，总表面积为60～600m^2，比表面为原来的10万～1000万倍。因此，胶体分散系是分散程度很高的体系，具有很大的比表面，这对胶体溶液的性质有着重要的意义。

1.4.2 表面能

物体表面的粒子(分子、原子或离子)和内部粒子所处的环境不同，因而能量也不同。例如，在液体内部，每个粒子都均匀地被邻近粒子包围着，使来自不同方向的吸引力相互抵消，处于力平衡状态，如图1-5所示。处于液体表面的粒子却不同，液体的外部是气体，气体的密度小于液体的密度，故表面粒子受到来自气体分子的吸引力较小，而受到液体内部粒子的吸引力较大，使它在向内向外两个方向受到的吸引力不平衡。这样使表面分子受到一个指向液体内部的拉力，因此，液体表面有自动收缩到最小的趋势。

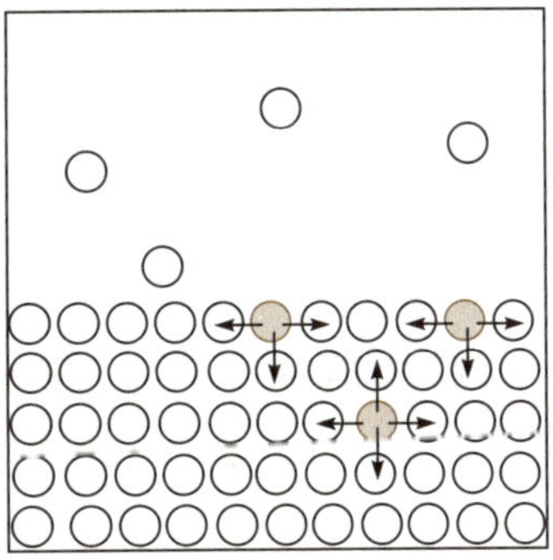

图1-5 固体表面及内部粒子所处的状态

如果要把液体内部的粒子迁移到表面上来，则需要克服向内的拉力而做功。当这些被迁移出来的粒子形成新的表面时，所消耗的这部分功就转变成表面层内粒子的势能，使体系的总能量增加。表面粒子比内部粒子多出的这部分能量称为表面能(surface energy)。

实践证明，不仅在液体和气体的表面上存在着表面能，而且在任何两相界面上均存在着界面能。在胶体分散系中，分散质颗粒具有很大的总表面积，故相应地具有很大的表面能。

1.4.3 固体对气体的吸附

物质的分子自动聚集到界面上的过程称为吸附，具有吸附能力的物质称为吸附剂，被吸附的物质称为吸附质。例如，多孔性的固体物质，如活性炭、骨炭和硅胶等都具有吸附能力。气体(如氯气、二氧化碳、氨、甲烷等)若与这些吸附剂接触，很快就被吸附在它们的表面上。这种气体分子在固体表面上相对聚集的现象称为气体在固体表面上的吸附，简称“气固吸附”。

对于气固吸附，吸附量与温度、气体的分压等有关。在压力较小的范围内，吸附量随气体压力的增大而急剧增加，增大压力吸附量的增加就逐渐缓慢下来。最后当气体压力增大到某一程度时吸附量就不再随气体分压的增大而增加，表明吸附作用已达极限，吸附剂表面已经饱和。

温度对吸附剂量也有影响，吸附是一个放热过程，所放出的热称为吸附热。根据平衡移动原理，温度升高，平衡向着解吸的方向移动，吸附量减少。

1.4.4 固体在溶液中的吸附

固体与溶液接触时也会发生吸附，被吸附的物质既可能是溶质，也可能是溶剂，或者两者同时被吸附。因此，溶液中被吸附的物质除了可能是分子外，还可能是电解质所产生的离子。

1. 分子吸附

固体吸附剂在非电解质或弱电解质溶液中对分子的吸附称为分子吸附。这类吸附与溶质、溶剂及固体吸附剂三者的性质有关。一般规律是相似相吸，即极性的吸附剂容易吸附极性溶质或溶剂；非极性的吸附剂容易吸附非极性的溶质或溶剂。吸附剂与溶剂的极性相差越大，而和溶质的极性相差越小，则吸附剂在溶液中对溶剂的吸附量越少，对溶质的吸附量就越大。例如，活性炭能脱去水中的色素而不易吸附水，就是因为活性炭是非极性吸附剂，水是强极性溶剂，色素的极性与活性炭比较接近，所以活性炭能使溶液脱色。又如，活性炭不能使苯溶液脱色，原因是苯是非极性溶剂，且比色素极性更弱，故活性炭吸附苯不吸附色素。因此，不能用活性炭脱去非极性溶剂中的色素。

2. 离子吸附

固体吸附剂在强电解质溶液中对溶质离子的吸附称为离子吸附，离子吸附又分为离子选择吸附和离子交换吸附。

(1)离子选择吸附。吸附剂从电解质溶液中选择性的吸附与其组成有关的离子称为离子选择吸附。例如，在 KBr 溶液中加入过量 $AgNO_3$，生成 AgBr 沉淀后，溶液中还有过剩的 Ag^+和 NO_3^-，由于 Ag^+是与 AgBr 组成有关的离子，AgBr 将优先吸附 Ag^+而带正电荷，而 NO_3^- 聚集在 AgBr 附近的溶液中，其中 Ag^+是电位离子，NO_3^- 是反离子(counterion)；反之，如果在 $AgNO_3$ 溶液中加入过量的 KBr，生成 AgBr 沉淀后，溶液中还有过量的 K^+和 Br^-，AgBr 将优先吸附 Br^-而带负电，K^+则聚集在 AgBr 表面附近的溶液中，其中 Br^-

是电位离子，K^+是反离子。

(2) 离子交换吸附。吸附剂从电解质溶液中吸附某种离子的同时，将吸附剂表面上的同号离子等电量的置换到溶液中去的过程称为离子交换吸附或离子交换。离子交换吸附是一个可逆过程，能进行离子交换吸附的吸附剂称为离子交换剂。

例如，土壤中的黏土就是一种阳离子交换剂。当把$(NH_4)_2SO_4$施入土壤后，NH_4^+便与吸附在黏土上的可交换离子(Ca^{2+}、Mg^{2+}、K^+、Na^+等)进行等电量交换，将植物所需要的养分NH_4^+储存在土壤中。

$$\boxed{\text{黏土}}{>}Ca^{2+} + 2NH_4^+ = \boxed{\text{黏土}}{<}\begin{matrix}-NH_4^+\\-NH_4^+\end{matrix} + Ca^{2+}$$

$$\boxed{\text{黏土}}-K^+ + NH_4^+ = \boxed{\text{黏土}}-NH_4^+ + K^+$$

植物需要时，物质根系分泌出酸性物质(用 HA 表示)，再进行交换吸附而将NH_4^+释放到溶液中，便于植物吸收。

$$\boxed{\text{黏土}}-NH_4^+ + HA = \boxed{\text{黏土}}-H^+ + NH_4^+ + A^-$$

又如，离子交换树脂按其性能可分为两类：一类是含有$-SO_3H$、$-COOH$等基团的离子交换树脂，它可与阳离子进行交换，称为阳离子交换树脂；另一类是含有$-NH_2$、$=N$、$-N^+(CH_3)_3$等基团的离子交换树脂，它可与阴离子进行交换，称为阴离子交换树脂。离子交换树脂最重要的用途之一是制取去离子水。把含有盐类的天然水首先通过装有阳离子交换树脂($R-SO_3H$)的交换柱，水中的金属离子(Na^+、K^+、Ca^{2+}、Mg^{2+}、Fe^{2+}、Fe^{3+}等)与$R-SO_3H$树脂上的H^+进行交换，从而除去水中的金属离子。反应式如下：

$$R-SO_3H+Na^+ = R-SO_3Na+H^+$$

$$2R-SO_3H+Ca^{2+} = (R-SO_3)_2Ca+2H^+$$

然后将去掉阳离子的水通过装有阴离子交换树脂[$R-N(CH_3)_2OH$]的交换柱，水中的阴离子就与阴离子交换树脂上的羟基进行交换，从而除去水中的阴离子。反应式如下：

$$R-N(CH_3)_3OH+Cl^- = R-N(CH_3)_3Cl+OH^-$$

$$2R-N(CH_3)_3OH+SO_4^{2-} = [R-N(CH_3)_3]_2SO_4+2OH^-$$

除去阳、阴离子杂质的水称为离子交换水或去离子水。去离子水代替蒸馏水在实验室、生产及科研等实验中应用。

1.4.5 溶胶的性质

1. 光学性质——丁铎尔效应

若用一束光从侧面照射溶胶，在与光路垂直的方向可以清楚地看见一条发亮的光柱，这种现象称为丁铎尔(Tyndall)效应，如图 1-6 所示。

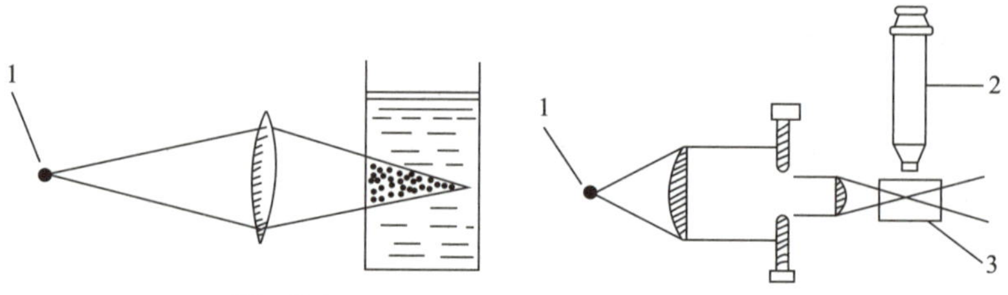

图 1-6 丁铎尔效应示意图

1. 光源；2. 显微镜；3. 样品池

丁铎尔效应的产生与分散质粒子的大小和入射光的强度有关。当分散质粒子直径小于入射光波长，就会发生光的散射。丁铎尔效应就是光的散射现象。溶胶粒子直径为 1～100nm，小于可见光波长(400～760nm)，当可见光通过溶胶时，散射现象十分明显。真溶液中由于分散质粒子太小，散射现象很弱。粗分散系主要发生光的反射，观察不到散射光，所以丁铎尔效应是溶胶特有的光学性质。

2. 动力学性质

在超显微镜下观察溶胶，可以看到代表溶胶粒子的发光点在不断地做不规则运动，这种运动称为布朗运动(Brownian motion)，如图 1-7 所示。

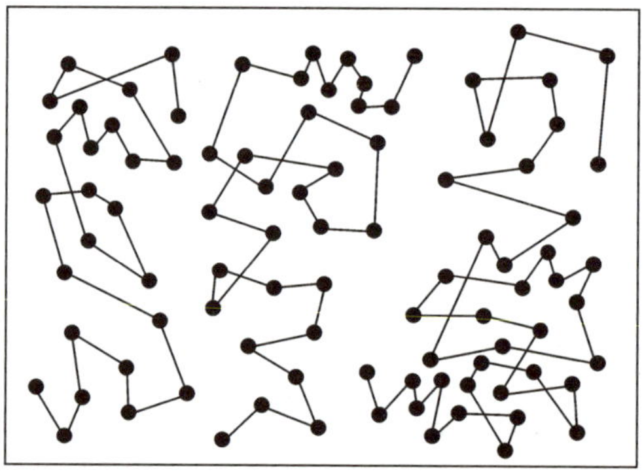

图 1-7 溶胶粒子的布朗运动

布朗运动的产生，是分散体系中分散质粒子受周围分散剂分子不断撞击的结果。在粗分散体系中，粒子较大，每一瞬间可以从各个方向受到无数次的冲击，结果冲击都互相抵消，难以推动颗粒运动，即使这些撞击力不能完全抵消，由于颗粒的质量大，产生的运动也不易觉察到。但是，对于较小的溶胶粒子，每一瞬间受到的冲击次数要少得多，不易彼此完全抵消，撞击力的合力在不同瞬间的大小和方向都不同。因此，溶胶颗粒就会发生不断改变方向和速度的布朗运动。

溶胶粒子的布朗运动导致它具有扩散作用，可以自发地从粒子浓度大的区域向浓度小的区域扩散，只是溶胶粒子比一般分子或离子要大得多，因而扩散较慢。

3. 电学性质

1) 电泳

在外加电场下，溶胶粒子在分散剂中的定向移动称为电泳(electrophoresis)。

例如，将新鲜的深红棕色 $Fe(OH)_3$ 溶胶加入U形电泳管中，并在溶胶上面缓缓加入少量水，出现清晰的界面。当插入电极接通直流电源后，发现U形管内阴极一边溶胶-水界面上升，阳极一边溶胶-水界面下降，如图1-8所示，这表明 $Fe(OH)_3$ 溶胶粒子是带正电荷的。如果用 As_2S_3 溶胶做同样的电泳实验，会得到相反的结果，说明 As_2S_3 溶胶粒子带负电。

2) 电渗

在外加电场下，固相不动，分散剂定向移动的现象称为电渗(electroosmosis)。

例如，在电渗管内装入 $Fe(OH)_3$ 溶胶，插入电极，接通电源后，发现正极一侧液面上升，负极一侧液面下降(图1-9)，说明分散剂向正极方向运动，分散剂是带负电的，$Fe(OH)_3$ 溶胶粒子则因不能通过隔膜而附在其表面。

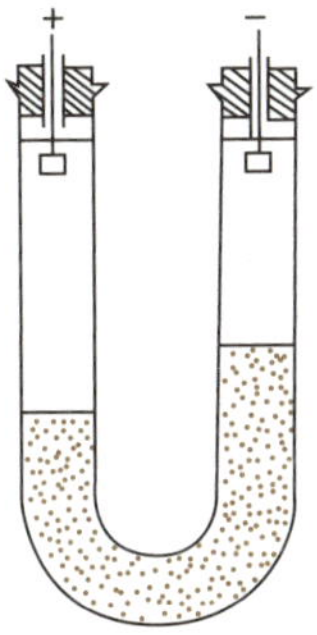

图1-8 电泳示意图

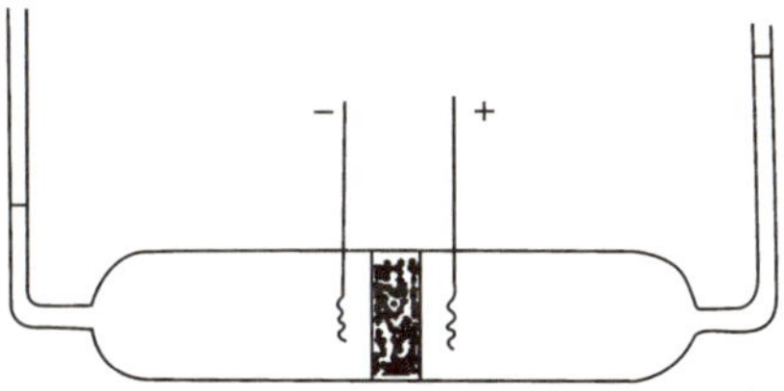

图1-9 电渗示意图

溶胶的电泳和电渗统称为电动现象(electrokinetic phenomenon)。

1.4.6 溶胶粒子带电的原因

1. 吸附作用

溶胶中的固体离子选择吸附与其组成有关的离子，必然导致溶胶粒子带电。例如，$Fe(OH)_3$ 选择吸附了 FeO^+ 而带正电；AgI 选择吸附 Ag^+ 而带正电，若选择吸附 I^- 便带负电。

2. 离解作用

胶粒表面层的分子离解也会使溶胶粒子带电。例如，在硅酸溶液中，溶胶颗粒是由 SiO_2 分子聚集而成的，粒子表面上的 SiO_2 与水作用生成 H_2SiO_3，弱电解质 H_2SiO_3 可以离解成 H^+ 和 $HSiO_3^-$，即

$$SiO_2+H_2O \longrightarrow H_2SiO_3 \rightleftharpoons H^+ + HSiO_3^-$$

H^+ 进入溶液，$HSiO_3^-$ 留在胶粒表面，因而使溶胶离子带负电。

应该指出，溶胶粒子带电原因十分复杂，以上两种情况只能说明溶胶粒子带电的某些规律。至于溶胶粒子究竟怎样带电，或者带什么电荷还需要通过实验证实。

1.4.7 胶团结构

溶胶的性质与其结构有关，大量实验证明溶胶具有扩散双电层结构。

例如，将 $FeCl_3$ 水解制备 $Fe(OH)_3$ 溶胶时，许多 $Fe(OH)_3$ 分子聚集在一起形成胶核（直径为 1～100nm），胶核具有很大的表面能，它吸附 FeO^+ 而使表面带正电荷，FeO^+ 是电位离子。电位离子被牢牢地吸附在胶核表面上。由于静电引力，带正电荷的 FeO^+ 吸引液相中的 Cl^-，Cl^- 与电位离子的电荷相反，称为反离子。由于反离子受到电位离子的静电吸引和本身的热运动，一部分反离子被束缚在胶核表面与电位离子一起形成吸附层，电泳时吸附层与胶核一起移动，这个运动单位称为胶粒；另一部分反离子离开胶核表面扩散到分散剂中，它们疏散地分布在胶粒周围，离胶核越远，浓度越小，这个液相层称为扩散层，胶粒与扩散层一起称为胶团。胶团内部反离子的电荷总数与电位离子的电荷总数相等，故胶团是电中性的。显然，胶粒内部反离子的电荷总数小于电位离子的电荷总数，因此胶粒是带电的，并且电荷符号必定与电位离子相同，而扩散层带相反电荷。$Fe(OH)_3$ 溶胶的胶团结构如图 1-10 所示。

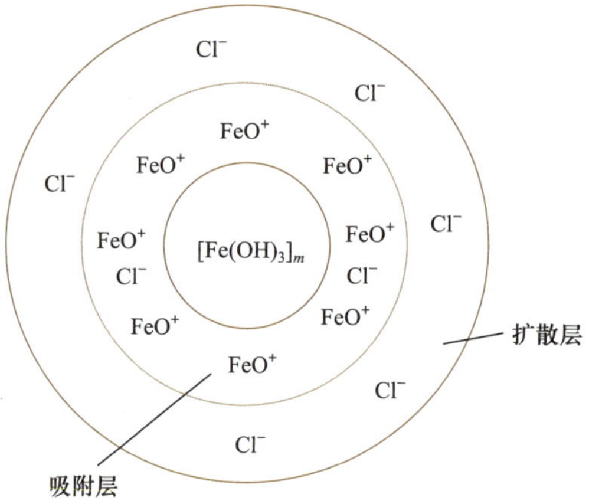

图 1-10 $Fe(OH)_3$ 溶胶的胶团结构示意图

胶团结构还可用胶团结构式表示。例如，$Fe(OH)_3$ 溶胶的胶团结构式为

$$\underbrace{\underbrace{\{\underbrace{[Fe(OH)_3]_m}_{\text{胶核}}\cdot\underbrace{\underset{\text{电位离子}}{nFeO^+}\cdot\underset{\text{反离子}}{(n-x)Cl^-}}_{\text{吸附层}}\}^{x+}}_{\text{胶粒}}\cdot\underbrace{\underset{\text{反离子}}{xCl^-}}_{\text{扩散层}}}_{\text{胶团}}$$

式中：m 为 $Fe(OH)_3$ 分子数（约 10^3）；n 为电位离子数目（$m>n$）；x 为扩散层反离子数目；$n-x$ 为吸附层中反离子数目。

同理，As_2S_3 溶胶的胶团结构式为

$$[(As_2S_3)_m \cdot nHS^- \cdot (n-x)H^+]^{x-} \cdot xH^+$$

又如，用 $AgNO_3$ 溶液与过量 KI 溶液作用制备的 AgI 溶胶，胶团结构式为

$$[(AgI)_m \cdot nI^- \cdot (n-x)K^+]^{x-} \cdot xK^+$$

相反，用 KI 溶液与过量 $AgNO_3$ 溶液作用制备的 AgI 溶胶，胶团结构式为

$$[(AgI)_m \cdot nAg^+ \cdot (n-x)NO_3^-]^{x+} \cdot xNO_3^-$$

实验证明，只有在适当过量的电解质存在下，胶核才能通过吸附电位离子，形成带有电荷的胶粒而具有一定程度的稳定性，所以这种电解质(由吸附层中的电位离子和反离子构成)称为溶胶的稳定剂。

1.4.8 溶胶的稳定性和凝结

1. 溶胶的稳定性

布朗运动和扩散作用阻止了胶粒的下沉，说明溶胶具有动力学稳定性(kinetic stability)。但溶胶是高度分散的多相体系，具有很大的表面能，即溶胶又具有热力学不稳定性。

除布朗运动外，溶胶稳定的原因还有两个：一是同种电荷的排斥作用。当两个胶粒间的距离缩短到它们的扩散层部分重叠时，静电排斥作用使两胶粒分开，阻止了溶胶粒子的凝结合并，使之稳定。二是溶剂化作用。由于溶剂化作用，在溶胶粒子的周围形成了一层溶剂化保护膜，因而既可以降低胶粒的表面能，又可以阻止胶粒之间的接触，从而提高了溶胶的稳定性。双电层越厚，溶胶越稳定。

2. 溶胶的凝结

溶胶的凝结是指在分散系中，分散质粒子合并变大后从分散系中分离出来的过程，也称为聚沉(coagulation)。从外表来看，凝结表现为溶液颜色的改变以及从澄清变为浑浊，最后析出沉淀。

促使溶胶凝结的因素很多，如溶胶的浓度过大，长时间加热以及加入电解质等。其中加入电解质是促使溶胶凝结的主要方法。

在溶胶中加入强电解质后，由于反离子的浓度增大，被电位离子吸引进入吸附层的反离子就会增多，于是中和了胶粒的电荷，胶粒就失去了静电相斥的保护作用。同时，加入的电解质离子具有很强的溶剂化作用，破坏了胶粒的溶剂化膜，因而在碰撞的过程中胶粒合并变大，最后发生沉淀。

电解质对溶胶凝结能力的大小常用凝结值来比较。凝结值是指一定量的溶胶在一定时间内开始凝结所需电解质的最低浓度($mmol \cdot L^{-1}$)。凝结值越小，凝结能力越大；反之，凝结能力越小。不同电解质的凝结值见表 1-4。

表 1-4 电解质的凝结值(单位：$mmol \cdot L^{-1}$)

电解质	As_2S_3(-)溶胶	电解质	$Fe(OH)_3$(+)溶胶
NaCl	51	NaCl	9.25
KCl	49.5	KCl	9.0
$MgCl_2$	0.72	K_2SO_4	0.205
$MgSO_4$	0.81	$K_2Cr_2O_7$	0.195
$AlCl_3$	0.093	$MgSO_4$	0.22
$Ce(NO_3)_3$	0.080	$K_3[Fe(CN)_6]$	0.096

由表 1-4 可见，电解质的负离子对正溶胶起凝结作用，正离子对负溶胶起凝结作用。凝结能力随离子价数的升高而显著增大，这一规律称为舒尔策-哈代(Schulze-Hardy)规则。例如，对于负电性的 As_2S_3 溶胶，电解质中起凝结作用的主要是正离子，且正离子价数越高，电解质的凝结能力越强，如 $AlCl_3$、$MgCl_2$、NaCl 三者的凝结值之比分别为

$$c(Al^{3+}):c(Mg^{2+}):c(Na^{+})=0.093:0.72:51=1:8:548$$

凝结能力之比即为

$$Al^{3+}:Mg^{2+}:Na^{+}=1:\frac{1}{8}:\frac{1}{548}=548:68.5:1$$

即 3 价离子的凝结能力数百倍于 1 价离子，2 价离子数十倍于 1 价离子。

同价离子的凝结能力相近，但随水化离子半径的增大而减小。例如，具有相同正离子的碱金属盐和碱土金属盐中的阳离子对 As_2S_3 溶胶的凝结能力的顺序为

$$Cs^{+}>Rb^{+}>K^{+}>Na^{+}>Li^{+}$$

$$Ba^{2+}>Sr^{2+}>Ca^{2+}>Mg^{2+}$$

这种顺序称为感胶离子序。感胶离子序与离子水化半径的顺序恰好相反。因为同族中同价离子的半径越小，电荷越集中，离子的水化程度越大，即水化半径越大，凝结值越大，凝结能力越小。

当把电性相反的两种溶胶混合时，由于带相反电荷的两种胶粒相互吸引而发生凝结，这种现象称为溶胶的相互凝结。实践证明，当两种溶胶混合时，胶粒所带电荷的代数和为零，才能完全凝结；否则，只能部分凝结，或者不凝结。显然，溶胶的相互凝结作用取决于两种溶胶的用量。

实际生活中，人们常用明矾[$KAl(SO_4)_2\cdot12H_2O$]净水。明矾溶于水后，形成 $Al(OH)_3$ 而使水净化。天然水中的悬浮粒子(硅酸等)一般带负电荷，也能与 $Al(OH)_3$ 溶胶中的胶粒相互吸引发生凝结净化。

*1.5 乳浊液和高分子溶液

1.5.1 乳浊液

一种液体分散在另一种互不相溶的液体中所形成的体系称为乳浊液(emulsion)。乳浊液属于粗分散体系，被分散的液滴直径为 100～500nm，用普通显微镜可以分辨。

乳浊液通常由水和油(习惯将不溶于水的有机液体，如苯、煤油等统称为油)所组成。如果是油分散在水中，称为水包油(油/水或 O/W)型乳浊液，如牛奶和某些农药制剂等。如果是水分散在油中，称为油包水(水/油或 W/O)型乳浊液，如石油、原油和人造黄油等。

把油和水两种液体混在一起，经剧烈地振荡后，虽能形成乳浊液，但静置又会分层。

要获得稳定的乳浊液，必须加入第三种物质作稳定剂。例如，在油和水的混合液中加入肥皂再振荡，便可获得稳定的乳浊液。乳浊液的稳定剂称为乳化剂。

1.5.2 高分子溶液

相对分子质量高达数千甚至数百万的有机化合物(如橡胶、动物胶、蛋白质和纤维素等)称为高分子化合物，高分子化合物溶于水和其他溶剂中所得的溶液称为高分子化合物溶液，简称高分子溶液。

由于高分子溶液中溶质分子的大小和溶胶粒子相近(1～100nm)，因此它具有不能透过半透膜、扩散速度慢等溶胶的特征。另外，高分子化合物是以单分子状态存在的，是分子分散体系，具有真溶液的特点，故高分子溶液具有真溶液和胶体溶液的双重特性。

向溶胶中加入适量高分子溶液能大大提高溶胶的稳定性，这种作用称为高分子溶液对溶胶的保护作用。一般高分子是具有链状结构的线型分子，它们很容易吸附在胶粒表面上，这样卷曲后的高分子就包住了溶胶粒子；又因高分子的高度溶剂化作用，在溶胶粒子的外面形成了很厚的保护膜，阻碍了胶粒间因相互碰撞而发生凝结，从而大大提高了溶胶的稳定性。

高分子溶液的保护作用在生理过程中具有重要意义。例如，健康人的血液中所含的难溶物质[$MgCO_3$、$Ca_3(PO_4)_2$ 等]都是以溶胶状态存在，并被血清蛋白质等高分子化合物保护着。当患上某些疾病时，这些高分子化合物在血液中的含量就会减少，于是溶胶发生凝结，在体内的某些器官内形成结石，如常见的肾结石、胆结石等。

习 题

1-1 难挥发溶质的溶液在不断的沸腾过程中，它的沸点是否恒定？其蒸气在冷却过程中的凝聚温度是否恒定？为什么？

1-2 若渗透现象停止了，是否意味着半透膜两端溶液的浓度也相等了？

1-3 为何江河入海处常会形成三角洲？

1-4 加明矾为什么能够净水？

1-5 不慎发生重金属离子中毒，为什么服用大量牛奶可以减轻症状？

1-6 3.0% Na_2CO_3 溶液的密度为 $1.03g\cdot mL^{-1}$，配制此溶液 200.0mL，需要 $Na_2CO_3\cdot 10H_2O$ 多少克？溶液的物质的量浓度是多少？

1-7 为了防止 500.0mL 水在 268.15K 结冰，需向水中加入甘油($C_3H_8O_3$)多少克？

1-8 把 30.0g 乙醇(C_2H_5OH)溶于 50.0g 四氯化碳(CCl_4)，所配成的溶液其密度为 $1.28g\cdot mL^{-1}$。试计算：(1)乙醇的质量分数；(2)乙醇的摩尔分数；(3)乙醇的质量摩尔浓度；(4)乙醇的物质的量浓度。

1-9 101mg 胰岛素溶于 10.0mL 水中，该溶液在 298.15K 时的渗透压为 4.34kPa，求胰岛素的摩尔质量。

1-10 实验测定某未知物水溶液在 298.15K 时的渗透压为 750kPa，求溶液的沸点和凝固点。

1-11 某一学生测得 $CS_2(l)$ 的沸点是 319.1K，硫溶解于 CS_2 中，$1.00mol\cdot kg^{-1}$ 溶液的沸点是 321.5K。当 1.5g 硫溶解在 12.5g CS_2 中时，该溶液的沸点是 320.2K。试确定硫的分子式。

1-12 人体血浆的凝固点为 272.50K，求 310K 时的渗透压。

1-13 今有两种溶液，一种为 3.6g 葡萄糖($C_6H_{12}O_6$)溶于 200.0g 水中，另一种为 20.0g 未知物溶于 500.0g 水中，这两种溶液在同一温度下结冰，计算未知物的摩尔质量。

1-14 293.15K 时，15.0g 葡萄糖($C_6H_{12}O_6$)溶于 200.0g 水中，试计算该溶液的蒸气压、沸点、凝固点和渗透压(已知：293.15K 时 p^*=2 333.14Pa)。

1-15 密闭钟罩内有两杯溶液，甲杯中含 1.68g 蔗糖($C_{12}H_{22}O_{11}$)和 20.0g 水，乙杯中含 2.45g 某非电解质和 20.0g 水。在恒温下放置足够长的时间达到动态平衡，甲杯水溶液总质量变为 24.9g，求该非电解质的摩尔质量。

1-16 混合等体积 $0.0090mol \cdot L^{-1}$ $AgNO_3$ 溶液和 $0.0060mol \cdot L^{-1}$ K_2CrO_4 溶液制得 Ag_2CrO_4 溶胶。写出该溶胶的胶团结构式，并注明各部分的名称。该溶胶的稳定剂是何种物质？现有 $MgSO_4$、$K_3[Fe(CN)_6]$、$[Co(NH_3)_6]Cl_3$ 三种电解质，它们对该溶胶起凝结作用的是何种离子？三种电解质对该溶胶凝结值的大小次序如何？

1-17 苯和水混合后加入钾肥皂摇动，得到哪种类型的乳浊液？加入镁肥皂又得到哪种类型的乳浊液？

1-18 某患者需补充 Na^+ 5.0g，如用生理盐水 [$\rho(NaCl) = 9.0g \cdot L^{-1}$] 补充，应需多少升？

1-19 一有机物 9.00g 溶于 500g 水中，水的沸点上升 0.0512K。(1)计算有机物的摩尔质量；(2)已知这种有机物含碳 40.0%，含氧 53.3%，含氢 6.70%，写出它的分子式。

1-20 海水中盐的总含量为 3.50%(质量分数)，若均以 NaCl 计，试估算海水开始结冰的温度和沸腾的温度，及 25℃时用反渗透法制取纯水所需的最低压力。(设海水密度为 $1.00g \cdot cm^{-3}$)

1-21 把过量的 H_2S 气体通入亚砷酸 H_3AsO_3 溶液中，制备得到硫化砷溶液。(1)写出该胶团的结构式，注明吸附层和扩散层；(2)用该胶粒制成电渗仪，通直流电后，水向哪一方向流动？(3)NaCl、$CaCl_2$、Na_2SO_4、$MgSO_4$ 哪一种电解质对硫化砷溶液聚沉能力最强？

1-22 在三支试管中分别加入 20.00mL 某种溶胶。要使溶胶聚沉，至少在第一支试管中加入 $4.0mol \cdot L^{-1}$ 的 KCl 溶液 0.53mL，在第二支试管中加入 $0.05mol \cdot L^{-1}$ 的 Na_2SO_4 溶液 1.25mL，在第三支试管中加入 $0.0033mol \cdot L^{-1}$ 的 Na_3PO_4 溶液 0.74mL，计算每种电解质溶液的聚沉值，并确定该溶胶的电性。

1-23 The sugar fructose contains 40.0% C，6.7% H，and 53.3% O by mass. A solution of 11.7g fructose in 325g ethanol has a boiling point of 78.59℃. The boiling point of ethanol is 78.35℃，and K_b of ethanol is $1.20K \cdot kg \cdot mol^{-1}$. What is the molecular formula of fructose?

1-24 A sample of $HgCl_2$ weighing 9.41g is dissolved in 32.75g ethanol (C_2H_5OH). The boiling point elevation of the solution is 1.27℃. Is $HgCl_2$ an electrolyte in ethanol? Show your calculations. ($K_b=1.20K \cdot kg \cdot mol^{-1}$)

1-25 Calculate the percentage by mass and the molarity in terms of $CuSO_4$ for a solution prepared by dissolving 11.5g $CuSO_4 \cdot 5H_2O$ in 0.1000kg water. Remember to consider the water released from the hydrate.

1-26 The cell walls of red and white blood cells are semipermeable membranes. The concentration of solute particles in the blood is about $0.6mol \cdot L^{-1}$. What happens to blood cells that are placed in pure water? What happens when it is in a $1mol \cdot L^{-1}$ sodium chloride solution?

第 2 章　化学热力学基础

热力学是研究各种形式的能量相互转化规律的科学。它是从研究如何提高热机效率、热和机械功之间的转换关系发展起来的。

将热力学的原理应用于化学变化过程,就形成化学热力学(chemical thermodynamics)。化学热力学的主要内容包括:计算化学反应热、判断化学反应进行的方向和限度。

热力学的基本定律——热力学第一定律和热力学第二定律是热力学的基础,是人类长期科学实践的经验总结,是不能以任何其他定理、定律为基础进行推导或论证的。它们的正确性经无数事实考证,从而得到确认,有牢固的实验基础,从未发现任何违反这些规律的现象。

热力学方法的特点是研究大量质点(分子、原子)组成的宏观体系,根据体系的宏观性质进行计算,推导出有用的结论以指导实践工作。热力学不考虑个别质点的行为,不研究体系的微观结构和变化机理,也不考虑时间因素,这些是热力学方法的局限性。

2.1　基 本 概 念

2.1.1　体系与环境

在热力学研究中,根据需要把研究的对象与周围其他部分区分开来,把研究的对象称为体系(system),体系之外与体系有关的其他部分称为环境(surrounding)。

根据体系与环境之间的关系,可将体系分为以下三类:

(1)敞开体系(open system):体系与环境之间既有物质交换,又有能量交换。

(2)封闭体系(closed system):体系与环境之间没有物质交换,只有能量交换。

(3)孤立体系(isolated system):体系与环境之间既没有物质交换,也没有能量交换。

例如,在一个烧杯中进行溶液反应,研究这个反应时,可以把烧杯中的溶液作为体系,而液面以上的水蒸气、空气等是环境,体系与环境之间既有物质交换,又有能量交换,是一个敞开体系。若在烧杯上加一个盖子,将烧杯内的物质作为体系,它与烧杯外面的环境之间不再有物质交换,但还是有能量交换,是一个封闭体系。若再用绝热层将烧杯包住,烧杯内就成了一个孤立体系。

体系与环境的划分是为了研究方便而人为确定的。体系与环境之间可能存在界面,也可能没有实际的界面,但可以想象有一个界面将体系与环境分隔开。上例中烧杯的盖子,可以是真实的,也可以是想象的。

2.1.2 状态和状态函数

体系都有一定的物理性质和化学性质，如温度、压力、体积、质量、密度、组成等，这些性质的总和就是体系的状态(state)。当体系的各种性质都有确定数值时，就确定了体系各方面的表现，体系就处于一定的热力学状态；反之，体系的状态一旦确定，体系的各种性质就有确定的数值，体系的状态发生变化，体系的性质也会随之改变。

体系的性质是由体系的状态确定的，这些性质是状态的函数，称为状态函数(state function)。上述各项体系的性质都是状态函数。状态函数的数值只与状态有关。状态函数是体系自身的性质。当体系发生变化时，状态函数的改变只与始态和终态有关，而与变化的途径无关。体系无论经什么变化途径恢复到起始状态，状态函数的数值不变。

例如，将一定量 O_2 作为体系，当其状态一定时，各项性质即各状态函数均有确定数值，温度为 T_1，体积为 V_1，压力为 p_1，……对体系加热，体系状态发生变化，状态函数也随之改变：温度为 T_2，体积为 V_2，压力为 p_2，……

体系各项性质之间是彼此关联的，所以在确定体系的状态时，不需对体系所有的性质逐一描述，只要确定几个性质就可以确定体系的状态。在一定条件下，对于物质数量不变的某气体体系，由 $pV=nRT$ 可知，只需确定两种性质，就可以确定体系的状态。

2.1.3 广度性质和强度性质

根据体系的性质与体系物质的量之间的关系，可分为广度性质(extensive properties)和强度性质(intensive properties)两类。

1. 广度性质

广度性质在数值上与体系中物质的量成正比，即具有加和性。体系某一广度性质的数值等于体系中各部分该广度性质的加和。例如，烧杯中水的体积就等于烧杯中各部分水的体积的总和。体积、质量、热力学能、焓、熵、自由能等都是广度性质。

2. 强度性质

强度性质在数值上与体系中物质的量无关，即不具有加和性。平衡体系某一强度性质的数值与体系中任一部分该强度性质的数值相等。例如，烧杯中水的温度是298.15K，则任一部分水的温度都是298.15K。温度、压力、密度、浓度等性质都是强度性质。很多强度性质是两个广度性质的比值，如质量与体积都是广度性质，它们的比值密度为强度性质。

2.1.4 过程和途径

体系状态发生变化时，变化的经过称为过程(process)。热力学中常用的过程有以下几种：

(1)定温过程：过程中体系的温度保持不变，且始终与环境的温度相等，即 $T_1=T_2=T_e$，下标 1、2 和 e 分别表示始态、终态和环境。

(2)定压过程：过程中体系的压力保持不变，且始终与环境的压力相等，即 $p_1=p_2=p_e$。

(3)定容过程：过程中体系的体积始终保持不变。

(4) 绝热过程：过程中体系与环境之间没有热交换，即 $Q=0$。

(5) 循环过程：体系经一系列变化后又恢复到起始状态的过程。

此外，还有许多不同的热力学过程。

体系由始态到终态，完成一个变化过程，经历的具体步骤称为途径(path)。一个过程往往可以经多种不同的途径来完成。例如，欲将一杯 303K 的水加热到 373K，可以逐步升温完成这个变化，也可以每次升温 10K 完成这个变化，还可以先降温再升温，……无论经由哪种途径，过程都是从 303K 到 373K，状态函数 T 的变化 ΔT 都是+70K。

2.1.5 热和功

敞开体系或封闭体系发生变化时，往往要与环境交换能量，所交换的能量有热(heat)和功(work)两种形式。

体系和环境之间由于温度不同，能量从高温物体传递到低温物体，这样交换的能量称为热，用 Q 表示，热的单位是 J 或 kJ。除热以外，在环境与体系之间以其他形式交换的能量统称为功，用 W 表示，功的单位是 J 或 kJ。

热力学上对热和功的正、负号有一定的规定。本书中按热力学的习惯，规定体系吸热，Q 为正值；体系放热，Q 为负值；体系对环境做功，W 为负值；环境对体系做功，W 为正值。

功的种类很多，有体积功、电功、表面功等。热力学上把体系反抗外压体积变化时所做的功称为体积功(或称膨胀功)。除体积功以外的其他形式的功都称为非体积功(或称非膨胀功、有用功、其他功)。

功和热是体系的状态发生变化时与环境交换的能量，是与过程密切相关的。它们是过程量，不是状态函数。经由不同的途径完成同一过程时，热和功的数值可能不同。

2.1.6 热力学第一定律

能量守恒定律应用于热力学体系就称为热力学第一定律(the first law of thermodynamics)。能量守恒定律是人类长期经验的总结，从未发现任何违反这一定律的现象。曾经有许多人试图制造一种不需提供能量就可以做功的机器——第一类永动机。这些尝试无一不失败，因为它违反能量守恒定律。直到 19 世纪中叶，能量守恒定律获得公认，才科学地提出：“第一类永动机是不可能制成的”，这是热力学第一定律的一种说法。

体系与环境通过做功或传热而交换能量。若环境对体系做功或体系从环境吸热，则体系的热力学能(thermodynamic energy，又称内能) U 增加；反之，体系对环境做功或放热，则体系的热力学能减少。热力学能是体系的一种广度性质，是状态函数。体系热力学能的绝对值无法确定，但体系发生变化时，热力学能的改变量 ΔU 是可以确定的。

例如，某一体系从始态变到终态，在变化过程中从环境吸热 Q，同时环境对体系做功 W，则体系的热力学能改变量

$$\Delta U=U_2-U_1=Q+W \tag{2-1}$$

式(2-1)就是热力学第一定律的数学表达式。

【例 2-1】 某体系从始态变到终态，从环境吸热 200kJ，体系对环境做功 300kJ，求体系和环境的热力学能改变量。

解 体系吸热 200kJ，所以 Q(体)=200kJ，体系对环境做功 300kJ，故 W(体)=−300kJ，根据式(2-1)

$$\Delta U(体)=Q(体)+W(体)=-100\,(\mathrm{kJ})$$

对于环境而言，体系吸热，环境就要放热，故 Q(环)=−200kJ，环境接收体系做的功，故 W(环)=300kJ，同样代入式(2-1)

$$\Delta U(环)=Q(环)+W(环)=100\,(\mathrm{kJ})$$

例 2-1 结果表明：“体系与环境的总能量保持不变”，即为能量守恒定律，是热力学第一定律的另一种表述方法。

2.2 热 化 学

2.2.1 反应进度

反应进度(advancement of reaction) ξ 用以表示化学反应进行的程度。对任一化学反应

$$a\mathrm{A}+d\mathrm{D}=\!=\!=g\mathrm{G}+h\mathrm{H}$$

可以表示为

$$0=\sum_{\mathrm{B}}v(\mathrm{B})\cdot R(\mathrm{B})$$

式中：R(B)指参与反应的任何物质；v(B)为反应物或生成物 B 的化学计量数(stoichiometric number)，对于反应物它是负数，对于生成物则是正数，化学计量数的量纲是 1，上式中

$$v(\mathrm{A})=-a,\quad v(\mathrm{D})=-d,\quad v(\mathrm{G})=g,\quad v(\mathrm{H})=h$$

在反应开始时，反应体系中各物质的量为 n_0(B)。到反应时刻 t，反应物的量减少，产物的量增加，各物质的量为 n_t(B)。反应进度 ξ 的定义为

$$\xi=\frac{n_t(\mathrm{B})-n_0(\mathrm{B})}{v(\mathrm{B})}=\frac{\Delta n(\mathrm{B})}{v(\mathrm{B})} \tag{2-2}$$

其中 ξ 的量纲是 mol。从式(2-2)可以看出，ξ=1mol 的物理意义是有 a mol 的反应物 A 和 d mol 反应物 D 参加反应并完全消耗，转化为 g mol 的产物 G 和 h mol 的产物 H。

例如，合成氨反应

$$3H_2+N_2=\!=\!=2NH_3$$

反应进度 ξ=1mol，表示 3mol H_2 与 1mol N_2 完全反应，生成 2mol NH_3。反应进度 ξ 与该反应在一定条件下达到平衡的转化率没有关系，它是按计量方程式为单元表示反应进行的程度，而且用反应体系中任一种物质的量的变化来表示，所得的值均相同。若将合成氨的反应计量方程式写为

$$\frac{3}{2}H_2+\frac{1}{2}N_2 = NH_3$$

反应进度 ξ=1mol，则表示 $\frac{3}{2}$ mol H_2 与 $\frac{1}{2}$ mol N_2 完全反应，生成 1mol NH_3，所以反应进度与反应计量方程式的写法有关。

2.2.2　化学反应热

化学反应进行时总是伴随着热量的释放或吸收。应用热力学的规律研究化学反应热的科学称为热化学(thermochemistry)。热化学中规定：只做体积功的化学反应体系，当反应物的温度与产物的温度相同时，吸收或释放的热量称为化学反应热。反应热一般是指反应进度 ξ=1mol 时的热。

1. 定容热

当只做体积功的化学反应在密封的容器中进行时，反应体系的体积不变，$\Delta V=0$，体积功 $-p\Delta V$ 也为零。此时体系的热力学能变化

$$\Delta U=Q+W=Q_V-p\Delta V=Q_V \tag{2-3}$$

式中：Q_V 为定容热，下标 V 表示体积不变。式(2-3)的物理意义是，在只做体积功的条件下，定容反应热等于体系热力学能的改变量。

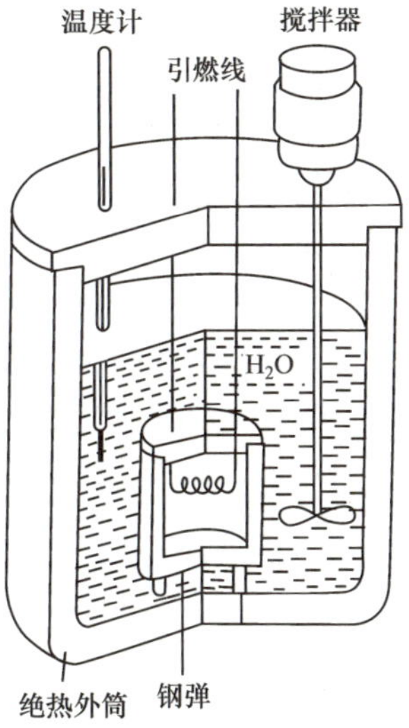

图 2-1　弹式热量计

定容热可以用特制的仪器“弹式热量计”测定(图 2-1)。反应物放置在密封的钢弹中，并通入高压氧气，再将钢弹放入有绝热外壁的热量器中。热量器内有一定量的水，还有温度计和搅拌器。反应时通电使钢弹内的反应物在高压氧气中燃烧，放出的热使热量器中水的温度升高，整个仪器系统温度的变化可通过温度计测得。整个仪器系统的热容也称为“水当量”，可以用已知燃烧热的标准物质进行标定。常用苯甲酸作标准物，其定容燃烧热是 $-3227\text{kJ}\cdot\text{mol}^{-1}$(298.15K)。在反应过程中钢弹的体积可认为没有发生变化，这样就测得定容反应热 Q_V。

2. 定压热

大多数化学反应是在定压条件下进行的，定压热 Q_p 在实用中更为重要。

只做体积功，在定压条件下进行的反应，根据热力学第一定律可得

$$\Delta U=Q+W=Q_p-p\Delta V$$

所以

$$\begin{aligned}Q_p&=\Delta U+p\Delta V\\&=(U_2-U_1)+p(V_2-V_1)\\&=(U_2+pV_2)-(U_1+pV_1)\end{aligned}$$

由于 U、p、V 都是状态函数，所以 $U+pV$ 也是状态函数，热力学中定义一个新的状

态函数焓（enthalpy），用符号 H 表示

$$H=U+pV \tag{2-4}$$

故可得

$$Q_p=(U_2+pV_2)-(U_1+pV_1)=H_2-H_1=\Delta H \tag{2-5}$$

式（2-5）的物理意义是：在只做体积功的条件下，定压反应热等于体系焓的改变量。

焓具有能量的量纲，其绝对值也和热力学能一样，是无法知道的。但某一反应中，体系热力学能和焓的变化值可以分别根据式（2-3）和式（2-5）求得。

3. 定压热和定容热的关系

根据焓的定义 $H=U+pV$，故体系只做体积功时有

$$\Delta H=\Delta U+\Delta(pV)$$

在定压条件下

$$\Delta H=\Delta U+p\Delta V=\Delta U+\Delta nRT \tag{2-6}$$

将式（2-3）和式（2-5）代入，得

$$Q_p=Q_V+p\Delta V=Q_V+\Delta nRT \tag{2-7}$$

$$\Delta n=\xi\sum\nu(\mathrm{B},\ \mathrm{g}) \tag{2-8}$$

说明在定容条件下进行反应时，体系吸收的热增加了体系的热力学能；在定压条件下进行反应时，体系吸收的热除了增加体系的热力学能，还有一部分用于做体积功 $p\Delta V$。

对于反应物和产物都是固体或液体物质的反应，反应前后体系的体积变化很小，$p\Delta V$ 与 ΔU 和 ΔH 相比可以忽略不计，即 $\Delta H\approx\Delta U$，$Q_p\approx Q_V$。

对于有气体参加或生成的反应，$p\Delta V$ 不能忽略。若把气体都看作理想气体，当反应进度 ξ=1mol 时，$p\Delta V=\sum\nu(\mathrm{B},\ \mathrm{g})RT$，其中 T 为定值，R 为摩尔气体常量，故有

$$\Delta_r H_m=\Delta_r U_m+\sum\nu(\mathrm{B},\ \mathrm{g})RT \tag{2-9a}$$

或

$$Q_{p,\ m}=Q_{V,\ m}+\sum\nu(\mathrm{B},\ \mathrm{g})RT \tag{2-9b}$$

式中：下标 m 表示反应进度 ξ=1mol；$\sum\nu(\mathrm{B},\ \mathrm{g})$ 为反应物和产物中气相物质的计量数之和。

【例 2-2】 实验测得 1.200g 尿素在 298.15K 时的弹式热量计中完全燃烧，放热 12.658kJ，求 298.15K 时尿素燃烧反应的定容热效应 $Q_{V,\ m}$ 和定压热效应 $Q_{p,\ m}$。

解
$$CO(NH_2)_2(s)+\frac{3}{2}O_2(g)=CO_2(g)+N_2(g)+2H_2O(l)$$

尿素的摩尔质量为 60.04g·mol^{-1}。

$$Q_{V,\ m}=\frac{60.04}{1.200}\times(-12.658)=-633.3(\mathrm{kJ\cdot mol^{-1}})$$

$$Q_{p,\ m}=Q_{V,\ m}+\sum\nu(\mathrm{B},\ \mathrm{g})RT$$

$$=-633.3+\left(2-\frac{3}{2}\right)\times 8.314\times 298.15\times 10^{-3}$$

$$=-632.1\,(\mathrm{kJ\cdot mol^{-1}})$$

尿素燃烧是放热反应，故 $Q_{V,\mathrm{m}}$ 和 $Q_{p,\mathrm{m}}$ 都是负数。从计算结果可以看出体积功的数值比反应热的数值要小 1～2 个数量级。

2.2.3　热化学方程式

热化学方程式(thermochemical equation)用以表示化学反应与反应热的关系。有的中学化学课本将反应热列在方程式中，如

$$N_2 + 3H_2 = 2NH_3 + 92.22\mathrm{kJ}$$

$$N_2 + 2O_2 = 2NO_2 - 66.40\mathrm{kJ}$$

式中：热量前面的“+”号表示放热，“-”号表示吸热。这种表示方法不准确，因为反应热与物质的状态和反应时的温度、压力等条件有关。

在化学热力学中，上述两个反应的热化学方程式的写法应该是

$$N_2(g)+3H_2(g) = 2NH_3(g) \qquad \Delta_r H_m^{\ominus}=-92.22\mathrm{kJ\cdot mol^{-1}}$$

$$N_2(g)+2O_2(g) = 2NO_2(g) \qquad \Delta_r H_m^{\ominus}=66.40\mathrm{kJ\cdot mol^{-1}}$$

书写热化学方程式时要注意以下几点：

(1)要注明反应物和产物的状态，用 s、l、g 分别表示固态、液态、气态。固体物质若有几种晶形，也要注明，如 C(石墨)、C(金刚石)等。

(2)要注明反应物和产物所处的温度和压力。若温度和压力分别是 298.15K 和标准压力 $p^{\ominus}$，则可以不注明。

(3)反应多在定压条件下完成，用ΔH 表示反应热，负数表示放热，正数表示吸热。

(4)$\Delta_r H_m^{\ominus}$ 的意义是“在标准压力下，反应进度 ξ=1mol 时的焓变”。下标“r”代表反应(reaction)；下标“m”代表反应进度 ξ=1mol；上标“$\ominus$”表示标准状态。在 SI 单位制中，标准压力应为 101.3kPa，但这个数字使用不太方便，国际纯粹与应用化学联合会(IUPAC)建议以 1×10^5Pa 作为气态物质的热力学标准状态，符号为 $p^{\ominus}$。若压力不为 $p^{\ominus}$，反应焓变的符号为$\Delta_r H_m$。

(5)$\Delta_r H_m^{\ominus}$ 或$\Delta_r H_m$ 的单位是 $\mathrm{kJ\cdot mol^{-1}}$(或 $\mathrm{J\cdot mol^{-1}}$)。ΔH 代表一个过程的焓变，单位是 J 或 kJ。这两种符号的意义不同，单位也不一样，使用中一定要注意区分。二者之间的关系为

$$\Delta H=\xi\cdot\Delta_r H_m \quad 或 \quad \Delta H^{\ominus}=\xi\cdot\Delta_r H_m^{\ominus} \tag{2-10}$$

【例 2-3】 在 298.15K、标准状态下，1mol H_2 完全燃烧生成水，放热 285.84kJ。此反应可分别表示为

$$H_2(g)+\frac{1}{2}O_2(g) = H_2O(l) \tag{1}$$

$$2H_2(g)+O_2(g) = 2H_2O(l) \tag{2}$$

若过程 A 中有 1mol H_2 燃烧，过程 B 中有 10mol H_2 燃烧。分别求两过程的$\Delta H^\ominus(A)$和$\Delta H^\ominus(B)$。

解 按计量方程(1) $\Delta_r H_m^\ominus(1)=-285.84\text{kJ}\cdot\text{mol}^{-1}$

按计量方程(2) $\Delta_r H_m^\ominus(2)=-571.68\text{kJ}\cdot\text{mol}^{-1}$

对于过程 A，反应进度 $\xi_1(A)=1\text{mol}$，$\xi_2(A)=0.5\text{mol}$。根据式(2-9)，$\Delta H^\ominus(A)=-285.84\text{kJ}$。对于过程 B，反应进度 $\xi_1(B)=10\text{mol}$，$\xi_2(B)=5\text{mol}$。$\Delta H^\ominus(B)=-2858.4\text{kJ}$。

例 2-3 说明反应热$\Delta_r H_m^\ominus$或$\Delta_r H_m$的数值与计量方程有关；某一具体过程的焓变$\Delta H^\ominus$或ΔH的数值与计量方程无关。

2.2.4 赫斯定律

俄国化学家赫斯(Hess)根据大量实验事实总结出一条规律：一个反应在定压或定容条件下，不论是一步完成还是分几步完成，其反应热是相同的。这就是赫斯定律，适用于任何状态函数。

赫斯定律是在热力学第一定律建立之前提出来的经验定律，在热力学第一定律建立之后，赫斯定律在理论上得到圆满的解释。当反应体系不做非体积功时，$Q_p=\Delta H$，$Q_V=\Delta U$，而 H 和 U 都是状态函数，当反应的始态(反应物)和终态(生成物)一定时，H 和 U 的改变值ΔH和ΔU与途径无关。所以无论是一步完成反应，或是多步完成反应，反应热都一样。

赫斯定律的建立，使热化学方程式可以像普通代数方程式一样进行计算，有很大的实用性。可以从已知的反应热数据，经过加减运算得到难以通过实验测定的反应热数据。

【例 2-4】 已知 298.15K、$p^\ominus$下

(1) $C(s)+O_2(g) = CO_2(g)$ $\Delta_r H_m^\ominus(1)=-393.5\text{kJ}\cdot\text{mol}^{-1}$

(2) $CO(g)+\frac{1}{2}O_2(g) = CO_2(g)$ $\Delta_r H_m^\ominus(2)=-283.0\text{kJ}\cdot\text{mol}^{-1}$

求反应(3) $C(s)+\frac{1}{2}O_2(g) = CO(g)$的$\Delta_r H_m^\ominus(3)$。

解 这三个反应有如下关系：

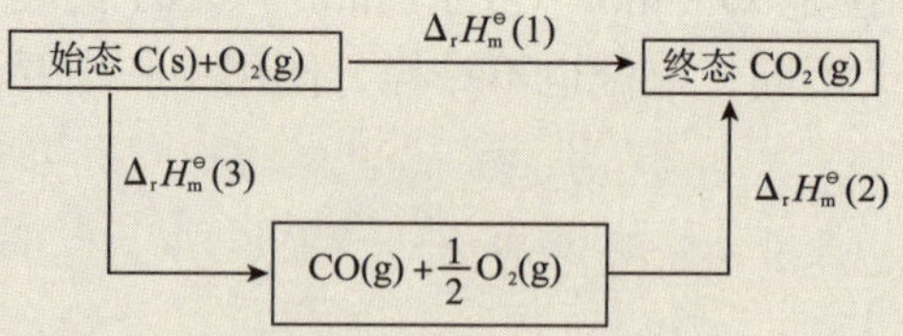

根据赫斯定律

$$\Delta_r H_m^\ominus(1)=\Delta_r H_m^\ominus(3)+\Delta_r H_m^\ominus(2)$$

所以

$$\Delta_r H_m^\ominus(3)=\Delta_r H_m^\ominus(1)-\Delta_r H_m^\ominus(2)=-393.5-(-283.0)=-110.5(\text{kJ}\cdot\text{mol}^{-1})$$

也可以像代数式一样计算，方程(1)-方程(2)得方程(3)：

$$C(s)+\frac{1}{2}O_2(g)═CO(g)$$

$$\Delta_r H_m^\ominus(3)=\Delta_r H_m^\ominus(1)-\Delta_r H_m^\ominus(2)=-110.5(\text{kJ}\cdot\text{mol}^{-1})$$

C 和 O_2 的反应不可能控制在完全生成 CO 而无 CO_2 生成的程度，因此无法通过实验测定这个反应的反应热。然而根据赫斯定律，利用 C 和 CO 的燃烧热，很容易计算生成 CO 反应的焓变。

2.2.5 标准摩尔生成焓

化学反应热是热化学的重要数据，然而化学反应种类太多，没有任何一种化学工具书中能记录数以万计的全部反应热，但在化学手册上都可以查到标准摩尔生成焓(standard molar enthalpy of formation)的数据。

热力学上规定物质的标准状态是一定温度、标准压力(10^5Pa)下的纯物质状态。

固体：标准压力 $p^\ominus$ 下纯固体状态。

液体：标准压力 $p^\ominus$ 下纯液体状态。

气体：标准压力 $p^\ominus$ 下纯物质的理想气体状态。

对于溶液中的组分而言，标准状态是标准压力下该组分活度为 1 的状态。有时也近似地用浓度为 $1\text{mol}\cdot\text{kg}^{-1}$ 或 $1\text{mol}\cdot\text{L}^{-1}$ 代替活度为 1 的状态。

热化学规定，在一定温度、标准压力 $p^\ominus$ 下，元素稳定单质的标准摩尔生成焓为零，以此为相对标准，由元素的稳定单质生成 1mol 纯化合物时的反应热称为该化合物的标准摩尔生成焓，用 $\Delta_f H_m^\ominus$ 表示。下标 f 代表生成(formation)。

热力学中的标准状态指一定温度和标准压力 $p^\ominus$。随温度变化，可有无数个标准状态。为方便起见，一般选择 298.15K 为规定温度。附录 I 列出了一些物质 298.15K 时的标准摩尔生成焓数据，$\Delta_f H_m^\ominus$ 的单位是 $\text{kJ}\cdot\text{mol}^{-1}$。

对于任何一个化学反应：

$$aA+dD═gG+hH$$

把反应的生成物作为终态，把有关的稳定单质作为始态。从稳定单质到生成物有两种途径：一是由始态直接到终态；另一途径是由始态先生成反应物，再由反应物转化为生成物。第一个途径的焓变为 $\sum\nu(B)\Delta_f H_m^\ominus$(生成物)，第二个途径的焓变为 $-\sum\nu(B)\Delta_f H_m^\ominus$(反应物)$+\Delta_r H_m^\ominus$(图 2-2)。两个途径的焓变相等，根据赫斯定律整理即得式(2-11)。

$$\Delta_r H_m^\ominus=\sum\nu(B)\Delta_f H_m^\ominus(B) \tag{2-11}$$

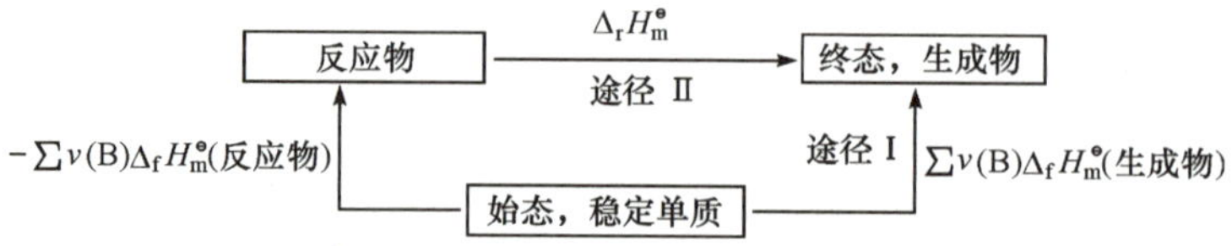

图 2-2　从稳定单质到生成物的两种途径

【例 2-5】　由附录 I 的数据计算反应

$$CO(g)+H_2O(g)=\!=\!=CO_2(g)+H_2(g)$$

在 298.15K、$p^{\ominus}$时的反应热。

解　根据式(2-9)

$$\Delta_r H_m^{\ominus}=\sum \nu(B)\Delta_f H_m^{\ominus}(B)$$

$$=-1\times\Delta_f H_m^{\ominus}(CO,\ g)+(-1)\times\Delta_f H_m^{\ominus}(H_2O,\ g)+\Delta_f H_m^{\ominus}(CO_2,\ g)+\Delta_f H_m^{\ominus}(H_2,\ g)$$

$$=-1\times(-110.53)+(-1)\times(-241.82)+(-393.51)+0$$

$$=-41.16(kJ\cdot mol^{-1})$$

*2.2.6 标准摩尔燃烧焓

多数有机物的生成热难以测定，但有机物大多可以燃烧，其燃烧热容易准确测得，故常用标准摩尔燃烧焓(standard molar enthalpy of combustion)的数据计算有机物的反应焓。

在一定温度及标准压力 $p^{\ominus}$下，1mol 物质完全燃烧时的焓变称为该物质的标准摩尔燃烧焓，用符号 $\Delta_c H_m^{\ominus}$ 表示，下标 c 代表燃烧(combustion)。燃烧焓的单位也是 $kJ\cdot mol^{-1}$。

完全燃烧是指物质中各元素均氧化为稳定高氧化数状态物质，如 C→CO_2(g)、H→H_2O(l)、N→N_2(g)、S→SO_2(g)、Cl→HCl(aq)等，aq 表示水溶液。根据定义，上述燃烧产物及 O_2 的标准摩尔燃烧焓为零。表 2-1 列出了某些物质在 298.15K 时的标准摩尔燃烧焓。

表 2-1　一些物质的标准摩尔燃烧焓(298.15K)

物质	$\Delta_c H_m^{\ominus}/(kJ\cdot mol^{-1})$	物质	$\Delta_c H_m^{\ominus}/(kJ\cdot mol^{-1})$
H_2(g)	−285.84	HCOOH(l)	−254.64
C(石墨)	−393.51	CH_3COOH(l)	−871.64
CO(g)	−283.0	$(COOH)_2$(s)草酸	−245.60
CH_4(g)	−890.31	C_6H_6(l)	−3267.54
C_2H_6(g)	−1559.84	C_6H_5CHO(l)	−3527.95
C_3H_8(g)	−2219.90	C_6H_5OH(s)	−3053.48
HCHO(g)	−570.78	C_6H_5COOH(s)	−3226.87
CH_3CHO(l)	−1166.37	$CO(NH_2)_2$(s)(尿素)	−631.66
CH_3OH(l)	−726.51	$C_6H_{12}O_6$(s)(葡萄糖)	−2803.03
C_2H_5OH(l)	−1366.83	$C_{12}H_{22}O_{11}$(s)(蔗糖)	−5640.87

对于一个燃烧反应，从始态反应物开始，到终态燃烧产物，可以经由两个途径完成这个变化：一是反应物直接燃烧，焓变为$-\sum \nu(B)\Delta_c H_m^\ominus$（反应物）；另一途径是先完成化学反应得到生成物，再将生成物燃烧得到燃烧产物，这个途径的焓变为$\Delta_r H_m^\ominus + \sum \nu(B)\Delta_c H_m^\ominus$（B，生成物）（图 2-3）。这两个途径的焓变相等，故可得

$$\Delta_r H_m^\ominus + \sum \nu(B)\Delta_c H_m^\ominus(\text{B，生成物}) = -\sum \nu(B)\Delta_c H_m^\ominus(\text{B，反应物})$$

$$\Delta_r H_m^\ominus = -\sum \nu(B)\Delta_c H_m^\ominus(B) \qquad (2\text{-}12)$$

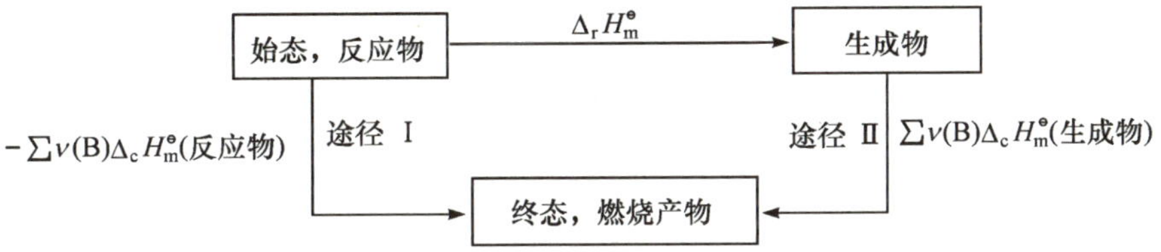

图 2-3　从反应物到燃烧产物的两种途径

【例 2-6】　根据标准摩尔燃烧焓的数据求下列反应在 298.15K 时的标准摩尔反应焓。

$$CH_3CHO(l) + H_2(g) = CH_3CH_2OH(l)$$

解　从表 2-1 可查到$\Delta_c H_m^\ominus(CH_3CHO，l) = -1166.37kJ \cdot mol^{-1}$，$\Delta_c H_m^\ominus(H_2，g) = -285.84kJ \cdot mol^{-1}$，$\Delta_c H_m^\ominus(C_2H_5OH，l) = -1366.83kJ \cdot mol^{-1}$，代入式（2-11），得

$$\begin{aligned}\Delta_r H_m^\ominus &= -\sum \nu(B)\Delta_c H_m^\ominus(B)\\ &= -[(-1)\times(-1166.37)+(-1)\times(-285.84)+1\times(-1366.83)]\\ &= -85.38(kJ \cdot mol^{-1})\end{aligned}$$

标准摩尔反应焓、标准摩尔生成焓和标准摩尔燃烧焓都是特殊的反应热，可以根据赫斯定律，利用这些已知的数据，求某一反应的焓变。

【例 2-7】　利用标准摩尔生成焓和标准摩尔燃烧焓的数据，计算乙醛在 298.15K 时的标准摩尔生成焓。

解　乙醛在 298.15K，$p^\ominus$下的燃烧反应为

$$CH_3CHO(l) + \frac{5}{2}O_2(g) = 2CO_2(g) + 2H_2O(l)$$

从附录Ⅰ可查出$\Delta_f H_m^\ominus(CO_2，g) = -393.51kJ \cdot mol^{-1}$，$\Delta_f H_m^\ominus(H_2O，l) = -285.84kJ \cdot mol^{-1}$，$\Delta_c H_m^\ominus(CH_3CHO，l) = -1166.37kJ \cdot mol^{-1}$。该反应的标准摩尔反应焓就是乙醛的标准摩尔燃烧焓，代入式（2-10）

$$-1166.37 = -1\times\Delta_f H_m^\ominus(CH_3CHO，l) + \left(-\frac{5}{2}\right)\times 0 + 2\times(-393.51) + 2\times(-285.84)$$

解得

$$\Delta_f H_m^\ominus(CH_3CHO，l) = -192.33kJ \cdot mol^{-1}$$

2.3 熵

2.3.1 自发过程

自发过程是在一定条件下，不借助任何外力可以自动进行的过程。例如，水可以自动地从高处向低处流动；热可以自动地从高温物体传给低温物体。这种可以自动发生变化的例子很多，这些变化都是自发过程。

上述自发过程尽管分属不同范畴，但是有一些共同特点。

(1) 自发过程具有方向性。在一定条件下，自发过程只能自动地单向进行，其逆过程不能自发进行。若要使逆过程进行，必须消耗能量，对体系做功。例如，要消耗机械能才能把低处的水提升到高处；冰箱要耗电才能制冷，把低温物体的热传给高温物体。这些逆过程的进行都要消耗环境的能量，或者说在环境中留下了“痕迹”。

(2) 自发过程有一定的限度。自发过程不会无休止地进行，总是进行到一定程度就自动停止。高处的水向低处流，到两处水位相等时就停止流动；热传导也是在温度相等时就停止进行；化学反应进行到一定程度，达到化学平衡，从宏观上看化学反应也停止了。自发过程进行的限度就是体系达到平衡。

(3) 进行自发过程的体系具有做有用功(非体积功)的能力。高处流下的水可以推动水轮机；热机就是利用热传导做功；某些化学反应可以设计成电池做电功。但体系做有用功的能力随着自发过程的进行逐渐减少，当体系达到平衡后，就不再具有做有用功的能力。

2.3.2 混乱度和熵

在对自发过程的研究中，人们发现很多体系能量降低的过程是自发的。例如，水从势能高处自动流向势能低处，正电荷自动地从电势高处流向电势低处。化学反应也有类似的情况，很多放热反应可以自动进行。但研究也发现有些能量升高的过程也可能自发进行。例如，298.15K 时，冰自动融化成水，同时吸热；NH_4NO_3 等固体物质在水中溶解也是吸热的过程，却可以自发进行。另外，也有相当一部分化学反应是吸热反应，在一定条件下也可自发进行，如 $CaCO_3$ 分解等。

显然，决定一个过程能否自发进行，除了能量因素之外，还有其他因素。研究表明，体系混乱度增大的过程往往可以自发进行。

1. 混乱度

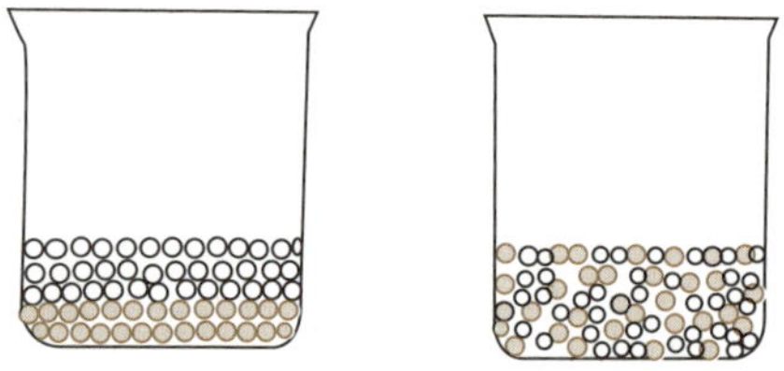

图 2-4 由状态 I 变成状态 II，混乱度增加

混乱度也称为无序度，它的大小与体系中可能存在的微观状态数目有关。图 2-4 的例子形象、直观地说明混乱度增大的过程中可以自发进行。状态 I 是白球和黑球有序地排列，混乱度很小；状态 II 是两种球杂乱地排列，混乱度很大。将状态 I 的烧杯摇动一下，很快从有序的排列自发变为状态 II 的无序排列，体系的混乱度增大。但将状态 II 的烧杯摇动，无论摇多久，也不会从无序排列变为状态 I 的有序排列，即混乱度

减少的过程不可能自发进行。欲使体系恢复到有序排列的状态，必须借助外力，如人工进行排列等。

冰融化成水、水蒸发为水蒸气、NH_4NO_3 晶体溶解、$CaCO_3$ 分解等过程都是混乱度增大的过程，尽管需要环境提供能量，但在一定条件下都可以自发进行。

2. 熵

熵(entropy)是一个状态函数，用符号 S 表示。熵的大小与体系的微观状态数 Ω 有关，即

$$S=k\ln\Omega \tag{2-13}$$

式中：k 为玻尔兹曼(Boltzmann)常量，$k=1.3807\times10^{-23}\text{J}\cdot\text{K}^{-1}$。

体系微观状态数是大量质点的体系经统计规律处理而得到的热力学概率，因此熵具有统计意义，对只有几个、几十或几百分子的体系就无所谓熵。状态函数熵具有加和性，是广度量。熵的单位是 $\text{J}\cdot\text{K}^{-1}$。

在孤立体系中，体系与环境没有能量交换，体系总是自发地向混乱度增大的方向变化，即在孤立体系中，变化总是向熵增加的方向进行。孤立体系的熵永不减少，这就是熵增加原理。孤立体系达到平衡时，自发过程不再发生，也就是体系的混乱度达到最大，此时体系的熵有最大值。

2.3.3 热力学第二定律

通过对自发过程的研究，可以知道能量的传递不仅要遵守热力学第一定律，保持能量守恒，而且在能量传递的方向性上有一定限制。热力学第二定律(the second law of thermodynamics)就说明了自发过程进行的方向和限度。

熵增加原理“孤立体系的熵永不减少”是热力学第二定律的一种表述。此外还有其他说法，这些说法都是等同的。

热力学第二定律是热力学最基本的定律之一，是人类经验的总结，它的正确性和普适性是不容置疑的。

2.3.4 标准熵

随着温度降低，水蒸气逐渐凝结成水，水再凝固为冰。在此过程中，体系的无序度越来越小，熵值也越来越小。温度降低到绝对零度时，分子的热运动可以认为已完全停止，分子都处于理想的有序状态。据此，在热力学上总结出一条经验规律：在绝对零度时，任何纯物质的完美晶体，熵值都等于零。这就是热力学第三定律(the third law of thermodynamics)。热力学第三定律也可表述为“绝对零度是不可能达到的”。

根据热力学第三定律，利用物质的比热容、摩尔质量、相变热等性质，可以计算出各种物质在一定温度下熵值的大小。1mol 纯物质在标准状态下的熵称为标准摩尔熵，用符号 $S_\text{m}^\ominus$ 表示，单位是 $\text{J}\cdot\text{mol}^{-1}\cdot\text{K}^{-1}$。附录 I 列出一些物质在 298.15K 时的标准摩尔熵。

与热力学能、焓等状态函数不同，体系的熵这个状态函数的绝对值是可以知道的。另

外，熵值的大小与物质的聚集状态有关，同一物质在相同条件下，$S_m^\ominus(g)>S_m^\ominus(l)>S_m^\ominus(s)$。

2.3.5 化学反应的熵变计算

在标准状态下，化学反应

$$aA+dD = gG+hH$$

的标准摩尔熵变$\Delta_r S_m^\ominus$可根据反应物和生成物的标准摩尔熵值求得

$$\Delta_r S_m^\ominus = \sum \nu(B) S_m^\ominus(B) \tag{2-14}$$

【例 2-8】 求 298.15K、$p^\ominus$ 下反应 $CaCO_3 = CO_2+CaO$ 的熵变。

解 从附录 I 查得 $S_m^\ominus(CaCO_3)$=92.88J · mol^{-1} · K^{-1}，$S_m^\ominus(CO_2)$=213.64J · mol^{-1} · K^{-1}，$S_m^\ominus(CaO)$=39.75J · mol^{-1} · K^{-1}。代入式(2-13)，得

$$\Delta_r S_m^\ominus = -1\times 92.88+1\times 213.64+1\times 39.75 = 160.51\,(J\cdot mol^{-1}\cdot K^{-1})$$

2.4 自 由 能

决定自发过程能否发生，既有能量因素，又有混乱度因素，因此要涉及ΔH和ΔS这两个状态函数改变量。1876 年，美国物理化学家吉布斯(Gibbs)提出用自由能来判断定温、定压条件下过程的自发性。

2.4.1 自由能

自由能(free energy) G 的定义是

$$G=H-TS \tag{2-15}$$

式中：H、T 和 S 都是状态函数，它们的线性组合 G 也是状态函数。G 具有能量的量纲，单位是 J 或 kJ。体系的自由能与热力学能、焓一样，不可能知道其绝对值，但体系经历某一过程后，自由能的改变量ΔG是可以求得的

$$\Delta G=G_2-G_1$$

式中：G_2 和 G_1 分别为终态和始态的自由能，若是化学反应体系，则分别为生成物和反应物的自由能。

体系的自由能是体系在定温定压条件下对外做有用功的能力。若经某一过程后，体系的$\Delta G<0$，即 $G_2<G_1$，说明这是自由能降低的过程，在此过程中自由能释放出来做有用功，而自发过程也是可以对外做有用功的。当体系达到平衡时，便不再能做有用功，此时$G_2=G_1$。

综上所述，在定温、定压只做体积功的条件下，体系发生变化，可以用自由能的改变量来判断过程的自发性，即

$\Delta G<0$　　自发过程

$\Delta G=0$　　平衡状态

$\Delta G>0$　　非自发过程，其逆过程可自发进行

这就是判断过程自发性的自由能判据。

2.4.2　标准摩尔生成自由能

多数化学反应是在定温、定压条件下发生的，因此用自由能的变化来判断化学反应的自发性是很方便的。

与标准摩尔生成焓一样，可规定一套相对数值以计算体系的自由能改变量。热力学规定：在规定温度、标准压力 $p^{\ominus}$下，稳定单质的生成自由能为零。在此条件下由稳定单质生成 1mol 物质时自由能的变化就是该物质的标准摩尔生成自由能(standard molar free energy of formation)，用符号$\Delta_f G_m^{\ominus}$表示，其单位是 $kJ \cdot mol^{-1}$。附录 I 列出了部分物质在 298.15K 时的标准生成自由能。

在标准状态下，化学反应的标准吉布斯自由能改变量

$$\Delta_r G_m^{\ominus} = \sum \nu(B) \Delta_f G_m^{\ominus}(B) \tag{2-16}$$

【例 2-9】　求 298.15K、标准状态下反应 $Cl_2(g)+2HBr(g)$ == $Br_2(l)+2HCl(g)$ 的$\Delta_r G_m^{\ominus}$，并判断反应的自发性。

解　从附录 I 查得$\Delta_f G_m^{\ominus}(HBr, g)=-53.43kJ \cdot mol^{-1}$，$\Delta_f G_m^{\ominus}(HCl, g)=-95.30kJ \cdot mol^{-1}$，故

$$\begin{aligned}\Delta_r G_m^{\ominus} &= (-1)\times\Delta_f G_m^{\ominus}(Cl_2, g)+(-2)\times\Delta_f G_m^{\ominus}(HBr, g)+\Delta_f G_m^{\ominus}(Br_2, l)+2\times\Delta_f G_m^{\ominus}(HCl, g)\\ &= (-1)\times 0+(-2)\times(-53.43)+1\times 0+2\times(-95.30)\\ &= -83.74(kJ \cdot mol^{-1})\end{aligned}$$

因为$\Delta_r G_m^{\ominus}<0$，所以反应可以自发进行。

2.4.3　吉布斯–亥姆霍兹方程

根据自由能定义 $G=H-TS$，在定温条件下

$$\Delta G=\Delta H-T\Delta S \tag{2-17}$$

式(2-17)就是吉布斯–亥姆霍兹(Gibbs-Helmholtz)方程。该方程说明自由能的改变ΔG 是综合了ΔH 和ΔS 两个因素的结果，而且ΔG 的大小还与温度有关。对于标准状态下的化学反应体系，吉布斯–亥姆霍兹方程可写为

$$\Delta_r G_m^{\ominus}=\Delta_r H_m^{\ominus}-T\Delta_r S_m^{\ominus} \tag{2-18}$$

当反应体系的温度改变不太大时，$\Delta_r H_m^{\ominus}$ 和$\Delta_r S_m^{\ominus}$ 变化不大，可近似认为是常数，如可用 298.15K 时的$\Delta_r H_m^{\ominus}(298.15K)$和$\Delta_r S_m^{\ominus}(298.15K)$代替温度 T 时的$\Delta_r H_m^{\ominus}(T)$和$\Delta_r S_m^{\ominus}(T)$，故有

$$\begin{aligned}\Delta_r G_m^{\ominus}(T) &= \Delta_r H_m^{\ominus}(T)-T\Delta_r S_m^{\ominus}(T)\\ &\approx \Delta_r H_m^{\ominus}(298.15K)-T\Delta_r S_m^{\ominus}(298.15K)\end{aligned} \tag{2-19}$$

利用式(2-19)可以近似计算不同温度下反应的$\Delta_r G_m^\ominus$，也可以用来估算反应自发进行的温度。

【例 2-10】 求 298.15K 和 1000K 时下列反应的$\Delta_r G_m^\ominus$，判断在此两种温度下反应的自发性，估算反应可以自发进行的最低温度是多少。

$$CaCO_3(s) = CaO(s) + CO_2(g)$$

解 首先利用标准摩尔生成焓和标准摩尔熵的数据求$\Delta_r H_m^\ominus(298.15K)$和$\Delta_r S_m^\ominus(298.15K)$

$$\Delta_r H_m^\ominus(298.15K) = -1\times\Delta_f H_m^\ominus(CaCO_3)+1\times\Delta_f H_m^\ominus(CaO)+1\times\Delta_f H_m^\ominus(CO_2)$$
$$=-1\times(-1206.92)+1\times(-635.09)+1\times(-393.51)$$
$$=178.32(kJ\cdot mol^{-1})$$

$$\Delta_r S_m^\ominus(298.15K) = -1\times S_m^\ominus(CaCO_3)+1\times S_m^\ominus(CaO)+1\times S_m^\ominus(CO_2)$$
$$=-1\times 92.88+1\times 39.75+1\times 213.64$$
$$=160.51(J\cdot mol^{-1}\cdot K^{-1})$$

$$\Delta_r G_m^\ominus(298.15K) = \Delta_r H_m^\ominus(298.15K) - T\Delta_r S_m^\ominus(298.15K)$$
$$=178.32-298.15\times 160.51\times 10^{-3}$$
$$=130.49(kJ\cdot mol^{-1})$$

$\Delta_r G_m^\ominus(298.15K)=130.49kJ\cdot mol^{-1}>0$，故 298.15K，$p^\ominus$下该反应不能自发进行。

$$\Delta_r G_m^\ominus(1000K) \approx \Delta_r H_m^\ominus(298.15K) - 1000\times\Delta_r S_m^\ominus(298.15K)$$
$$=178.32-1000\times 160.51\times 10^{-3}$$
$$=17.81(kJ\cdot mol^{-1})$$

$\Delta_r G_m^\ominus(1000K)=17.81kJ\cdot mol^{-1}>0$，故 1000K，$p^\ominus$下该反应仍不能自发进行。

设在温度 T 时反应可自发进行，则

$$\Delta_r G_m^\ominus(T) \approx \Delta_r H_m^\ominus(298.15K) - T\Delta_r S_m^\ominus(298.15K) < 0$$
$$178.32 - T\times 160.51\times 10^{-3} < 0$$
$$T > 1111K$$

温度高于 1111K 时，反应才能自发进行。

习 题

2-1 什么是状态函数？什么是广度性质？什么是强度性质？

2-2 自发过程的特点是什么？

2-3 什么是混乱度？什么是熵？它们有什么关系？

2-4 什么是自由能判据？它的应用条件是什么？

2-5 298.15K 时 6.5g 液体苯在弹式热量计中完全燃烧，放热 272.3kJ。求该反应的$\Delta_r U_m^\ominus$和$\Delta_r H_m^\ominus$。

2-6 298.15K、标准状态下，HgO 在开口容器中加热分解，若吸热 22.7kJ 可形成 Hg(l) 50.10g，求该反应的$\Delta_r H_m^\ominus$。若在密封的容器中反应，生成同样量的 Hg(l) 需吸热多少？

2-7　已知 298.15K、标准状态下

(1) $Cu_2O(s)+\frac{1}{2}O_2(g)=\!=\!=2CuO(s)$　　$\Delta_rH_m^\ominus(1)=-146.02kJ\cdot mol^{-1}$

(2) $CuO(s)+Cu(s)=\!=\!=Cu_2O(s)$　　$\Delta_rH_m^\ominus(2)=-11.30\ kJ\cdot mol^{-1}$

求 (3) $CuO(s)=\!=\!=Cu(s)+\frac{1}{2}O_2(g)$ 的 $\Delta_rH_m^\ominus$。

2-8　已知 298.15K、标准状态下

(1) $Fe_2O_3(s)+3CO(g)=\!=\!=2Fe(s)+3CO_2(g)$　　$\Delta_rH_m^\ominus(1)=-24.77kJ\cdot mol^{-1}$

(2) $3Fe_2O_3(s)+CO(g)=\!=\!=2Fe_3O_4(s)+CO_2(g)$　　$\Delta_rH_m^\ominus(2)=-52.19kJ\cdot mol^{-1}$

(3) $Fe_3O_4(s)+CO(g)=\!=\!=3FeO(s)+CO_2(g)$　　$\Delta_rH_m^\ominus(3)=39.01kJ\cdot mol^{-1}$

求 (4) $Fe(s)+CO_2(g)=\!=\!=FeO(s)+CO(g)$ 的 $\Delta_rH_m^\ominus$。

2-9　由 $\Delta_fH_m^\ominus$ 的数据计算下列反应在 298.15K、标准状态下的反应热 $\Delta_rH_m^\ominus$。

(1) $4NH_3(g)+5O_2(g)=\!=\!=4NO(g)+6H_2O(l)$

(2) $8Al(s)+3Fe_3O_4(s)=\!=\!=4Al_2O_3(s)+9Fe(s)$

(3) $CO(g)+H_2O(g)=\!=\!=CO_2(g)+H_2(g)$

2-10　由 $\Delta_cH_m^\ominus$ 的数据计算下列反应在 298.15K、标准状态下的反应热 $\Delta_rH_m^\ominus$。

(1) $C_6H_5COOH(s)+H_2(g)=\!=\!=C_6H_6(l)+HCOOH(l)$

(2) $HCOOH(l)+CH_3CHO(l)=\!=\!=CH_3COOH(l)+HCHO(g)$

2-11　由葡萄糖的燃烧热和水及二氧化碳的生成热数据，求 298.15K、标准状态下葡萄糖的 $\Delta_fH_m^\ominus$。

2-12　已知 298.15K 时，下列反应

	$BaCO_3(s)=\!=\!=$	$BaO(s)$	$+\ CO_2(g)$
$\Delta_fH_m^\ominus/(kJ\cdot mol^{-1})$	−1216.29	−548.10	−393.51
$S_m^\ominus/(J\cdot mol^{-1}\cdot K^{-1})$	112.13	72.09	213.64

求 298.15K 时该反应的 $\Delta_rH_m^\ominus$、$\Delta_rS_m^\ominus$ 和 $\Delta_rG_m^\ominus$，以及该反应可自发进行的最低温度。

2-13　由 $\Delta_fG_m^\ominus$ 和 $S_m^\ominus$ 数据，计算下列反应在 298.15K 时的 $\Delta_rG_m^\ominus$、$\Delta_rS_m^\ominus$ 和 $\Delta_rH_m^\ominus$。

(1) $Ca(OH)_2(s)+CO_2(g)=\!=\!=CaCO_3(s)+H_2O(l)$

(2) $N_2(g)+3H_2(g)=\!=\!=2NH_3(g)$

(3) $2H_2S(g)+3O_2(g)=\!=\!=2SO_2(g)+2H_2O(l)$

2-14　Calculate the standard molar enthalpy of formation for $N_2O_5(g)$ from the following data:

(1) $2NO(g)+O_2(g)=\!=\!=2NO_2(g)$　　$\Delta_rH_m^\ominus(1)=-114.1kJ\cdot mol^{-1}$

(2) $4NO_2(g)+O_2(g)=\!=\!=2N_2O_5(g)$　　$\Delta_rH_m^\ominus(2)=-110.2kJ\cdot mol^{-1}$

(3) $N_2(g)+O_2(g)=\!=\!=2NO(g)$　　$\Delta_rH_m^\ominus(3)=+180.5kJ\cdot mol^{-1}$

2-15　A sample of D-ribose ($C_5H_{10}O_5$) with mass 0.727g was weighed in a calorimeter and then ignited in the presence of excess oxygen. The temperature rose by 0.910K when the sample was combusted. In another separated experiment in the same calorimeter, the combustion of 0.825g of benzoic acid ($C_7H_6O_2$), for which the $\Delta_cH_m^\ominus=-3226.87kJ\cdot mol^{-1}$, gave a temperature rise of 1.940K. Calculate the $\Delta_rU_m^\ominus$ and $\Delta_rH_m^\ominus$ of D-ribose combusted.

第 3 章　化学反应速率和化学平衡

根据化学热力学的知识，可以判断一个化学反应的方向和限度。例如，在 298.15K、标准状态下反应

$$H_2(g)+\frac{1}{2}O_2(g)=\!=\!=H_2O(l)$$

$\Delta_r G_m^\ominus=-237.19\text{kJ}\cdot\text{mol}^{-1}$，反应可以正向自发进行，但在此条件下 H_2 与 O_2 混合后，实际上看不出发生变化，即反应速率太慢。若改变条件，如加热、点火或加入催化剂，则反应可以很快进行，甚至发生爆炸。

研究化学反应不仅要研究它的变化方向和热效应，还要研究如何实现这个反应，研究反应的速率和反应的机理，这是化学动力学要研究的内容。

对于一个自发反应，必须研究一定条件下反应进行的程度，研究化学平衡及影响平衡因素。

化学平衡是本课程基本理论的主要部分，是后面有关章节所要讨论的水溶液中四大平衡(酸碱、沉淀溶解、配位、氧化还原平衡)的理论基础。研究化学平衡在理论上和实践上都有重要意义。

3.1　化学反应速率

不同的化学反应，速率千差万别。溶液中的酸碱中和反应可以瞬间完成；有机合成反应、分解反应等需要较长的时间来完成；造成环境“白色污染”的塑料制品，其自然降解需要几年，甚至几百年才能完成。即便是同一个反应，由于条件改变，反应速率(reaction rate)也会有很大的差异。

3.1.1　化学反应速率

通常用一段时间内反应物或生成物浓度的变化来表示化学反应的速率，称为平均速率，用 $\bar{v}$ 表示，$\bar{v}$(生成物)$=\Delta c/\Delta t$。随着反应进行，反应物浓度减少，故 $\bar{v}$(反应物)$=-\Delta c/\Delta t$。

浓度常用 $\text{mol}\cdot\text{L}^{-1}$ 为单位，时间单位有 s、min、h 等，视反应快慢不同，反应速率的单位可用 $\text{mol}\cdot\text{L}^{-1}\cdot\text{s}^{-1}$、$\text{mol}\cdot\text{L}^{-1}\cdot\text{min}^{-1}$、$\text{mol}\cdot\text{L}^{-1}\cdot\text{h}^{-1}$ 等。

以 H_2O_2 在 I^- 作用下的分解反应为例：

$$H_2O_2(aq)\xrightarrow{I^-}H_2O(l)+\frac{1}{2}O_2(g)$$

经实验测定 H_2O_2 的浓度与时间的关系列于表 3-1。从表 3-1 中可以看出，在不同时间段，反应的平均速率不一样，而且在任一时间段内，前半段的平均速率与后半段的平均速率也不同。反应速率 v 应为 Δt 趋近于零的瞬时速率

$$v=\pm\lim_{\Delta t\to 0}\Delta c/\Delta t=\pm\,\mathrm{d}c/\mathrm{d}t \tag{3-1}$$

式中：$\mathrm{d}c/\mathrm{d}t$ 为浓度 c 对时间 t 的微商，是浓度 c 的变化率，即 c-t 曲线切线的斜率(图 3-1)。

表 3-1　H_2O_2 溶液浓度与时间关系

t/min	$c(H_2O_2)/(\mathrm{mol\cdot L^{-1}})$	$\bar{v}\,(-\Delta c/\Delta t)/(\mathrm{mol\cdot L^{-1}\cdot min^{-1}})$
0	0.80	—
20	0.40	0.40/20=0.020
40	0.20	0.20/20=0.010
60	0.10	0.10/20=0.0050
80	0.050	0.050/20=0.0025

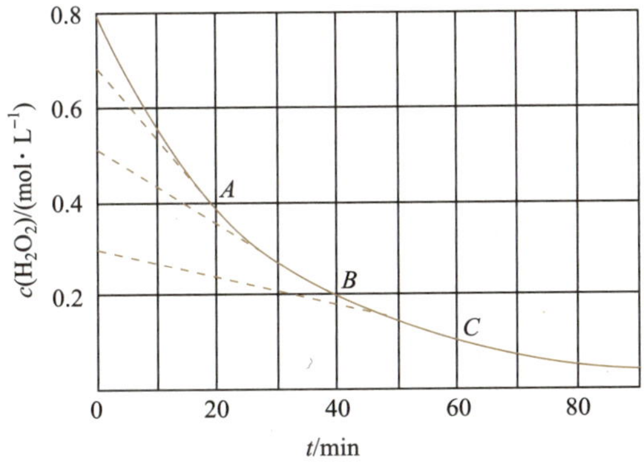

图 3-1　H_2O_2 分解反应的浓度-时间曲线

反应体系中任何一种物质浓度的变化都可以表示反应的速率。由于各种物质的化学计量数不同，用不同物质浓度表示同一反应速率数值也不同。例如，上述反应体系中，$\bar{v}(H_2O_2)$ 与 $\bar{v}(O_2)$ 数值不同，但有确定的关系：$\bar{v}(H_2O_2)=2\bar{v}(O_2)$，$v(H_2O_2)=2v(O_2)$。这样一个反应体系内用不同物质浓度表示的反应速率有不同的数值，易造成混乱，使用不方便。

根据国际纯粹与应用化学联合会(IUPAC)的建议，引入反应进度对时间的变化率来度量化学反应速率，由反应进度定义的化学反应速率称为转化速率 ξ'，即

$$\xi'=\frac{\mathrm{d}\xi}{\mathrm{d}t}\qquad(\mathrm{mol\cdot s^{-1}}) \tag{3-2}$$

因为

$$\xi=\frac{n_t(\mathrm{B})-n_0(\mathrm{B})}{\nu(\mathrm{B})}=\frac{\Delta n_{\mathrm{B}}}{\nu(\mathrm{B})}$$

则
$$d\xi=\frac{1}{\nu(B)}dn(B) \tag{3-3}$$

IUPAC物理化学部推荐用v作为反应速率的另一种表示法，v定义为$v=\frac{\xi'}{V}=\frac{1}{V}\cdot\frac{d\xi}{dt}$，$V$为反应体系的体积，$v$的单位$mol\cdot m^{-3}\cdot s^{-1}$，通常用$mol\cdot L^{-1}\cdot s^{-1}$。则
$$v=\frac{1}{V}\cdot\frac{d\xi}{dt}=\frac{1}{V}\cdot\frac{1}{\nu(B)}\cdot\frac{dn(B)}{dt}=\frac{1}{\nu(B)}\cdot\frac{dc(B)}{dt}$$

即化学反应速率的表示式为
$$v=\frac{1}{\nu(B)}\cdot\frac{dc(B)}{dt} \tag{3-4}$$

对于反应
$$aA+dD=\!=\!=gG+hH$$
$$v=-\frac{1}{a}\cdot\frac{dc(A)}{dt}=-\frac{1}{d}\cdot\frac{dc(D)}{dt}=\frac{1}{g}\cdot\frac{dc(G)}{dt}=\frac{1}{h}\cdot\frac{dc(H)}{dt} \tag{3-5}$$

3.1.2 反应机理

实验证明，有些反应从反应物转化为生成物是一步完成的，这样的反应称为基元反应(elementary reaction)。大多数反应是多步完成的，这些反应称为非基元反应或复杂反应(complex reaction)。例如，反应
$$2N_2O_5=\!=\!=4NO_2+O_2$$
是由三个步骤组成的：

(1) $$N_2O_5\xrightarrow{\text{慢}}N_2O_3+O_2$$

(2) $$N_2O_3\xrightarrow{\text{快}}NO_2+NO$$

(3) $$N_2O_5+NO\xrightarrow{\text{快}}3NO_2$$

这三个基元反应的组成表示了总反应经历的途径。

化学反应所经历的途径称为反应机理(或反应历程)。化学动力学研究的重要任务之一就是研究反应机理，确定反应历程，深入地揭示反应速率的本质，这在理论上和实践中都有重要意义。

3.1.3 速率方程和速率常数

反应速率与反应物的浓度有密切联系。对于基元反应，“在一定温度下，反应速率与反应物浓度系数次方的乘积成正比”，这就是质量作用定律(law of mass reaction)。

基元反应
$$aA+dD=\!=\!=gG+hH$$
反应速率
$$v(B)=\frac{1}{\nu(B)}\cdot\frac{dc(B)}{dt}=kc^{a}(A)c^{d}(D) \tag{3-6}$$
式(3-6)就是质量作用定律的数学表达式，也称为基元反应的速率方程(rate equation)。

式(3-6)中的 k 称为速率常数(rate constant)，在数值上等于反应物浓度均为 $1mol \cdot L^{-1}$ 时的反应速率。k 的大小由反应物的本性决定，与反应物的浓度无关。改变反应物的浓度，可以改变反应的速率，但不会改变 k 的大小。改变温度或使用催化剂，会使 k 的数值发生改变。速率常数 k 一般是由实验测定的。

质量作用定律只适用于基元反应，不适用于复杂反应。复杂反应可用实验方法决定其速率方程和速率常数。

【例 3-1】 乙醛分解反应

$$CH_3CHO(g) = CH_4(g) + CO(g)$$

在 303K，测得乙醛不同浓度时的反应速率如下：

$c(CH_3CHO)/(mol \cdot L^{-1})$	0.10	0.20	0.30	0.40
$v/(mol \cdot L^{-1} \cdot s^{-1})$	0.025	0.102	0.228	0.406

(1)写出该反应的速率方程；(2)求反应的速率常数 k；(3)求 $c(CH_3CHO)=0.25mol \cdot L^{-1}$ 时的反应速率。

解 (1)设该反应的速率方程为

$$v=kc^n(CH_3CHO)$$

可任选两组数据，代入速率方程以求 n 值，如选第 1、4 两组数据得

$$0.025=k(0.10)^n$$

$$0.406=k(0.40)^n$$

两式相除得

$$\frac{0.025}{0.402}=\frac{(0.10)^n}{(0.40)^n}=\left(\frac{1}{4}\right)^n$$

解得 $n \approx 2$，故得该反应的速率方程为

$$v=kc^2(CH_3CHO)$$

(2)将任一组实验数据(如第 3 组)代入速率方程，可求 k 值

$$0.228=k(0.30)^2$$

$$k=2.53mol^{-1} \cdot L \cdot s^{-1}$$

(3) $c(CH_3CHO)=0.25mol^{-1} \cdot L^{-1}$ 时

$$v=kc^2(CH_3CHO)=2.53 \times 0.25^2=0.158(mol \cdot L^{-1} \cdot s^{-1})$$

3.1.4　反应级数

多数化学反应的速率方程都可表示为反应物浓度一定方次的乘积

$$v=kc^{\alpha}(A)c^{\beta}(D)\cdots$$

式中：某反应物浓度的方次为该反应物的反应级数，如反应物 A 的级数是 α，反应物 D

的级数是 β，……各反应物级数的加和 $\alpha+\beta+\cdots$ 就是该反应的反应级数(reaction order) n；k 为速率常数。

一般而言，基元反应中反应物的级数与其计量系数一致，非基元反应中则可能不同。反应级数都是实验测定的，而且可能因实验条件改变而发生变化。例如，蔗糖水解是二级反应，但当反应体系中水的量很大时，反应前后体系中水的量可认为未改变，则此反应表现为一级反应。

反应级数可以是整数，也可以是分数或零。表 3-2 列出某些反应在一定条件下的速率方程和反应级数。

表 3-2 某些化学反应的速率方程和反应级数

化学反应	速率方程	反应级数
$SO_2Cl_2 \xlongequal{} SO_2+Cl_2$	$v=kc(SO_2Cl_2)$	一级
$2H_2O_2 \xlongequal{} 2H_2O+O_2$	$v=kc(H_2O_2)$	一级
$NO_2+CO \xlongequal{} NO+CO_2$	$v=kc(NO_2)\cdot c(CO)$	二级
$4HBr+O_2 \xlongequal{} 2Br_2+2H_2O$	$v=kc(HBr)\cdot c(O_2)$	二级
$2NO+O_2 \xlongequal{} 2NO_2$	$v=kc^2(NO)\cdot c(O_2)$	三级
$2NH_3 \xlongequal{Fe} N_2+3H_2$	$v=k$	零级

在不同级数的速率方程中，速率常数 k 的单位不一样，一般为 $L^{n-1}\cdot mol^{1-n}\cdot s^{-1}$。

*3.2 反应速率理论简介

3.2.1 碰撞理论

碰撞理论(collision theory)是在气体分子运动论的基础上建立的，主要适用于气相双分子反应，其主要论点如下：

(1)反应物分子必须相互碰撞才能发生反应，反应速率与碰撞频率 $Z(AB)$ 成正比。

分子发生碰撞是指两个分子以很高的速度相互接近，彼此进入分子力场的范围之内，并使各自的分子力场发生变化。在发生碰撞时造成旧的化学键断裂，新的化学键生成，同时完成化学反应。

(2)不是每一次碰撞都能发生反应，只有分子间相对平动能超过某一临界值 E_c 时，它们碰撞才能发生反应，这种碰撞称为有效碰撞。

根据气体分子运动论，在常温常压下气体分子之间的碰撞频率极高，数量级达 $10^{29}cm^{-3}\cdot s^{-1}$。例如，反应 $2HI \longrightarrow H_2+I_2$，在 556K，HI 浓度为 $1.0\times10^{-3}mol\cdot L^{-1}$ 条件下，若每次碰撞都能发生反应，则从理论上计算得反应速率为 $1.2\times10^{-5}mol\cdot L^{-1}\cdot s^{-1}$，但实验测得反应速率为 $3.5\times10^{-13}mol\cdot L^{-1}\cdot s^{-1}$，说明有效碰撞的频率很低。

设相对平动能超过 E_c 的分子碰撞才能发生反应，则有效碰撞频率 $Z^*(AB)$ 可根据麦克斯韦-玻尔兹曼(Maxwell-Boltzmann)能量分布求得

$$Z^*(AB)=q\cdot Z(AB)=Z(AB)\cdot e^{-E_c/(RT)} \tag{3-7}$$

式中：$e^{-E_c/(RT)}$ 称为能量因子。

(3) 气体分子运动论中把分子看成刚性小球，但实际上分子有一定的几何形状，有特有的空间结构。要使分子能发生化学反应，除了分子必须具有足够高的相对平动能之外，还必须考虑碰撞时分子的空间方位。

例如，反应 $A_2+B_2 \longrightarrow 2AB$ 只有活化分子 A_2^* 与 B_2^* 在特定方向上发生碰撞时，才能在 A—A 键和 B—B 键断裂的同时形成两个新的 A—B 键而完成化学反应(图 3-2)。

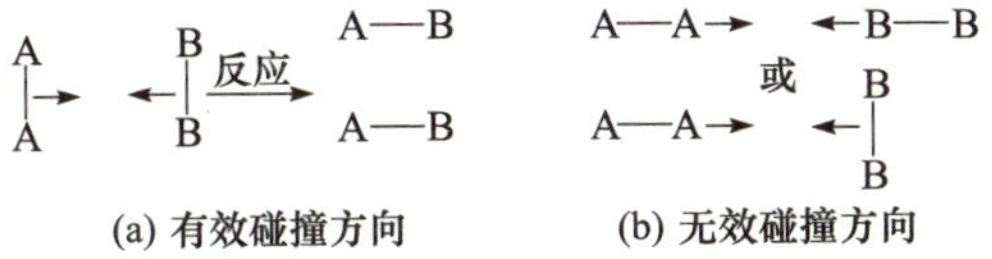

图 3-2　有效碰撞的方向性示意图

分子在碰撞时，必须能量足够高，方位又合适，才能有效地发生反应。根据碰撞理论推导出反应速率常数

$$k=Z\cdot P\cdot e^{-E_c/(RT)} \tag{3-8}$$

式中：P 为方位因子。式(3-8)与式(3-11)在形式上完全一致，并能说明分子的大小、质量、温度、能量、方位等各种因素对反应速率的影响。碰撞理论成功地解决了某些反应体系的速率计算问题。

但碰撞理论也有一些缺陷。一个突出的问题就是临界能 E_c 的数值无法进行理论上计算。尽管可以证明 $E_a=E_c+\frac{1}{2}RT$，而且 $E_c \gg \frac{1}{2}RT$，$E_c \approx E_a$。但 E_a 值仍是借助于阿伦尼乌斯公式，通过实验测定而得。另外，方位因子 P 的大小也无法计算，要通过实验结果对理论计算进行校正才能得出。

(4) 活化能。阿伦尼乌斯认为在反应体系中，不是每个分子都可以发生反应，只有少数能量特别高的分子可以反应，这些分子称为活化分子。活化分子具有的最低能量与体系中分子平均能量之差就是活化能 E_a(图 3-3)，即 $E_a=E_1-E_{平均}$。

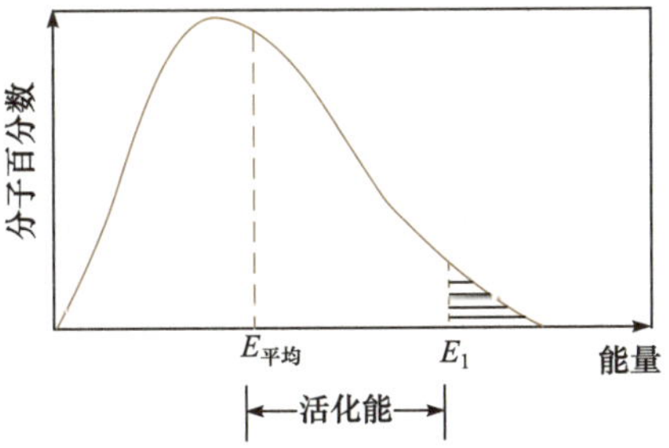

图 3-3　分子能量分布图

当反应体系的温度升高时，体系的能量升高，能量分布发生改变，活化分子的数目增加，反应速率加快。尽管温度升高可使反应体系的分子平均能量提高，但这个变化值不大，与活化能相比可以忽略不计。换言之，在一定温度范围内可认为活化能是一个常数，不受温度的影响。

E_a 在式(3-9)中出现在指数项上，说明它对反应速率的影响很大。化学反应的活化能一般为 42～420kJ·mol^{-1}，E_a 值越小，反应速率越大。通常，$E_a<63$kJ·mol^{-1}，在室温下瞬时反应；$E_a\approx100$kJ·mol^{-1}，在室温或稍高温度下反应；$E_a\approx170$kJ·mol^{-1}，在 200℃左右反应；$E_a\approx300$kJ·mol^{-1}，在 800℃左右反应。

采用某些方法，如选用合适的催化剂，可以降低反应的活化能，大大提高反应的速率，还可以降低反应所需的温度。

3.2.2 过渡态理论

过渡态理论是在量子力学和统计力学的基础上提出来的。该理论认为在反应过程中，反应物必须经过一个高能量的过渡状态，再转化为生成物。在反应过程有化学键的重新排布和能量的重新分配。

对于反应 A+BC ⟶ AB+C，其实际过程是

$$A+BC \underset{}{\overset{快}{\rightleftharpoons}} [A\cdots B\cdots C] \xrightarrow{慢} AB+C$$

A 与 BC 反应时，A 与 B 接近并产生一定的作用力，同时 B 与 C 之间的键减弱；生成不稳定的 [A···B···C]，称为过渡态(transition state)，或活性复合物(activated complex)(图 3-4)。

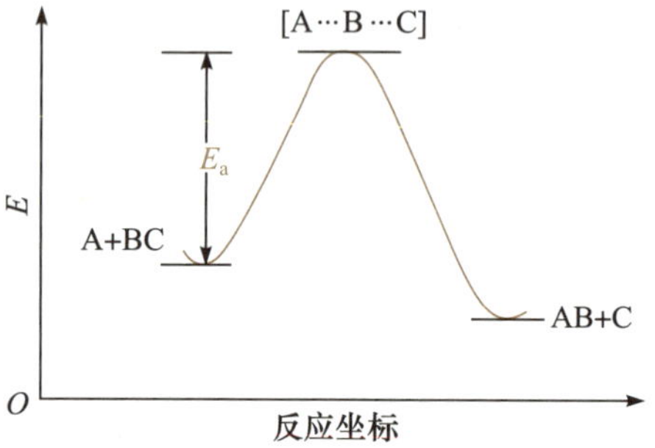

图 3-4 反应物、产物和过渡态的能量关系

图 3-4 表明反应物 A+BC 和生成物 AB+C 均是能量低的稳定状态，过渡态是能量高的不稳定状态。在反应物和生成物之间有一道能量很高的势垒，过渡态是反应历程中能量最高的点。

反应物吸收能量成为过渡态，反应的活化能就是翻越势垒所需的能量，正反应的活化能与逆反应的活化能之差可认为是反应的热效应。过渡态极不稳定，很容易分解成原来的反应物(快反应)，也可能分解得到生成物(慢反应)。

从原则上讲，只要知道过渡态的结构，就可以运用光谱数据及量子力学和统计力学的方法，计算化学反应的动力学参数，如速率常数 k 等。过渡态理论考虑了分子结构的特点和化学键的特征，较好地揭示了活化能的本质，这是该理论的成功之处。然而对于复杂的反应体系，过渡态的结构难以确定，而且量子力学对多质点体系的计算也是至今尚未彻底解决的难题。这些因素造成了过渡态理论在实际反应体系中应用的困难。

3.3 温度对反应速率的影响

3.3.1 范特霍夫规则

温度变化对化学反应的速率有很大影响。升高温度可使大多数反应的速率加快，速率常数 k 值增大。范特霍夫依据大量实验事实，提出一个经验规则：温度每上升 10℃，反应速率提高 2～4 倍。

$$\frac{k_{t+10}}{k_t} = \gamma \text{或} \frac{k_{t+n\cdot 10}}{k} = \gamma^n \qquad (3\text{-}9)$$

这就是范特霍夫规则(van't Hoff rule)，式中：k_t、k_{t+10} 和 $k_{t+n\cdot 10}$ 分别为 t℃、$(t+10)$℃和 $(t+n\cdot 10)$℃时的反应速率常数；γ 为常数，其值为 2～4。利用式(3-9)可粗略地估计温度对速率的影响。

3.3.2 阿伦尼乌斯公式

阿伦尼乌斯总结温度与反应速率的关系，提出一个经验公式

$$\ln k=\frac{-E_a}{R}\cdot\frac{1}{T}+C \tag{3-10}$$

或

$$k=Ae^{-E_a/(RT)} \tag{3-11}$$

式中：A 为常数，称为指前因子(pre-exponential factor)；$C=\ln A$；R 为摩尔气体常量，$R=8.314\text{J}\cdot\text{mol}^{-1}\cdot\text{K}^{-1}$；$E_a$为活化能(activation energy)。式(3-10)表明 $\ln k$ 与 $1/T$ 之间有线性关系，直线的斜率为$-E_a/R$。

若温度分别为 T_1 和 T_2 时，反应速率常数分别为 k_1 和 k_2，则

$$\ln k_1=\ln A-E_a/(RT_1)$$

$$\ln k_2=\ln A-E_a/(RT_2)$$

两式相减，得

$$\ln\frac{k_2}{k_1}=\frac{E_a}{R}\cdot\frac{T_2-T_1}{T_1T_2} \tag{3-12}$$

或

$$\lg\frac{k_2}{k_1}=\frac{E_a}{2.303R}\cdot\frac{T_2-T_1}{T_1T_2} \tag{3-13}$$

式(3-10)～式(3-13)都称为阿伦尼乌斯公式(Arrhenius equation)，可根据这些公式，用不同温度下的反应速率常数 k 计算反应的活化能 E_a 和指前因子 A，或从一个温度下的速率常数 k_1 求另一温度下的速率常数 k_2。

$\ln k$ 与 $1/T$ 之间有线性关系，改变温度对活化能较大的反应影响较大，温度升高时，活化能较大的反应速率增加的倍数比活化能较小的反应要大得多。

【例 3-2】 反应 $C_2H_4(g)+H_2(g) = C_2H_6(g)$ 在 700K 时的 $k_1=1.3\times10^{-8}\text{mol}^{-1}\cdot\text{L}\cdot\text{s}^{-1}$，求 730K 时的 k_2，已知该反应 $E_a=180\text{kJ}\cdot\text{mol}^{-1}$。

解 将有关数据代入式(3-13)，得

$$\lg\frac{k_2}{1.3\times10^{-8}}=\frac{180\times10^3}{2.303\times8.314}\cdot\frac{730-700}{730\times700}$$

$$k_2=4.6\times10^{-8}\text{mol}^{-1}\cdot\text{L}\cdot\text{s}^{-1}$$

3.4 催 化 剂

3.4.1 催化剂和催化作用

反应

$$H_2(g)+\frac{1}{2}O_2(g) = H_2O(l)$$

在 298.15K、标准状态下，可能较长时间看不出发生反应。若往体系中加入微量 Pt 粉，反应立即发生，而且反应相当完全。

某种物质加到反应体系中，改变反应的速率，而其本身的数量和化学性质基本保持不变，这种物质称为催化剂(catalyst)。催化剂改变反应速率的作用就是催化作用。

加快反应速率的催化剂称为正催化剂，减慢反应速率的则称为负催化剂或阻化剂。例如，六次甲基四胺$(CH_2)_6N_4$可以作为负催化剂，降低钢铁在酸性溶液中腐蚀的反应速率，也称为缓蚀剂。一般情况下使用催化剂都是为了加快反应速率，若不特别说明，本书中所提到的催化剂均指正催化剂。

3.4.2 催化剂的特点

(1)催化剂参与反应，改变反应的历程，降低反应的活化能 E_a。例如，某反应的非催化历程为

$$A+B \longrightarrow P$$

而催化历程为

$$A+B+C = [A \cdots B \cdots C] \longrightarrow P+C$$

式中：C 为催化剂。图 3-5 表示上述两种历程中能量的变化，在非催化历程中势垒较高，活化能为 E_a；在催化历程中只有两个较低的势垒，活化能为较小的 E_{a_1} 和 E_{a_2}。

例如，反应

$$N_2O \longrightarrow N_2+\frac{1}{2}O_2$$

非催化历程的活化能为 $250kJ \cdot mol^{-1}$，当用 Au 粉作催化剂时，活化能降为 $120kJ \cdot mol^{-1}$，反应速率提高很多。

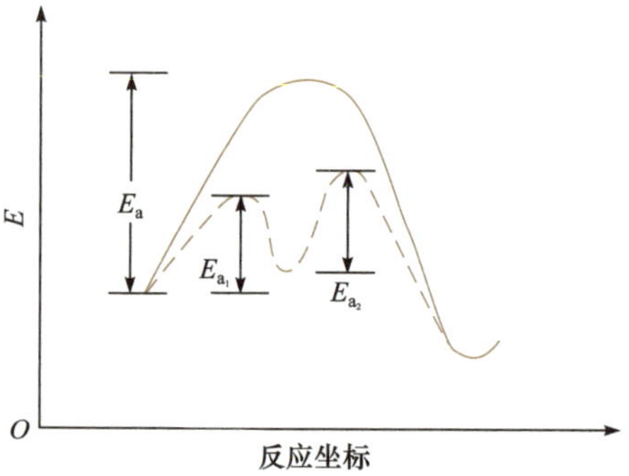

图 3-5 反应进程中能量的变化

实线为非催化历程，虚线为催化历程

(2)催化剂不改变反应体系的热力学状态，不影响化学平衡。从热力学的观点来看，反应体系中始态的反应物和终态的生成物不因为使用催化剂而改变。所以反应的Δ_rG_m不受影响，即“状态函数的变化与途径无关”。使用催化剂不改变平衡常数，只能加快反应的速率，缩短达到平衡所需的时间。

从图 3-5 可以清楚地看出，非催化历程和催化历程的热效应是一样的。使用催化剂后，逆反应的活化能也同样降低了，催化剂可以同时提高正反应与逆反应的速率。

热力学上不可能发生的反应，使用任何催化剂都不能使之发生。

(3)催化剂具有一定的选择性。每种催化剂都有其使用的范围，只能催化某一种类或某几个反应，有的甚至只能催化某一个反应，不存在万能的催化剂。

(4)某些杂质对催化剂的性能有很大的影响。有些物质可增强催化功能，在工业上用

作“助催化剂”；有些物质则减弱催化功能，称为“抑制剂”；还有些杂质严重阻碍催化功能，甚至使催化剂“中毒”，完全失去催化功能，这种杂质称为“毒物”。

(5) 反应过程中催化剂本身会发生变化。尽管反应前后催化剂的重量和某些化学性质不变，但催化剂的某些物理性状，特别是表面性状会发生变化。工业生产中使用的催化剂必须经常“再生”或补充。

*3.4.3 均相催化和多相催化

1. 均相催化反应

反应物与催化剂处于同一相内，可以是气相，也可以是液相。例如，$I_2(g)$ 催化乙醛的气相分解如下：

$$CH_3CHO(g) \xlongequal{791K} CH_4(g) + CO(g)$$

该反应的活化能为 190kJ · mol^{-1}。在反应体系中加入少量 I_2 蒸气，活化能降为 136kJ · mol^{-1}，反应速率提高 3700 倍。反应可能的机理如下：

$$CH_3CHO + I_2 \xlongequal{} CH_3I + HI + CO$$
$$CH_3I + HI \xlongequal{} CH_4 + I_2$$

又如，乙酸乙酯在酸性条件下的水解反应如下：

$$CH_3COOC_2H_5 + H_2O \xlongequal{H^+} CH_3COOH + C_2H_5OH$$

反应物、生成物和催化剂都处于水溶液相中。

2. 多相催化反应

多相催化反应也称为非均相催化反应，反应物一般是气体或液体，催化剂多为固体。催化反应发生在固体表面，又称为表面催化反应。多相催化反应在工业上有广泛应用，如合成氨反应中用 Fe 作催化剂；Cu 催化 C_2H_5OH 脱氢反应；石油炼制大多都是多相催化反应。

酸雨是当今全球性环境问题之一。工业排放的 SO_2、NO_x 等在大气中氧化，进入雨水形成酸雨，造成土壤、湖泊酸化，生态环境破坏，森林死亡，农作物受伤害，建筑物、桥梁、设备受腐蚀。SO_2 在大气中氧化为 SO_3 的过程，既可能有受 NO、O_3 等催化的均相催化反应，也可能包括受烟尘中 Fe、Mn 氧化物催化的多相催化反应。我国很多地区有酸雨沉降的报道，云南、贵州、四川等地已成为酸雨多发地区。

3.4.4 酶催化反应

酶是生物体内特殊的催化剂，在新陈代谢活动中起着重要的作用，几乎一切生命现象都与酶有关。据估计，人体内有 30000 多种酶，分别是各种反应的有效催化剂。这些反应包括食物消化，蛋白质、脂肪的合成，释放生命活动所需的能量等。体内某些酶的缺乏或过剩，都会引起代谢功能失调或紊乱，引起疾病。

酶作为生物催化剂，除具有一般催化剂的特点外，还有以下特点：

(1)催化效率高。例如，1mol 乙醇脱氢酶在室温下 1s 内可使 720mol 乙醇转化为乙醛。同样的反应，工业上用 Cu 作催化剂，在 200℃时 1mol Cu 只能催化 0.1～1mol 乙醇转化。酶在生物体内含量非常少，一般以 μg 或 ng 计，其催化效率之高，是无机物或有机物催化剂无法比拟的。

(2)反应条件温和。一般化工生产常用高温高压条件，强酸性或强碱性介质等。酶催化反应条件温和，在生物体内进行，通常是常温常压下，中性或近中性介质中反应。例如，根瘤菌在常温常压下，在田间土壤中固定空气中的氮，使之转化为氨态氮。

(3)高度特异性。酶的选择性非常高，可以称为特异性。例如，尿酶只专一催化尿素的水解反应，对其他反应物不起作用。有一些酶(如转氨酶、蛋白水解酶、肽酶等)特异性稍差，可以催化某一类物质的反应。

酶催化反应用于工业生产，可以简化工艺流程、降低能耗、节省资源、减少污染。酿造工业利用酶催化反应生产酒、有机酸、抗生素等产品，已成为一项重要的产业。

随着生命科学、仿生科学的发展，有可能用模拟酶代替普通催化剂，这必将引发意义深远的技术革新。

3.5 可逆反应与化学平衡

3.5.1 可逆反应

大多数化学反应，如合成氨、碘化氢的热分解等，无论经过多长的时间，在外界条件不变的情况下，N_2 和 H_2 不可能完全转化为 NH_3，HI 也不可能完全分解为 H_2 和 I_2，原因是这些反应是可逆的。所谓可逆反应［或称为对峙反应(opposing reaction)］是指在一定条件下，既能正向进行，又能逆向进行的反应。例如

$$N_2+3H_2 \rightleftharpoons 2NH_3$$

$$2HI \rightleftharpoons I_2+H_2$$

一般而言，化学反应都具有可逆性，只是可逆的程度有所不同。上面举的两个例子，其可逆程度相差比较大。

某一可逆反应，在一定条件下，正、逆两反应速率相等时，反应物和生成物的浓度或分压不再随时间改变，这种状态称为化学平衡(chemical equilibrium)。表面看来好像反应停止了，实际上正、逆反应仍在继续进行，只不过单位时间内每一种物质的生成量等于它的消耗量，故始终保持物质的浓度(或分压)不变。化学平衡是一种动态平衡，体系达到平衡以后，其自由能 G 不再变化，$\Delta_r G_m$ 等于零。

3.5.2 标准平衡常数

某一气相(反应物和生成物都是气体)可逆反应

$$a\mathrm{A}(g)+d\mathrm{D}(g) \rightleftharpoons g\mathrm{G}(g)+h\mathrm{H}(g)$$

在一定温度下达到平衡时，其标准平衡常数(standard equilibrium constant)表示为

$$K^{\ominus}=\frac{\left[\frac{p(G)}{p^{\ominus}}\right]^{g}\cdot\left[\frac{p(H)}{p^{\ominus}}\right]^{h}}{\left[\frac{p(A)}{p^{\ominus}}\right]^{a}\cdot\left[\frac{p(D)}{p^{\ominus}}\right]^{d}}=\prod\left[\frac{p(B)}{p^{\ominus}}\right]^{\nu(B)} \tag{3-14}$$

式中：$p^{\ominus}=10^5$Pa，为标准压力；各组分气体的平衡分压与$p^{\ominus}$的比值为各组分气体平衡时的相对分压，如组分A、D、G、H平衡时的相对分压分别为$\frac{p(A)}{p^{\ominus}}$、$\frac{p(D)}{p^{\ominus}}$、$\frac{p(G)}{p^{\ominus}}$、$\frac{p(H)}{p^{\ominus}}$；$\nu(B)$为组分B的化学计量数；气体的相对分压量纲为1，$K^{\ominus}$量纲也为1。

若某反应在水溶液中进行

$$aA(aq)+dD(aq)=\!=\!=gG(aq)+hH(aq)$$

其标准平衡常数表示为

$$K^{\ominus}=\frac{\left[\frac{c(G)}{c^{\ominus}}\right]^{g}\cdot\left[\frac{c(H)}{c^{\ominus}}\right]^{h}}{\left[\frac{c(A)}{c^{\ominus}}\right]^{a}\cdot\left[\frac{c(D)}{c^{\ominus}}\right]^{d}}=\prod\left[\frac{c(B)}{c^{\ominus}}\right]^{\nu(B)} \tag{3-15}$$

式中：$c^{\ominus}=1\text{mol}\cdot\text{L}^{-1}$，为标准浓度；各物质的平衡浓度与标准浓度的比值为各物质平衡时的相对浓度，如上述四组分A、D、G、H平衡时的相对浓度分别为$\frac{c(A)}{c^{\ominus}}$、$\frac{c(D)}{c^{\ominus}}$、$\frac{c(G)}{c^{\ominus}}$、$\frac{c(H)}{c^{\ominus}}$。

标准平衡常数$K^{\ominus}$受温度的影响很大，而与组分的浓度或分压无关。$K^{\ominus}$在理论上是反应进行程度的标志。$K^{\ominus}$值越大，表示反应达到平衡时的产物浓度或分压越大，即反应进行完全的程度越大。

3.5.3　书写标准平衡常数表示式应注意的事项

(1)标准平衡常数表示式中各组分的浓度或分压为平衡时的浓度或分压。

(2)反应中有固体或纯液体物质时，则它们的浓度或分压视为常数，在标准平衡常数表示式中不予写出。

例如，反应

$$CaCO_3(s)=\!=\!=CaO(s)+CO_2(g)$$

$$K^{\ominus}=p(CO_2)/p^{\ominus}$$

又如，反应

$$Cr_2O_7^{2-}(aq)+H_2O(l)=\!=\!=2CrO_4^{2-}(aq)+2H^+(aq)$$

$$K^{\ominus}=\frac{\left[c(CrO_4^{2-})/c^{\ominus}\right]^2\cdot\left[c(H^+)/c^{\ominus}\right]^2}{c(Cr_2O_7^{2-})/c^{\ominus}}$$

对于非水溶液中的反应，若有水参加，H_2O 的浓度不能视为常数，应书写在标准平衡常数表示式中。

例如，反应

$$C_2H_5OH(l)+CH_3COOH(l)=\!=\!=CH_3COOC_2H_5(l)+H_2O(l)$$

$$K^{\ominus}=\frac{\left[c(CH_3COOC_2H_5)/c^{\ominus}\right]\cdot\left[c(H_2O)/c^{\ominus}\right]}{\left[c(C_2H_5OH)/c^{\ominus}\right]\cdot\left[c(CH_3COOH)/c^{\ominus}\right]}$$

(3)标准平衡常数的值与反应式的书写形式有关。同一反应，如果反应式的书写形式不同，则 $K^{\ominus}$ 值也不同。例如，合成氨的反应

$$N_2(g)+3H_2(g)=\!=\!=2NH_3(g)$$

$$K_1^{\ominus}=\frac{\left[\dfrac{p(NH_3)}{p^{\ominus}}\right]^2}{\left[\dfrac{p(N_2)}{p^{\ominus}}\right]\left[\dfrac{p(H_2)}{p^{\ominus}}\right]^3}$$

若写成

$$\frac{1}{2}N_2(g)+\frac{3}{2}H_2(g)=\!=\!=NH_3(g)$$

$$K_2^{\ominus}=\frac{\dfrac{p(NH_3)}{p^{\ominus}}}{\left[\dfrac{p(N_2)}{p^{\ominus}}\right]^{\frac{1}{2}}\left[\dfrac{p(H_2)}{p^{\ominus}}\right]^{\frac{3}{2}}}$$

显然，$K_1^{\ominus}=(K_2^{\ominus})^2$。

(4)当几个反应相加得到一总反应时，则总反应的标准平衡常数等于各反应的标准平衡常数之积，这就是多重平衡(multiple equilibrium)规则。

例如，某温度下，已知下列两反应

$$2NO(g)+O_2(g)=\!=\!=2NO_2(g) \qquad K_1^{\ominus}$$

$$2NO_2(g)=\!=\!=N_2O_4(g) \qquad K_2^{\ominus}$$

若两式相加，得

$$2NO(g)+O_2(g)=\!=\!=N_2O_4(g)$$

则可从两个反应的标准平衡常数求得多重平衡常数 $K^{\ominus}$。

$$K^{\ominus}=K_1^{\ominus}\times K_2^{\ominus}$$

3.5.4 有关化学平衡的计算

利用某一反应的标准平衡常数，可以从反应物的初始浓度计算平衡时反应物及产物的浓度及反应物的转化率。某反应物的转化率是指反应达到平衡时反应物已转化的量(或浓

度）占初始量（或浓度）的百分数，即

$$某反应物转化率\ \alpha=\frac{某反应物已转化的量}{某反应物初始量}\times 100\% \tag{3-16}$$

转化率 α 越大，表示达到平衡时反应进行的程度越大。

【例 3-3】 反应 $Fe^{2+}(aq)+Ag^{+}(aq)=\!=\!=Fe^{3+}(aq)+Ag(s)$ 开始前，体系中各物质的浓度为 $c(Ag^{+})=0.10mol\cdot L^{-1}$，$c(Fe^{2+})=0.10mol\cdot L^{-1}$，$c(Fe^{3+})=0.01mol\cdot L^{-1}$，已知 298.15K 时 $K^{\ominus}=2.98$，求平衡时 Ag^{+}、Fe^{2+}、Fe^{3+} 的浓度及 $Ag^{+}(aq)$ 转化为 $Ag(s)$ 的转化率。

解　设达到化学平衡时有 $x mol\cdot L^{-1}$ $Ag^{+}(aq)$ 转化为 $Ag(s)$

	$Fe^{2+}(aq)$	$+Ag^{+}(aq)$	$=\!=\!=Fe^{3+}(aq)+Ag(s)$
起始浓度/$(mol\cdot L^{-1})$	0.10	0.10	0.01
平衡浓度/$(mol\cdot L^{-1})$	$0.10-x$	$0.10-x$	$0.01+x$

$$K^{\ominus}=\frac{c(Fe^{3+})/c^{\ominus}}{\left[c(Fe^{2+})/c^{\ominus}\right]\cdot\left[c(Ag^{+})/c^{\ominus}\right]}$$

$$2.98=\frac{(0.01+x)\ /1.0}{\left[(0.10-x)/1.0\right]^{2}}$$

$$x=0.013mol\cdot L^{-1}$$

$$c(Fe^{3+})=0.01+0.013=0.023(mol\cdot L^{-1})$$

$$c(Ag^{+})=c(Fe^{2+})=0.1-0.013=0.087(mol\cdot L^{-1})$$

$$\alpha(Ag^{+})=\frac{0.013}{0.10}\times 100\%=13\%$$

【例 3-4】 在 573K 时，$PCl_5(g)$ 在密闭容器中按下式分解：

$$PCl_5(g)=\!=\!=PCl_3(g)+Cl_2(g)$$

达到平衡时，$PCl_5(g)$ 的转化率为 40%，总压为 300kPa，求反应的标准平衡常数 $K^{\ominus}$。

解　设体系内反应开始前 $PCl_5(g)$ 的量为 n mol。

	$PCl_5(g)$	$=\!=\!=$ $PCl_3(g)$	$+$ $Cl_2(g)$
开始时物质的量/mol	n	0	0
平衡时物质的量/mol	$(1-0.4)n$	$0.4n$	$0.4n$
平衡时物质的摩尔分数	$\frac{0.6}{1.4}$	$\frac{0.4}{1.4}$	$\frac{0.4}{1.4}$
平衡分压/kPa	$300\times\frac{0.6}{1.4}$	$300\times\frac{0.4}{1.4}$	$300\times\frac{0.4}{1.4}$

$$K^{\ominus}=\frac{\left[\frac{p(PCl_3)}{p^{\ominus}}\right]\left[\frac{p(Cl_2)}{p^{\ominus}}\right]}{\frac{p(PCl_5)}{p^{\ominus}}}=\frac{\left(\frac{0.4}{1.4}\times\frac{300}{100}\right)^{2}}{\frac{0.6}{1.4}\times\frac{300}{100}}=0.57$$

3.6 标准平衡常数和标准摩尔自由能变化的关系

定温定压下，某气体反应

$$a\mathrm{A(g)}+d\mathrm{D(g)} = g\mathrm{G(g)}+h\mathrm{H(g)}$$

若任意条件下的自由能变化用$\Delta_r G_m$表示，标准状态下的自由能变化用$\Delta_r G_m^\ominus$表示，热力学上已经证明$\Delta_r G_m$和$\Delta_r G_m^\ominus$有以下关系：

$$\Delta_r G_m=\Delta_r G_m^\ominus+RT\ln\frac{\left[p'(\mathrm{G})/p^\ominus\right]^g\cdot\left[p'(\mathrm{H})/p^\ominus\right]^h}{\left[p'(\mathrm{A})/p^\ominus\right]^a\cdot\left[p'(\mathrm{D})/p^\ominus\right]^d} \tag{3-17}$$

式(3-17)称为范特霍夫等温式(van't Hoff isotherm)。式中：$p'(\mathrm{A})$、$p'(\mathrm{D})$、$p'(\mathrm{G})$、$p'(\mathrm{H})$分别为气体A、D、G、H在任意时刻的分压；$p^\ominus$为标准压力。生成物与反应物相对分压之比称为“反应商”，用Q表示，即

$$Q=\frac{\left[p'(\mathrm{G})/p^\ominus\right]^g\cdot\left[p'(\mathrm{H})/p^\ominus\right]^h}{\left[p'(\mathrm{A})/p^\ominus\right]^a\cdot\left[p'(\mathrm{D})/p^\ominus\right]^d}$$

式(3-17)可写成

$$\Delta_r G_m=\Delta_r G_m^\ominus+RT\ln Q \tag{3-18}$$

当反应达到化学平衡时，$\Delta_r G_m=0$，各组分气体的分压都为平衡时分压

$$0=\Delta_r G_m^\ominus+RT\ln\frac{\left[p(\mathrm{G})/p^\ominus\right]^g\cdot\left[p(\mathrm{H})/p^\ominus\right]^h}{\left[p(\mathrm{A})/p^\ominus\right]^a\cdot\left[p(\mathrm{D})/p^\ominus\right]^d}$$

即

$$\Delta_r G_m^\ominus=-RT\ln K^\ominus \tag{3-19}$$

式(3-19)表示反应的标准摩尔自由能变化与标准平衡常数间的关系。$\Delta_r G_m^\ominus$越负，$K^\ominus$值越大，则表示反应进行得越完全。

如果是溶液中发生的反应，反应物、生成物均用浓度表示，$c'(\mathrm{A})$、$c'(\mathrm{D})$、$c'(\mathrm{G})$、$c'(\mathrm{H})$分别为物质在反应中的任意浓度，$c^\ominus$为标准浓度。生成物与反应物相对浓度之比也为反应商Q

$$Q=\frac{\left[c'(\mathrm{G})/c^\ominus\right]^g\cdot\left[c'(\mathrm{H})/c^\ominus\right]^h}{\left[c'(\mathrm{A})/c^\ominus\right]^a\cdot\left[c'(\mathrm{D})/c^\ominus\right]^d} \tag{3-20}$$

当反应体系中同时存在溶液中的组分和气相组分时，反应商Q中有关各项须分别用$(c/c^\ominus)$和$(p/p^\ominus)$，式(3-15)可表达为

$$\Delta_r G_m=-RT\ln K^\ominus+RT\ln Q=RT\ln\frac{Q}{K^\ominus}=2.303RT\lg\frac{Q}{K^\ominus} \tag{3-21}$$

式(3-21)是化学反应等温式的又一种形式，它表明了在定温定压条件下，化学反应的

摩尔自由能变化$\Delta_r G_m$与反应的标准平衡常数 $K^\ominus$及参加反应的各物质分压(或浓度)之间的关系。根据自由能判据，并结合式(3-21)可判断化学平衡移动的方向和限度。当$Q<K^\ominus$，$\Delta_r G_m<0$，平衡正向移动；当$Q=K^\ominus$，$\Delta_r G_m=0$，反应达平衡状态；当$Q>K^\ominus$，$\Delta_r G_m>0$，平衡逆向移动。

【例 3-5】 由$\Delta_f G_m^\ominus$数据计算反应$N_2(g)+3H_2(g) = 2NH_3(g)$在298.15K时的$K^\ominus$值。

解

	$N_2(g)$	$+3H_2(g)$	$= 2NH_3(g)$
$\Delta_f G_m^\ominus/(kJ \cdot mol^{-1})$	0	0	−16.45

$$\Delta_r G_m^\ominus = 2\times(-16.45) = -32.90\,(kJ \cdot mol^{-1})$$

$$\Delta_r G_m^\ominus = -2.303RT\lg K^\ominus$$

$$\lg K^\ominus = \frac{-(-32.90\times1000)}{2.303\times8.314\times298.15} = 5.766$$

$$K^\ominus = 5.83\times10^5$$

3.7 化学平衡的移动

3.7.1 浓度对化学平衡的影响

对于任意一个化学反应

$$aA+dD = gG+hH$$

在一定温度下反应达到平衡时

$$Q=K^\ominus \qquad \Delta_r G_m=0$$

若在这个平衡体系中增大反应物(A或D)浓度或减小产物(G或H)浓度，使得$Q<K^\ominus$，则$\Delta_r G_m<0$，反应不再处于平衡状态。反应可正向进行，反应物浓度不断减少，产物浓度不断增大，Q值增大到$Q=K^\ominus$时，体系又建立起新的平衡，各物质的平衡浓度均不同于前一个平衡状态时的浓度，称为化学平衡向正反应方向移动；反之，如果减小反应物或增加生成物的浓度，Q值加大，$Q>K^\ominus$，$\Delta_r G_m>0$，则化学平衡向逆反应方向移动。

3.7.2 压力对化学平衡的影响

压力变化对于固相或液相反应的平衡几乎没有影响。

对于有气态物质参加或生成的可逆反应，在定温条件下，改变体系的总压力，则可能引起化学平衡的移动。

(1)反应前后$\sum \nu(B,g)\neq0$的反应，据式(3-19)，压缩体积以增大总压力，平衡向气体物质的量减小的方向移动；反之，增大体积，减小总压力，则平衡向气体物质的量增加的方向移动。

例如，合成氨的反应

$$N_2(g)+3H_2(g)=\!=\!=2NH_3(g)$$

在一定温度下达到平衡，则

$$K^{\ominus}=\frac{\left[\frac{p(NH_3)}{p^{\ominus}}\right]^2}{\left[\frac{p(H_2)}{p^{\ominus}}\right]^3\left[\frac{p(N_2)}{p^{\ominus}}\right]}=\frac{p^2(NH_3)}{p^3(H_2)\cdot p(N_2)}(p^{\ominus})^2$$

如果减小平衡体系的体积，将总压增加到原来的两倍，此时各组分气体的分压也增加到原来的2倍，则

$$Q=\frac{\left[\frac{p'(NH_3)}{p^{\ominus}}\right]^2}{\left[\frac{p'(H_2)}{p^{\ominus}}\right]^3\left[\frac{p'(N_2)}{p^{\ominus}}\right]}=\frac{\left[2p^2(NH_3)\right]^2}{\left[2p(H_2)\right]^3\cdot\left[2p(N_2)\right]}(p^{\ominus})^2$$

$$Q=\frac{1}{4}K^{\ominus}<K^{\ominus}$$

根据式(3-19)，平衡向生成NH_3的方向移动。

(2)对反应前后$\sum\nu(B,g)=0$的反应，由于体系总体积的改变同等程度地改变反应物和产物的分压，故平衡不受压力变化的影响。

(3)与反应体系无关的气体(指不参加反应的气体)的引入，在定容条件下，各组分气体分压不变，对化学平衡无影响；在定压条件下，无关的气体引入，使反应体系体积增大，各组分气体的分压减小，化学平衡向气体物质的量增加的方向移动。

综上所述，压力对平衡移动的影响，要考虑反应前后气体物质的量是否改变，还要看各反应物和生成物的分压是否改变。

【例3-6】 某容器中充有N_2O_4和NO_2的混合物。在308K、100kPa时发生反应$N_2O_4(g)=\!=\!=2NO_2(g)$，并达平衡。平衡时$K^{\ominus}=0.50$，各物质的分压分别为$p(N_2O_4)=50kPa$，$p(NO_2)=50kPa$。若将上述平衡体系的总压力增大到200kPa时，平衡向何方移动?

解 压力增大时平衡遭到破坏

$$p'(N_2O_4)=50\times2=100(kPa)$$

$$p'(NO_2)=50\times2=100(kPa)$$

$$Q=\frac{[p'(NO_2)/p^{\ominus}]^2}{p'(N_2O_4)/p^{\ominus}}=\frac{(100/100)^2}{100/100}=1$$

$Q>K^{\ominus}$，平衡向左移动。

3.7.3 温度对化学平衡的影响

改变浓度或压力只能改变Q值，从而改变平衡状态，但$K^{\ominus}$值不变。温度变化则使$K^{\ominus}$值改变，使化学平衡发生移动。根据

$$\Delta_r G_m^\ominus = -RT\ln K^\ominus$$

$$\Delta_r G_m^\ominus = \Delta_r H_m^\ominus - T\Delta_r S_m^\ominus$$

得

$$\ln K^\ominus = \frac{-\Delta_r H_m^\ominus}{RT} + \frac{\Delta_r S_m^\ominus}{R}$$

设温度 T_1、T_2 时的标准平衡常数分别为 $K_1^\ominus$、$K_2^\ominus$，在温度变化范围不太大时，将 $\Delta_r H_m^\ominus$ 和 $\Delta_r S_m^\ominus$ 视为常数，则

$$\ln K_1^\ominus = \frac{-\Delta_r H_m^\ominus}{RT_1} + \frac{\Delta_r S_m^\ominus}{R}$$

$$\ln K_2^\ominus = \frac{-\Delta_r H_m^\ominus}{RT_2} + \frac{\Delta_r S_m^\ominus}{R}$$

两式相减，得

$$\ln \frac{K_2^\ominus}{K_1^\ominus} = \frac{\Delta_r H_m^\ominus}{R}\left(\frac{T_2 - T_1}{T_2 T_1}\right)$$

或

$$\lg \frac{K_2^\ominus}{K_1^\ominus} = \frac{\Delta_r H_m^\ominus}{2.303R}\left(\frac{T_2 - T_1}{T_2 T_1}\right) \tag{3-22}$$

式(3-22)称为范特霍夫方程，表明温度对化学平衡的影响。从式(3-22)还可以看出 $K^\ominus$ 的变化和反应标准摩尔焓变($\Delta_r H_m^\ominus$)的关系。对于放热反应($\Delta_r H_m^\ominus<0$)，升高温度时，$K_2^\ominus<K_1^\ominus$；对于吸热反应($\Delta_r H_m^\ominus>0$)，升高温度时，$K_2^\ominus>K_1^\ominus$。

【例 3-7】 反应 $CO(g)+H_2O(g)=\!=\!=CO_2(g)+H_2(g)$ 的 $\Delta_r H_m^\ominus=-37.9kJ\cdot mol^{-1}$，$T_1=700K$，$K_1^\ominus=9.02$，求 $T_2=800K$ 时的 $K_2^\ominus$，并说明升高温度时化学平衡移动的方向。

解 假定反应的 $\Delta_r H_m^\ominus$ 在 700～800K 的变化可以忽略，将有关数据代入式(3-20)，得

$$\lg\frac{K_2^\ominus}{9.02} = \frac{-37.9\times10^3}{2.303\times8.314}\left(\frac{800-700}{800\times700}\right) = -0.3535$$

$$K_2^\ominus = 3.99$$

温度升高，$K^\ominus$ 值减小，即化学平衡向逆反应方向移动。

催化剂对反应的 $\Delta_r G_m^\ominus$ 无影响，故它只加速化学平衡的到达而不会影响平衡。

综合上述各种因素对化学平衡的影响可以得出一个普遍规律，即“假若改变平衡体系的条件(浓度、压力、温度)，平衡就向着能够减弱这个改变的方向移动”。这一规律称为勒夏

特列原理(Le Chatelier's principle)，也称为化学平衡移动原理，它适用于各种动态平衡体系。

3.7.4 其他平衡的影响

反应体系中可能存在多个化学反应，若有一种物质同时参与两个或两个以上化学反应，体系达平衡后该物质的浓度(或分压)只有一个确定的值。若改变条件使某一反应的平衡发生移动，则由于该物质的浓度(或分压)发生变化，从而引起其他平衡移动。

【例 3-8】 已知 398K 时

反应(1) $2C(s)+O_2(g)═2CO(g)$ $K_1^\ominus=1.6\times10^{48}$

反应(2) $C(s)+O_2(g)═CO_2(g)$ $K_2^\ominus=1.4\times10^{69}$

分别求 $p(CO_2)=2.0\times10^{-3}$kPa 和 $p(CO_2)=1.0\times10^{-2}$kPa 时 CO 的分压。

解 反应(1)−反应(2)得总反应

$$C(s)+CO_2(g)═2CO(g)$$

$$K^\ominus=K_1^\ominus/K_2^\ominus=1.1\times10^{-21}$$

$p(CO_2)=2.0\times10^{-3}$kPa 时 CO 的分压

$$p(CO)=[K^\ominus\cdot p(CO_2)\cdot p^\ominus]^{1/2}$$
$$=(1.1\times10^{-21}\times2.0\times10^{-3}\times10^3\times10^5)^{1/2}$$
$$=1.5\times10^{-8}(Pa)$$

$p(CO_2)=1.0\times10^{-2}$kPa 时 CO 的分压

$$p(CO)=[K^\ominus\cdot p(CO_2)\cdot p^\ominus]^{1/2}$$
$$=(1.1\times10^{-21}\times1.0\times10^{-2}\times10^3\times10^5)^{1/2}$$
$$=3.3\times10^{-8}(Pa)$$

*3.8 生物化学标准平衡常数

生物体系中的反应达到平衡时，有生化标准平衡常数 $K^\oplus$。反应的吉布斯生化标准摩尔自由能变化 $\Delta_r G_m^\oplus$ 与 $K^\oplus$ 的关系为

$$\Delta_r G_m^\oplus=-RT\ln K^\oplus \qquad (3\text{-}23)$$

【例 3-9】 NAD^+和 NADH 分别是烟酰胺腺嘌呤二核苷酸的氧化态和还原态，其氧化还原反应为

$$NAD^++H_2═NADH+H^+$$

已知在 298.15K 时，反应的$\Delta_r G_m^\ominus=21.83kJ\cdot mol^{-1}$，计算反应的 $\Delta_r G_m^\oplus$、$K^\oplus$和 $K^\ominus$。

解 pH=7 时

$$\Delta_r G_m^\oplus=\Delta_r G_m^\ominus+RT\ln[c(H^+)/c^\ominus]$$
$$=\Delta_r G_m^\ominus-39.95kJ\cdot mol^{-1}$$

$$=-18.12\text{kJ}\cdot\text{mol}^{-1}<0$$

说明该反应在 pH=7，其他物质浓度均为 $1\text{mol}\cdot\text{L}^{-1}$ 的生化标准状态时，反应能自发进行。

$$\Delta_r G_m^{\oplus}=-RT\ln K^{\oplus}$$

$$-18.12\times10^3=-8.314\times298.15\times2.303\times\lg K^{\oplus}$$

$$K^{\oplus}=1.499\times10^3$$

又 pH=0 时，$\Delta_r G_m^{\ominus}=-RT\ln K^{\ominus}$

$$21.83\times10^3=-2.303\times8.314\times298.15\times\lg K^{\ominus}$$

$$K^{\ominus}=1.493\times10^{-4}$$

计算结果表明此反应在 pH=7 时能自发进行，而在 pH=0 时，不能自发进行。生化标准平衡常数 $K^{\oplus}$ 与热力学标准平衡常数相差达 10^7。

习　题

3-1 什么是反应的速率常数？它的大小与浓度、温度、催化剂等因素有什么关系？

3-2 什么是活化能？

3-3 什么是催化剂？其特点有哪些？

3-4 NOCl 分解反应为 $2NOCl = 2NO + Cl_2$，实验测得 NOCl 的浓度与时间的关系如下：

t/s	0	10	20	30	40	50
$c(NOCl)/(\text{mol}\cdot\text{L}^{-1})$	2.00	1.42	0.99	0.71	0.56	0.48

求各时间段内反应的平均速率；用作图法求 t=25s 时的瞬时速率。

3-5 660K 时反应 $2NO + O_2 = 2NO_2$，NO 和 O_2 的初始浓度 $c(NO)$ 和 $c(O_2)$ 及反应的初始速率 v 的实验数据如下：

$c(NO)/(\text{mol}\cdot\text{L}^{-1})$	$c(O_2)/(\text{mol}\cdot\text{L}^{-1})$	$v/(\text{mol}\cdot\text{L}^{-1}\cdot\text{s}^{-1})$
0.10	0.10	0.030
0.10	0.20	0.060
0.20	0.20	0.240

(1) 写出反应的速率方程；

(2) 求出反应的级数和速率常数；

(3) 求 $c(NO)=c(O_2)=0.15\text{mol}\cdot\text{L}^{-1}$ 时的反应速率。

3-6 某反应 25℃时速率常数为 $1.3\times10^{-3}\text{s}^{-1}$，35℃时为 $3.6\times10^{-3}\text{s}^{-1}$。根据范特霍夫规则，估算该反应 55℃时的速率常数。

3-7 求反应 $C_2H_5Br = C_2H_4 + HBr$ 在 700K 时的速率常数。已知该反应活化能为 $225\text{kJ}\cdot\text{mol}^{-1}$，650K 时的 $k=2.0\times10^{-3}\text{s}^{-1}$。

3-8 反应 $C_2H_4 + H_2 = C_2H_6$ 在 300K 时 $k_1=1.3\times10^{-3}\text{mol}^{-1}\cdot\text{L}\cdot\text{s}^{-1}$，320K 时 $k_2=4.5\times10^{-3}\text{mol}^{-1}\cdot\text{L}\cdot\text{s}^{-1}$，求该反应的活化能 E_a。

3-9 某反应活化能为 $180kJ\cdot mol^{-1}$，800K 时反应速率常数为 k_1，求 $k_2=2k_1$ 时的反应温度。

3-10 写出下列反应的标准平衡常数表示式

$$N_2(g)+3H_2(g)=\!=\!=2NH_3(g)$$

$$CH_4(g)+2O_2(g)=\!=\!=CO_2(g)+2H_2O(l)$$

$$CaCO_3(s)=\!=\!=CaO(s)+CO_2(g)$$

3-11 已知在某温度时

(1) $2CO_2(g)=\!=\!=2CO(g)+O_2(g)$　　$K_1^{\ominus}=A$

(2) $SnO_2(s)+2CO(g)=\!=\!=Sn(s)+2CO_2(g)$　　$K_2^{\ominus}=B$

则同一温度下反应(3) $SnO_2(s)=\!=\!=Sn(s)+O_2(g)$ 的 $K_3^{\ominus}$ 应为多少？

3-12 在 1273K 时反应 $FeO(s)+CO(g)=\!=\!=Fe(s)+CO_2(g)$ 的 $K^{\ominus}=0.5$，若 CO 和 CO_2 的初始分压分别为 500kPa 和 100kPa，则：(1)反应物 CO 及产物 CO_2 的平衡分压为多少？(2)平衡时 CO 的转化率是多少？(3)若增加 FeO 的量，对平衡有没有影响？

3-13 在 585K 和总压为 100kPa 时，有 56.4%NOCl(g)按下式分解：

$$2NOCl(g)=\!=\!=2NO(g)+Cl_2(g)$$

若未分解时 NOCl 的量为 1mol。计算：(1)平衡时各组分的物质的量；(2)各组分的平衡分压；(3)该温度时的 $K^{\ominus}$。

3-14 反应 $Hb\cdot O_2(aq)+CO(g)=\!=\!=Hb\cdot CO(aq)+O_2(g)$ 在 298.15K 时 $K^{\ominus}=210$，设空气中 O_2 的分压为 21kPa，计算使血液中 10%红细胞($Hb\cdot O_2$)变为 Hb · CO 所需 CO 的分压。

3-15 计算反应 $CO+3H_2=\!=\!=CH_4+H_2O$ 在 298.15K 和 500K 时的 $K^{\ominus}$ 值(注意：298.15K 和 500K 时水的聚集状态不同，利用 $\Delta_fH_m^{\ominus}$、$S_m^{\ominus}$ 计算)。

3-16 反应 $H_2(g)+I_2(g)=\!=\!=2HI(g)$ 在 713K 时 $K^{\ominus}=49$，若 698K 时的 $K^{\ominus}=54.3$。

(1)上述反应 $\Delta_rH_m^{\ominus}$ 为多少(温度 698～713K)？上述反应是吸热反应还是放热反应？

(2)计算 713K 时反应的 $\Delta_rG_m^{\ominus}$。

(3)当 H_2、I_2、HI 的分压分别为 100kPa、100kPa、50kPa 时，计算 713K 时反应的 Δ_rG_m。

3-17 已知水在 373K 时气化焓为 $40.60kJ\cdot mol^{-1}$，若压力锅内压力最高可达 150kPa，求此时锅内的温度。

3-18 The rate constant for the reaction of oxygen atoms with aromatic hydrocarbons was $3.03\times10^7L\cdot mol^{-1}\cdot s^{-1}$ at 341.2K, and $6.91\times10^7L\cdot mol^{-1}\cdot s^{-1}$ at 352.2K. Calculate the activation energy of this reaction.

3-19 The standard equilibrium constant of a reaction was $K_1^{\ominus}=32$ at 25℃ and $K_2^{\ominus}=50$ at 37℃. Calculate $\Delta_rG_m^{\ominus}$, $\Delta_rH_m^{\ominus}$ and $\Delta_rS_m^{\ominus}$ of this reaction at 37℃. ($\Delta_rH_m^{\ominus}$ was considered as a constant in this range of temperature)

第 4 章　物质结构基础

物质的性质与物质的结构有关。要理解物质化学反应中的能量变化、阐明化学反应的本质、了解物质结构与性质的关系、预测新物质的合成等，必须了解原子结构、分子结构、晶体结构等有关知识。

4.1　原子结构的近代理论

1926 年，奥地利物理学家薛定谔（Schrödinger）建立了描述微观粒子（电子、原子等）运动规律的量子力学理论。从此运用量子力学理论研究原子结构及其运动规律，逐步形成了原子结构的近代理论。

4.1.1　微观粒子的波粒二象性

20 世纪初已经发现光既有微粒性，又有波动性，即具有波粒二象性（wave-particle duality）。

1924 年，法国物理学家德布罗意（de Broglie）提出了静止质量不等于零的原子、分子、电子等微观粒子也具有波粒二象性。并预言质量为 m、速度为 v 的微观粒子的波长为

$$\lambda = \frac{h}{P} = \frac{h}{mv} \tag{4-1}$$

式中：λ 表示粒子具有波动性的波长，这种波称为物质波；P 表示粒子性的动量。二者通过普朗克（Planck）常量定量地联系起来，称为德布罗意关系式。

1927 年，德布罗意的预言被电子衍射实验证实。戴维孙（Davisson）和革末（Germer）用电子衍射实验证实了电子的波动性，如图 4-1 所示。如果实验时间很短，在照相底片上出现若干不规则分布的感光点［图 4-1（a）］，说明每个电子的落点位置无法预料，电子运动没有确定的轨道。如果实验时间较长，底片上便形成了衍射环纹［图 4-1（b）］，与光的衍射结果相似，显示出了电子的波动性。电子的波动性是电子无数次行为的统计结果，电子的运动用统计方法——概率进行描述。

量子力学认为个别电子的运动轨道是无法确定的，这与经典力学有原则差异，但电子在原子核外分布规律可以用概率描述。电子在原子核外空间某处单位体积内出现的概率称为概率密度。

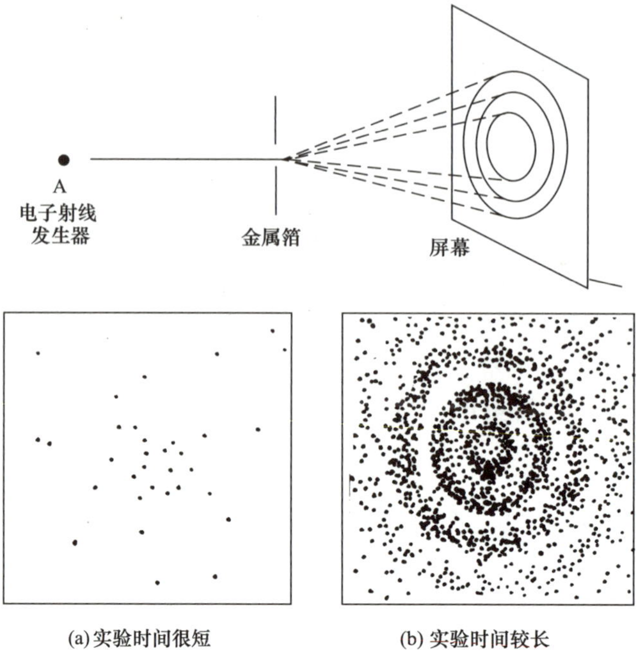

图 4-1 电子衍射实验示意图

4.1.2 测不准原理

由于电子运动具有波粒二象性，1927 年德国物理学家海森伯(Heisenberg)指出，同时准确地测定电子在空间的位置和速度是不可能的。这就是著名的测不准原理(uncertainty principle)，其数学表达式为

$$\Delta x \cdot \Delta P \geqslant h \quad 或 \quad \Delta x \geqslant \frac{h}{m\Delta v} \tag{4-2}$$

式中：Δx 为确定电子位置测不准量；ΔP 为动量测不准量；Δv 为速度测不准量；h 为普朗克常量。如果测定电子的位置越准确(Δx 越小)，则动量或速度测定的准确度就越差(ΔP 或 Δv 越大)；反之亦然。故电子等微观粒子的运动状态只能用波动力学原理加以描述。

4.1.3 原子轨道和波函数

1. 薛定谔方程

1926 年，奥地利物理学家薛定谔根据电子运动的波粒二象性，提出了描述核外电子运动状态的波动方程

$$\frac{\partial^2\psi}{\partial x^2}+\frac{\partial^2\psi}{\partial y^2}+\frac{\partial^2\psi}{\partial z^2}+\frac{8\pi^2 m}{h^2}(E-V)\psi=0 \tag{4-3}$$

式中：ψ 称为波函数，是电子的波动性在方程中的体现；E 为总能量；V 为势能；m 为微观粒子的质量。

为了求解 ψ 的方便，常将直角坐标(x, y, z)变换为球坐标(r, θ, ϕ)，这样薛定谔

方程的解可写成

$$\psi(x, y, z)=\psi(r, \theta, \phi)=R(r)Y(\theta, \phi) \tag{4-4}$$

波函数 ψ 分为两个函数的乘积。式中：$R(r)$ 部分仅是 r 的函数，为 ψ 的径向部分，称为径向波函数；$Y(\theta, \phi)$ 则是角度 θ 和 ϕ 的函数，为 ψ 的角度部分，称为角度波函数。

解上述方程，分别得到决定波函数的 3 个参数，即 n、l、m 三个量子数。

2. 波函数和原子轨道

波函数是描述核外电子运动状态的数学函数，它是原子轨道（atomic orbital）的同义词，需要注意的是波函数描述的原子轨道与玻尔假设的原子轨道有本质区别。

解氢原子的薛定谔方程，可以得到一系列的波函数 ψ 和相对应的一系列能量值 E，各个 ψ 代表电子在原子中的各种可能的运动状态，每种运动状态都有确定的能量。因此，量子力学中用波函数和相对应的能量来描述微观粒子运动状态。

例如，波函数 ψ_{1s} 是描述电子处于 1s 状态，称为 1s 轨道，在此轨道上运动的电子称为 1s 电子，对应的能量为 E_{1s}；波函数 ψ_{2p}、ψ_{3d}、ψ_{4f} 分别描述电子处于 2p、3d、4f 状态，分别称为 2p、3d、4f 轨道;在这些轨道上运动的电子分别称为 2p、3d、4f 电子，对应的能量分别为 E_{2p}、E_{3d}、E_{4f}。

3. 波函数和电子云的图像

波函数图像是 ψ 随 r、θ、ϕ 变化的图像，电子云图像是 $|\psi|^2$ 随 r、θ、ϕ 变化的图像。由于这些图像共有三个变量（r、θ、ϕ），很难在平面上用适当的图像将 ψ 或 $|\psi|^2$ 随 r、θ、ϕ 变化的情况表示清楚。因此，波函数 $\psi_{n,l,m}(r, \theta, \phi)$ 通过变量分离表示为

$$\psi_{n,l,m}=R_{n,l}(r)\cdot Y_{l,m}(\theta, \phi) \tag{4-5}$$

式中：波函数 $\psi_{n,l,m}$ 即原子轨道；$R_{n,l}(r)$ 只与离核半径有关，称为原子轨道的径向部分；$Y_{l,m}(\theta, \phi)$ 只与角度有关，称为原子轨道的角度部分。氢原子若干原子轨道的径向分布与角度分布如表 4-1 所示。因此，原子轨道除了用函数式表示外，还可以用相应的图像表示。现介绍几种主要的图形表示法。

表 4-1　氢原子若干原子轨道的径向分布与角度分布（a_0 为玻尔半径）

	原子轨道 $\psi(r, \theta, \phi)$	径向分布 $R(r)$	角度分布 $Y(\theta, \phi)$
1s	$\sqrt{\frac{1}{\pi a_0^3}}e^{-r/a_0}$	$2\sqrt{\frac{1}{a_0^3}}e^{-r/a_0}$	$\sqrt{\frac{1}{4\pi}}$
2s	$\frac{1}{4}\sqrt{\frac{1}{2a_0^3}}\left(2-\frac{r}{a_0}\right)e^{-r/2a_0}$	$\sqrt{\frac{1}{8a_0^3}}\left(2-\frac{r}{a_0}\right)e^{-r/2a_0}$	$\sqrt{\frac{1}{4\pi}}$
$2p_z$	$\frac{1}{4}\sqrt{\frac{1}{2\pi a_0^3}}\left(\frac{r}{a_0}\right)e^{-r/2a_0}\cos\theta$		$\sqrt{\frac{3}{4\pi}}\cos\theta$
$2p_x$	$\frac{1}{4}\sqrt{\frac{1}{2\pi a_0^3}}\left(\frac{r}{a_0}\right)e^{-r/2a_0}\sin\theta\cos\phi$	$\sqrt{\frac{1}{24a_0^3}}\left(\frac{r}{a_0}\right)e^{-r/2a_0}$	$\sqrt{\frac{3}{4\pi}}\sin\theta\cos\phi$
$2p_y$	$\frac{1}{4}\sqrt{\frac{1}{2\pi a_0^3}}\left(\frac{r}{a_0}\right)e^{-r/2a_0}\sin\theta\sin\phi$		$\sqrt{\frac{3}{4\pi}}\sin\theta\sin\phi$

1)波函数角度分布图

如果将 $Y_{l,m}(\theta, \phi)$ 随 θ 和 ϕ 变化作图，即得波函数 ψ 的角度分布图或原子轨道角度分布图的图像。这种图的作法是，从坐标原点(原子核)出发，引出不同 θ、ϕ 角度的直线，按照有关波函数角度分布的函数式 $Y(\theta, \phi)$ 算出 θ 和 ϕ 变化时的值，使直线的长度为 $|Y(\theta, \phi)|$，将所有直线的端点连接起来，在空间则形成一个闭合的立体曲面，并给曲面标上 Y 值的正、负号，这样的图像称为波函数或原子轨道的角度分布图。

由于波函数的角度部分 $Y_{l,m}(\theta, \phi)$ 只与角量子数 l 和磁量子数 m 有关，因此，只要量子数 l、m 相同，其 $Y_{l,m}(\theta, \phi)$ 函数式就相同，就有相同的原子轨道角度分布图像。

例如，所有 $l=0$、$m=0$ 的波函数的角度部分 $Y_{0,0}(\theta, \phi)$ 都与 1s 轨道相同，为 $Y_s=\sqrt{\frac{1}{4\pi}}$，是一个与角度 θ、ϕ 无关的常数，所以它的角度分布图像是一个以 $\sqrt{\frac{1}{4\pi}}$ 为半径的球面。球面上任意一点 Y_s 值均为 $\sqrt{\frac{1}{4\pi}}$，如图 4-2 所示。

又如，所有 p_z 轨道波函数的角度部分为

$$Y_{p_z}=\sqrt{\frac{3}{4\pi}}\cos\theta=C\cdot\cos\theta$$

Y_{p_z} 函数比较简单，它只与 θ 有关而与 ϕ 无关。表 4-2 列出不同 θ 的 Y_{p_z} 值，由此作 Y_{p_z}-cos θ 图，就可得到两个相切于原点的圆，如图 4-3 所示。将图 4-3 绕 z 轴旋转 180°，就可以得到两个外切于原点的球面所构成的 p_z 原子轨道角度分布的立体图像。球面上任意一点至原点的距离代表在该角度(θ, ϕ)上 Y_{p_z} 数值的大小；xy 平面上下的正、负号表示 Y_{p_z} 的值为正值或负值，并不代表电荷，这些正、负号和 Y_{p_z} 的极大值空间取向将在原子形成分子的成键过程中起重要作用。整个球面表示 Y_{p_z} 随 θ 和 ϕ 变化的规律。

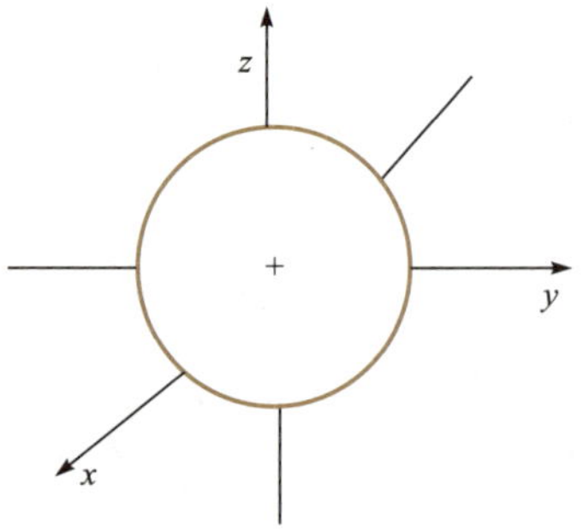

图 4-2 s 轨道角度分布图

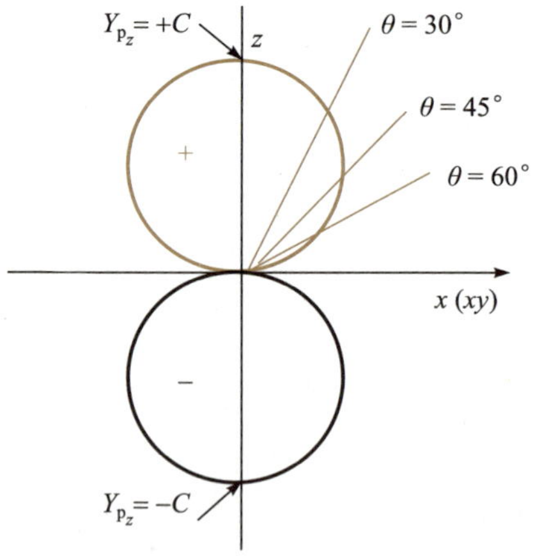

图 4-3 p_z 轨道角度分布图

表 4-2　不同 θ 的 Y_{p_z} 值

θ/(°)	0	30	60	90	120	150	180
$\cos\theta$	1.00	0.87	0.50	0	−0.50	−0.87	−1.00
Y_{p_z}	1.00C	0.87C	0.50C	0	−0.50C	−0.87C	−1.00C

采用同样方法，根据各原子轨道的 $Y(\theta, \phi)$ 函数式，可作出 p_x、p_y 的角度分布图像，它们与 Y_{p_z} 的区别在于极大值分别沿 x 轴和 y 轴伸展。同理，由五种 d 轨道的角度分布函数可作出 d 轨道的角度分布图像。

图 4-4 是 s，p，d 原子轨道的角度分布图像。从图 4-4 中看到，三个 p 轨道角度分布图的形状相同，只是空间取向不同。它们的 Y_p 极大值分别沿 x、y、z 三个轴取向，所以三种 p 轨道分别称为 p_x、p_y、p_z 轨道。五种 d 轨道中 d_{z^2}、$d_{x^2-y^2}$ 两种轨道 Y 的极大值分别在 z 轴、x 轴和 y 轴的方向上，称为轴向 d 轨道；d_{xy}、d_{xz}、d_{yz} 三种轨道 Y 的极大值都在两个轴间（x 轴和 y 轴、x 轴和 z 轴、y 轴和 z 轴）45° 夹角的方向上，称为轴间 d 轨道。除 d_{z^2} 轨道外，其余四种 d 轨道角度分布的形状相同，只是空间取向不同。

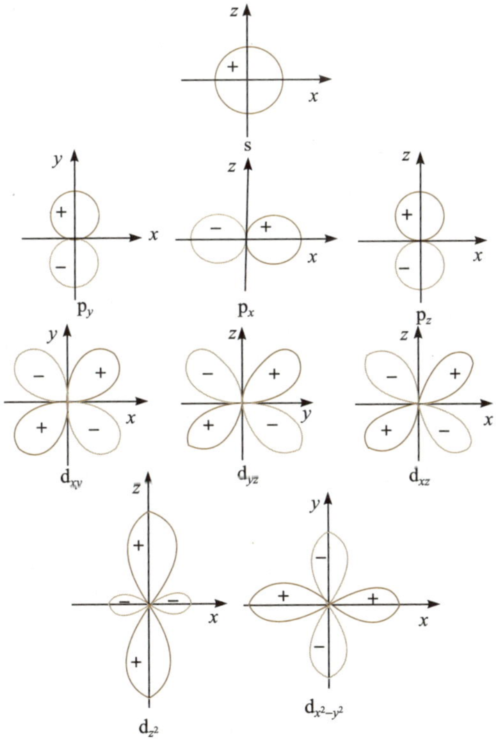

图 4-4　s，p，d 轨道的角度分布图

2）电子云图和电子云角度分布图

（1）概率密度与电子云。电子在核外空间某处单位微体积内出现的概率称为概率密度。概率密度与 $|\psi|^2$ 成正比，即

$$\frac{dp}{dV}=|\psi|^2 \tag{4-6}$$

常用小黑点的疏密形象地描述概率密度的分布情况。$|\psi|^2$ 大的地方，黑点密集；$|\psi|^2$ 小的地方，黑点稀疏。这种以小黑点的疏密表示概率密度分布的图形称为电子云图，如基态氢原子电子云呈球形(图 4-5)。应当注意，对于氢原子来说，只有一个电子，图中小黑点的疏密只代表电子在某一瞬间出现的可能性。

把电子云出现的概率密度相等的地方连接起来，作为电子云的界面，表示界面内电子出现的概率很大(占 95%以上)，界面外电子出现的概率很小，这种图称为电子云界面图。例如，1s 电子的界面图为一个球面，如图 4-6 所示。

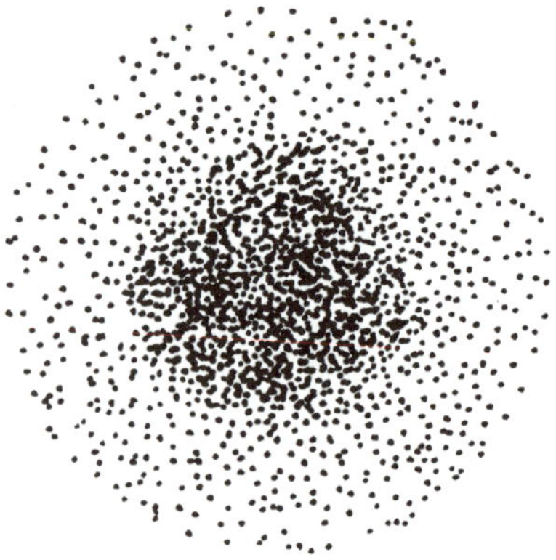
图 4-5 电子云图

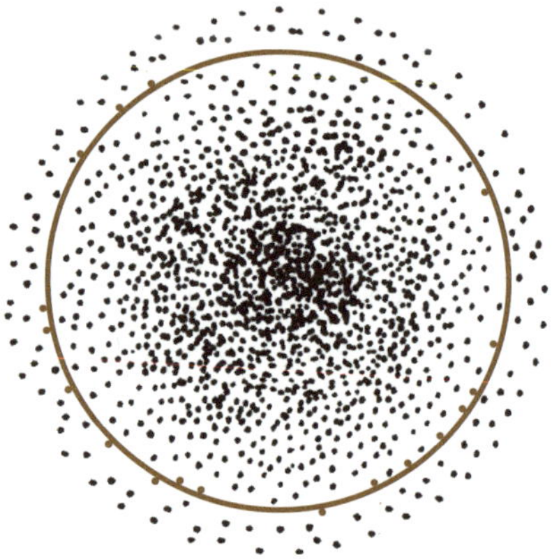
图 4-6 界面图

当氢原子处于激发态时，也可以按上述规则画出 2s、2p、3s、3p、3d 等各种电子云的图形，但要复杂得多。为了简便，常从两个不同的侧面反映电子云，即分别画出电子云的径向分布图和角度分布图。

(2)电子云的角度分布图。与波函数角度分布函数 $Y(\theta, \phi)$对应，也有电子云的角度分布函数 $Y^2(\theta, \phi)$。Y^2随 θ，ϕ的变化作图即得电子云的角度分布图。氢原子的电子云角度分布如图 4-7 所示。

3)径向分布函数图

(1)径向分布函数。概率等于概率密度与该区域体积的乘积，即

$$dp=|\psi|^2dV$$

为了研究在半径为 r、厚度为 dr 的薄层球壳内电子出现的概率随 r 变化的情况，引入径向分布函数的概念。

假设将原子核外空间分成无数个极薄的球壳，每个球壳的体积 $dV=4\pi r^2dr$，若单位厚度 $dr=1$，则 $dV=4\pi r^2$，电子在其中的概率

$$dp=|\psi|^2 4\pi r^2$$

令 $D(r)=|\psi|^2 4\pi r^2$，$D(r)$称为径向分布函数。$D(r)$表示电子在半径为 r 的球面上单位厚度的球壳夹层内出现的概率，$D(r)$值越大，表示电子在单位厚度的球壳夹层内出现的概率越大。

(2)径向分布函数图。作 $D(r)$-r 图，得到的曲线称为径向分布函数图，如图 4-8 所示。

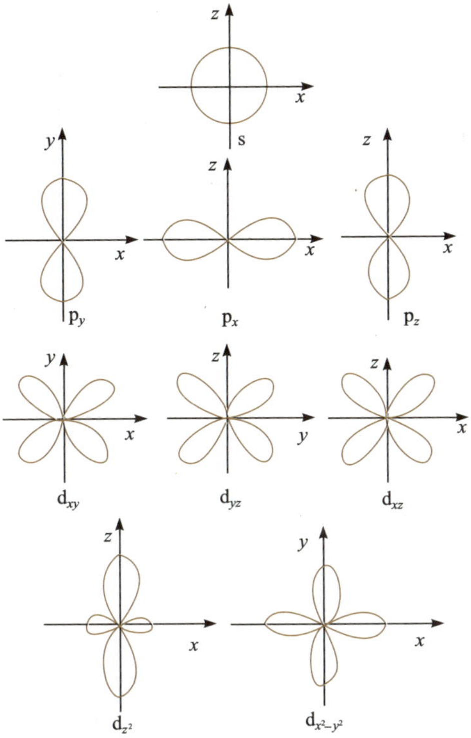

图 4-7　电子云的角度分布图

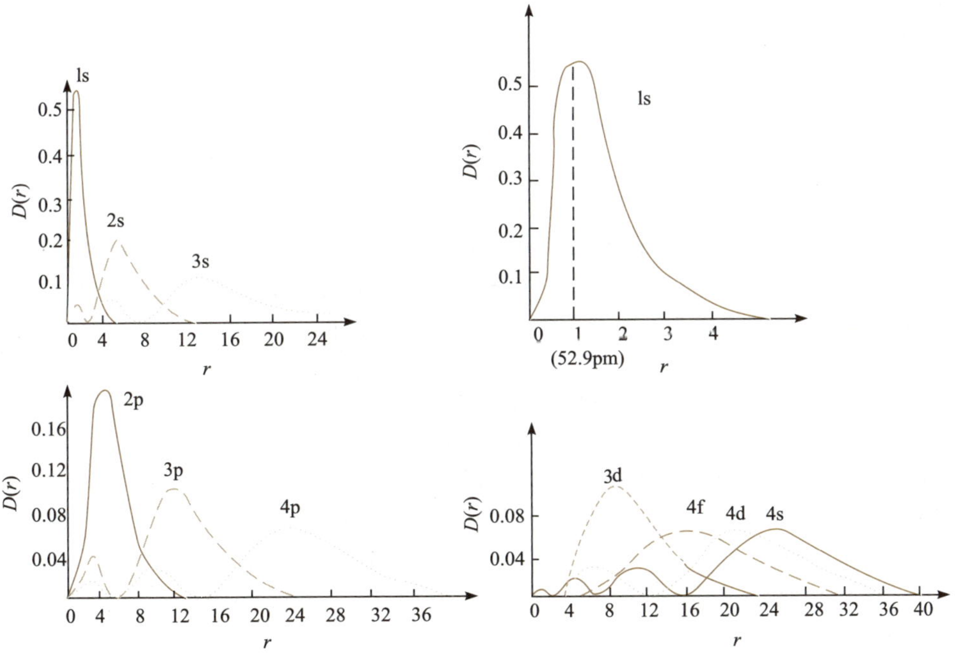

图 4-8　氢原子的几种径向分布函数图

从图 4-8 可以看出，概率最大不能说明概率密度最大，其中 1s 电子概率最大的球壳是 r=52.9pm 处，但此处的概率密度并不最大，因为概率密度是$|\psi|^2$，而概率是$|\psi|^2 4\pi r^2$，

在趋近球心处，概率密度$|\psi|^2$最大，但$r\to 0$，所以概率$|\psi|^2 4\pi r^2$很小；在离核远处，r虽大，但$|\psi|^2\to 0$，所以概率也很小，只有在r较大，$|\psi|^2$也不太小时，概率$|\psi|^2 4\pi r^2$达极大值。对氢原子的1s电子来说，在r=52.9pm处，概率达最大值(此处半径恰好是氢原子的第一条玻尔轨道的半径，称为玻尔半径，常用a_0表示)。此处的概率密度不是极大值，也不是电子云最密处。

由径向分布图看出，1s有一个峰，2s有两个峰，3s有三个峰，而且2s的主峰比1s靠外，3s主峰比2s靠外。主峰越靠外，说明电子离核越远，轨道能量越高。靠外的轨道又有小峰渗透到内层轨道，使轨道间相互渗透，能量交错。

4.2 核外电子运动状态

4.2.1 四个量子数

原子中各个电子在核外的运动状态是指电子所在的电子层和原子轨道的能级、形状、伸展方向等，必须用薛定谔方程解得的三个量子数加以描述。第四个是自旋量子数，用来描述电子的自旋状态。

1. 主量子数

主量子数(principal quantum number)n是决定核外电子的能量和电子离核平均距离的参数。n值越大，电子离核的距离越远，电子的能量越高。例如，n=1，表示电子离核最近，即能量最低的第一电子层；n=2，表示电子离核稍远，即能量稍高的第二电子层；依此类推。

n值取正整数，n=1，2，3，…其中每一个n值代表一个电子层，在光谱学上用拉丁字母表示电子层。

主量子数(n)	1	2	3	4	5	6	7
电子层符号	K	L	M	N	O	P	Q

2. 角量子数

角量子数(azimuthal momentum quantum number)l又称副量子数，它确定原子轨道或电子云的形状，并在多电子原子中和n一起决定电子的能量。

n确定后，角量子数l可取0～(n−1)的正整数，即l=0，1，2，3，…，(n−1)。

例如，n=1，l只能取0；n=2，l可取0、1两个值。

l的每一个数值表示一种形状的原子轨道或电子云，代表一个电子亚层。例如，l=0，表示球形的s电子层或s原子轨道；l=1，表示哑铃形的p电子云或p原子轨道；l=2，表示花瓣形的d电子云或d原子轨道。电子亚层常用光谱符号表示。

角量子数(l)	0	1	2	3
亚层光谱符号	s	p	d	f

对于多电子原子来说，同一电子层中的l值越小，该电子亚层的能级越低。例如，3s的能级低于3p的能级低于3d的能级。

3. 磁量子数

磁量子数(magnetic quantum number)m的取值受l的限制，当l一定，m可取0，±1，±2，…，±l共$2l$+1个值。

磁量子数决定原子轨道在磁场中的分裂，反映原子轨道在空间伸展的方向。m 的每一个数值表示具有某种空间方向的原子轨道。每一个亚层中，m 有几个取值，其亚层就有几个不同伸展方向的同能量原子轨道。

例如，l=0 时，m=0，只有一个 s 亚层是球形对称的；l=1 时，m=−1、0、+1，有三个值，p 亚层有三个分别以 y、z、x 轴为对称轴的 p_y、p_z、p_x 原子轨道，这三个轨道的伸展方向互相垂直（图 4-3）。

磁量子数与轨道能量无关。l 相同、m 不同的原子轨道（形状相同、空间取向不同的原子轨道）其能量是相同的。能量相同的各原子轨道称为简并轨道或等价轨道，简并轨道的数目称为简并度。例如

亚层	简并轨道	简并度
p	3 个 p 轨道	3
d	5 个 d 轨道	5
f	7 个 f 轨道	7

4. 自旋量子数

原子中的电子除了绕核运动外，还可自旋。用于描述电子自旋方向的量子数称为自旋量子数（spin quantum number），用符号 m_s 表示，$m_s = \pm 1/2$，$m_s = +1/2$ 或 $m_s = -1/2$ 分别表示电子的两种不同的自旋运动状态。通常用箭头↑和↓表示。

原子核外电子的运动状态可用四个量子数描述。表 4-3 是 n、l、m 三个量子数和波函数的关系。根据四个量子数数值间的关系，可以推算出各电子层中可能有的状态。

表 4-3　n、l、m 三个量子数和波函数的关系

电子层	n	l	m	状态名称	波函数（ψ）	各状态的轨道数	各电子层的轨道数
K	1	0	0	1s	ψ_{1s}	1	1
L	2	0	0	2s	ψ_{2s}	1	4
		1	0	$2p_z$	ψ_{2p_z}		
			±1	$2p_x$，$2p_y$	ψ_{2p_x}，ψ_{2p_y}	3	
M	3	0	0	3s	ψ_{3s}	1	9
		1	0	$3p_z$	ψ_{3p_z}		
			±1	$3p_x$，$3p_y$	ψ_{3p_x}，ψ_{3p_y}	3	
		2	0	$3d_{z^2}$	$\psi_{3d_{z^2}}$		
			±1	$3d_{xz}$，$3d_{yz}$	$\psi_{3d_{xz}}$，$\psi_{3d_{yz}}$	5	
			±2	$3d_{x^2-y^2}$，$3d_{xy}$	$\psi_{3d_{x^2-y^2}}$，$\psi_{3d_{xy}}$		

4.2.2 核外电子排布规律

多电子原子处于基态时，电子排布必须遵循三条规律。

(1) 泡利不相容原理(Pauli exclusion principle)。在同一原子中，不可能有运动状态完全相同的两个电子存在。或者说，每个原子轨道最多只能容纳两个电子，且自旋方向必须相反。

(2) 能量最低原理(principle of lowest energy)。在不违背泡利不相容原理的前提下，电子总是尽量先占据能量最低的原子轨道，然后才依次进入能量较高的原子轨道。

(3) 洪德规则(Hund' s rule)。电子在同一个亚层的等价轨道上排布时，总是尽可能分占不同的轨道，并且自旋方向相同。例如 2p 亚层有 3 个轨道，若有 2 个电子进入 2p，则各占一个轨道且自旋平行，可写成 [↑|↑|] 而不是 [↑|↓|] 或 [⇅| |]。量子力学证明，这种排布可使原子能量最低，体系最稳定。

洪德规则还包含了另一个内容，即在简并轨道中，电子处于全充满(p^6、d^{10}、f^{14})、半充满(p^3、d^5、f^7)和全空(p^0、d^0、f^0)时，原子的能量较低，体系稳定。

4.2.3 多电子原子轨道近似能级图

原子中的核外电子是分层排布的，电子离核越近，能级越低，离核越远，能级越高。对于单电子体系，电子的能量只取决于主量子数，对于多电子体系，电子的能量除由 n 决定外，l 也是一个重要因素。在多电子原子中，电子排布的结果应使原子能量尽量地低。鲍林(Pauling)根据光谱实验，总结出多电子原子中原子轨道的近似能级图，以表示各原子轨道之间能量高低顺序，如图 4-9 所示。图 4-9 中根据各轨道能量大小的相互接近情况，把原子轨道划分为若干个能级组。

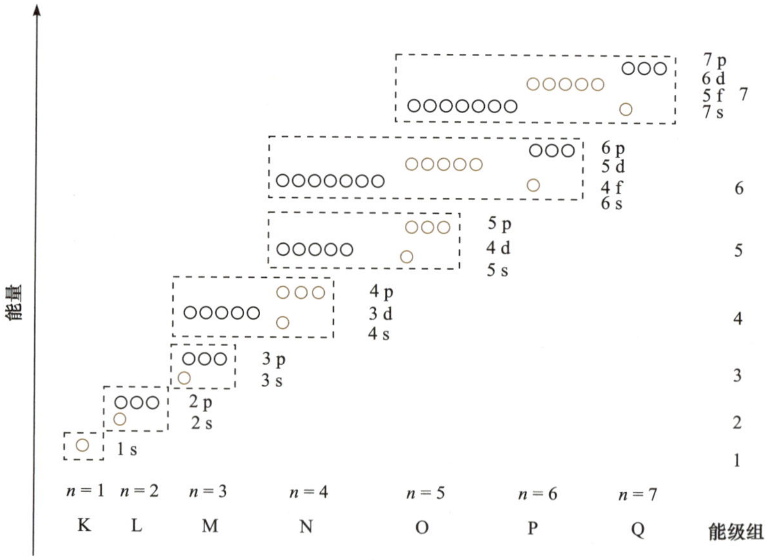

图 4-9 原子轨道近似能级图

从图 4-9 可以看出，各电子层能级相对高低为

$$K<L<M<N<\cdots$$

在多电子原子中，电子间的相互作用造成同层轨道能级分裂。这种能级分裂现象是内层电子对外层电子的屏蔽作用(因电子间相互排斥而使核对外层电子的吸引减弱，有效核电荷低于实际核电荷)而导致的。各亚层能级的相对高低为

$$E_{ns} < E_{np} < E_{nd} < E_{nf} < \cdots$$

同一原子内，不同类型的亚层之间有能级交错现象，这是电子的钻穿效应所致。所谓钻穿效应，是在多电子原子中，角量子数较小的轨道上的电子钻到靠核附近的内部空间的概率较大，能较好地回避其他电子的屏蔽作用，从而起到增加核引力、降低轨道能量的作用。例如

$$4s<3d<4p,\quad 5s<4d<5p,\quad 6s<4f<5d<6p$$

4.3　原子电子层结构和元素周期系

4.3.1　原子核外电子的排布

应用鲍林的近似能级图，根据核外电子的排布规律，就可以写出周期表中绝大多数元素的核外电子结构式，如表 4-4 和表 4-5 所示。

表 4-4　第一至三周期元素的电子层结构

原子序数	元素符号	核外电子的排列 1s	2s	2p	3s	3p	电子结构式
1	H	↑					$1s^1$
2	He	↑↓					$1s^2$
3	Li	↑↓	↑				$1s^2\ 2s^1$
4	Be	↑↓	↑↓				$1s^2\ 2s^2$
5	B	↑↓	↑↓	↑ □ □			$1s^2\ 2s^2\ 2p^1$
6	C	↑↓	↑↓	↑ ↑ □			$1s^2\ 2s^2\ 2p^2$
7	N	↑↓	↑↓	↑ ↑ ↑			$1s^2\ 2s^2\ 2p^3$
8	O	↑↓	↑↓	↑↓ ↑ ↑			$1s^2\ 2s^2\ 2p^4$
9	F	↑↓	↑↓	↑↓ ↑↓ ↑			$1s^2\ 2s^2\ 2p^5$
10	Ne	↑↓	↑↓	↑↓ ↑↓ ↑↓			$1s^2\ 2s^2\ 2p^6$
11	Na	↑↓	↑↓	↑↓ ↑↓ ↑↓	↑		$1s^2\ 2s^2\ 2p^6\ 3s^1$ 或 [Ne] $3s^1$
12	Mg	↑↓	↑↓	↑↓ ↑↓ ↑↓	↑↓		$1s^2\ 2s^2\ 2p^6\ 3s^2$ 或 [Ne] $3s^2$
13	Al	↑↓	↑↓	↑↓ ↑↓ ↑↓	↑↓	↑ □ □	$1s^2\ 2s^2\ 2p^6\ 3s^2\ 3p^1$ 或 [Ne] $3s^2\ 3p^1$
14	Si	↑↓	↑↓	↑↓ ↑↓ ↑↓	↑↓	↑ ↑ □	$1s^2\ 2s^2\ 2p^6\ 3s^2\ 3p^2$ 或 [Ne] $3s^2\ 3p^2$
15	P	↑↓	↑↓	↑↓ ↑↓ ↑↓	↑↓	↑ ↑ ↑	$1s^2\ 2s^2\ 2p^6\ 3s^2\ 3p^3$ 或 [Ne] $3s^2\ 3p^3$
16	S	↑↓	↑↓	↑↓ ↑↓ ↑↓	↑↓	↑↓ ↑ ↑	$1s^2\ 2s^2\ 2p^6\ 3s^2\ 3p^4$ 或 [Ne] $3s^2\ 3p^4$
17	Cl	↑↓	↑↓	↑↓ ↑↓ ↑↓	↑↓	↑↓ ↑↓ ↑	$1s^2\ 2s^2\ 2p^6\ 3s^2\ 3p^5$ 或 [Ne] $3s^2\ 3p^5$
18	Ar	↑↓	↑↓	↑↓ ↑↓ ↑↓	↑↓	↑↓ ↑↓ ↑↓	$1s^2\ 2s^2\ 2p^6\ 3s^2\ 3p^6$ 或 [Ne] $3s^2\ 3p^6$

注：[Ne] 表示原子价电子层内的原子结构实体，称为原子实，如 ^{11}Na 电子排布为 $1s^22s^22p^63s^1$，故可用 [Ne] $3s^1$ 表示。

表 4-5 原子的电子层结构

周期	原子序数	元素符号	电子层 K	L		M			N				O				P			Q
			1s	2s	2p	3s	3p	3d	4s	4p	4d	4f	5s	5p	5d	5f	6s	6p	6d	7s
1	1	H	1																	
	2	He	2																	
2	3	Li	2	1																
	4	Be	2	2																
	5	B	2	2	1															
	6	C	2	2	2															
	7	N	2	2	3															
	8	O	2	2	4															
	9	F	2	2	5															
	10	Ne	2	2	6															
3	11	Na	2	2	6	1														
	12	Mg	2	2	6	2														
	13	Al	2	2	6	2	1													
	14	Si	2	2	6	2	2													
	15	P	2	2	6	2	3													
	16	S	2	2	6	2	4													
	17	Cl	2	2	6	2	5													
	18	Ar	2	2	6	2	6													
4	19	K	2	2	6	2	6		1											
	20	Ca	2	2	6	2	6		2											
	21	Sc	2	2	6	2	6	1	2											
	22	Ti	2	2	6	2	6	2	2											
	23	V	2	2	6	2	6	3	2											
	24	Cr	2	2	6	2	6	5	1											
	25	Mn	2	2	6	2	6	5	2											
	26	Fe	2	2	6	2	6	6	2											
	27	Co	2	2	6	2	6	7	2											
	28	Ni	2	2	6	2	6	8	2											
	29	Cu	2	2	6	2	6	10	1											
	30	Zn	2	2	6	2	6	10	2											
	31	Ga	2	2	6	2	6	10	2	1										
	32	Ge	2	2	6	2	6	10	2	2										
	33	As	2	2	6	2	6	10	2	3										
	34	Se	2	2	6	2	6	10	2	4										
	35	Br	2	2	6	2	6	10	2	5										
	36	Kr	2	2	6	2	6	10	2	6										

续表

周期	原子序数	元素符号	电子层																
			K	L		M			N				O				P			Q
			1s	2s	2p	3s	3p	3d	4s	4p	4d	4f	5s	5p	5d	5f	6s	6p	6d	7s
	37	Rb	2	2	6	2	6	10	2	6			1							
	38	Sr	2	2	6	2	6	10	2	6			2							
	39	Y	2	2	6	2	6	10	2	6	1		2							
	40	Zr	2	2	6	2	6	10	2	6	2		2							
	41	Nb	2	2	6	2	6	10	2	6	4		1							
	42	Mo	2	2	6	2	6	10	2	6	5		1							
	43	Te	2	2	6	2	6	10	2	6	5		2							
	44	Ru	2	2	6	2	6	10	2	6	7		1							
	45	Rh	2	2	6	2	6	10	2	6	8		1							
5	46	Pd	2	2	6	2	6	10	2	6	10									
	47	Ag	2	2	6	2	6	10	2	6	10		1							
	48	Cd	5	2	6	2	6	10	2	6	10		2							
	49	In	2	2	6	2	6	10	2	6	10		2	1						
	50	Sn	2	2	6	2	6	10	2	6	10		2	2						
	51	Sb	2	2	6	2	6	10	2	6	10		2	3						
	52	Te	2	2	6	2	6	10	2	6	10		2	4						
	53	I	2	2	6	2	6	10	2	6	10		2	5						
	54	Xe	2	2	6	2	6	10	2	6	10		2	6						
	55	Cs	2	2	6	2	6	10	2	6	10		2	6			1			
	56	Ba	2	2	6	2	6	10	2	6	10		2	6			2			
	57	La	2	2	6	2	6	10	2	6	10		2	6	1		2			
	58	Ce	2	2	6	2	6	10	2	6	10	1	2	6	1		2			
	59	Pr	2	2	6	2	6	10	2	6	10	3	2	6			2			
	60	Nd	2	2	6	2	6	10	2	6	10	4	2	6			2			
	61	Pm	2	2	6	2	6	10	2	6	10	5	2	6	2					
	62	Sm	2	2	6	2	6	10	2	6	10	6	2	6			2			
6	63	Eu	2	2	6	2	6	10	2	6	10	7	2	6	2					
	64	Gd	2	2	6	2	6	10	2	6	10	7	2	6	1		2			
	65	Td	3	2	6	2	6	10	2	6	10	9	2	6			2			
	66	Dy	2	2	6	2	6	10	2	6	10	10	2	6			2			
	67	IIo	2	2	6	2	6	10	2	6	10	11	2	6			2			
	68	Er	2	2	6	2	6	10	2	6	10	12	2	6			2			
	69	Tm	2	2	6	2	6	10	2	6	10	13	2	6			2			
	70	Yb	2	2	6	2	6	10	2	6	10	14	2	6			2			
	71	Lu	2	2	6	2	6	10	2	6	10	14	2	6	1		2			

续表

周期	原子序数	元素符号	电子层																	
			K	L		M			N				O				P			Q
			1s	2s	2p	3s	3p	3d	4s	4p	4d	4f	5s	5p	5d	5f	6s	6p	6d	7s
	72	Hf	2	2	6	2	6	10	2	6	10	14	2	6	2		2			
	73	Ta	2	2	6	2	6	10	2	6	10	14	2	6	3		2			
	74	W	2	2	6	2	6	10	2	6	10	14	2	6	4		2			
	75	Re	2	2	6	2	6	10	2	6	10	14	2	6	5		2			
	76	Os	5	2	6	2	6	10	2	6	10	14	2	6	6		2			
	77	Ir	2	2	6	2	6	10	2	6	10	14	2	6	7		2			
	78	Pt	2	2	6	2	6	10	2	6	10	14	2	6	9		1			
6	79	Au	2	2	6	2	6	10	2	6	10	14	2	6	10		1			
	80	Hg	2	2	6	2	6	10	2	6	10	14	2	6	10		2			
	81	Tl	2	2	6	2	6	10	2	6	10	14	2	6	10		2	1		
	82	Pb	2	2	6	2	6	10	2	6	10	14	2	6	10		2	2		
	83	Bi	5	2	6	2	6	10	2	6	10	14	2	6	10		2	3		
	84	Po	2	2	6	2	6	10	2	6	10	14	2	6	10		2	4		
	85	At	2	2	6	2	6	10	2	6	10	14	2	6	10		2	5		
	86	Rn	2	2	6	2	6	10	2	6	10	14	2	6	10		2	6		
	87	Fr	2	2	6	2	6	10	2	6	10	14	2	6	10		2	6		1
	88	Ra	2	2	6	2	6	10	2	6	10	14	2	6	10		2	6		2
	89	Ac	2	2	6	2	6	10	2	6	10	14	2	6	10		2	6	1	2
	90	Th	2	2	6	2	6	10	2	6	10	14	2	6	10		2	6	2	2
	91	Pa	2	2	6	2	6	10	2	6	10	14	2	6	10	2	2	6	1	2
	92	U	2	2	6	2	6	10	2	6	10	14	2	6	10	3	2	6	1	2
	93	Np	2	2	6	2	6	10	2	6	10	14	2	6	10	4	2	6	1	2
	94	Pu	2	2	6	2	6	10	2	6	10	14	2	6	10	6	2	6		2
	95	Am	2	2	6	2	6	10	2	6	10	14	2	6	10	7	2	6		2
	96	Cm	2	2	6	2	6	10	2	6	10	14	2	6	10	7	2	6	1	2
	97	Bk	2	2	6	2	6	10	2	6	10	14	2	6	10	9	2	6		2
7	98	Cf	2	2	6	2	6	10	2	6	10	14	2	6	10	10	2	6		2
	99	Es	2	2	6	2	6	10	2	6	10	14	2	6	10	11	2	6		2
	100	Fm	2	2	6	2	6	10	2	6	10	14	2	6	10	12	2	6		2
	101	Md	2	2	6	2	6	10	2	6	10	14	2	6	10	13	2	6		2
	102	No	2	2	6	2	6	10	2	6	10	14	2	6	10	14	2	6		2
	103	Lr	2	2	6	2	6	10	2	6	10	14	2	6	10	14	2	6	1	2
	104	Rf	2	2	6	2	6	10	2	6	10	14	2	6	10	14	2	6	2	2
	105	Db	2	2	6	2	6	10	2	6	10	14	2	6	10	14	2	6	3	2
	106	Sg	2	2	6	2	6	10	2	6	10	14	2	6	10	14	2	6	4	2
	107	Bh	2	2	6	2	6	10	2	6	10	14	2	6	10	14	2	6	5	2
	108	Hs	2	2	6	2	6	10	2	6	10	14	2	6	10	14	2	6	6	2
	109	Mt	2	2	6	2	6	10	2	6	10	14	2	6	10	14	2	6	7	2

注：单框中的元素——过渡元素；双框中的元素——镧系和锕系元素。

例如，^{24}Cr 原子的电子结构式为

$$1s^2 2s^2 2p^6 3s^2 3p^6 3d^5 4s^1$$

又如，^{80}Hg 原子的电子结构式为

$$1s^2 2s^2 2p^6 3s^2 3p^6 3d^{10} 4s^2 4p^6 4d^{10} 4f^{14} 5s^2 5p^6 5d^{10} 6s^2$$

对于原子序数较大的元素，为了书写方便，常将内层已达稀有气体电子层结构的部分(称为原子实)用该稀有气体元素符号加方括号表示。例如，原子序数为 24 的 Cr 原子的电子结构式可简写成［Ar］$3d^5 4s^1$，^{80}Hg 的电子结构式可简写成［Xe］$4f^{14} 5d^{10} 6s^2$。

4.3.2　原子的电子层结构与周期表

1. 电子层结构与周期

元素的性质随着核电荷数的递增呈周期性的变化，这就是元素周期律。元素周期律的发现，使自然界所有的元素变为一个完整的体系，称为元素周期系。元素周期表就是元素周期系的表达形式。

周期表中的元素共划分为 7 个横行，每一个横行称为 1 个周期。元素所在的周期数等于其基态原子中含有电子的最高能级组的序号数，也等于原子最外层主量子数 n。

例如，第一周期，n=1；第二周期，n=2；依此类推。

2. 电子层结构与族

元素的原子参加化学反应时，能参与成键的电子称为价电子，价电子所处的电子层称为价电子层，价电子层的电子排布式称为价电子组态或称价电子层结构。周期表中的各元素根据它们的价电子组态和相似的化学性质而划分为一个个纵列，称为族。

主族：凡是最后一个电子填入 ns 或 np 能级的元素称为主族元素。各主族的族数等于该元素原子的最外层电子数(ns+np)。

副族：凡是最后一个电子填入次外层(n−1)d 能级或倒数第三层(n−2)f 能级上的元素称为副族元素。除了第Ⅷ族外，大多数副族元素的族数等于［(n−1)d+ns］；ⅠB～ⅡB 的族数等于 ns；ⅢB～ⅦB 的族数等于价电子数。

3. 电子层结构与区

根据价电子结构不同，可将元素周期表分为 s、p、d、ds、f 五个区，见表 4-6。

表 4-6　周期表中元素的分区

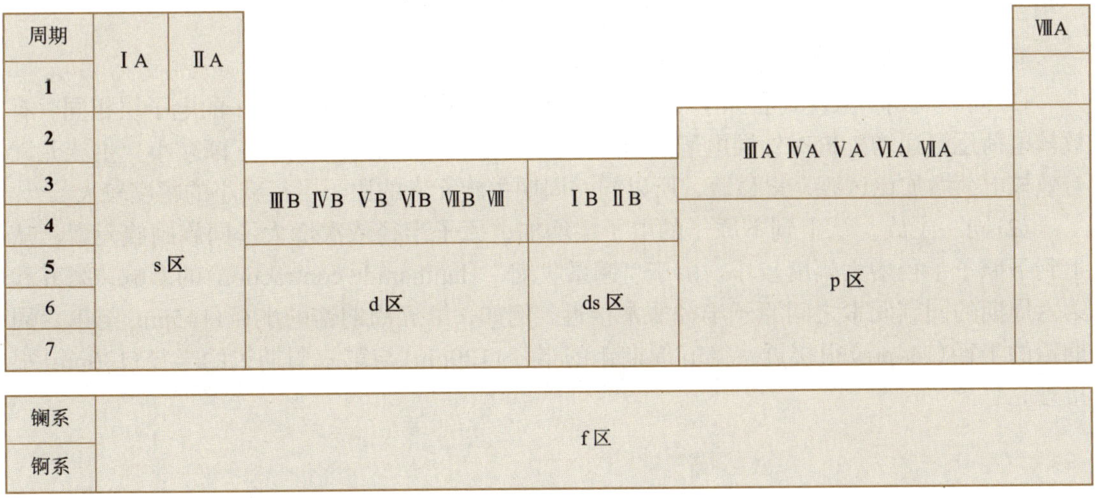

4.3.3 元素基本性质的周期性

1. 原子半径

元素的单质和化合物的物理性质、化学性质与原子半径的大小有关。根据相邻原子间作用力的差异，原子半径分为共价半径、金属半径和范德华(van der Waals)半径三类。

同种元素的两个原子以共价单键结合时，它们核间距离的一半称为共价半径(covalent radius)。在金属晶格中，相邻金属原子核间距离的一半称为金属半径(metallic radius)。在单质中，两个相邻原子在没有键合的情况下，仅借范德华力联系在一起时核间距离的一半称为范德华半径。

同一种元素，这三种半径相差甚大，所以在比较不同原子半径的相对大小时，一定要选择同一类型的原子半径。表4-7列出各元素原子的共价半径，而稀有气体为范德华半径。

表 4-7 原子半径(单位：pm)

	ⅠA	ⅡA	ⅢB	ⅣB	ⅤB	ⅥB	ⅦB	Ⅷ			ⅠB	ⅡB	ⅢA	ⅣA	ⅤA	ⅥA	ⅦA	ⅧA
1	H 37.1																	He 122
2	Li 123	Be 89											B 88	C 77	N 70	O 66	F 64	Ne 160
3	Na 157	Mg 136											Al 125	Si 117	P 110	S 104	Cl 99	Ar 191
4	K 202.5	Ca 174	Sc 144	Ti 132	V 122	Cr 117	Mn 117	Fe 116.5	Co 116	Ni 115	Cu 117	Zn 125	Ga 125	Ge 122	As 121	Se 117	Br 114	Kr 198
5	Rb 216	Sr 192	Y 162	Zr 145	Nb 134	Mo 129	Tc 127	Ru 124	Rh 125	Pd 128	Ag 134	Cd 141	In 150	Sn 140	Sb 141	Te 137	I 133.3	Xe 209
6	Cs 235	Ba 198	La 169	Hf 144	Ta 134	W 130	Re 128	Os 126	Ir 126	Pt 129	Au 134	Hg 144	Tl 155	Pb 154	Bi 152	Po 153	At 145	Rn 220

镧系 元素	La 169	Ce 164.6	Pr 164.3	Nd 164.2	Pm 163	Sm 166	Eu 185	Gd 161.4	Tb 159.2	Dy 158.9	Ho 158	Er 156.7	Tm 156.2	Yb 169.9	Lu 155.7

引自：MacMillian. Chemical and Physical Data(1992)。

原子半径在周期表中的变化规律如下：

(1)同一周期，从左到右原子半径逐渐减小。因为同一周期元素原子的电子层相同，有效核电荷逐渐递增，核对外层电子的引力增强，故原子半径从左到右逐渐减小。主族元素有效核电荷增加比过渡元素显著，所以同一周期主族元素的原子半径减小的幅度较大。

(2)同一主族，从上到下原子的电子层增加，原子半径依次增大。同族副族元素，从上到下原子半径增大幅度较小。由于“镧系收缩”(lanthanide contraction)的影响，第五和第六周期的同族元素之间原子半径非常接近。例如，第五周期锆的半径(145pm)与第六周期铪的半径(144pm)很接近，第五周期钼的半径(129pm)与第六周期钨的半径(130pm)很接近。

2. 电离能

在定温定压下，基态的气态原子失去电子所需要的能量称为元素的电离能(ionization energy)，用 I 表示，单位为 $kJ \cdot mol^{-1}$。例如，1mol 氢原子得到 1311.8kJ 的能量，将失去电子变成+1 价的气态阳离子，所以氢原子的电离能是 $1311.8kJ \cdot mol^{-1}$。

对于多电子原子，处于基态的气态原子失去一个电子变成+1 价气态阳离子，所需的能量称为元素的第一电离能 I_1。由+1 价阳离子再失去一个电子变成+2 价阳离子所需要的能量称为元素的第二电离能 I_2，依此类推。

同一原子的各级电离能是不同的，其大小顺序为 $I_1<I_2<I_3<I_4<\cdots$。因为阳离子电荷数越大，离子半径越小，核对电子的吸引力越大，失去电子所需能量越高。

通常只用第一电离能来衡量元素的原子失去电子的难易程度，元素原子的 I_1 越小，表示该元素原子在气态时越易失去电子，金属性越强。

元素原子的电离能受原子的有效核电荷、原子半径和原子的电子层结构等因素的影响，周期表中各元素原子的第一电离能呈明显的周期性变化，见表 4-8。

表 4-8　元素的第一电离能 I_1(单位：$kJ \cdot mol^{-1}$)

ⅠA	ⅡA	ⅢB	ⅣB	ⅤB	ⅥB	ⅦB	Ⅷ			ⅠB	ⅡB	ⅢA	ⅣA	ⅤA	ⅥA	ⅦA	ⅧA
H																	He
1312																	2372
Li	Be											B	C	N	O	F	Ne
520	900											810	1086	1402	1314	1681	2081
Na	Mg											Al	Si	P	S	Cl	Ar
496	738											578	787	1012	1000	1251	1521
K	Ca	Sc	Ti	V	Cr	Mn	Fe	Co	Ni	Cu	Zn	Ga	Ge	As	Se	Br	Kr
419	590	631	658	650	653	711	759	758	737	746	906	579	762	944	941	1140	1350
Rb	Sr	Y	Zr	Nb	Mo	Tc	Ru	Rh	Pd	Ag	Cd	In	Sn	Sb	Te	I	Xe
403	550	616	660	664	685	702	711	720	805	731	868	558	709	832	869	1008	1170
Cs	Ba	La	Hf	Ta	W	Re	Os	Ir	Pt	Au	Hg	Tl	Pb	Bi	Po	At	Ru
376	503	538	654	761	770	760	840	880	870	890	1007	589	716	703	812		1040

La	Ce	Pr	Nd	Pm	Sm	Eu	Gd	Tb	Dy	Ho	Er	Tm	Yb	Lu
538	528	523	530	536	543	547	592	564	572	581	589	597	603	524

引自：Huheey J E. Inorganic Chemistry：Principles of Structure and Reactivity. 2nd ed. 和 CRC. Handbook of Chemistry and Physics. 73rd ed.(1992～1993)。

同一周期元素原子的第一电离能从左到右总的趋势是逐渐增大，某些元素原子具有全充满和半充满的电子结构，稳定性高，其第一电离能比左右相邻元素都高，如第二周期的 Be、N、Ne。对于主族元素，第一电离能增加的幅度大，副族元素从左到右，第一电离能稍有变化，个别处出现不规则变化，这是由于副族元素所增加的电子填入$(n-1)$d 轨道，以及 ns 和$(n-1)$d 轨道间能量比较接近。

同一族中，元素原子的第一电离能从上到下总的趋势是减小，主族元素原子的第一电离能从上到下随原子半径的增大而明显减小，变化较规律；副族元素的第一电离能从上到下变化幅度小，受镧系收缩的影响，第六周期的副族元素原子的第一电离能比第五周期的略有增加。

3. 电负性

元素的电负性(electronegativity)χ是指元素的原子在分子中吸引电子能力(或本领)的相对大小。电负性越小，金属性越强，非金属性越弱。

例如，当 A 和 B 两种原子结合成 AB 分子时，若 B 的电负性大，则生成的分子为 A^+B^- 分子；若 A 的电负性大，则生成的分子为 B^+A^- 分子。因此，电负性的大小可作为原子形成正离子或负离子倾向的量度。

元素电负性的标度和计算方法很多，鲍林根据热力学数据和键能，指定氟的电负性为 4.0，相比较求算其他元素的相对电负性数值，列于表 4-9。

表 4-9 元素的电负性χ

H 2.1																
Li 1.0	Be 1.5											B 2.0	C 2.5	N 3.0	O 3.5	F 4.0
Na 0.93	Mg 1.2											Al 1.5	Si 1.8	P 2.1	S 2.5	Cl 3.0
K 0.8	Ca 1.0	Sc 1.3	Ti 1.5	V 1.6	Cr 1.6	Mn 1.5	Fe 1.8	Co 1.9	Ni 1.9	Cu 1.9	Zn 1.6	Ga 1.6	Ge 1.8	As 2.0	Se 2.4	Br 2.8
Rb 0.8	Sr 1.0	Y 1.3	Zr 1.4	Nb 1.6	Mo 1.8	Tc 1.9	Ru 2.2	Rh 2.2	Pd 2.2	Ag 1.9	Cd 1.7	In 1.7	Sn 1.8	Sb 1.9	Te 2.1	I 2.5
Cs 0.7	Ba 0.9	La～Lu 1.0～1.2	Hf 1.3	Ta 1.5	W 1.7	Re 1.9	Os 2.2	Ir 2.2	Pr 2.2	Au 2.4	Hg 1.9	Tl 1.8	Pb 1.9	Bi 1.9	Po 2.0	At 2.2
Fr 0.7	Ra 0.9	Ac 1.1	Th 1.3	Pa 1.4	U 1.4	Np～No 1.4～1.3										

引自：MacMillian. Chemical and Physical Data(1992)。

由表 4-9 可见，随着原子序数的递增，电负性明显地呈周期性变化。同一周期从左到右，电负性增加(副族元素有些例外)；同族从上到下，电负性依次减小，但副族元素后半部，从上到下电负性略有增加。氟的电负性最大，因而非金属性最强，铯的电负性最小，因而金属性最强。

4.4 离 子 键

在化学上，把分子和晶体中直接相邻原子或离子之间的强烈的相互作用力称为化学键。根据结合力性质不同，化学键可分为离子键、共价键和金属键等。

4.4.1　离子键理论要点

离子键理论认为，活泼的金属元素和活泼的非金属元素的原子极易互相化合。

例如，电负性较小的钠原子和电负性较大的氯原子相遇时，在氯原子的作用下，钠原子很容易失去一个电子，形成带正电荷的 Na^+。同时，氯原子很容易获得一个电子，形成带负电荷的 Cl^-，即

$$Na(1s^2 2s^2 2p^6 3s^1) \xrightarrow{-e^-} Na^+(1s^2 2s^2 2p^6)$$

$$Cl(1s^2 2s^2 2p^6 3s^2 3p^5) \xrightarrow{+e^-} Cl^-(1s^2 2s^2 2p^6 3s^2 3p^6)$$

钠离子和氯离子由于静电引力相互吸引，当它们充分接近时，体系中不但存在正、负离子间的吸引力，而且存在两核之间和电子云之间的排斥力。只有当正、负离子彼此靠近到吸引力和排斥力处于平衡状态时，大量的带相反电荷的离子便达到既相互对立又相互连接的状态，整个体系的能量降到最低值，于是在钠离子和氯离子之间形成了稳定的化学结合力——离子键。

$$Na^+ + Cl^- = Na^+Cl^-$$

这种由正离子(positive ion)和负离子(negative ion)之间靠静电引力所形成的化学键称为离子键，由离子键形成的化合物称为离子化合物。由离子化合物形成的晶体称为离子晶体。

离子的电荷越多，或核间距离越小，离子间的引力越强，离子键的强度越大。这一规律在离子晶体的溶解度、熔点、硬度等性质中能充分反映出来。例如，卤化物大多数易溶于水，而氧化物和硫化物由于离子电价高，键的强度大，一般难溶于水。

离子键的特点是没有方向性和饱和性。由于离子电荷分布是球形对称的，所以它在空间各个方向静电效应是相同的，可以在任何方向吸引电荷相反的离子，因而离子键没有方向性。离子键没有饱和性是指在离子晶体中，只要空间位置允许，每个离子总是尽可能多地吸引电荷相反的离子，使体系处于尽量低的能量状态。例如，在 NaCl 晶体中，每个 Na^+ 周围有 6 个 Cl^-，而每个 Cl^- 周围有 6 个 Na^+，配位数为 6。但在整个晶体中，Na^+ 和 Cl^- 数目比为 1∶1。一个离子能吸引多少个异电离子，取决于正、负离子的半径比(r_+/r_-)，其值越大，正离子吸引负离子的数目越多，详见表 4-10。

表 4-10　AB 型化合物的离子半径比、配位数和晶体构型间的关系

半径比(r_+/r_-)	配位数	晶体构型
0.225～0.414	4	ZnS 型
0.414～0.732	6	NaCl 型
0.732～1.000	8	CsCl 型

4.4.2　晶格能

离子化合物的单个分子只能存在于高温蒸气中，在通常情况下均以晶体的形式存在，

所以离子键的强弱一般用晶格能(lattice energy)来衡量。晶格能是指标准状态下，由气态离子生成1mol晶体放出的能量，用符号 U 表示。离子的电荷越多，正、负离子的核间距离越短，晶格能越大，离子键越牢固，离子化合物越稳定。

4.5 价键理论

1916年，英国化学家路易斯提出共价键(covalent bond)理论。他认为：分子中原子之间是通过共用电子对结合成键的，并使成键原子达到稳定的稀有气体结构。这种原子与原子之间由共用电子对所产生的化学结合力称为共价键。由共价键形成的化合物称为共价化合物，如 H_2、O_2、Cl_2、HCl、H_2O 等。

经典的共价键理论初步揭示共价键不同于离子键的本质，然而不能说明原子间共用电子对为什么会导致生成稳定的分子及共价键的本质是什么等问题。直到1927年德国科学家海特勒(Heitler)和伦敦(London)把量子力学的成就应用于最简单的 H_2 结构上，才揭示了共价键的本质，并在此基础上发展成为共价键理论，开创了现代的共价键理论。

4.5.1 价键理论的基本要点

价键理论(valence bond theory)又称电子配对法，简称VB法，基本要点如下：

(1)键合原子双方各自提供自旋相反的单电子彼此配对。若A、B两个原子各有一个未成对电子，且自旋方向相反，则可配对，形成一个共价单键；若A、B各有两个或三个未成对电子，则可形成共价双键或三键；若A有两个，B有一个未成对电子，则可形成 AB_2 分子。

(2)已键合电子不能再形成新的化学键。

(3)原子轨道最大重叠原理及对称性匹配。原子轨道有一定的方向和对称性。成键原子轨道重叠时，总是沿着一定的方向满足对称性匹配条件，才能发生最大程度的重叠。重叠得越多，两核间电子的概率密度越大，形成的共价键越牢固。

4.5.2 共价键的本质

用量子力学处理氢分子结构的结果表明，如果两个氢原子的电子自旋方向相同，它们相互靠近时，由于相互排斥，两核间电子云的概率密度趋近于零，此时体系的能量高于两个孤立的氢原子能量之和，说明两个氢原子并未键合成氢分子，这种状态称为排斥态。如果两个氢原子的电子自旋方向相反，它们相互靠近时，由于两原子轨道互相重叠，两核间的概率密度增大，当核间距离为74pm时，两原子轨道发生最大重叠，此时体系的能量最低，说明两个氢原子形成稳定的共价键，这种状态称为基态，如图4-10所示。这两种状态可以从海特勒和伦敦用量子力学通过理论计算求得的氢分子的能量曲线得到证明，如图4-11所示。

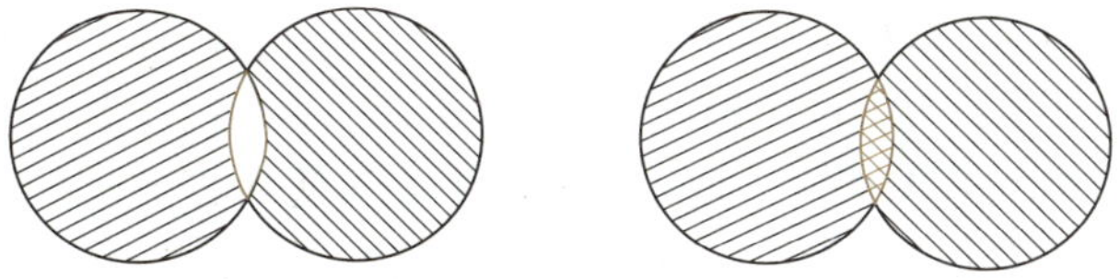

图 4-10　氢分子的两种状态

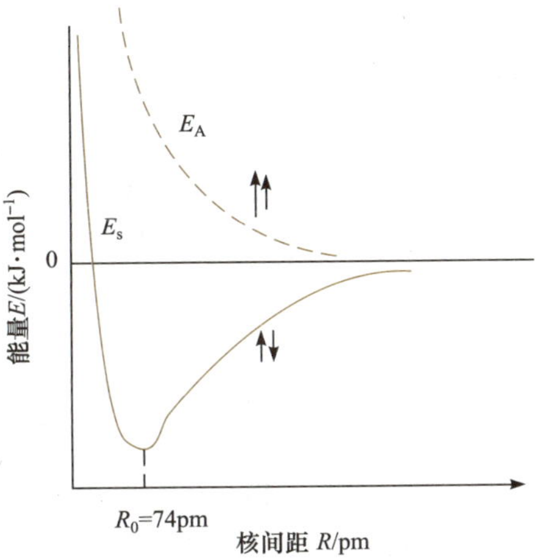

图 4-11　氢分子的能量与核间距的关系曲线

E_A 为排斥态能量曲线；E_s 为基态能量曲线

由图 4-11 可见，当两个氢原子从远处接近时，相互作用逐渐增强，但原子间的相互作用与电子自旋状态有关。若电子自旋方向相同，在两原子的相互作用下，排斥始终占主导地位，体系能量 E_A 随 R 减小而升高，所以不能形成稳定的 H_2(H_2 处于排斥态)。

如果两电子自旋方向相反，在达到平衡距离 R_0 以前，原子间的相互作用主要是相互吸引，体系能量 E_s 随 R 减小而不断降低。在达到平衡距离 R_0 时，体系能量达最低点，之后，随 R 减小而迅速升高，此斥力会将氢原子推回平衡位置。因此，两个氢原子在平衡距离 R_0 附近振动，并形成稳定的氢分子。

如果两个氢原子的自旋方向相同，原子间的相互作用总是排斥的(E_A 线)，能量没有最低点，就不可能形成稳定的分子。

共价键的本质是电性的，形成共价键时，成键原子的电子云发生了很大变化，因两原子轨道发生最大重叠，两核间电子云密度最大。但并不意味着共用电子对只存在于两核间，只是它们在两核间出现的概率较大。

4.5.3　共价键的特点

1. 共价键的饱和性

共价键的饱和性是指每个原子成键的总数或以单键连接的原子数目是一定的。或者说，已键合的电子不能再形成新的化学键。例如，氯原子只有一个未成对电子，它和氢原子形成 HCl 分子后已达饱和，不能再与第二个氢原子形成共价键，这就是共价键的饱和性。

2. 共价键的方向性

共价键的方向性是指一个原子与周围原子形成的共价键之间有一定的角度。根据原子轨道最大重叠原理，在形成共价键时，原子间总是尽可能沿着原子轨道最大重叠方向成键。由于原子轨道在空间有一定的取向，除了 s 轨道外，p、d、f 及杂化轨道在空间都有一定的伸展方向，因而形成共价键时，除 s-s 轨道在空间任何方向都能达到最大重叠外，其他原子轨道的重叠必须沿着一定的方向，才能发生最大程度的重叠，这就是共价键的方向性。

4.5.4 共价键的类型

根据原子轨道的重叠方式不同，共价键可分为σ键和π键。

1. σ键

成键原子轨道沿两核的连线方向，以“头碰头”的方式发生重叠形成的共价键称为σ键，如图 4-12(a)所示。σ键的特点是原子轨道重叠部分沿键轴呈圆柱形对称。由于原子轨道在轴向上重叠能发生最大程度的重叠，故σ键的键能大且稳定性高。例如，H_2 分子中的 s-s 重叠，HCl 分子中的 s-p 重叠。

2. π键

成键原子轨道沿两核轴线方向，以“肩并肩”的方式发生重叠形成的共价键称为π键，如图 4-12(b)所示。π键的特点是原子轨道重叠部分是以通过一个键轴的平面镜面反对称。共价单键一般是σ键，在共价双键和共价三键中，除σ键外，还有π键。例如，N_2 分子中的 N 原子有 3 个未成对的 p 电子，2 个 N 原子间除形成σ键外，还形成 2 个互相垂直的π键，如图 4-12(b)所示。因为π键不像σ键那样电子云集中在两核的连线上，原子核对π电子的束缚力小，电子的流动性较大，所以通常π键没有σ键牢固，较易断裂，是化学反应的积极参加者，如烯烃和炔烃容易发生加成反应。

两原子间以共价单键结合，一般只能形成σ键；若以共价双键和三键结合，其中只可能有一个σ键，其余是π键。需要说明的是，两个原子之间也可以仅以π键结合，如 B_2 分子是以一个π键结合的，C_2 分子是以两个π键结合的。

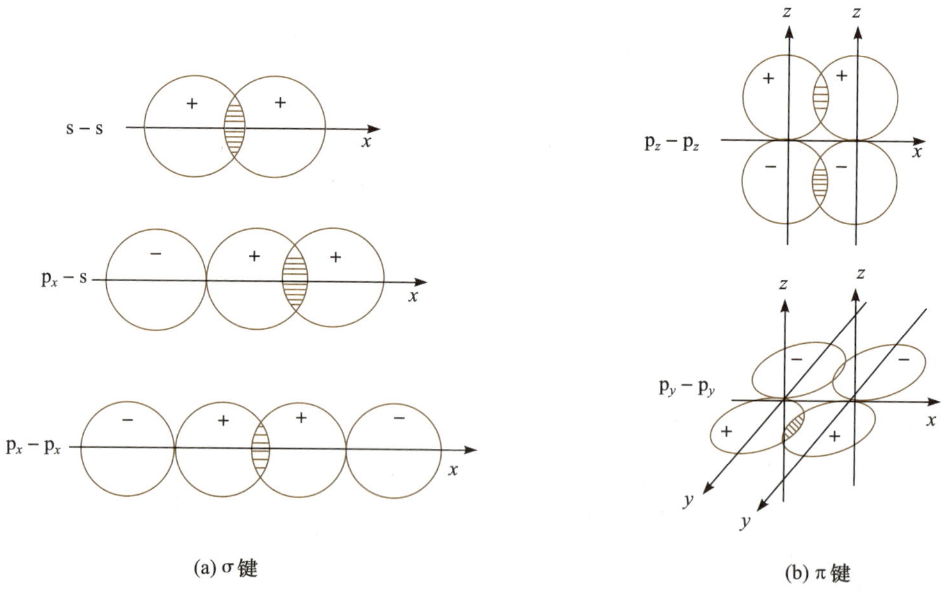

图 4-12 σ键和π键

4.5.5　键参数

表征共价键特性的物理量称为共价键参数。键参数(parameter of bond)通常指键能、键长、键角和键的极性等。

1. 键能

键能是表示化学键强度的物理量。在 298.15K 标准状态下，将气态 AB 分子的 1mol 键断开，生成气态 A、B 原子所需要的能量称为键能(bond energy)，常用符号 E_B 表示，单位为 kJ·mol^{-1}。对于双原子分子，键能等于离解能，用符号 D 表示，单位为 kJ·mol^{-1}。例如，1mol H_2 离解时所吸收的能量为 436kJ，即

$$H_2(g) = H(g) + H(g) \qquad E_B = D(H—H) = 436kJ \cdot mol^{-1}$$

对于多原子分子，键能等于全部键离解能的平均值。例如，NH_3 分子有 3 个等价的 N—H 键，其离解能各不相同。

$$NH_3(g) \longrightarrow NH_2(g) + H(g) \qquad D_1 = 435.1kJ \cdot mol^{-1}$$

$$NH_2(g) \longrightarrow NH(g) + H(g) \qquad D_2 = 397.5kJ \cdot mol^{-1}$$

$$NH(g) \longrightarrow N(g) + H(g) \qquad D_3 = 338.9kJ \cdot mol^{-1}$$

在 NH_3 分子中，N—H 键的键能等于 3 个等价 N—H 键离解能的平均值，即

$$E(N—H) = \frac{1}{3}(D_1 + D_2 + D_3) = 390.5kJ \cdot mol^{-1}$$

键能的数据由热化学和光谱法测定，常见的键能列于表 4-11 中。

表 4-11　某些键的键能数据(单位：kJ·mol^{-1})

键	键能	键	键能	键	键能
H—H	432	B—B	293	N—F	283
F—F	415.8	F—H	565	P—F	490
Cl—Cl	239.7	Cl—H	428.02	As—F	406
Br—Br	190.16	Br—H	362.3	Sb—F	402
I—I	148.95	I—H	294.6	O—Cl	218
O—O	~142	O—H	458.8	S—Cl	255
O═O	493.59	S—H	363.5	N—Cl	313
S—S	268	Se—H	276	P—Cl	326
Se—Se	172	Te—H	238	As—Cl	321.7
Te—Te	126	N—H	386	C—Cl	327.2
N—N	167	P—H	~322	Si—Cl	381.0
N═N	418	As—H	~247	Ge—Cl	348.9
N≡N	941.69	C—H	411	N—Cl	201

由表 4-11 中数据可见，键能的大小顺序为单键<双键<三键。

一般键能越大，表示共价键强度越大，分子越稳定。

2. 键长

共价键的键长(bond length)是指构成共价键的两原子之间的核间距，单位为 pm。

一般两原子间距离越短，表明键越强，共价键越牢固。如果键越长，表明共价键越不牢固。例如，H—Cl 的键长为 127pm，H—I 的键长为 161pm，因前者较后者短，故 H—Cl 键较 H—I 键牢固，HCl 分子较 HI 分子稳定。常见化学键的键长见表 4-12。

表 4-12 常见化学键的键长(单位：pm)

键	键长	键	键长	键	键长
H—H	74	F—F	142	C—P	187
H—C	109	Cl—Cl	199	C—O	143
H—N	107	Br—Br	228	C═O	121
H—O	98	I—I	266	C—F	140
H—S	135	C—C	154	C—Cl	176
H—F	92	C═C	134	C—Br	194
H—Cl	127	C≡C	120	C—I	214
H—Br	141	C—N	147	N—N	146
H—I	161	C═N	127	N═N	125
O═O	121	C≡N	115	N≡N	110.0

双键键长为单键键长的 80%～85%，三键键长为单键键长的 75%～80%。

3. 键角

在分子中，键与键之间的夹角称为键角(bond angle)。它是反映分子空间结构的一个重要因素。例如，H_2O 分子中两个 O—H 键之间的夹角为 104°45′，O—H 键长 98pm，这就决定了 H_2O 分子的 V 形结构；NH_3 分子中的三个 N—H 键之间的夹角为 107°18′，N—H 键长 107pm，从而决定了 NH_3 分子的三角锥形结构。常见分子的键角、键长和几何构型见表 4-13。

表 4-13 某些分子键角、键长和几何构型

分子式	键角	键长/pm	分子几何构型
H_2O	104°45′	98	V 形
CO_2	180°	121	直线形
NH_3	107°18′	107	三角锥形
CH_4	109°28′	109	正四面体

4. 键的极性和分子的极性

由于形成共价键的对象是两种元素的电负性相差不太大或者完全相同的原子，所以共价键又分为非极性键和极性键。

同种元素的两个原子形成共价键时，共用电子对将均匀地绕两原子核运动，原子轨道相互重叠造成的电子云密度最大区域恰好在两原子中间，所以电荷的分布是对称的，正电荷和负电荷的重心是重合的，这种共价键称为非极性共价键，简称非极性键(nonpolar bond)。例如，H_2、N_2、Cl_2 等非金属单质分子中的共价键都是非极性键。不同元素的两个原子形成共价键时，两原子吸引电子的能力各不相同，共用电子对将会偏向吸引电子能力较大的原子一边，原子轨道重叠造成的电子云密度最大区域靠近吸引电子能力更大的原子一边，所以电荷的分布是不对称的，这种具有极性的键称为极性共价键，简称极性键(polar bond)。例如，HCl、H_2O、CO_2 等化合物分子中的共价键都是极性键。

一般两成键原子$\Delta\chi$ 越大，共用电子对偏离的程度越大，共价键的极性越大。当$\Delta\chi>1.7$时共用电子对完全偏向某一方，便形成离子键。因此离子键和非极性键是共价键的两个极端，而极性键则是离子键和非极性共价键之间的过渡状态。

分子中正、负电荷中心重合的，称为非极性分子(nonpolar molecule)；正、负电荷中心不重合，形成带正、负电的两极，称为极性分子(polar molecule)。

分子极性的大小通常用偶极矩(dipole moment) μ 来衡量，极性分子的偶极矩等于正(或负)电中心的电量 q 和正、负中心的距离(也称偶极长) d 的乘积，即

$$\mu=q\cdot d \tag{4-7}$$

偶极矩是一个矢量，既有数量又有方向，其方向是从正极到负极。其数值由实验测定。某些分子的偶极矩列于表 4-14。

表 4-14　某些物质的偶极矩(单位：10^{-30}C・m)

分子式	μ	分子式	μ	分子式	μ
H_2	0	CS_2	0	AsH_3	0.67
O_2	0	CO	0.4	CH_4	0
N_2	0	H_2O	6.17	CH_3Cl	6.23
HF	6.37	H_2S	3.67	CH_2Cl_2	5.13
HCl	3.57	SO_2	5.33	$CHCl_3$	3.40
HBr	2.67	HCN	7.00	H_2O_2	7.33
HI	1.40	NH_3	4.90		
CO_2	0	PH_3	1.93		

4.6　杂化轨道理论

对于水分子来说，氧原子的价电子层结构为 $2s^2 2p_x^2 2p_y^1 2p_z^1$，即只有两个未成对电子。根据价键理论形成两个共价键，而且两个 p 轨道是互相垂直的，键角应是 90°。事实上，水分子的 O—H 键的键角为 104°45′。为了解释像水等分子中的原子的成键情况，鲍林于 1931 年在价键理论的基础上提出了杂化轨道理论。

4.6.1 杂化轨道理论基本要点

(1)某原子成键时，在键合原子的作用下，若干个能级相近的原子轨道改变原来状态，混合起来重新组合成一组新轨道，这一过程称为“杂化”(hybridization)或“轨道杂化”，所形成的新轨道称为杂化轨道(hybrid orbital)。

(2)杂化轨道的数目等于参加杂化的原子轨道数目。杂化轨道的类型随原子轨道的种类和数目不同而不同。

(3)杂化轨道的成键能力比原来原子轨道的成键能力强。因杂化轨道波函数角度分布图一端特别突出而肥大，更有利于和其他原子轨道发生最大程度重叠，故形成的分子轨道更稳定。不同类型杂化轨道成键能力不同。

(4)杂化轨道成键时，要满足化学键间斥力最小原则，键与键之间斥力的大小取决于键的方向，即取决于杂化轨道的夹角。由于杂化轨道的杂化类型不同，因此杂化轨道的类型与分子的空间构型关系密切。

4.6.2 杂化类型与分子空间构型

根据杂化时所用原子轨道种类不同，杂化轨道有多种类型。

1. sp 杂化

sp 杂化轨道是由一个 *n*s 轨道和一个 *n*p 轨道进行杂化，形成两个等同的 sp 杂化轨道，每一个 sp 杂化轨道中含 $\frac{1}{2}$ s 成分和 $\frac{1}{2}$ p 成分。两个 sp 杂化轨道间夹角为 180°，如图 4-13 和图 4-14 所示。

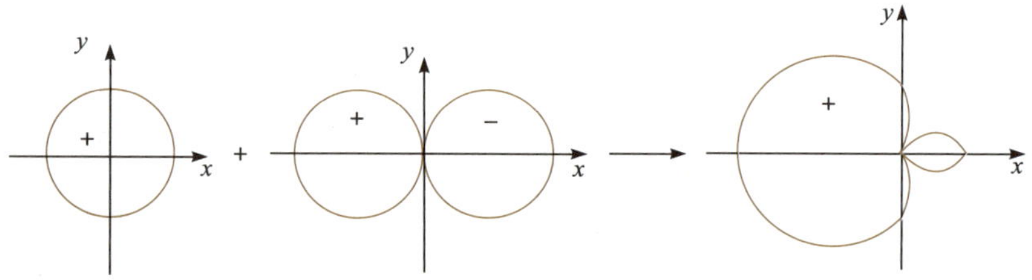

图 4-13 sp 杂化轨道形成示意图

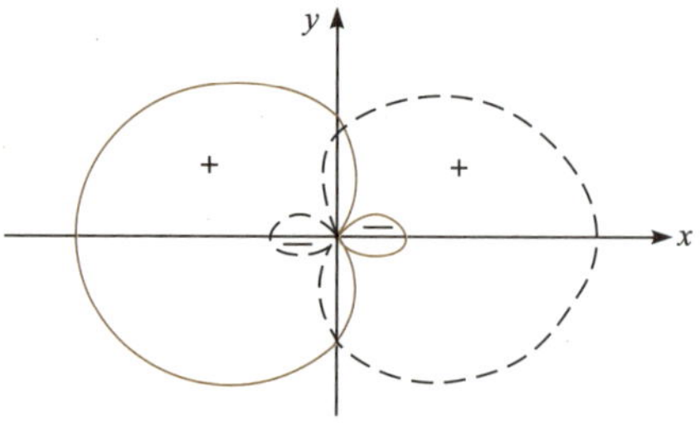

图 4-14 两个 sp 杂化轨道

例如，$BeCl_2$ 分子的形成，气态 Be 原子的价电子结构为 $2s^2$，成键时，Be 原子中 2s 上的一个电子被激发到一个空的 2p 轨道上，使基态的 Be 原子变成激发态的 Be 原子($2s^12p^1$)，与此同时，一个 s 轨道和一个 2p 轨道发生 sp 杂化，形成两个能量等同的 sp 杂化轨道，再分别与两个 Cl 原子的 3p 轨道重叠，键合成 $BeCl_2$ 分子，空间构型为直线形，键角为 180°，如图 4-15 所示。

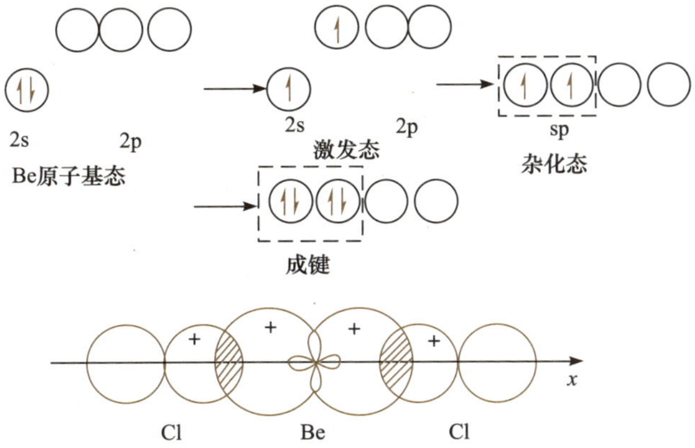

图 4-15 $BeCl_2$ 分子形成示意图

又如，乙炔(C_2H_2)分子中的 C 原子也是采取 sp 杂化轨道成键的，两个 C 原子以 sp 杂化轨道重叠形成一个 C—C 间的σ键，另一个 sp 杂化轨道与氢原子的 1s 轨道重叠形成 C—H 间的σ键，每个 C 原子上的其余两个 p 轨道分别重叠形成两个互相垂直的π键，如图 4-16 所示。

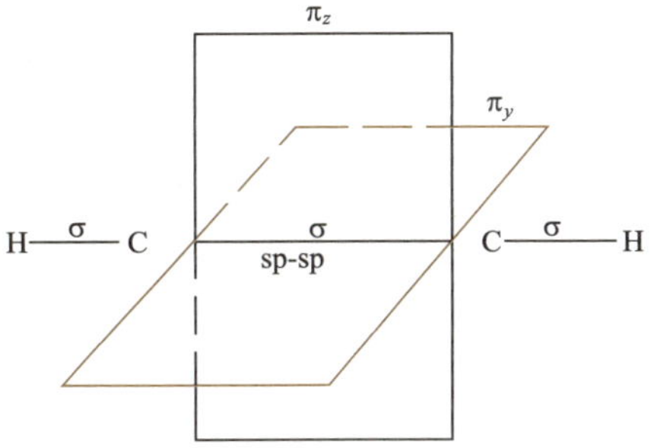

图 4-16 C_2H_2 中的σ键和π键

$ZnCl_2$、$CdCl_2$、$HgCl_2$ 等分子的中心原子均采取 sp 杂化轨道成键，它们都是直线形分子。

2. sp^2 杂化

sp^2 杂化轨道是由一个 ns 轨道和两个 np 轨道进行杂化，形成三个等同的 sp^2 杂化轨道，每一个 sp^2 杂化轨道含 $\frac{1}{3}$ s 成分和 $\frac{2}{3}$ p 成分，这种杂化类型的空间构型为平面三角形，3 个 sp^2 杂化轨道在同一平面内夹角互为 120°。例如，在 BF_3 分子中，B 原子的 2s 轨道与两个 p 轨道发生 sp^2 杂化，形成三个能量等同的 sp^2 杂化轨道，再分别与三个氟原子的 2p 轨道重叠，键合成 BF_3 分子，空间构型为平面三角形，键角为 120°。sp^2 杂化和 BF_3 分子的结构如图 4-17 所示。

又如，乙烯(C_2H_4)分子中的 C 原子也是采取 sp^2 杂化轨道成键，每个原子用一个 sp^2 杂化轨道彼此重叠形成 C—C 间的σ键，用两个 sp^2 杂化轨道与两个 H 原子的 1s 轨道重叠成两个 C—H 间的σ键，构成了 C_2H_4 分子的平面骨架结构。另外，每个 C 原子还有一个未杂化的 p 轨道，含一个电子，彼此以“肩并肩”的方式重叠形成一个 C—C 间π键，垂直于乙烯分子的平面(图 4-18)。C_2H_4 分子中的双键，一个是 sp^2-sp^2 杂化轨道形成的σ键；另一个是 p-p 轨道形成的π键。

BCl_3、BBr_3、SO_3 分子及 CO_3^{2-}、NO_3^- 的中心原子均采取 sp^2 杂化轨道与配位原子的 p 轨道重叠形成σ键，它们都具有平面三角形的骨架结构。

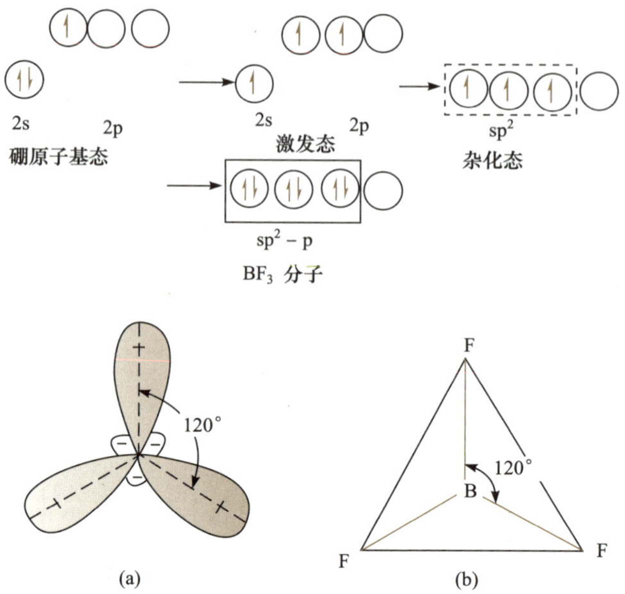

图 4-17 BF_3 分子形成示意图

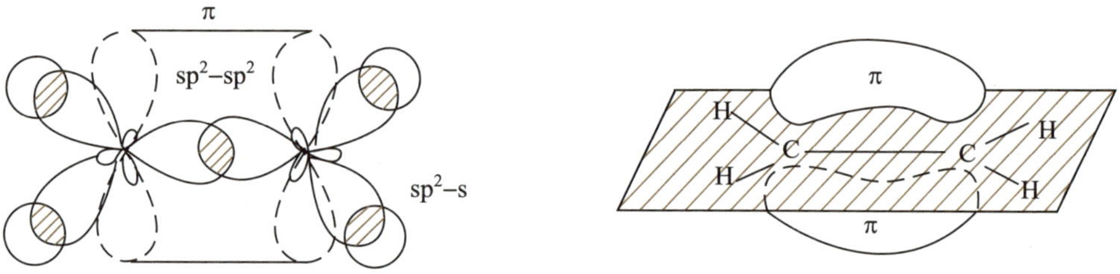

图 4-18 C_2H_4 分子的形成

3. sp^3杂化

sp^3杂化是由一个 *n*s 轨道和三个 *n*p 轨道杂化，形成四个能量等同的 sp^3杂化轨道，每一个 sp^3杂化轨道含$\frac{1}{4}$s 成分和$\frac{3}{4}$p 成分。这种杂化类型的空间构型为正四面体，轨道间夹角互为 109°28′。例如，CH_4中 C 原子的四个 sp^3杂化轨道与四个 H 原子的 s 轨道重叠，键合成 CH_4分子。CH_4分子的空间构型为正四面体，如图 4-19 所示。CCl_4、$SiCl_4$等分子的中心原子均采取 sp^3杂化轨道与配位原子的 p 轨道成键，它们都为正四面体结构。

4. 等性杂化和不等性杂化

前面几种杂化都是能量和成分完全等同的杂化，称为等性杂化。如果参加杂化的原子轨道中有不参加成键的孤对电子存在，杂化后所形成的杂化轨道的形状和能量不完全相同，这类杂化称为不等性杂化。例如，NH_3分子中，氮原子的价电子结构为 $2s^22p^3$，成键时，氮原子中的一个 s 轨道和三个 p 轨道混合，形成四个 sp^3杂化轨道。其中一个杂化轨

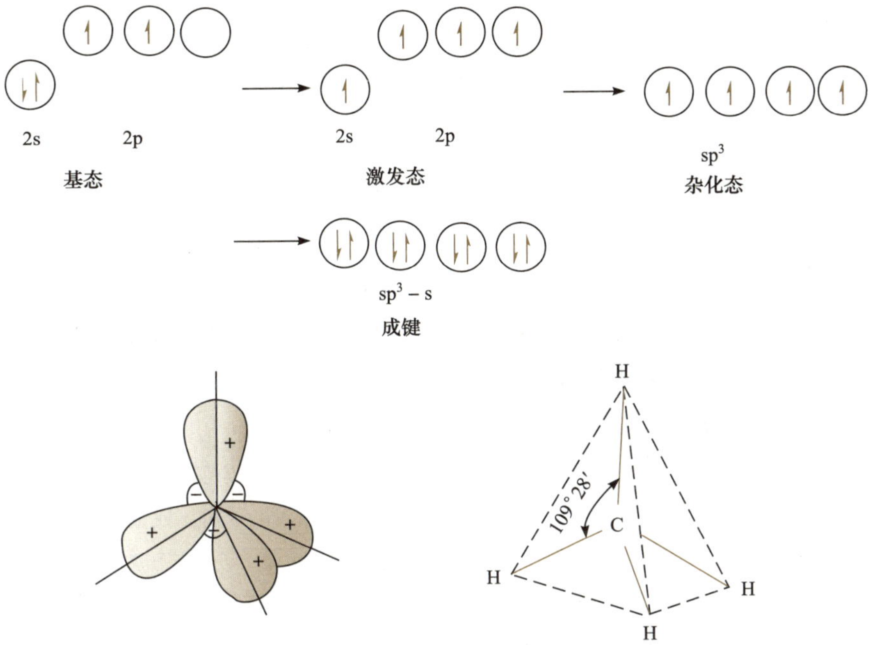

图 4-19　CH_4 分子形成示意图

道已有一对电子，称为孤对电子，这对孤对电子不参与成键。显然，杂化后各轨道电子云分布不一样，各轨道所含成分也不相同，因而为不等性杂化。

NH_3 分子中的四个 sp^3 杂化轨道，只有三个与氢原子的 s 轨道重叠成键，由于孤对电子对另外三个成键的轨道有排斥压缩作用，因此键角不是 109°28′，而是 107°18′。NH_3 的空间构型是三角锥形，如图 4-20 所示。

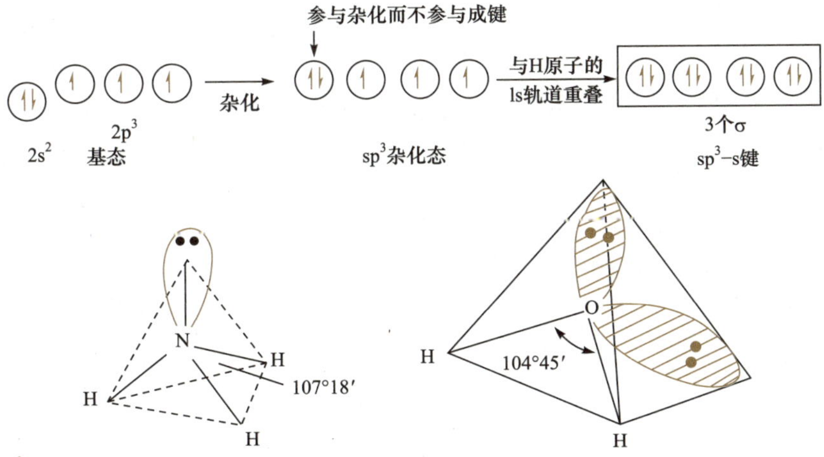

图 4-20　氨分子和水分子的空间构型

对于 H_2O，同样有两个 sp^3 杂化轨道被孤对电子占据。对成键的两个杂化轨道的排斥作用更大，以致两个 O—H 键间的夹角压缩成 104°45′，所以水分子的空间构型呈“V”字形，如图 4-20 所示。

*4.7 价层电子对互斥理论

1. 价层电子对互斥理论简介

价层电子对互斥理论(VSEPR)是由希德威克(Sidgwich)和鲍威尔(Powell)于 1940 年最先提出的，简称电子对互斥理论。价层电子对互斥理论在概念上简单并能准确判断分子的几何构型。

价层电子对互斥理论基本论点：在一种中心原子周围配置的原子或原子团(后面称为配体)的几何结构主要取决于在中心原子价电子层中电子对的相互排斥作用。分子构型选择成键电子对之间排斥力最小的那种方式。

2. 影响分子结构的因素

在分子 AB_nE_m 中 A 为中心原子，B 为配体，n 为配体的数目，E 为孤对电子，m 为孤对电子的数目。所谓价层电子对是指在分子中 A 原子价层内的成键电子对和孤对电子对。成键电子对数+孤对电子对数决定了分子 AB_nE_m 的几何构型。A 为主族(或 d^0，d^5，d^{10})元素的原子。

(1)中心原子 A 上只有成键电子对而没有孤对电子的 AB_n 型分子。例如，CH_4 分子中价电子对 $(4+4)\div2=4$，故价层电子对数为 4，BF_3 分子中价电子对 $(3+3)\div2=3$，故价层电子对数为 3。在 CO_2 分子中价电子对 $(4+4)\div2=4$，但是 C 、O 之间是双键，故价层电子对数为 2 。PCl_4^+ 价电子对 $(5+4-1)\div2=4$，PCl_6^- 价电子对 $(5+6+1)\div2=6$，I_3^- 价电子对 $(7+2+1)\div2=5$。

价电子对与分子构型的关系，n=2 时为直线形，n=3、4、5、6 时分别排布在以 A 原子为中心的三角形、正四面体、三角双锥体和正八面体顶点上。这种情况归纳于表 4-15。

表 4-15 中心原子价电子对的理想几何分布

分子类型	价电子对数	键角	分子构型
AB_2	2	180°	B—A—B
AB_3	3	120°	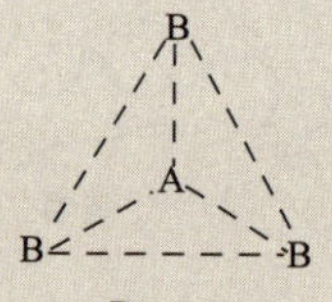
AB_4	4	109°28′	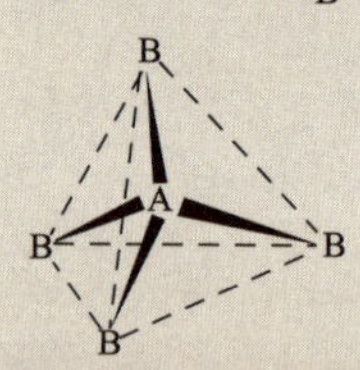
AB_5	5	180° 120° 90°	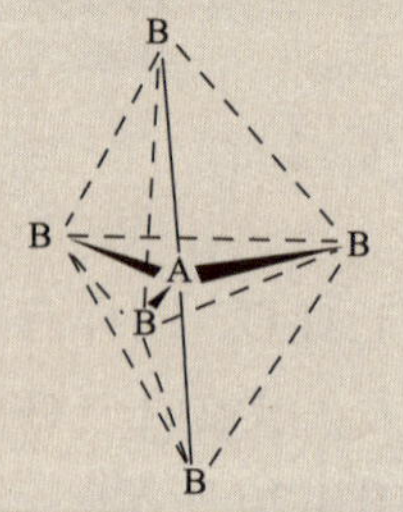

续表

分子类型	价电子对数	键角	分子构型
AB_6	6	90° 180°	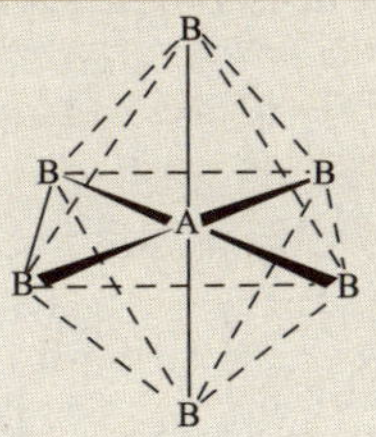

(2) 中心原子 A 上既有成键电子对又有孤对电子的 AB_nE_m 型分子。考虑到孤对电子云对成键电子云有较大的排斥力，这种排斥力往往使 BAB 键角压缩。例如，NH_3 分子 N 原子上的一对孤对电子将 HNH 键角压缩至 107°18′；H_2O 分子 O 原子上的两对孤对电子则将 HOH 键角压缩至 104°45′。电子对之间排斥力大小顺序如下：

孤对电子与孤对电子的排斥＞孤对电子与键对电子的排斥＞键对电子与键对电子的排斥

如果遇到存在几种可能的空间几何构型时，要选择最稳定的结构式，即各电子对间的排斥力最小。例如，ClF_3 中电子对数 $(7+3)\div2=5$，Cl 原子采取 sp^3d 杂化，三角双锥构型。但是 ClF_3 中只有 3 个配体，孤对电子数为 2。所以 ClF_3 分子可以画出三种不同的空间几何构型如图 4-21 所示。

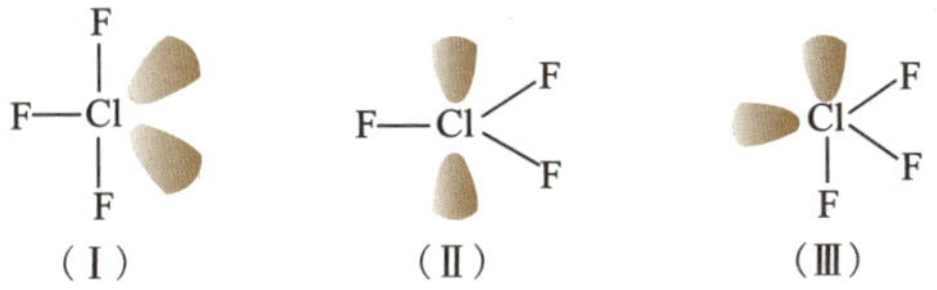

图 4-21　ClF_3 分子的三种不同的空间几何构型

要选择最稳定的结构式，即各电子对间的排斥力最小。对于三角双锥而言，首先看 90°键角之间的排斥力，因为最小角之间的排斥力最大。所以构型（Ⅰ）是最稳定，即孤对电子对放在平面内，ClF_3 的几何构型为 T 形。

3. 分子的杂化类型和几何构型

分子的杂化类型和几何构型关系见表 4-16。

表 4-16　分子的杂化类型和几何构型

杂化类型	sp	sp^2		sp^3			sp^3d				sp^3d^2		
分子类型	AB_2	AB_3	AB_2E	AB_4	AB_3E	AB_2E_2	AB_5	AB_4E	AB_3E_2	AB_2E_3	AB_6	AB_5E	AB_4E_2
分子几何构型	直线形	平面三角形	V 形	正四面体	三角锥形	V 形	三角双锥	歪四面体	T 形	直线	正八面体	四方锥	平面四方
实例	CO_2 CS_2	BF_3 $NPCl_2$	SO_2 ONCl	XeO_4 CCl_4	NCl_3 AsH_3	H_2O OF_2	PCl_5 $AsCl_5$	$TeCl_4$ SCl_4	ClF_3 $XeOF_2$	XeF_2	SF_6 PCl_6^-	$XeOF_4$ IF_5	XeF_4 IF_4^-

4. 价层电子对互斥理论的局限性

(1) 价层电子对互斥理论主要适用于中心原子 A 为主族（或 d^0，d^5，d^{10}）元素的分子（或离子），其他副族元素因 d 电子云空间分布复杂而对分子的几何构型产生影响。

(2) 价层电子对互斥理论只适用于对孤立的分子(离子)构型讨论。而不适用于讨论固体的空间结构。

(3) 价层电子对互斥理论只能对分子的构型作定性的描述，而不能得出定量的(如键长，键角等数据)结论。

4.8 分子间作用力和氢键

在分子与分子之间还存在着比化学键弱得多的相互作用力，称为分子间作用力。早在 1873 年范德华在研究气体性质时，首先发现并提出分子间作用力的存在，因此分子间作用力又称范德华力。它是决定物质物理性质的重要因素。

4.8.1 分子间作用力

1. 取向力

当两个极性分子彼此靠近时，由于存在固有偶极，同极相斥，异极相吸，分子发生相对转动，并定向排列。因异极间的静电引力，极性分子相互更加靠近，这种极性分子间的定向吸引作用力称为取向力(orientation force)。

取向力的本质是静电引力。取向力只存在于极性分子之间。

2. 诱导力

在外电场的作用下，分子带正电荷的核被吸向阴极，电子被吸向阳极，使正电荷重心和负电荷重心彼此分离，同时导致分子变形。这种在外电场作用下，分子发生变形的现象称为分子极化。因极化作用产生的偶极称为诱导偶极。诱导偶极与固有偶极间的作用力称为诱导力(induced force)。

诱导力不仅存在于极性分子与非极性分子之间，也存在于极性分子与极性分子之间。诱导力的本质也是静电引力。

3. 色散力

当非极性分子相互接近时，分子中电子的不断运动和原子核的不断振动，使分子内的正负电荷重心瞬时不重合而产生的偶极。瞬时偶极又诱导邻近分子产生瞬时偶极，于是产生了分子间的作用力，这种由瞬时偶极所引起的分子间的极化作用力称为色散力(dispersion force)。

色散力普遍存在于各种分子以及原子之间。相互作用的分子其质量越大，变形性越大，色散力越大；电离能越小，色散力越大。三种分子间力的分配如表 4-17 所示。

表 4-17 一些分子的分子间作用能的分配(单位：$kJ \cdot mol^{-1}$)

分子	取向力	诱导力	色散力	总和
Ar	0.000	0.000	8.5	8.5
CO	0.003	0.008	8.75	8.75
HI	0.025	0.113	25.87	26.00

续表

分子	取向力	诱导力	色散力	总和
HBr	0.69	0.502	21.94	23.11
HCl	3.31	1.00	16.83	21.14
NH_3	13.31	1.55	14.95	29.60
H_2O	36.39	1.93	9.00	47.31

4.8.2　氢键

H_2O 和 HF 与同族氢化物相比，沸点、凝固点、气化热等物理性质出现了显著的差异，说明这些物质的分子之间除存在一般分子间力外，还存在另一种作用力——氢键(hydrogen bond)。

当 H 原子与 X 原子以共价键结合成 X—H 时，共用电子对强烈地偏向 X 原子一边，使 H 原子变成几乎没有电子云的“裸露”质子，呈现相当强的正电性，且半径极小(约 30pm)，势能极高，极易和另一个分子中含有孤对电子且电负性很大的原子的电子云相互吸引，甚至渗入其电子云，从而形成氢键。

形成氢键必须具备两个条件。

(1)有一个与电负性很强而半径很小的 X 原子形成共价键的 H 原子。

(2)有另一个电负性大、半径小、具有孤对电子的 Y 原子。

X 和 Y 通常是第二周期的 N、O 和 F。氢键与共价键相似，也具有方向性和饱和性。

氢键的键能一般为 15～35kJ · mol^{-1}，大约与分子间力相当，但比化学键要弱得多。

常见氢键的键能和键长见表 4-18。

表 4-18　常见氢键的键能与键长

氢键	键能/(kJ · mol^{-1})	键长/pm	化合物
F—H···F	28.05	255	$(HF)_n$($n \leqslant 5$)
O—H···O	18.84	276	冰$(H_2O)_n$
	25.96	266	$(CH_3OH)_n$
	29.31	267	$(HCOOH)_n$
N—H···F	20.93	268	NH_4F
N—H···N	5.44	358	$(NH_3)_n$
N≡C—H···N	18.2	—	$(HCN)_n$

氢键可分为分子间氢键和分子内氢键两类。

在同种分子间能形成氢键，不同分子间也能形成氢键。例如，$(H_2O)_n$、$(HF)_n$ 和 $(HCOOH)_n$、$(CH_3COOH)_n$、对硝基苯酚等的氢键属同种分子间氢键；H_2O 和 NH_3，H_2O 和 C_2H_5OH，苯甲酸和丙酮等之间的氢键属于不同种分子间氢键。

氢键不仅在分子间形成，也能在分子内形成，在分子内部形成的氢键称为分子内氢键。例如，邻硝基苯酚，或在苯酚邻位上有—CHO、—COOH、—OH 等时，均可形成氢键，见图 4-22。

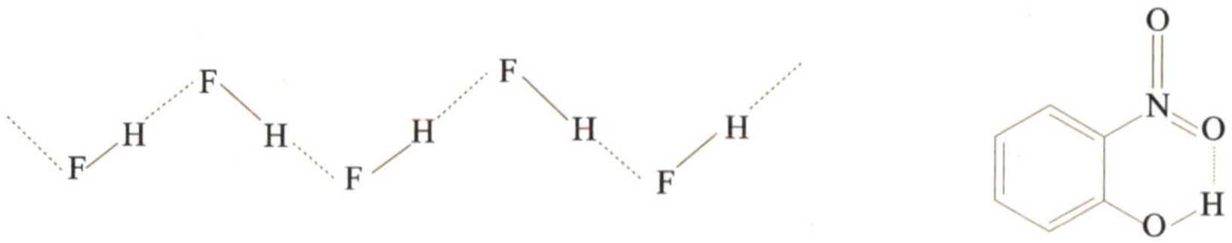

图 4-22　分子间氢键和分子内氢键

4.8.3　氢键对化合物性质的影响

因为分子间形成氢键，固体熔化或液体气化时，不仅要破坏分子间的范德华力，还要提供额外的能量去破坏分子间的氢键。H_2O、HF 和 NH_3 的熔点和沸点与同族氢化物相比反常地升高，如图 4-23 所示，就是因为它们都有分子间氢键。

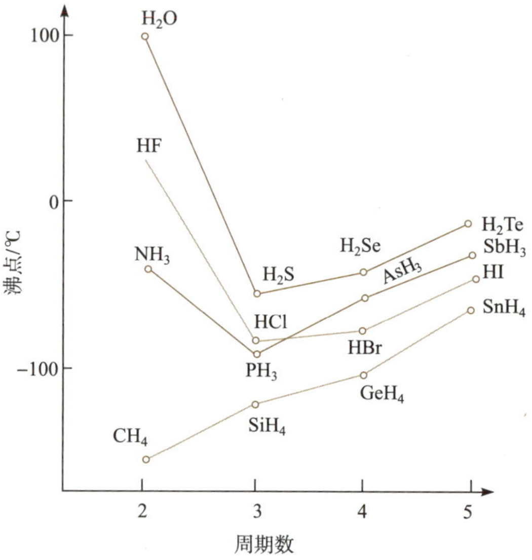

图 4-23　氢化物的沸点

氢键的形成对物质的溶解度、黏度、硬度和酸碱性等均有影响，在极性溶剂中如果溶质分子和溶剂分子间能形成氢键，就能增大溶解度。例如，乙醇分子和水分子间能形成氢键，故水和乙醇能以任意比例混合。液体分子间若形成氢键，则黏度增大。例如，甘油的黏度很大，就是因为 $C_3H_5(OH)_3$ 分子间有氢键的缘故。分子晶体中有氢键，则硬度增大，如冰的硬度较一般分子晶体大，就是因为冰中有氢键。氢键的形成还能使溶液的酸性增加，如 HF 间形成氢键后，使电子云更偏向 F，另一端的 H^+就容易离解了。

*4.9　晶 体 结 构

固体物质可分为晶体和非晶体两类。物质微粒(原子、分子、离子等)有规则周期性地排列形成具有整齐外形的固体称为晶体。微粒无规则地排列则形成非晶体。组成晶体的微粒排列成的空格子称为晶格。微粒在晶格中所占的位置称为晶格结点。

4.9.1　离子晶体

离子晶体的晶格结点上交替排列着正负离子，正负离子之间有强烈的静电引力，需要较高的能量才能克服这种引力。因此，离子晶体具有较高的熔点、沸点和硬度。晶格能越大，离子晶体的熔点、沸点越高，硬度越大，离子化合物越稳定。

绝大多数盐类(如 NaCl、NaF、CsCl 等)、强碱及许多金属氧化物(MgO、CaO、BaO 等)都属于离子晶体结构，如图 4-24 所示。

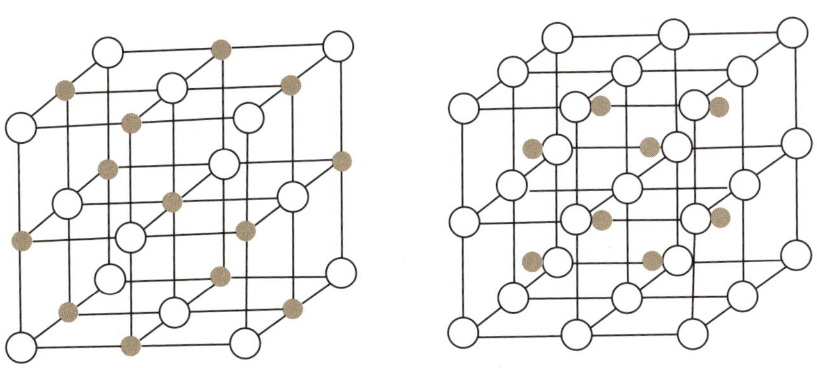

(a) NaCl　　(b) CsCl

图 4-24　NaCl 与 CsCl 晶体示意图

4.9.2　原子晶体

原子晶体在晶格结点上排列着中性原子，这些原子之间以共价键互相键合，由于它们的键合非常牢固，键的强度也较大，所以原子晶体的硬度很大，熔点和沸点很高，如金刚石的熔点高达 3500℃，硬度最大。这类晶体通常不导电(熔融时也不导电)，是热的不良导体，延展性差。除金刚石外，单质硅、锗以及 SiC、AlN、SiO_2 等也都是原子晶体。

4.9.3　分子晶体

分子晶体是在晶格结点上排列着极性或非极性分子。例如，固态的卤素单质、冰、固态 CO_2、SO_2、S_8 和 P_4 等，以及绝大多数的固态有机化合物都属于分子晶体。在分子晶体中，分子内原子间的共价键是相当牢固的，但分子间的作用力却相当弱。因此，分子晶体的熔点和沸点较低(通常在 300℃以下)，硬度较小，挥发性较大，甚至有的不经熔化就能直接升华，如碘和萘等。多数分子晶体难溶于水，不导电，即使熔融下也不导电。只有那些极性很强的分子晶体(如 HCl)溶于极性溶剂(H_2O)后可以导电。

各类晶体的特性见表 4-19。

表 4-19　各类晶体的特性

晶体种类	结点上的质点	结合力	晶体的特性	实例	晶格能/(kJ · mol^{-1})	熔点/K
离子晶体	阳离子和阴离子	离子键	硬而脆。在极性溶剂中比在非极性溶剂中易溶。熔融态易导电	NaCl	769.8	1073
				KF	807.5	1129
				CaS	3020.8	—
				BaO	3125.4	2196
原子晶体	原子	共价键	很硬，基本不溶于任何溶剂	金刚石	—	>3773
				SiC	313.8	>2973
				AlN	—	2473
分子晶体	极性分子	范德华力	硬度很低，多能溶于极性溶剂	H_2O	47.27	273
				HCl	21.13	161
				NH_3	29.58	195.5
	非极性分子	范德华力	硬度最小，能溶于非极性溶剂	Ar	8.49	283.8
				CH_4	11.29	89
				Cl_2	31.08	171

除上述三种典型晶体外，还有混合型(或过滤型)晶体。它的特点是晶格结点间的结合力不仅一种，如石墨是层状结构晶体，同层碳原子以 sp^2 杂化轨道形成共价键，与另外三个碳原子连接，层与层之间则以范德华力相结合，故石墨片层间易滑动，是优良的固体润滑剂。

习　题

4-1 F^-、Ca^{2+}、Fe^{2+}、S^{2-} 中哪个离子具有未成对电子？并说明理由。

4-2 区分下列概念：质量数和原子质量；定态、基态、激发态；经典力学轨道、波动力学轨道；电子的粒性与波性。

4-3 为什么说波函数即是原子轨道？

4-4 下列各组量子数，哪些是不合理的？为什么？

(1) n=2　l=1　m=0　　(2) n=2　l=2　m=−1

(3) n=3　l=0　m=+1　　(4) n=2　l=3　m=+2

4-5 已知某原子的电子可用下列各量子数描述，试按能量高低的次序加以排列。

(1) 4，1，0，−1/2　　(2) 3，1，0，+1/2

(3) 4，2，1，−1/2　　(4) 2，1，−1，+1/2

(5) 2，1，0，−1/2　　(6) 3，2，−1，+1/2

(7) 3，2，0，−1/2　　(8) 4，2，−1，+1/2

4-6 A，B，C，D 都为第四周期元素，原子序数依次增大，价电子数依次为 1，2，2，7，A 和 B 元素次外层电子数均为 8，C 和 D 元素次外层电子数均为 18。指出 A、B、C、D 四种元素的元素名称，特点及原子序数。

4-7 试填写下列空白。

原子序数	电子排布式	电子层数	周期	族	区	元素名称
16						
19						
42						
48						

4-8 写出下列原子和离子的电子排布式。

(1) ^{29}Cu 和 Cu^{2+}　　(2) ^{26}Fe 和 Fe^{2+}

(3) ^{47}Ag 和 Ag^+　　(4) ^{53}I 和 I^-

4-9 选出下列各组中第一电离能最大的一种元素。

(1) Na、Mg、Al　　(2) Na、K、Rb

(3) Si、P、S　　(4) Li、Be、B

4-10 下列哪一组元素电负性依次减小？

(1) K、Na、Li　　(2) O、Cl、H

(3) As、P、H　　(4) Zn、Cr、Ni

4-11 比较下列各组离子的半径大小，并解释之。

(1) Mg^{2+}和 Al^{3+}　　(2) Br^-和 I^-

(3) Cl^-和 K^+　　(4) Cu^+和 Cu^{2+}

4-12　指出下列分子中有几个 σ 键和 π 键。

N_2　CO_2　BBr_3　C_2H_2　CCl_4

4-13　指出以下分子、离子的中心原子所采用的杂化轨道类型及分子的几何构型。

(1) BeH_2　(2) $HgCl_2$　(3) NF_3　(4) BCl_3

(5) PH_3　(6) CO_3^{2-}　(7) OF_2　(8) $SiCl_4$

4-14　下列分子间存在什么形式的分子间作用力（取向力、诱导力、色散力、氢键）？

(1) CH_4　(2) He 和 H_2O　(3) HCl 气体

(4) H_2S　(5) 甲醇和水

4-15　判断下列化合物中有无氢键存在，如果存在氢键，是分子间氢键还是分子内氢键？

(1) C_6H_6　(2) C_2H_6　(3) NH_3　(4) H_3BO_3　(5) 邻硝基苯酚

4-16　用 VSEPR 理论推测分子构型，并从分子的构型说明下列分子中哪些有极性，哪些无极性。

(1) SO_2　(2) SO_3　(3) CS_2　(4) NO_2

(5) NF_3　(6) $SOCl_2$　(7) $CHCl_3$　(8) SiH_4

4-17　用 VSEPR 理论判断 NO_2^+、NO_2、NO_2^- 的键角 ∠ONO 变化趋势。

4-18　根据 VSEPR 理论填写下表。

化合物	成键电子对	孤对电子	价层电子对	电子对排布	分子形状
NO_3^-					
NF_3					
SO_3^{2-}					
ClO_4^-					
CS_2					
BO_3^{3-}					
SiF_4					
H_2S					
AsO_3^{3-}					
ClO_3^-					

4-19　完成下列表格。

价层电子构型	元素所在周期	元素所在族
	3	ⅤA
	6	ⅠA
	4	Ⅷ
	4	ⅦA
	5	ⅡA

4-20 Which of the following represents a reasonable set of quantum numbers for a 3d electron?

(1) 3, 2, +1, +1/2 (2) 3, 2, 0, −1/2

(3) neither of these (4) both of these

4-21 Consider these four orbitals in a neutral calcium atom: 2p, 3p, 3d, 4s. These orbitals arranged in order of increasing energy are:

(1) 2p<3p<3d<4s (2) 2p<3p<4s<3d

(3) 2p<4s<3p<3d (4) 4s<2p<3p<3d

4-22 The ion Ni^{2+} would have electron configuration with:

(1) [Ar] $3d^5 4s^2$ (2) [Ar] $3d^8$

(3) [Ar] $3d^7 4s^2$ (4) [Ar] $3d^6 4s^2$

4-23 What is electronegativity? Arrange the members of each of the following sets of elements in order of increasing electronegativities?

(1) B, Ga, Al, In (2) S, Na, Mg, Cl

(3) P, N, Sb, Bi (4) S, Ba, F, Si

第 5 章 化 学 分 析

分析化学是测定物质的化学组成、研究测定方法及其有关理论的一门学科。根据分析方法的原理，一般可分为化学分析和仪器分析两大类。

5.1 分析化学概述

5.1.1 分析化学的任务和作用

分析化学是研究物质化学组成的表征和测量的科学，主要任务是鉴定物质的化学组成、结构和测量有关组分的含量。

分析化学在国民经济建设中有重要意义。例如，工业生产中原料、材料、半成品、成品的检验，新产品的开发，废水、废气、废渣等环境污染物的处理和监测等都要用到分析化学；武器装备的生产和研制，侦破刑事案件等也都需要分析化学的密切配合。分析化学也是医学上临床分析、药物理化检验的重要基础。产品质量监测、商品检验等工作也都离不开分析化学。

分析化学在现代农业生产和农业科学研究中也具有极其重要的作用。例如，测定土壤肥力状况，分析各种商品肥料中的有效成分含量，判断农作物对营养成分利用的状况等都需要用到分析化学的手段。

对农作物及其产品中的某些生化指标进行分析、检测，从而筛选出更优的品种。

在农药的合成与使用中，运用分析化学的手段，对农药的品质及其使用后在农产品中的残毒进行检测，从而确保农药使用的安全。

对动物体内的各种代谢过程，各种不同的营养元素对动物生长的影响进行分析，为食用动物的优质高产、动物疾病的防治提供依据。

在水产养殖方面，运用分析化学手段，监测水质，了解水生态环境，保证水生动植物的正常生长。

在食品利用中，了解食品的营养价值，食品的腐败特征，对食品在化学修饰前后有关化学成分进行分析比较，以加快营养食品的开发。

分析化学是高等农业院校一门重要的基础课。鉴于在一般科研和生产中，分析试样的来源，主要组成和分析对象的性质往往是已知的，故在本章重点讨论分析化学中最主要的定量分析理论和方法。

分析化学是一门实践性很强的学科，实验部分占有很大的比例。因此，一定要加强实验环节，使理论密切联系实际。在学习过程中，建立正确的“量”的概念，培养严谨的科学态度，掌握基本的实验技能，初步培养分析问题和解决问题的能力。

5.1.2 分析方法的分类

根据分析的目的和任务、分析对象、测定原理、操作方法等不同，分析方法有如下几种分类。

1. 结构分析、定性分析和定量分析

根据分析的目的不同，分析方法可分为结构分析(structural analysis)、定性分析(qualitative analysis)和定量分析(quantitative analysis)。结构分析是研究物质的分子结构和晶体结构；定性分析是鉴定试样由哪些元素、原子团、官能团或化合物组成；定量分析是测定试样中有关组分的含量。

2. 无机分析和有机分析

根据分析的对象不同，分析方法可以分为无机分析(inorganic analysis)和有机分析(organic analysis)。无机分析的对象是无机物，由于无机物所含的元素种类繁多，因此要求分析的结果以某些元素、离子、化合物或某相是否存在及其含量的多少来表示。有机分析的对象是有机物，由于有机物组成元素较少，但结构千变万化，因此有机分析不仅有元素分析，更重要的是官能团分析和结构分析。

3. 化学分析和仪器分析

根据分析方法所依据的物理或化学性质的不同，分析方法又可分为化学分析(chemical analysis)和仪器分析(instrumental analysis)。以物质的化学反应为基础的分析方法称为化学分析法。以被测物质的某种物理性质为基础的分析方法称为物理分析法；以被测物质的物理化学性质为基础的分析方法称为物理化学分析法。由于物理分析以及物理化学分析法在分析过程中都需要特殊的仪器，所以又称为仪器分析法。

4. 常量分析、半微量分析和微量分析

根据分析时所需试样的量和操作方法不同，分析方法还可分为常量分析(macro analysis)、半微量分析(semimicro analysis)、微量分析(micro analysis)，见表 5-1。

表 5-1 各种分析方法的试样用量

方法	试样质量	试样体积/mL
常量分析	>0.1g	>10
半微量分析	0.01～0.1g	1～10
微量分析	0.1～10mg	0.01～1
超微量分析	<0.1mg	<0.01

以上几种分类方法是人为规定的，不同的国家和部门常有不同的标准。在无机定

性化学分析中，一般采用半微量分析法，而在经典定量化学分析中，一般采用常量分析方法。

另外，常量、半微量和微量分析也可根据被测组分的质量分数，粗略地分为常量组分（>1%）、微量组分（0.01%～1%）和痕量组分（<0.01%）的分析。

5.1.3 定量分析的一般程序

定量分析的任务是确定样品中有关组分的含量。完成一项定量分析任务，一般要经过以下步骤。

1. 取样

样品或试样是指在分析工作中被用来进行分析的物质体系，它可以是固体、液体或气体。分析化学对试样的基本要求是其在组成和含量上具有一定的代表性，能代表被分析的总体。合理的取样是分析结果准确可靠的基础。取有代表性的样品必须采取特定的方法和程序。一般来说要多点取样（指不同部位、深度），然后将各点取得的样品粉碎之后混合均匀，再从混合均匀的样品中取少量物质作为试样进行分析。

2. 试样的制备

定量分析一般采用湿法分析，即将试样分解后转入溶液中，然后进行测定。制备试样的方法有很多，如酸溶法、碱溶法和熔融法及色谱分离和沉淀等，操作时可根据试样的性质和分析的要求选用适当的制备方法。试样制备的目的是使分析的试样成为便于分析测试的型态。

3. 测定

根据分析要求以及样品的性质选择合适的方法进行测定。

4. 数据处理

根据测定的有关数据计算出组分的含量，并对分析结果的可靠性进行分析，最后得出结论。

5.2 定量分析中的误差

定量分析的目的是准确测定试样中组分的含量，因此分析结果必须具有一定的准确度。不准确的分析结果可能导致经济损失，资源浪费，甚至得出错误结论。

在定量分析中，由于受分析方法、测量仪器、所用试剂和分析工作者主观条件等多种因素的限制，分析结果与真实值不完全一致。即使采用最可靠的分析方法，使用最精密的仪器，由技术很熟练的分析人员进行测定，也不可能得到绝对准确的结果。同一个人在相同条件下对同一种试样进行多次测定，所得结果也不完全相同。误差是客观存在、不可避免的，应该分析误差的性质、特点，找出误差产生的原因，研究减小误差的方法，以提高分析结果的准确度。

5.2.1 误差的分类

1. 系统误差

系统误差(systematic error)是指在分析过程中由于某些固定的原因所造成的误差。它的大小、正负是可测的，所以又称可测误差(determinable error)。系统误差的特点是具有单向性和重现性，即平行测定结果系统偏高或偏低。它对分析结果的影响比较固定，在同一条件下重复测定时会重复出现。

根据系统误差的性质及产生的原因，系统误差可分为以下几种。

(1)方法误差。这种误差是由分析方法本身造成的。例如，在滴定分析中，化学反应不完全，指示剂指示的滴定终点与化学计量点不一致，以及干扰离子的影响等，导致分析结果系统偏高或偏低。

(2)仪器和试剂误差。由于测量仪器不够精确所造成的误差称为仪器误差，如容量器皿刻度和仪表刻度不准确等因素造成的误差。由试剂不纯造成的误差称为试剂误差，如试剂或蒸馏水中含有被测物质或干扰物质所造成的误差。

(3)操作误差，也称个人误差。这种误差是指由操作人员的主观原因造成的误差。例如，个人对颜色的敏感程度不同，在辨别滴定终点的颜色时，有人偏深，有人偏浅，在读取仪器刻度时，有人偏高，有人偏低，都会引起误差。

2. 偶然误差

偶然误差(accidental error)是指分析过程中由某些随机的偶然原因造成的误差，也称随机误差(random error)或不定误差。例如，测量时环境温度、湿度及气压的微小波动等原因引起测量数据变动。它的特点是具有对称性、抵偿性和有限性。

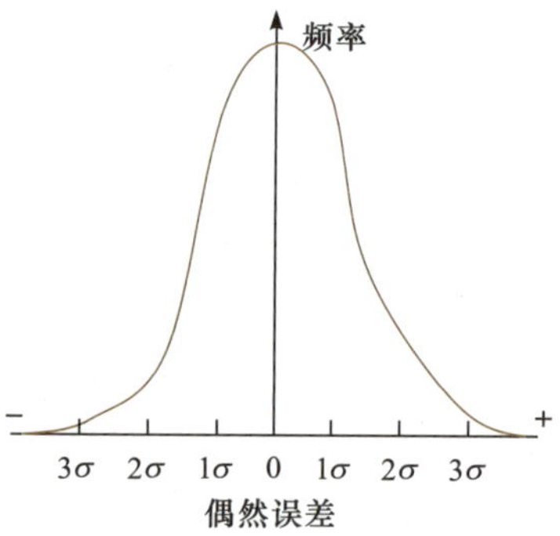

图 5-1 偶然误差的标准正态分布曲线

表面上看偶然误差似乎没什么规律，但在多次测量中便可找出其规律性。用统计方法研究，发现它服从正态分布，如图 5-1 所示，图中横轴代表偶然误差的大小，以标准偏差σ为单位，纵轴代表偶然误差发生的频率。

在平行测定次数趋于无穷大时，实验的偶然误差有如下规律：

(1)绝对值相等的正误差和负误差具有相同的出现频率。

(2)小误差出现的频率较高，大误差出现的频率较低。

在实际工作中，如果消除了系统误差，平行测定次数越多，则测定值的算术平均值越接近真值。因此适当增加平行测定次数，可以减小偶然误差对分析结果的影响。

3. 过失误差

过失误差(gross error)是由于工作中的粗心大意，不遵守操作规程而造成的差错，这类差错在初学者中容易发生，如看错砝码、加错试剂、记错数据等。若发现错误的测定结果，应予舍弃。

5.2.2 误差和偏差的表示方法

1. 准确度与误差

准确度(accuracy)是指测定值(x)与真实值(x_T)之间相符合的程度，用误差(error)E衡量。误差越小，表示分析结果的准确度越高；反之，误差越大，准确度越低。

误差又分为绝对误差(absolute error)E和相对误差(relative error)RE，其表示方法如下：

$$E=x-x_T \tag{5-1}$$

$$RE=\frac{E}{x_T}\times 100\% \quad 或 \quad RE=\frac{x-x_T}{x_T}\times 100\% \tag{5-2}$$

相对误差是误差在真值中所占的百分数。分析结果的准确度常用相对误差表示。

例如，用分析天平称量两个试样，测定值分别是 0.1990g 和 1.1990g，假定真值分别为 0.1991g 和 1.1991g，则绝对误差分别为

$$E_1=0.1990-0.1991=-0.0001\,(g),\quad E_2=1.1990-1.1991=-0.0001\,(g)$$

两者的绝对误差相等，而相对误差分别为

$$RE_1=\frac{-0.0001}{0.1991}\times 100\%=-0.05\%$$

$$RE_2=\frac{-0.0001}{1.1991}\times 100\%=-0.008\%$$

可见，这两个试样称量的绝对误差相等，但二者的相对误差不同，后者的相对误差小得多，即后者的称量准确度高。当被测定的量较大时，相对误差较小，测定准确度较高。因此，相对误差能更确切地表示各种情况下测定结果的准确度。

E和RE都有正、负之分，正号表示分析结果偏高，负号表示分析结果偏低。

应当指出，客观存在的真值不可能准确知道，实际工作中往往用“标准值”代替真值以检查分析方法的准确度。标准值是指采用多种可靠的分析方法，由具有丰富经验的分析人员经过反复多次测定得出的比较准确的结果。有时也将纯物质中元素的理论含量作为真值。

【例 5-1】 现测得纯 NaCl 试剂中氯的质量分数为 0.6053，计算绝对误差和相对误差。

解 纯 NaCl 试剂中 $w(Cl)$ 的理论值为

$$w(Cl)=\frac{M(Cl)}{M(NaCl)}=\frac{35.45}{58.44}=0.6066$$

$$E=0.6053-0.6066=-0.0013,\quad RE=\frac{-0.0013}{0.6066}\times 100\%=-0.2\%$$

2. 精密度与偏差

在实际工作中真值常是不知道的，因此无法求出误差，难以确定分析结果的准确度。这种情况下分析结果的好坏可用精密度(precision)来判断。精密度是指一试样的多次平行测定值彼此相符合的程度。我们把单次测定值 x_i 与算术平均值 $\overline{x}$ 之间的差值称为单次测定值的绝对偏差(absolute deviation) d_i，简称偏差(deviation)。因此，精密度可用偏差来衡量。偏差越小，精密度越高；反之则精密度越低。

平均值
$$\overline{x}=\frac{\sum x_i}{n} \tag{5-3}$$

偏差
$$d_i=x_i-\overline{x} \tag{5-4}$$

式中：x_i 为各单次测定值；n 为测定次数。

平均值实质上是代表测定值的集中趋势，而各种偏差实质上是代表测定值的分散程度。分散程度越小，精密度越高。

为了更好地衡量一组测定值总的精密度，常用平均偏差和标准偏差两类偏差表示。

1) 平均偏差、相对平均偏差和极差

平均偏差(average deviation)是单次测定值偏差的绝对值之和的算术平均值，用 $\overline{d}$ 表示，即

$$\overline{d}=\frac{\sum |d_i|}{n} \tag{5-5}$$

有时也用相对平均偏差(relative average deviation) $\overline{d}_r$ 来表示精密度，如

$$\overline{d}_r=\frac{\overline{d}}{\overline{x}}\times 100\% \tag{5-6}$$

平均偏差 $\overline{d}$ 和相对平均偏差 $\overline{d}_r$ 不计正负号，而单次测定值的偏差 d_i 要记正负号，而且由统计学可知，当平行测定次数无限多时，单次测定值的偏差之和等于零，即 $\sum_{i=1}^{n} d_i=0$。

此外，还可以用极差来粗略地表示分析结果的精密度或分散性。极差(range) R 是一组平行测定值中最大值 x_{max} 与最小值 x_{min} 之差，即

$$R=x_{max}-x_{min} \tag{5-7}$$

【例 5-2】 计算下列一组平行测定值的平均偏差和相对平均偏差：36.46，36.48，36.43，36.42，36.46。

解 算术平均值为

$$\overline{x}=\frac{1}{5}(36.46+36.48+36.43+36.42+36.46)=36.45$$

各次测量的绝对偏差分别为

$$d_1=36.46-36.45=0.01,\quad d_2=36.48-36.45=0.03$$

$$d_3=36.43-36.45=-0.02,\quad d_4=36.42-36.45=-0.03$$

$$d_5=36.46-36.45=0.01$$

平均偏差 $\bar{d}=\frac{1}{5}\times(0.01+0.03+0.02+0.03+0.01)=0.02$

相对平均偏差 $\bar{d}_r=\frac{\bar{d}}{\bar{x}}=\frac{0.02}{36.45}=0.06\%$

*2）标准偏差与相对标准偏差

用平均偏差和相对平均偏差表示精密度比较简单，但由于在一系列的测定结果中，小偏差占多数，大偏差占少数，如果按总的测定次数计算算术平均偏差，所得结果会偏小，大偏差得不到应有的反映。例如，下面 A、B 两组结果的绝对偏差分别为

$x(A)-\bar{x}$：+0.11，−0.73，+0.24，+0.51，−0.14，0.00，+0.30，−0.29

$n=8$，$\bar{d}$（A）=0.29

$x(B)-\bar{x}$：+0.28，+0.26，−0.25，−0.37，+0.32，−0.28，+0.31，−0.27

$n=8$，$\bar{d}$（B）=0.29

两组测定结果的平均偏差相同，而实际上 A 组数据中出现两个较大偏差（−0.73，0.51），测定结果精密度较差。为了反映这些差别，从而引入标准偏差。

标准偏差（standard deviation）又称均方根偏差，当测定次数趋于无穷大时，标准偏差用 σ 表示

$$\sigma=\sqrt{\frac{\sum(x-\mu)^2}{n}} \tag{5-8}$$

式中：μ 为无限多次测定结果的平均值，称为总体平均值，即

$$\mu=\lim_{n\to\infty}\frac{1}{n}\sum_{i=1}^{n}x_i \tag{5-9}$$

显然，在没有系统误差的情况下，μ 即为真实值。

在一般的分析工作中，只做有限次数（$n<20$）的平行测定，标准偏差用 S 表示

$$S=\sqrt{\frac{\sum(x_i-\bar{x})^2}{n-1}} \tag{5-10}$$

上述两组数据的标准偏差分别为 $S_A=0.39$，$S_B=0.32$。可见，标准偏差比平均偏差更灵敏地反映出测定结果的精密度。

相对标准偏差（relative standard deviation）或称变异系数（coefficient of variation，CV）表示为

$$CV=\frac{S}{\bar{x}} \tag{5-11}$$

相对标准偏差是标准偏差占平均值的百分数。

定量分析中对准确度和精密度的要求主要取决于分析目的，样品的复杂程度、被测组分含量的高低等。一般分析工作中组分质量分数与对准确度要求的关系见表 5-2。

表 5-2 分析结果允许的相对误差范围

组分质量分数 w	～1	～0.1	～0.01	～10^{-3}	10^{-4}～10^{-5}
相对误差 RE/%	0.1～0.3	～1	1～2	～5	～10

【例 5-3】 用重铬酸钾法测得 $FeSO_4·7H_2O$ 试样中铁的质量分数(%)为 20.03，20.04，20.02，20.05 和 20.06。计算分析结果的平均值、平均偏差、相对平均偏差、标准偏差和相对标准偏差。

解

$$\bar{x}=\frac{\sum x_i}{n}=\frac{20.03+20.04+20.03+20.05+20.06}{5}=20.04\%$$

$$\bar{d}=\frac{\sum|d_i|}{n}=\frac{0.01+0+0.02+0.01+0.02}{5}=0.01\%$$

$$\bar{d}_r=\frac{\bar{d}}{\bar{x}}\times 100\%=\frac{0.01}{20.04}\times 100\%=0.06\%$$

$$S=\sqrt{\frac{\sum d_i^2}{n-1}}=\sqrt{\frac{(0.01)^2+(0)^2+(0.02)^2+(0.01)^2+(0.02)^2}{5-1}}=0.02\%$$

$$CV=\frac{S}{\bar{x}}\times 100\%=\frac{0.02}{20.04}\times 100\%=0.08\%$$

*3) 平均值的标准偏差

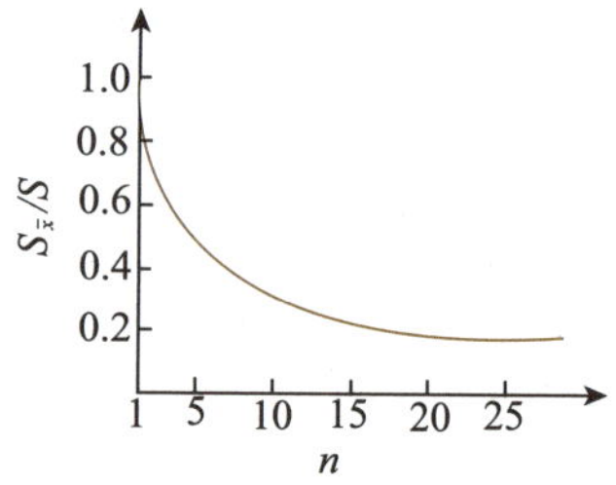

图 5-2 $S_{\bar{x}}$ 与测定次数 n 的关系

如果从同一总体中随机抽出容量相同的数个样本，由此可以得到一系列样本的平均值 $\bar{x}_1$，$\bar{x}_2$，…，$\bar{x}_n$。实践证明，这些样本平均值也并非完全一致，它们的精密度可以用平均值的标准偏差(standard deviation of the mean)来衡量。显然，与上述任一样本中的各单次测定值相比，这些平均值之间的波动性更小，即平均值的精密度较单次测定值的更高。因此在实际工作中，常采用样本平均值 $\bar{x}$ 对总体平均值 μ 进行估计。统计学已经证明，平均值的标准偏差 $\sigma_{\bar{x}}$ 与单次测定值的标准偏差 σ 之间有下述关系：

$$\sigma_{\bar{x}}=\frac{\sigma}{\sqrt{n}}\quad(n\to\infty)\tag{5-12}$$

对于有限次数的测定则有

$$S_{\bar{x}}=\frac{S}{\sqrt{n}}\tag{5-13}$$

式中：$S_{\bar{x}}$ 为样本平均值的标准偏差。由以上两式可以看出，平均值的标准偏差与测定次数的平方根成反比。因此增加测定次数可以减小随机误差的影响，提高测定的精密度。从图 5-2 中的曲线可以看出，开始 $S_{\bar{x}}$ 随着测定次数 n 的增加而迅速减小；当 $n>5$ 时，减小的趋势变慢；当 $n>10$ 后，减小的趋势已不明显。由于在相同的条件下，重复进行测定并不能消除系统误差的影响，因此应根据实际的需要来确定平行测定的次数。过多地增加测定次数对提高测定结果的精密度成效甚微，且浪费人力、物力和时间，是不可取的。

3. 准确度与精密度的关系

精密度是指多次平行测定值之间相互符合的程度，它是由偶然误差决定的；准确度是指测定值与真值之间相符合的程度。准确度表示测量的正确性，精密度表示测量的重复性，两者的含义不同，不可混淆，但相互又有制约关系。例如，甲、乙、丙、丁四人同时测定某一物质含量，各分析四次，其测定结果以“○”表示(图 5-3)。

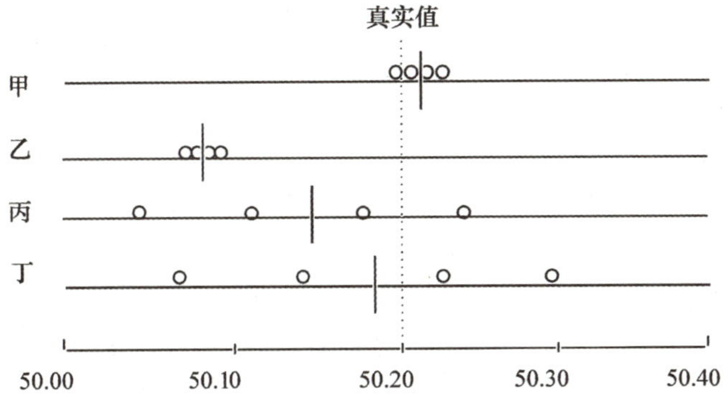

图 5-3 精密度和准确度的关系示意图

从图 5-3 可见，甲测定结果的精密度和准确度均好，结果可靠；乙测定结果的精密度虽然很高，但准确度较低；丙测定结果的精密度和准确度都很差；丁测定结果的精密度很差，平均值虽然接近真值，但这是由于正、负误差凑巧相互抵消的结果，因此可靠性差，不可取。由此可以得出下列结论：

(1)准确度高，一定要精密度高。精密度是保证准确度的必要条件。精密度差，准确度不可能真正好，如果精密度差而准确度好，这只是偶然巧合，并不可靠。

(2)精密度高，不一定准确度高。精密度虽然是准确度的必要条件，但不是充分条件，因为可能存在系统误差。

(3)对一个好的分析结果，既要求精密度高，又要求准确度高。

误差与偏差具有不同的含义，但两者又难以截然区别。实际应用的真值是标准值和理论值，这种真值只是公认的比较准确的平均值。显然，以这种真值计算出来的误差实际上还是偏差。因此，在生产部门并不强调误差与偏差两者的区别，而一般均称为“误差”。在实际工作中对误差的要求各不相同，不同测量对象对准确度的要求不同。例如，科研部门对相对原子质量的测定，允许误差小到十万分之几甚至百万分之几，而农业生产中对氮、磷、钾的常规分析只要相对误差不超过 5%即可。根据样品组分的复杂情况，待测组分的含量以及选用分析方法的不同，允许误差也不同。例如，用重量分析和滴定分析测定中等含量和高含量组分时，对允许误差要求较严，相对误差一般不超过 0.2%，而用仪器分析法测定微量组分时，因测定结果的绝对误差很小，允许有较宽的相对误差。

5.2.3 提高分析结果准确度的方法

为了获得准确的分析结果，必须减小分析过程中的误差。

1. 选择合适的分析方法

各种分析方法的准确度和灵敏度是不同的，要根据具体要求选择合适的方法。例如，滴定分析法灵敏度不太高，但对高含量组分的测定，相对误差仅为千分之几，可得到准确的分析结果。对低含量组分的测定，滴定分析法显然不适宜，必须选择灵敏度高的方法进行分析。

2. 减小测量误差

任何分析方法都离不开测量，只有减小了测量误差，才能保证分析结果的准确度。例如，在滴定分析中，需要称量和滴定，这时就应该设法减小称量和滴定两步测量的误差。用一般的分析天平，以差减称量法进行称量，可能引起的最大绝对误差为 ± 0.0002g，为了使称量的相对误差小于 0.1%，试样质量必须在 0.2g 以上。

$$\text{试样质量} \geqslant \frac{\text{绝对误差}}{\text{相对误差}} = \frac{0.0002\text{g}}{0.1\%} = 0.2\text{g}$$

在滴定分析中，滴定管读数有 ± 0.01mL 的绝对误差。在一次滴定中，需要读数 2 次，可造成最大的绝对误差为 ± 0.02mL，为使测量体积的相对误差小于 0.1%，则消耗滴定剂的体积应控制在 20mL 以上，即

$$\text{滴定剂体积} \geqslant \frac{\text{绝对误差}}{\text{相对误差}} = \frac{0.02\text{mL}}{0.1\%} = 20\text{mL}$$

在实际操作中，消耗滴定剂的体积可控制在 20～30mL，这样既减小了测量误差，又节省试剂和时间。

3. 增加平行测定次数，减小偶然误差

在消除系统误差的前提下，平行测定次数越多，平均值越接近真实值。在一般化学分析中，对同一试样，通常要求平行测定 3～5 次，以获得较准确的分析结果。

4. 检验和消除系统误差

由分析结果的精密度往往看不出系统误差的存在，所以检验和消除系统误差对提高准确度极为重要，其方法主要有以下几种。

(1) 对照实验。在相同条件下，对标准试样（已知结果的准确值）与被测试样同时进行测定，通过对标准试样的分析结果与其标准值的比较，可以判断测定是否存在系统误差。

也可以对同一试样用其他可靠的分析方法进行测定，或由不同个人进行实验，对照其结果，达到检查系统误差存在的目的。

(2) 空白实验。由试剂或蒸馏水和器皿带进杂质所造成的系统误差，通常可用空白实验来消除。空白实验不加试样，按照与试样分析相同的操作步骤和条件进行实验，测定结

果称为空白值。若空白值较低，则从试样测定结果中减去空白值，就可得到较可靠的测定结果。若空白值较高，则应更换或提纯所用的试剂。

(3)校准仪器。仪器不准确引起的系统误差，可通过校准仪器来减小。例如，在精确的分析过程中，要对滴定管、移液管、容量瓶、砝码等进行校准。

(4)校正方法。某些分析方法的系统误差可用其他方法直接校正，选用公认的标准方法与所采用的方法进行比较，从而找出校正系数，消除方法误差。

*5.2.4 分析数据的处理

在分析工作中，最后一步是处理分析数据，首先是在校正系统误差的基础上整理测定数据，剔除明显过失造成的数据，对可疑值可按 Q 检验法决定取舍；然后计算测定值的平均值、平均偏差或标准偏差；最后按要求的置信度求出平均值的置信区间，以表示分析结果可能达到的准确范围。

1. 可疑值的取舍

在一组平行测定中，有时会出现个别偏离较大的可疑值(或离群值)，可疑值的取舍会影响结果的平均值，尤其是当数据少时影响更大。因此，在计算平均值和标准差之前应当对可疑值进行合理的取舍。可疑值的取舍问题，实质上是区分偶然误差和过失的问题。若可疑值不是由明显的过失造成，就要根据统计处理方法决定取舍。取舍的方法很多，从统计学观点来看，在 3～10 次的测量中，比较严格而又简便的是舍弃商法或 Q 检验法。

Q 检验法的步骤如下：

(1)将测定值由小到大排列成序，可疑值往往是首项或末项。

(2)求出可疑值与其最邻近的测定值之差的绝对值$|x(疑)-x(邻)|$，然后除以极差(R)，即得计算的 Q(计)。

$$Q(计)=\frac{|x(疑)-x(邻)|}{R} \tag{5-14}$$

(3)判断。如果计算的 Q(计)值大于表 5-3 的 Q(表)值，则该可疑值有 90%的把握可以舍弃，否则应予保留。

$Q(计)\geqslant Q(表)$ 舍弃

$Q(计)<Q(表)$ 保留

表 5-3 不同置信度下舍弃可疑值 Q

测定次数	3	4	5	6	7	8	9	10
$Q_{0.90}$	0.94	0.76	0.64	0.56	0.51	0.47	0.44	0.41
$Q_{0.95}$	0.98	0.85	0.73	0.64	0.59	0.54	0.51	0.48
$Q_{0.99}$	0.99	0.93	0.82	0.74	0.68	0.63	0.60	0.57

【例 5-4】 标定某溶液浓度($mol\cdot L^{-1}$)得到如下结果：0.1014，0.1012，0.1016，0.1025。按照 Q 检验法判断有无可疑值并进行取舍(置信度 90%)。

解 四次测定值由小到大顺序排列为 $0.1012mol\cdot L^{-1}$、$0.1014mol\cdot L^{-1}$、$0.1016mol\cdot L^{-1}$、$0.1025mol\cdot L^{-1}$，

其中 0.1025 似离群的可疑值，再经 Q 检验法计算判断。

$$Q(\text{计})=\frac{0.1025-0.1016}{0.1025-0.1012}=0.69$$

查 Q 值表，当 n=4 时，$Q_{0.90}$=0.76，即 Q(计)<Q(表)，故 0.1025 应保留。四个数据的平均值 $\bar{x}$ = 0.1017mol · L^{-1}，以此报告分析结果。

应当指出，此例 Q(计)与 Q(表)相近，若准确度要求高，最好再测定一次。有时也按中位数报告结果，中位数 M 是指一组(n 次)测定值按大小顺序排列后的中间项数值。当 n 为偶数时，正中间的两个测定值的算术平均值是中位数。例 5-4 的中位数 M=0.1015mol · L^{-1}。

2. 置信区间与置信概率

在实际测定分析中，为了评价测定结果的可靠性，人们总希望能够估计实际有限次测定的平均值与真实值的接近程度，即在测量值附近估计出真实值可能存在的范围以及试样含量落在此范围内的概率，从而说明分析结果的可靠程度。由此引出置信区间与置信概率(confidence interval and confidence probability)的问题。

偶然误差的正态分布规律表明，只有在无限多次的测定中才能找到总体平均值 μ 和标准偏差 σ。在实际分析中多为有限次测定，因而只能用有限次(n<20)测定的平均值 $\bar{x}$ 和标准偏差 S 来估计。由此引起的误差可用校正系数 t 来补偿，即

$$\pm t=(\bar{x}-\mu)\frac{\sqrt{n}}{S}$$

则

$$\mu=\bar{x}\pm\frac{tS}{\sqrt{n}} \tag{5-15}$$

由式(5-15)可知，总体平均值 μ 将落在 $\left|\bar{x}-\frac{tS}{\sqrt{n}},\ \bar{x}+\frac{tS}{\sqrt{n}}\right|$ 区间，即落在平均值 $\bar{x}$ 附近的某个区间内，因此称 μ 在 $\left|\bar{x}-\frac{tS}{\sqrt{n}},\bar{x}+\frac{tS}{\sqrt{n}}\right|$ 的区间为置信区间。把测定值在置信区间内出现的概率称为置信概率(P)，也称为置信度或置信水平。测量的精密度越高，S 越小，这个区间就越小，平均值 $\bar{x}$ 和总体平均值 μ 就越接近，平均值的可靠性就越大，因此用置信区间表示分析结果更合理。

校正系数 t 既与置信概率 P 有关，又与计算标准偏差 S 时的自由度 f(f=n−1)有关，表 5-4 是不同 P、f 时的 t 值分布表。由表 5-4 可知，t 值随测定次数的增加而减小，随置信概率的提高而增大。

表 5-4　t 值分布

实验次数	自由度(f)	置信概率				
N	n−1	50%	90%	95%	99%	99.5%
2	1	1.00	6.31	12.71	63.66	127.3
3	2	0.82	2.92	4.30	9.93	14.09
4	3	0.76	2.35	3.18	5.84	7.45
5	4	0.74	2.13	2.78	4.60	5.60
6	5	0.73	2.02	2.57	4.03	4.77

续表

实验次数	自由度(f)	置信概率				
N	n-1	50%	90%	95%	99%	99.5%
7	6	0.72	1.94	2.45	3.71	4.32
8	7	0.71	1.90	2.37	3.50	4.03
9	8	0.71	1.86	2.31	3.36	3.83
10	9	0.70	1.83	2.26	3.25	3.69
11	10	0.70	1.81	2.23	3.17	3.58
16	15	0.69	1.75	2.13	2.95	3.25
21	20	0.69	1.73	2.09	2.85	3.15
26	25	0.68	1.71	2.06	2.79	3.08
∞	∞	0.65	1.65	1.96	2.58	2.81

比较两个或多个测定结果的准确程度，应在同一置信概率下进行。同一置信概率下，测定较精确的置信区间小。表 5-5 是四种样品的重复测定值及依据式(5-15)求出的每个样品 95%的置信区间。表 5-5 测定的每种样本都有各自的置信区间，且每一置信区间都集中到样本的平均值上，但每个置信区间的宽度却与样本的测定次数和标准偏差有关，其中 D 的置信区间(95%)最宽，原因是根据两次测定值求得，这种估计的准确程度因 t 值(12.71)很大而使置信区间的范围变宽。因此，当测定次数较少时，可适当增加测定次数，缩小置信区间，从而使测定值的平均值 $\bar{x}$ 与总体平均值 μ 更接近。

表 5-5 几种样本的重复测定值和置信区间(95%)

样本	n	测定值	$\bar{x}$	S	t	置信区间
A	6	20.6，20.5，20.7，20.6，20.8，21.0	20.7	0.18	2.57	20.7 ± 0.2
B	6	20.0，20.5，20.5，20.0，20.2，20.8	20.6	0.28	2.57	20.6 ± 0.3
C	4	20.6，20.9，21.1，21.0	20.9	0.22	3.18	20.9 ± 0.4
D	2	20.8，20.6	20.7	0.14	12.71	20.7 ± 1.3

【例 5-5】 某铵盐含氮量的测定结果为 $\bar{x}$=21.30%；S=0.06；n=4。求置信概率分别为 95%和 99%时平均值的置信区间。

解 当 n=4，f=3，P=95%时，查表 5-4，t=3.18，所以 $\mu=\left(21.30\pm\dfrac{3.18\times0.06}{\sqrt{4}}\right)\%=(21.30\pm0.10)\%$；

当 P=99%时，查表 5-4，t=5.84，所以 $\mu=\left(21.30\pm\dfrac{5.84\times0.06}{\sqrt{4}}\right)\%=(21.30\pm0.18)\%$。

置信概率的高低反映测定值的可靠程度大小，置信区间的大小表示测定值的精度高低。由例 5-5 可知，置信概率越高，置信区间越宽。但过高的置信概率往往失去实用价值。例如，推断某土壤中铁的含量为 0%～100%，置信概率为 100%，判断完全正确，但因置信区间过宽而失去实用价值。在分析化学中通常取 95%的置信概率，即有 95%的把握判定总体平均值 μ 在此区间内。

5.2.5 分析结果的报告

1. 例行分析

平行测定两份，取平均值报告结果。

2. 多次测定结果

(1) 直接报告平均值、标准差和测定次数。

(2) 报告指定置信度(一般取 95%)时平均值的置信区间。

5.3 滴定分析法

定量化学分析法可分为气体分析法、重量分析法和滴定分析法。气体分析法利用反应前后气体体积的变化进行定量测定，其理论基础是气体状态方程。重量分析法中，将被测物与试剂反应，生成有确定组成的沉淀，再经过滤、洗涤、干燥、称量即可算得组分含量。重量分析法结果准确，但操作复杂、费时，故现很少用于一般分析工作中，而常用之校准其他方法。最常用的定量化学分析法是滴定分析法。

5.3.1 滴定分析法概述

滴定分析法(titrimetry)是将已知准确浓度的试剂溶液滴加到被测物质的溶液中，直至所加溶液的量与被测物质的量按化学计量关系恰好反应完全，然后根据所加试剂溶液的浓度和所消耗的体积，计算出被测物质含量的分析方法。

(1) 标准溶液(standard solution)。滴加到被测物质溶液中的已知其准确浓度的试剂溶液称为标准溶液，又称滴定剂。

(2) 滴定(titration)。在滴定分析法中，滴加标准溶液的过程称为滴定。

(3) 化学计量点(stoichiometric point)。滴定剂与被测物质按化学计量关系恰好反应完全的这一点称为化学计量点，简称计量点(sp)。

(4) 滴定终点(titration end point)。在滴定中，利用指示剂颜色的变化等方法来判断化学计量点的到达，指示剂颜色发生转变而停止滴定的这一点称为滴定终点，简称终点。

(5) 滴定终点误差(end point error)。在实际的滴定分析操作中，滴定终点与化学计量点之间往往存在着差别，由此差别而引起的误差，称为滴定终点误差。

5.3.2 滴定分析法的分类与滴定方式

1. 滴定分析法的分类

(1) 酸碱滴定法(acid-base titration)。以酸碱反应为基础的滴定分析法，称为酸碱滴定法，也称中和滴定法。

(2) 配位滴定法(complexometry)。以配位反应为基础的滴定分析法称为配位滴定法，如利用金属离子与 EDTA 的配位反应测定金属离子。

$$M^{2+}+Y^{4-}=\!=MY^{2-}$$

式中：M^{2+}表示二价金属离子；Y^{4-}表示 EDTA 的阴离子；MY^{2-}表示金属离子与 EDTA 形成的配离子。

(3)氧化还原滴定法(redox titration)。以氧化还原反应为基础的滴定分析法，如高锰酸钾滴定铁的反应。

$$MnO_4^- +5Fe^{2+}+8H^+=\!=Mn^{2+}+5Fe^{3+}+4H_2O$$

(4)沉淀滴定法(precipitation titration)。以沉淀反应为基础的滴定分析法称为沉淀滴定法，如利用 Ag^+与 Cl^-的反应测定水中的 Cl^-。

$$Ag^++Cl^-=\!=AgCl\downarrow$$

2. 滴定反应必须具备的条件

(1)反应按确定的反应方程式进行，无副反应发生，或副反应可以忽略不计。

(2)滴定反应完全的程度必须大于 99.9%。

(3)反应速率快。对于速率慢的反应，应采取适当措施来提高反应速率。

(4)要有简便可靠的方法来确定滴定的终点。

3. 滴定方式

(1)直接滴定法(direct titration)。用标准溶液直接滴定被测物质的溶液的方法，称为直接滴定法。例如，用氢氧化钠标准溶液直接滴定乙酸溶液。

(2)返滴定法(back titration)。当反应速率较慢，或反应物是固体时，被测物质中加入等计量的标准溶液后，反应常不能立即完成。在此情况下，可于被测物质中先加入一定量过量的标准溶液，待反应完成后，再用另一种标准溶液滴定过量的标准溶液。这种方法称为返滴定法，或称回滴定法。例如，Al^{3+}与 EDTA 配位反应的速率很慢，Al^{3+}不能用 EDTA 溶液直接滴定，可于 Al^{3+}溶液中先加入过量的 EDTA 溶液并将溶液加热煮沸，待 Al^{3+}与 EDTA 完全反应后，再用 Zn^{2+}标准溶液返滴剩余的 EDTA。

(3)置换滴定法(replacement titration)。若被测物质与滴定剂不能定量反应，则可以用置换反应来完成测定。向被测物质中加入一种试剂溶液，被测物质可以定量地置换出该试剂中的有关物质，再用标准溶液滴定这一物质，从而求出被测物质的含量，这种方法称为置换滴定法。Ag^+与 EDTA 形成的配合物不稳定，不宜用 EDTA 直接滴定，可将过量的 $[Ni(CN)_4]^{2-}$加入被测 Ag^+溶液中，Ag^+很快与 $[Ni(CN)_4]^{2-}$中的 CN^-反应，置换出的 Ni^{2+}再用 EDTA 滴定，从而求出 Ag^+的含量。

(4)间接滴定法(indirect titration)。有些物质不能直接与滴定剂起反应，可以利用间接反应使其转化为可被滴定的物质，再用滴定剂滴定所生成的物质，此过程称为间接滴定法。例如，$KMnO_4$溶液不能直接滴定 Ca^{2+}，可用$(NH_4)_2C_2O_4$先将 Ca^{2+}沉淀为草酸钙，将得到的沉淀过滤洗涤后用稀 H_2SO_4溶解，以 $KMnO_4$滴定 $C_2O_4^{2-}$，从而求出 Ca^{2+}的含量。

5.3.3 标准溶液和基准物质

滴定分析中必须使用标准溶液，根据标准溶液的浓度和用量来计算被测物质的含量。

1. 标准溶液的浓度

用于滴定分析的标准溶液，其浓度通常有两种表示方法。

(1)物质的量浓度。可表示为

$$c(\mathrm{B})=\frac{n(\mathrm{B})}{V} \tag{5-16}$$

(2)滴定度(titer)。在实际应用中常用滴定度表示标准溶液的浓度，滴定度(T)是指每毫升标准溶液可滴定的或相当于可滴定的被测物质的质量，单位为 $g \cdot mL^{-1}$ 或 $mg \cdot mL^{-1}$。例如，高锰酸钾标准溶液对铁的滴定度用 $T(Fe/KMnO_4)$ 来表示，当 $T(Fe/KMnO_4)=0.005\ 682g \cdot mL^{-1}$ 时表示 1mL $KMnO_4$ 溶液可把 0.005 682g 的 Fe^{2+} 滴定为 Fe^{3+}。

$T(Fe_2O_3/KMnO_4)=0.008\ 124g \cdot mL^{-1}$，则表示 1mL $KMnO_4$ 溶液可把 0.008 124g 的 Fe_2O_3 所产生的 Fe^{2+} 滴定为 Fe^{3+}，也就是说 1mL $KMnO_4$ 溶液相当于滴定 0.008 124g 的 Fe_2O_3。标准溶液的物质的量浓度与滴定度不同之处在于前者只表示单位体积中含有多少物质的量；后者则是针对被测物质而言的，将被测物质的质量与滴定剂的体积用量联系起来。滴定度的优点是，只要将滴定时所消耗的标准溶液的体积乘以滴定度，就可以直接得到被测物质的质量。这在批量分析中很方便。

2. 基准物质

能准确称量用于直接配制具有准确浓度的标准溶液的物质，或用于确定标准溶液准确浓度的物质称为基准物质(primary standard substance)或基准试剂。

基准物质必须符合下列条件：

(1)在空气中要稳定，干燥时不分解，称量时不吸潮，不吸收空气中的二氧化碳，不被空气中的氧气氧化。

(2)纯度足够高，一般要求试剂纯度为 99.9%以上。

(3)实际组成与化学式完全相符，若含结晶水，其含量也应与化学式相符。

(4)在符合上述条件的基础上，要求试剂最好具有较大的摩尔质量，称量相应较多，从而减小称量误差。例如，邻苯二甲酸氢钾和草酸作为确定碱溶液浓度的基准物质，都符合上述前三条要求，但前者摩尔质量大于后者，因此邻苯二甲酸氢钾更适合作为标定碱的浓度的基准物质。

3. 标准溶液的配制与浓度标定

在定量分析中，标准溶液的浓度常为 $0.05 \sim 0.2mol \cdot L^{-1}$。标准溶液的配制可分为直接配制法和间接配制法。

1)直接配制法

准确称取一定量的基准物质，溶于水后定量转入容量瓶中定容，然后根据所称物质的质量和定容的体积计算出该标准溶液的准确浓度。如欲配制 1L $c(Na_2CO_3)=0.1000mol \cdot L^{-1}$ 标准溶液，根据物质的质量和物质的量浓度的关系，通过计算得知需称取 10.60g 的纯

Na_2CO_3，若在分析天平上称取 Na_2CO_3 质量为 10.68g，将其溶解并定容至 1L，其准确浓度为

$$c(Na_2CO_3)=\frac{10.68}{106.1\times 1}=0.1008(mol\cdot L^{-1})$$

限于称量条件，配制的 Na_2CO_3 浓度虽不是 $0.1000mol\cdot L^{-1}$，但它是采用直接配制法获得的，故其浓度 $0.1008mol\cdot L^{-1}$ 是准确而且符合要求的。应该注意，只有符合基准物质前三个条件的化学试剂，才能直接配制成标准溶液。在化学分析中，常见用于直接配制标准溶液的基准物质有邻苯二甲酸氢钾、草酸、硼砂、Na_2CO_3、$K_2Cr_2O_7$、As_2O_3、KIO_3、$KBrO_3$ 以及纯金属物质等。

2)间接配制法

第一步：配制近似所需浓度的溶液。许多化学试剂，如 HCl、H_2SO_4、NaOH、KOH、$KMnO_4$、$Na_2S_2O_3$ 等由于它们纯度或稳定性不够等原因，不能直接配制成标准溶液。可先将它们配制成大致所需浓度的溶液，然后用基准物质或已知准确浓度的标准溶液来确定该标准溶液的准确浓度，这种配制标准溶液的方法称为间接配制法。如欲配制准确浓度的 NaOH 标准溶液 1L，其浓度为 $0.1mol\cdot L^{-1}$ 左右，可先在普通天平上称取 4.0g 的 NaOH，将其溶解后，稀释至 1L 左右，得 $c(NaOH)\approx 0.1mol\cdot L^{-1}$ 的溶液，然后用邻苯二甲酸氢钾或已知浓度的 HCl 溶液进行标定。

第二步：标准溶液的标定(standardization)。用基准物质或已知浓度的溶液来确定标准溶液准确浓度的过程称为标定。一般将标准溶液的用量控制为 20～30mL，先估算出用于标定的基准物质的用量，再在分析天平上准确称取基准物质的质量，溶解后用待标定的标准溶液滴定，记下消耗的体积，最后算出该标准溶液的浓度。

5.3.4 滴定分析中的计算

标定和测定结果的计算可按“化学计量数比规则”进行，即按照化学计量方程式进行计算。

【例 5-6】 有一 KOH 溶液，22.59mL 能中和纯草酸($H_2C_2O_4\cdot 2H_2O$)0.3000g，求该 KOH 溶液的浓度。已知 $M(H_2C_2O_4\cdot 2H_2O)=126.1g\cdot mol^{-1}$。

解 当 $H_2C_2O_4\cdot 2H_2O$ 溶于水后生成 $H_2C_2O_4$ 时，用 KOH 滴定 $H_2C_2O_4$ 的反应为

$$H_2C_2O_4+2KOH=\!=\!=K_2C_2O_4+2H_2O$$

显然有

$$c(KOH)=\frac{2\times\frac{m(H_2C_2O_4\cdot 2H_2O)}{M(H_2C_2O_4\cdot 2H_2O)}}{V(KOH)}=\frac{2\times 0.3000}{126.1\times 0.022\,59}=0.2106(mol\cdot L^{-1})$$

【例 5-7】 为了标定 $0.02mol\cdot L^{-1}$EDTA 标准溶液，应称取纯锌多少克？

解 滴定反应为配位反应为

$$Zn^{2+}+Y^{4-}=\!=\!=ZnY^{2-}$$

根据化学计量方程式有

$$m(Zn)=c(EDTA)\cdot V(EDTA)\cdot M(Zn)$$

在滴定过程中，为了使体积测量误差≤0.1%，应控制EDTA的用量为20～30mL。所以有

$$m(Zn)\geqslant 0.02\times 0.02\times 65.39=0.026(g)$$

$$m(Zn)\leqslant 0.02\times 0.03\times 65.39=0.039(g)$$

使用分析天平时，欲使称量误差小于0.1%，称量必须在0.2g以上，为此可将0.026～0.039g放大10倍称量，即称锌片0.26～0.39g，用HCl溶解后定容250mL，取25.00mL Zn^{2+}标准溶液标定0.02mol · L^{-1} EDTA，就可控制标定时各种测量误差小于0.1%。

【例5-8】 求0.1004mol · L^{-1}NaOH对H_2SO_4的滴定度。现将10.0g $(NH_4)_2SO_4$肥料样品溶于水后，其中游离H_2SO_4用该NaOH溶液滴定，用去25.24mL，求$(NH_4)_2SO_4$肥料样品中游离H_2SO_4的质量分数。

解 NaOH滴定H_2SO_4的反应为

$$H_2SO_4+2NaOH=\!=\!=Na_2SO_4+2H_2O$$

$$T(H_2SO_4/NaOH)=\frac{m(H_2SO_4)}{V(NaOH)}=\frac{c(NaOH)\cdot V(NaOH)\cdot M(H_2SO_4)}{2V(NaOH)}$$

$$=\frac{0.1004\times 0.001\times 98.08}{2\times 1}$$

$$=4.924\times 10^{-3}(g\cdot mL^{-1})$$

$$w(H_2SO_4)=\frac{m(H_2SO_4)}{m}=\frac{T(H_2SO_4/NaOH)\cdot V(NaOH)}{m}$$

$$=\frac{4.924\times 10^{-3}\times 25.24}{10.0}=0.0124$$

习　　题

5-1 常量分析和常量组分分析的含义是什么？

5-2 精密度和准确度之间的关系如何？

5-3 基准物质应具备哪些性质？含结晶水的基准试剂如何存放？

5-4 指出下列情况各引起什么误差，若是系统误差，应如何消除？

(1)称量时试样吸收了空气中的水分；

(2)所用砝码被腐蚀；

(3)天平零点稍有变动；

(4)试样混合不均匀；

(5)读取滴定管读数时，最后一位数字估计不准；

(6)蒸馏水或试剂中，含有微量被测定的离子；

(7)滴定时，操作者不小心从锥形瓶中溅失少量试剂。

5-5 某铁矿石中含铁39.16%，若甲分析结果为39.12%，39.15%，39.18%；乙分析结果为39.19%，39.24%，39.28%。试比较甲、乙两人分析结果的准确度和精密度。

5-6 如果要求分析结果达到0.2%或1%的准确度，用差减法称量，至少应用分析天平(0.1mg)称取多少克试样？滴定时所用溶液体积至少要多少毫升？

5-7 甲、乙两人同时分析一样品中的蛋白质含量，每次称取2.6g，进行两次平行测定，分析结果分别报告为

甲	5.654%	5.646%
乙	5.7%	5.6%

哪一份报告合理？为什么？

5-8 下列物质中哪些可以用直接法配制成标准溶液？哪些只能用间接法配制成标准溶液？

$FeSO_4$	$H_2C_2O_4 \cdot 2H_2O$	KOH	$KMnO_4$
$K_2Cr_2O_7$	$KBrO_3$	$Na_2S_2O_3 \cdot 5H_2O$	$SnCl_2$

5-9 某NaOH溶液，其浓度为$0.5450mol \cdot L^{-1}$，如何用该溶液配制100.0mL $0.5000mol \cdot L^{-1}$的NaOH溶液？

5-10 计算$0.2015mol \cdot L^{-1}$ HCl溶液对$Ca(OH)_2$和NaOH的滴定度。

5-11 称取基准物质草酸($H_2C_2O_4 \cdot 2H_2O$) 0.5987g并溶解后，转入100.0mL容量瓶中定容，移取25.00mL标定NaOH标准溶液，用去NaOH溶液21.10mL。计算NaOH溶液物质的量浓度。

5-12 标定$0.20mol \cdot L^{-1}$ HCl溶液，试计算需要Na_2CO_3基准物质的质量范围。

5-13 分析不纯$CaCO_3$(其中不含干扰物质)。称取试样0.3000g，加入浓度为$0.2500mol \cdot L^{-1}$ HCl溶液25.00mL，煮沸除去CO_2，用浓度为$0.2012mol \cdot L^{-1}$ NaOH溶液返滴定过量的酸，消耗5.84mL，试计算试样中$CaCO_3$的质量分数。

5-14 用K氏法测定蛋白质的含氮量，称取粗蛋白试样1.658g，将试样中的氮转变为NH_3，并以25.00mL $0.2018mol \cdot L^{-1}$ HCl标准溶液吸收，剩余的HCl以$0.1600mol \cdot L^{-1}$ NaOH标准溶液返滴定，用去NaOH溶液9.15mL，计算此粗蛋白试样中氮的质量分数。

5-15 某标准溶液浓度的5次测定值分别为$0.1041mol \cdot L^{-1}$，$0.1048mol \cdot L^{-1}$，$0.1042mol \cdot L^{-1}$，$0.1040mol \cdot L^{-1}$，$0.1043mol \cdot L^{-1}$。其中的0.1048是否舍弃(置信概率90%)？若第6次测定值为0.1042，则0.1048如何处置？

5-16 用氧化还原法测得纯$FeSO_4 \cdot 7H_2O$中Fe含量为20.10%，20.03%，20.04%，20.05%。试计算其相对误差、相对平均偏差、标准偏差和相对标准偏差。

5-17 测定某石灰石中CaO质量分数为0.5608，0.5595，0.5604，0.5623，0.5600。用Q检验法判断和取舍可疑值并求平均值(置信概率90%)。

5-18 某样品中农药残留量经5次测定结果为$1.12mg \cdot L^{-1}$，$1.11mg \cdot L^{-1}$，$1.15mg \cdot L^{-1}$，$1.16mg \cdot L^{-1}$，$1.13mg \cdot L^{-1}$。试计算其平均值、标准偏差和平均值的置信区间(置信概率95%)。

5-19 A student obtained the following results for the concentration of a solution: $0.1031mol \cdot L^{-1}$, $0.1033mol \cdot L^{-1}$, $0.1032mol \cdot L^{-1}$ and $0.1040mol \cdot L^{-1}$.

① Can the last result be rejected to the Q-test? (confidence probability 90%)

② What value should be used for the concentration?

③ Calculate the 90% confidence interval of the mean.

5-20 Four measurements of the weight of an object, whose correct weight is 0.1026g, are 0.1021g, 0.1025g, 0.1019g, 0.1023g. Calculate the mean, the average deviation, the relative average deviation (%), the standard deviation, the relative standard deviation (%), the error of the mean, and the relative error of the mean (%) of those measurements.

5-21 A 1.5380g sample of iron ore is dissolved in acid, the iron is reduced to the +2 oxidation state quantitatively and titrated with 43.50mL of $KMnO_4$ solution ($Fe^{2+} \longrightarrow Fe^{3+}$), 1.000mL of which is equivalent to 11.17mg of iron. Express the results of the analysis as (1) $w(Fe)$; (2) $w(Fe_2O_3)$; (3) $w(Fe_3O_4)$.

5-22 标定浓度约为 0.1mol · L^{-1} 的 NaOH，欲消耗 NaOH 溶液 20mL 左右，应称取基准物质 $H_2C_2O_4 \cdot 2H_2O$ 多少克？其称量的相对误差能否达到 0.1%？若不能，可以用什么方法予以改善？若改用邻苯二甲酸氢钾为基准物，结果又如何？

5-23 有两位学生使用相同的分析仪器标定某溶液的浓度(mol · L^{-1})，结果如下：

甲：0.12，0.12，0.12(相对平均偏差 0.00%)；

乙：0.1243，0.1237，0.1240(相对平均偏差 0.16%)。

你如何评价他们的实验结果的准确度和精密度？

第 6 章　酸碱平衡和酸碱滴定法

酸和碱是两类重要的化学物质，酸碱平衡是水溶液中最重要的平衡体系，以酸碱反应为基础的酸碱滴定法是最基本、最重要的滴定分析方法，具有反应速率快；反应过程简单，副反应少；滴定终点易判断，有多种指示剂指示终点等优点。本章以酸碱质子理论为基础讨论水溶液中的酸碱平衡及其影响因素；酸碱平衡体系中有关各组分的浓度计算；缓冲溶液的性质、组成和应用；酸碱滴定法的基本原理；酸碱指示剂的选择；酸碱滴定法的应用。

6.1　酸碱质子理论

人们对酸和碱的认识经历了一个由浅入深、由感性到理性、由低级到高级的过程。最初，人们是根据对物质的感性认识来区分酸和碱的。19 世纪后期，出现了近代的酸碱理论。1887 年，瑞典化学家阿伦尼乌斯第一次提出了酸碱电离理论。1923 年，丹麦物理化学家布朗斯特(Brφnsted)和英国化学家劳里(Lowry)各自独立地提出了酸碱质子理论，更新了酸碱的含义，扩大了酸碱的范围。同年，美国化学家路易斯从化学反应过程中电子对的给予和接受提出了酸碱电子理论。为了克服路易斯酸碱理论中酸碱范围过于广泛、无法定量表达的不足，1963 年美国化学家皮尔森(Pearson)根据路易斯酸碱之间接受电子对的难易程度提出了软硬酸碱理论。

6.1.1　酸碱的定义

酸碱质子理论认为，凡能给出质子的物质是酸，凡能接受质子的物质是碱。酸 HA 给出质子后转变为碱 A^-，碱 A^-接受质子后转变为酸 HA，即

$$HA \rightleftharpoons H^+ + A^-$$

酸 HA 和碱 A^-之间的相互依存的关系称为共轭关系。HA 是 A^-的共轭酸，A^-是 HA 的共轭碱，HA-A^-称为共轭酸碱对(conjugated pair of acid-base)，酸与其共轭碱只相差一个质子，质子得失变化称为酸碱半反应。例如

$$HAc \rightleftharpoons H^+ + Ac^-$$

$$NH_4^+ \rightleftharpoons H^+ + NH_3$$

$$H_3PO_4 \rightleftharpoons H^+ + H_2PO_4^-$$

$$H_2PO_4^- \rightleftharpoons H^+ + HPO_4^{2-}$$

酸和碱可以是中性分子，也可以是正、负离子。有些物质在不同的共轭酸碱对中分别呈现酸或碱的性质，这类物质称为两性物质(amphoteric compound)，如 H_2O、$H_2PO_4^-$、HCO_3^-等均为两性物质。

6.1.2 酸碱反应

酸碱反应由两个半反应组成，其实质是质子在两个共轭酸碱对之间转移。例如

$$HCl+NH_3=\!=\!=NH_4^++Cl^-$$

酸 HCl 给出质子转变为共轭碱 Cl^-，而碱 NH_3 接受质子转变为共轭酸 NH_4^+。无论是在水溶液、非水溶液还是在气相中，上述反应的实质都是质子的转移。

酸和碱在水中的离解过程也是其与水分子之间的质子转移过程。例如

$$HAc+H_2O=\!=\!=H_3O^++Ac^-$$

$$NH_3+H_2O=\!=\!=NH_4^++OH^-$$

水作为溶剂，在酸离解时接受质子起碱的作用，在碱离解时则提供质子起酸的作用。

盐的水解过程也是质子转移过程，它们和酸碱离解在本质上是相同的，即

$$NH_4^++H_2O=\!=\!=NH_3+H_3O^+$$

$$Ac^-+H_2O=\!=\!=HAc+OH^-$$

6.1.3 水的质子自递反应

水既是质子酸又是质子碱，水分子间能发生质子的传递作用，称为水的质子自递作用

$$H_2O+H_2O=\!=\!=H_3O^++OH^-$$

简写为

$$H_2O=\!=\!=H^++OH^-$$

根据化学平衡原理

$$K_w^\ominus=\frac{c(H^+)}{c^\ominus}\cdot\frac{c(OH^-)}{c^\ominus}$$

式中：$K_w^\ominus$ 称为水的离子积常数，简称为水的离子积(ionic product of water)，表明在一定温度下，水溶液中 H^+浓度和 OH^-浓度的乘积是一个常数。295K 时，$K_w^\ominus=1.00\times10^{-14}$。

由于水的质子自递是吸热反应，故 $K_w^\ominus$ 随温度的升高而增大(表 6-1)。

表 6-1 不同温度时的 $K_w^\ominus$

温度/K	273	283	298	323	373
$K_w^\ominus$	1.14×10^{-15}	2.92×10^{-15}	1.01×10^{-14}	5.47×10^{-14}	5.50×10^{-13}

6.1.4 酸碱的强度

在溶液中酸碱的强度不仅取决于酸碱本身给出质子和接受质子能力的大小，还与溶剂接受和给出质子的能力有关。最常用的溶剂是水，在水溶液中，酸碱的强度通常用它们在水中的离解常数 $K_a^\ominus$ 或 $K_b^\ominus$ (或酸度常数、碱度常数)的大小来衡量，如

$$HAc+H_2O \rightleftharpoons H_3O^++Ac^-$$

通常为了书写方便，水合质子 H_3O^+简写为 H^+，上式可写为

$$HAc \rightleftharpoons H^++Ac^-$$

注意：此式与 HAc 离解的半反应式在形式上完全相同，但意义不同。

$K_a^\ominus$ 越大，酸的强度越大；同样 $K_b^\ominus$ 越大，碱的强度越大。一些常见质子酸的离解常数见附录Ⅱ。

6.1.5　共轭酸碱对中 $K_a^\ominus$ 和 $K_b^\ominus$ 的关系

共轭酸碱具有相互依存的关系。例如，在 HAc-Ac^-共轭酸碱对中

$$HAc \rightleftharpoons H^++Ac^-$$

$$K_a^\ominus=\frac{[c(H^+)/c^\ominus]\ [c(Ac^-)/c^\ominus]}{c(HAc)/c^\ominus}$$

$$Ac^-+H_2O \rightleftharpoons HAc+OH^-$$

$$K_b^\ominus=\frac{[c(HAc)/c^\ominus]\ [c(OH^-)/c^\ominus]}{c(Ac^-)/c^\ominus}$$

$$K_a^\ominus\cdot K_b^\ominus=\frac{[c(H^+)/c^\ominus]\ [c(Ac^-)/c^\ominus]}{c(HAc)/c^\ominus}\cdot\frac{[c(HAc)/c^\ominus]\ [c(OH^-)/c^\ominus]}{c(Ac^-)/c^\ominus}$$

$$=[c(H^+)/c^\ominus]\cdot[c(OH^-)/c^\ominus]=K_w^\ominus \qquad (6\text{-}1)$$

只要知道酸或碱的离解常数，就能求出其共轭碱或酸的离解常数。

【例 6-1】　已知 NH_4^+ 的 $K_a^\ominus=5.64\times10^{-10}$，求共轭碱 NH_3 的 $K_b^\ominus$ 值。

解　NH_3 为 NH_4^+ 的共轭碱，则

$$K_b^\ominus=\frac{K_w^\ominus}{K_a^\ominus}=\frac{10^{-14}}{5.64\times10^{-10}}=1.77\times10^{-5}$$

多元酸(碱)分步离解，如

$$H_2CO_3+H_2O \rightleftharpoons H_3O^++HCO_3^-$$

$$HCO_3^-+H_2O \rightleftharpoons H_3O^++CO_3^{2-}$$

$$K_{a_1}^\ominus(H_2CO_3)\cdot K_{b_2}^\ominus(CO_3^{2-})=K_w^\ominus$$

$$K_{a_2}^\ominus(H_2CO_3)\cdot K_{b_1}^\ominus(CO_3^{2-})=K_w^\ominus$$

为书写方便，以后的各相关表示式中省略 $c^\ominus$。

6.2　酸碱平衡的移动

酸碱平衡即质子转移平衡，和其他平衡一样，都是动态的、有条件的。条件一旦改变，

平衡被破坏并发生移动，直至建立新的平衡。

6.2.1 浓度对质子转移平衡的影响

以弱酸 HA 在水中的离解平衡为例

$$HA \rightleftharpoons H^+ + A^-$$

达到平衡以后，如向溶液中加入 HA 使其浓度增大，则平衡向右移动，即 H^+和 A^-的浓度增大。但这并不意味着 HA 的离解度 α 增大。

$$\alpha = \frac{\text{已离解的分子总数}}{\text{离解前的分子总数}} \times 100\% \qquad (6\text{-}2)$$

设 HA 的浓度为 c，则平衡时 $c(HA)=c-c\alpha$，$c(H^+)=c(A^-)=c\alpha$

$$K_a^\ominus = \frac{c(H^+)c(A^-)}{c(HA)} = \frac{c\alpha \cdot c\alpha}{c - c\alpha} = \frac{c\alpha^2}{1-\alpha} \qquad (6\text{-}3)$$

对于弱酸，一般 α 很小，$1-\alpha \approx 1$，则有

$$K_a^\ominus = c\alpha^2 \qquad \alpha = \sqrt{\frac{K_a^\ominus}{c}} \qquad (6\text{-}4)$$

式(6-4)称为稀释定律。式(6-3)和式(6-4)同样适用于弱碱的离解，只是将 $K_a^\ominus$ 换成 $K_b^\ominus$。

6.2.2 同离子效应和盐效应

弱酸或弱碱溶液中，如果加入强电解质，酸碱平衡也会发生移动。

1. 同离子效应

在弱酸 HAc 水溶液中，加入少量 NaAc 固体，NaAc 在水中完全离解，使溶液中 Ac^- 的浓度增大，HAc 的质子转移平衡向左移动，即

$$HAc \rightleftharpoons H^+ + Ac^-$$

从而降低了 HAc 的离解度。

同理，在氨水中加入少量固体 NH_4Cl 或 NaOH，有

$$NH_3 \cdot H_2O \rightleftharpoons NH_4^+ + OH^-$$

则平衡向左移动，氨水的离解度减小。

这种在弱酸或弱碱溶液中加入含有相同离子的强电解质，使弱酸或弱碱的离解度减小的现象称为同离子效应。

【例 6-2】 在 $0.10mol \cdot L^{-1}$HAc 溶液中加入少量 NaAc 晶体，使其浓度为 $0.10mol \cdot L^{-1}$(忽略体积变化)，比较加入 NaAc 晶体前后 H^+浓度和 HAc 的离解度的变化。

解 (1)加 NaAc 晶体前，由式(6-4)

$$\alpha = \sqrt{\frac{K_a^\ominus}{c}} = \sqrt{\frac{1.76\times10^{-5}}{0.10}} = 1.3\%$$

$$c(H^+)=c\alpha=0.10\times1.3\%=1.3\times10^{-3}(mol\cdot L^{-1})$$

(2) 加 NaAc 晶体后，设溶液中 H^+浓度为 $x$mol·L^{-1}，有

$$HAc \rightleftharpoons H^+ + Ac^-$$

平衡浓度/(mol·L^{-1})　　$0.10-x$　　x　　$0.10+x$

$$K_a^\ominus=\frac{c(H^+)c(A^-)}{c(HAc)}=\frac{x\cdot(0.10+x)}{0.10-x}$$

由于 HAc 的 α 很小，加 NaAc 后 α 变得更小，则

$$0.10+x\approx0.10\qquad 0.10-x\approx0.10$$

上式变为

$$K_a^\ominus=\frac{0.10\cdot x}{0.10}$$

即

$$c(H^+)=1.76\times10^{-5}\approx1.8\times10^{-5}(mol\cdot L^{-1})$$

2. 盐效应

如果在 HAc 溶液中加入含有不同离子的强电解质，如 NaCl，由于溶液中离子强度增大，离子间相互作用增强，H^+和 Ac^-结合成 HAc 分子的机会减小，平衡向离解的方向移动，HAc 的离解度增大，这种作用称为盐效应。

同离子效应与盐效应相比较，同离子效应强得多，在一般的计算中，可以忽略盐效应。

6.3 酸碱平衡中有关浓度的计算

6.3.1 水溶液的 pH

1. 溶液的 pH

任何物质的水溶液，无论是酸性、中性还是碱性，都同时含有 H^+和 OH^-，只不过它们的多少不同。由于 H^+和 OH^-相互依存、相互制约的关系，因此可用 H^+或 OH^-浓度表示溶液的酸碱性。对于 H^+浓度很小的溶液，直接用 H^+浓度表示其酸碱性很不方便。为简便起见，常用 pH 来表示溶液的酸碱性。pH 即 H^+浓度的负对数值。

$$pH=-\lg c(H^+) \tag{6-5}$$

295K 时，$c(H^+)=c(OH^-)=10^{-7}mol\cdot L^{-1}$　　pH=7 溶液呈中性

$c(H^+)>c(OH^-)$　$c(H^+)>10^{-7}mol\cdot L^{-1}$　　pH<7 溶液呈酸性

$c(H^+)<c(OH^-)$　$c(H^+)<10^{-7}mol\cdot L^{-1}$　　pH>7 溶液呈碱性

pH 的应用范围为 0～14(溶液中 H^+浓度为 $1\sim10^{-14}mol\cdot L^{-1}$)。

也可用 pOH 表示溶液的酸碱性，pOH 是 OH^-浓度的负对数值。

$$c(H^+)\cdot c(OH^-)=10^{-14}$$

$$pH+pOH=14 \tag{6-6}$$

*2. pH 的测定

pH 的测定对工业、农业、医学、生物学方面的研究有很重要的实际意义。各种农作物的生长发育、微生物的生长都要求一定的 pH；人体内各部分体液都具有一定的 pH，以保证人体正常的生理活动；在生理作用中起重要作用的酶只有在一定 pH 时才有效，否则酶的活性降低甚至失去活性（参阅第 10 章）。

测定 pH 的方法很多，在实际工作中如果只需要知道溶液 pH 大致是多少，以便及时调节和控制，常用酸碱指示剂（见 6.5 节）和 pH 试纸来测定；如果需要准确测定溶液的 pH，则用酸度计来测量。

*6.3.2 质子条件式

根据酸碱质子理论，酸碱反应的实质是质子的转移，当反应达到平衡时，酸失去的质子数与碱得到的质子数必然相等。其数学表达式称为质子平衡式（proton balance equation）或质子条件式。

质子条件式反映质子转移的数量关系，写质子条件式必须选取适当的物质作为考虑质子传递的参照物，这些物质称为参考水准（reference level）或零水准（zero level）。选取作为零水准的物质通常是在溶液中大量存在并参与质子传递的物质，如溶剂和溶质本身。从零水准出发，根据得失质子数相等的原则直接写出质子条件式。

例如，在浓度为 c 的弱酸 HA 水溶液中，大量存在并参与质子传递的物质是 HA 和 H_2O，它们之间的质子传递反应是

$$HA+H_2O=\!=\!=H_3O^++A^-$$

$$H_2O+H_2O=\!=\!=H_3O^++OH^-$$

相对于零水准 H_2O 和 HA，H_2O 得到质子的产物为 H_3O^+，H_2O 和 HA 失去质子的产物分别为 OH^- 和 A^-。根据得失质子数相等的原则，得到质子的产物的物质的量之和等于失去质子的产物的物质的量之和。由于它们处于同一溶液中，得失质子的产物的物质的量可以用它们的浓度来表示，因此，HA 水溶液的质子条件式为

$$c(H_3O^+)=c(OH^-)+c(A^-)$$

简写为

$$c(H^+)=c(OH^-)+c(A^-)$$

根据选定的零水准，将得到质子的产物浓度写在等号的一边，失去质子的产物浓度写在等号的另一边，就得到质子条件式。注意：不能把共轭酸碱对中的两个组分都选作零水准，而只能选择其中的某一个。在处理涉及多级离解关系的物质时，有些物质与零水准相比，质子转移数可能为 2 或 2 以上，此时应在它们的浓度前乘上相应的系数。

【例 6-3】 写出 NH_4NaHPO_4 水溶液的质子条件式。

解 选 NH_4^+、HPO_4^{2-}、H_2O 为零水准，则它们的质子转移情况为

$$NH_4^++H_2O=\!=\!=NH_3+H_3O^+$$

$$HPO_4^{2-}+H_2O=\!=\!=PO_4^{3-}+H_3O^+$$

$$HPO_4^{2-}+H_2O=\!=\!=OH^-+H_2PO_4^-$$

$$HPO_4^{2-}+2H_2O = 2OH^-+H_3PO_4$$

$$H_2O+H_2O = OH^-+H_3O^+$$

故质子条件式为

$$c(H^+)+c(H_2PO_4^-)+2c(H_3PO_4)=c(OH^-)+c(NH_3)+c(PO_4^{3-})$$

6.3.3 酸碱溶液 pH 的计算

1. 强酸、强碱

强酸、强碱在水中几乎全部离解，在一般情况下，酸度的计算比较简单。例如，$0.10\text{mol}\cdot L^{-1}$ HCl 溶液，其酸度（H^+浓度）是 $0.10\text{mol}\cdot L^{-1}$，pH=1.00。但如果强酸或强碱溶液浓度小于 $10^{-6}\text{mol}\cdot L^{-1}$，计算溶液的酸度还必须考虑水的质子传递作用所提供的 H^+ 或 OH^-。

2. 一元弱酸、弱碱溶液

如一元弱酸 HA，设其浓度为 c $\text{mol}\cdot L^{-1}$，则

当 $cK_a^\ominus \geqslant 20K_w^\ominus$ 时，可以忽略水的质子自递产生的 H^+，根据

$$HA = H^+ + A^-$$

$$c(H^+)=c(A^-) \qquad c(HA)=c-c(H^+)$$

当 $c/K_a^\ominus \geqslant 500$ 时，已离解的酸极少，$c(HA)=c-c(H^+)\approx c$，有

$$K_a^\ominus = \frac{c(H^+)c(A^-)}{c(HA)} = \frac{c^2(H^+)}{c}$$

$$c(H^+)=\sqrt{cK_a^\ominus} \tag{6-7}$$

式(6-7)是计算一元弱酸溶液中 H^+浓度的最简式。同理可求得一元弱碱溶液中 OH^-浓度的最简式

$$c(OH^-)=\sqrt{cK_b^\ominus} \tag{6-8}$$

【例 6-4】 计算下列溶液的 pH。

(1) $0.10\ \text{mol}\cdot L^{-1}$ HAc；(2) $0.10\ \text{mol}\cdot L^{-1}$ NH_4Cl；(3) $0.10\ \text{mol}\cdot L^{-1}$ NaCN。

解　(1) 已知 $K_a^\ominus(HAc)=1.76\times10^{-5}$，则

$$c/K_a^\ominus = 0.10/(1.76\times10^{-5}) = 5.7\times10^3 > 500$$

所以，可用最简式[式(6-7)]计算，有

$$c(H^+)=\sqrt{cK_a^\ominus}=\sqrt{0.10\times1.76\times10^{-5}}=1.3\times10^{-3}(\text{mol}\cdot L^{-1})$$

$$pH=2.89$$

(2) 已知 $K_a^\ominus(NH_4Cl)=5.64\times10^{-10}$，则

$$c/K_a^\ominus = 0.10/(5.64\times10^{-10}) \gg 500$$

$$c(H^+)=\sqrt{cK_a^\ominus}=\sqrt{0.10\times5.64\times10^{-10}}=7.5\times10^{-6}(mol\cdot L^{-1})$$

$$pH=5.12$$

(3) 已知 $K_a^\ominus(HCN)=4.93\times10^{-10}$，则

$$K_b^\ominus(CN^-)=K_W/K_a^\ominus=10^{-14}/(4.93\times10^{-10})=2.03\times10^{-5}$$

$$c/K_b^\ominus>500$$

$$c(OH^-)=\sqrt{cK_b^\ominus}=\sqrt{0.10\times2.03\times10^{-5}}=1.4\times10^{-3}(mol\cdot L^{-1})$$

$$pOH=2.85\quad pH=11.15$$

3. 多元弱酸、多元弱碱溶液

多元弱酸、多元弱碱在水溶液中是分级离解的，每一级都有相应的质子转移平衡。例如，H_2S 在水溶液中有二级离解

$$H_2S \rightleftharpoons H^+ + HS^- \qquad K_{a_1}^\ominus=9.1\times10^{-8}$$

$$HS^- \rightleftharpoons H^+ + S^{2-} \qquad K_{a_2}^\ominus=1.1\times10^{-12}$$

由 $K_{a_1}^\ominus \gg K_{a_2}^\ominus$ 可以说明二级离解比一级离解困难得多。因此，在实际计算过程中，当 $c/K_{a_1}^\ominus>500$ 时，可按一元弱酸作近似计算，即

$$c(H^+)=\sqrt{cK_{a_1}^\ominus} \tag{6-9}$$

【例 6-5】 计算 25℃时 0.10mol·L^{-1} H_2S 水溶液的 pH 及 S^{2-}的浓度。

解 已知 298.15K 时，$K_{a_1}^\ominus(H_2S)=9.1\times10^{-8}$，$K_{a_2}^\ominus(H_2S)=1.1\times10^{-12}$。

$K_{a_1}^\ominus \gg K_{a_2}^\ominus$，计算 H^+浓度时只考虑一级离解

$$H_2S \rightleftharpoons H^+ + HS^-$$

又 $c/K_a^\ominus=0.10/(9.1\times10^{-8})\gg500$，可按式 (6-7) 计算

$$c(H^+)=\sqrt{cK_{a_1}^\ominus}=\sqrt{0.10\times9.1\times10^{-8}}=9.5\times10^{-5}(mol\cdot L^{-1})$$

$$pH=4.02$$

因 S^{2-}是二级离解产物，设 $c(S^{2-})=x$ mol·L^{-1}

	HS^-	$\rightleftharpoons$	H^+	+	S^{2-}
平衡时	$9.5\times10^{-5}-x$		$9.5\times10^{-5}+x$		x

由于 $K_{a_2}^\ominus$ 极小，$9.5\times10^{-5}\pm x\approx9.5\times10^{-5}$，则

$$K_{a_2}^\ominus=c(H^+)\cdot c(S^{2-})/c(HS^-)=9.5\times10^{-5}\cdot c(S^{2-})/9.5\times10^{-5}=1.1\times10^{-12}$$

故

$$c(S^{2-})=K_{a_2}^\ominus=1.1\times10^{-12}(mol\cdot L^{-1})$$

对二元弱酸，如果 $K_{a_1}^\ominus \gg K_{a_2}^\ominus$，则其酸根离子浓度近似等于 $K_{a_2}^\ominus$。

多元弱碱溶液 pH 的计算与此类似。

4. 两性溶液

两性物质如 NaHA、HA^-既可从溶剂中获得质子转变为共轭酸 H_2A，也可失去质子转

变为共轭碱 A^{2-}，即

$$HA^- + H_2O \rightleftharpoons H_2A + OH^-$$

$$HA^- \rightleftharpoons H^+ + A^{2-}$$

一般来说，当 NaHA 浓度较高时，溶液的 H^+浓度可按式(6-10)作近似计算

$$c(H^+) = \sqrt{K_{a_1}^{\ominus} \cdot K_{a_2}^{\ominus}} \tag{6-10}$$

【例 6-6】 计算 0.20mol·L^{-1} NaH_2PO_4溶液的 pH。

解　已知 H_3PO_4的 $K_{a_1}^{\ominus}=7.52\times10^{-3}$，$K_{a_2}^{\ominus}=6.23\times10^{-8}$，$K_{a_3}^{\ominus}=4.4\times10^{-13}$，由式(6-10)得

$$c(H^+) = \sqrt{K_{a_1}^{\ominus} \cdot K_{a_2}^{\ominus}} = \sqrt{7.52\times10^{-3}\times6.23\times10^{-8}} = 2.2\times10^{-5}(\text{mol}\cdot\text{L}^{-1})$$

$$\text{pH}=4.66$$

又如，NH_4Ac 也是两性物质，它在水中发生下列质子转移平衡

$$NH_4^+ + H_2O \rightleftharpoons NH_3 + H_3O^+$$

$$Ac^- + H_2O \rightleftharpoons HAc + OH^-$$

以 $K_a^{\ominus}$ 表示正离子酸(NH_4^+)的离解常数，$K_a^{\ominus\prime}$ 表示负离子碱(Ac^-)的共轭酸(HAc)的离解常数。这类两性物质的 H^+浓度可按类似于式(6-10)的公式计算，即

$$c(H^+) = \sqrt{K_a^{\ominus} \cdot K_a^{\ominus\prime}}$$

$$\text{pH} = (\text{p}K_a^{\ominus} + \text{p}K_a^{\ominus\prime})/2 \tag{6-11}$$

【例 6-7】 计算 0.10 mol·L^{-1} $HCOONH_4$溶液的 pH。

解　已知 NH_4^+ 的 $K_a^{\ominus}=5.64\times10^{-10}$，$\text{p}K_a^{\ominus}=9.25$；HCOOH 的 $K_a^{\ominus\prime}=1.77\times10^{-4}$，$\text{p}K_a^{\ominus\prime}=3.75$。

$$\text{pH} = (\text{p}K_a^{\ominus} + \text{p}K_a^{\ominus\prime})/2 = (9.25+3.75)/2 = 6.50$$

6.3.4　酸度对弱酸、弱碱各组分浓度的影响

在酸碱平衡体系中，溶液中存在 H_3O^+和不同形式的酸碱。当溶液 pH 发生变化时，各种存在形式的平衡浓度也随之发生变化，分布情况可用其平衡浓度占总浓度(各存在形式的平衡浓度之和)的分数，即分布系数(也称分布分数) δ 来定量说明，总浓度也称分析浓度。分布系数 δ 与 pH 的关系曲线称为分布曲线。

1. 一元弱酸弱碱溶液

以 HAc 为例，设总浓度为 c，在水溶液中 HAc 以 HAc 和 Ac^-两种形式存在，如以 δ_1、δ_0分别代表 HAc、Ac^-的分布系数，则

$$c = c(\text{HAc}) + c(\text{Ac}^-)$$

$$\delta_1=\frac{c(\mathrm{HAc})}{c}=\frac{c(\mathrm{HAc})}{c(\mathrm{HAc})+c(\mathrm{Ac^-})}=\frac{1}{1+\dfrac{c(\mathrm{Ac^-})}{c(\mathrm{HAc})}}=\frac{1}{1+\dfrac{K_a^\ominus}{c(\mathrm{H^+})}}=\frac{c(\mathrm{H^+})}{c(\mathrm{H^+})+K_a^\ominus}$$

同理

$$\delta_0=\frac{c(\mathrm{Ac^-})}{c}=\frac{K_a^\ominus}{c(\mathrm{H^+})+K_a^\ominus}$$

显然

$$\delta_1+\delta_0=1$$

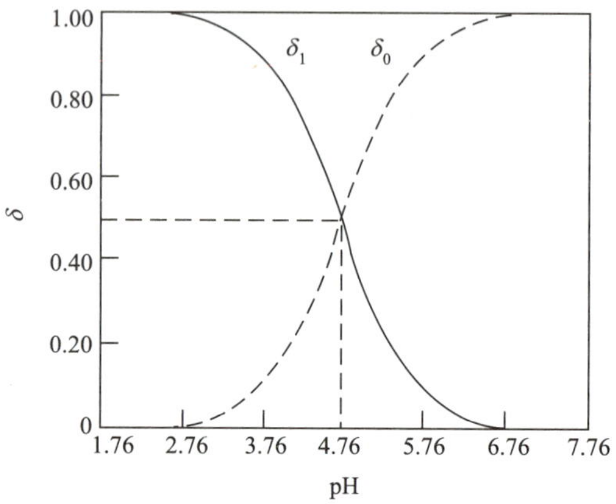

图 6-1 HAc、Ac⁻分布系数与溶液 pH 的关系曲线

由上式可计算不同 pH 时 HAc 和 Ac^- 的分布系数。以 pH 为横坐标，各种存在形式的分布系数为纵坐标，得如图 6-1 所示的分布曲线。

从图 6-1 中可知，当 pH=pK_a=4.75 时，$\delta_0=\delta_1=0.5$，即溶液中 HAc 和 Ac^-两种形式各占一半；当 pH>p$K_a^\ominus$ 时，$\delta_0>\delta_1$，溶液中 Ac^-为主要存在形式；当 pH<pK_a时，$\delta_1>\delta_0$，溶液中 HAc 为主要存在形式。

2. 多元弱酸、多元弱碱溶液

以二元弱酸草酸为例，在水溶液中，草酸存在两级质子转移平衡，有 $H_2C_2O_4$、$HC_2O_4^-$ 和 $C_2O_4^{2-}$ 三种存在形式，设其总浓度为 c，则可得如图 6-2 所示分布曲线。

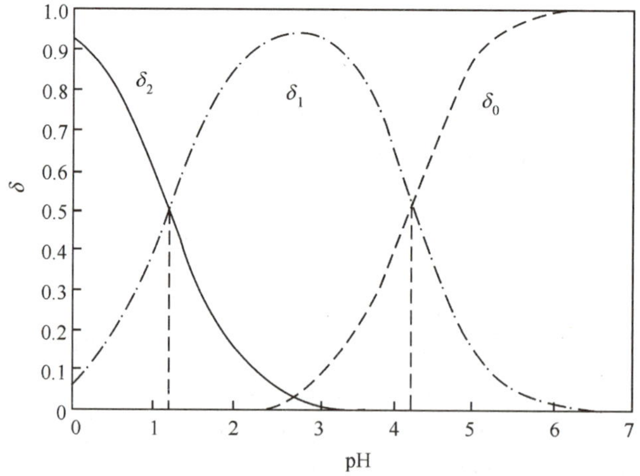

图 6-2 草酸溶液中各种存在形式的分布系数与溶液 pH 的关系曲线

由类似的方法可得出磷酸的分布曲线（图 6-3）。每一共轭酸碱对的分布曲线相交于 δ=0.5 处，此时的 pH 分别与 p$K_{a_1}^\ominus$、p$K_{a_2}^\ominus$、p$K_{a_3}^\ominus$ 相对应。

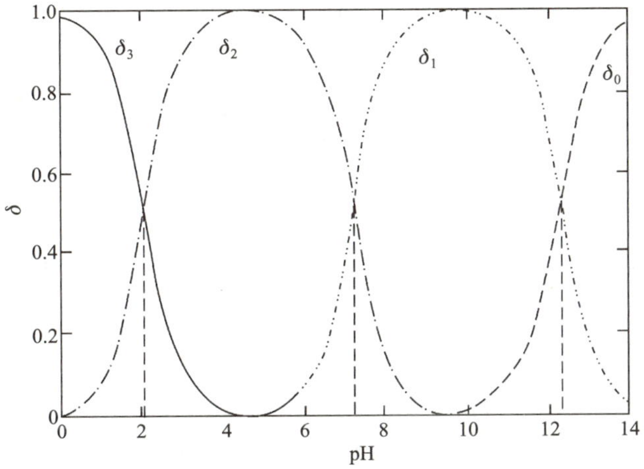

图 6-3 磷酸溶液中各种存在形式的分布系数与溶液 pH 的关系曲线

由以上讨论可知，分布系数 δ 只与酸碱的强度及溶液的 pH 有关，而与其分析浓度无关。

6.4 缓 冲 溶 液

6.4.1 缓冲溶液的缓冲原理

能够抵抗外加少量酸、碱或适当稀释，而本身 pH 基本保持不变的溶液，称为缓冲溶液(buffer solution)。弱酸及其共轭碱可组成缓冲溶液。例如，在 HAc-NaAc 缓冲溶液中存在下列平衡

$$HAc \rightleftharpoons H^+ + Ac^-$$

HAc 只能部分离解，而 NaAc 能完全离解，使溶液中 Ac^-浓度增大。由于同离子效应，抑制了 HAc 的离解，因此溶液中 HAc 浓度较大，而 H^+浓度相对较低。

当向 HAc-NaAc 缓冲溶液中加少量强酸(如 HCl)时，H^+和溶液中 Ac^-结合成 HAc 分子，使上述质子转移平衡向左移动，溶液中 H^+浓度几乎没有升高，即溶液的 pH 几乎保持不变。

当加入少量强碱(如 NaOH)时，OH^-溶液中的 H^+结合成水，使上述平衡向右移动，以补充 H^+的消耗，结果溶液中 H^+浓度几乎没有降低，pH 几乎不变。

当加少量水稀释时，溶液中 H^+浓度和其他离子浓度相应地降低，促使 HAc 的离解平衡向右移动，给出 H^+来补充，达到新的平衡时，H^+浓度几乎保持不变。

6.4.2 缓冲溶液 pH 的计算

对于 HAc-NaAc 缓冲溶液，溶液中的质子转移反应为

$$HAc \rightleftharpoons H^+ + Ac^- \qquad K_a^\ominus = \frac{c(H^+)c(Ac^-)}{c(HAc)}$$

HAc 的离解度很小，体系中有 Ac^-时，由于同离子效应，HAc 的离解度变得更小。因此，达到平衡时，体系中 HAc 可近似看作未发生离解，其浓度用 c(酸)表示，体系中 Ac^-

由 NaAc 离解所得，其浓度以 c(碱)表示，则

$$c(\mathrm{H^+})=K_a^{\ominus}\cdot\frac{c(\text{酸})}{c(\text{碱})}$$

$$\mathrm{pH}=\mathrm{p}K_a^{\ominus}+\lg\frac{c(\text{碱})}{c(\text{酸})} \tag{6-12}$$

【例 6-8】 在 90.0mL 浓度均为 0.10mol · L^{-1} HAc-NaAc 缓冲溶液中，分别加入：(1) 10.0mL 0.010mol · L^{-1} HCl 溶液；(2) 10.0mL 0.010mol · L^{-1} NaOH 溶液；(3) 10.0mL 水。试比较加入前后溶液 pH 的变化。

解 加水前

$$\mathrm{pH}=\mathrm{p}K_a^{\ominus}+\lg\frac{c(\mathrm{Ac^-})}{c(\mathrm{HAc})}=4.75+\lg\frac{0.10}{0.10}=4.75$$

(1) 加 HCl 后溶液总体积为 100.0mL，HCl 离解的 H^+与溶液中 Ac^-结合成 HAc，HAc 浓度略增大，Ac^-浓度略有减小。

$$c(\mathrm{HAc})=0.10\times\frac{90.0}{100.0}+0.010\times\frac{10.0}{100.0}=0.0910(\mathrm{mol\cdot L^{-1}})$$

$$c(\mathrm{Ac^-})=0.10\times\frac{90.0}{100.0}-0.010\times\frac{10.0}{100.0}=0.0890(\mathrm{mol\cdot L^{-1}})$$

$$\mathrm{pH}=\mathrm{p}K_a^{\ominus}+\lg\frac{c(\mathrm{Ac^-})}{c(\mathrm{HAc})}=4.75+\lg\frac{0.0890}{0.0910}=4.74$$

(2) 加入 NaOH 后，HAc 和 OH^-作用生成 Ac^-和 H_2O，Ac^-浓度略有上升，而 HAc 浓度稍有下降。

$$c(\mathrm{Ac^-})=0.10\times\frac{90.0}{100.0}+0.010\times\frac{10.0}{100.0}=0.0910(\mathrm{mol\cdot L^{-1}})$$

$$c(\mathrm{HAc})=0.10\times\frac{90.0}{100.0}-0.010\times\frac{10.0}{100.0}=0.0890(\mathrm{mol\cdot L^{-1}})$$

$$\mathrm{pH}=\mathrm{p}K_a^{\ominus}+\lg\frac{c(\mathrm{Ac^-})}{c(\mathrm{HAc})}=4.75+\lg\frac{0.0910}{0.0890}=4.76$$

(3) 加 10.0mL H_2O，HAc 和 Ac^-浓度改变相同。

$$c(\mathrm{HAc})=c(\mathrm{Ac^-})=0.10\times\frac{90.0}{100.0}=0.0900(\mathrm{mol\cdot L^{-1}})$$

$$\mathrm{pH}=\mathrm{p}K_a^{\ominus}+\lg\frac{c(\mathrm{Ac^-})}{c(\mathrm{HAc})}=4.75+\lg\frac{0.0900}{0.0900}=4.75$$

此例说明：

(1) 外加少量强酸、强碱或适当稀释时，缓冲溶液的 pH 基本不变。

(2) 缓冲溶液的 pH 与 $\mathrm{p}K_a^{\ominus}$ 和 c(酸)/c(碱)的比值有关。对某一确定的缓冲溶液，其 $\mathrm{p}K_a^{\ominus}$ 是一常数，若在一定范围内改变 c(酸)/c(碱)的比值，可配制不同 pH 的缓冲溶液。

(3) 当 c(酸)/c(碱)=1 时，$\mathrm{pH}=\mathrm{p}K_a^{\ominus}$。

6.4.3 缓冲容量和缓冲范围

缓冲溶液的缓冲能力有一定的限度。当加入酸或碱量较大时，缓冲溶液就失去缓冲能力。缓冲能力的大小由缓冲容量来衡量。缓冲容量是指单位体积缓冲溶液的 pH 改变极小值所需的酸或碱的“物质的量”，用 β 表示。

$$\beta=\frac{\mathrm{d}c(碱)}{\mathrm{dpH}}=-\frac{\mathrm{d}c(酸)}{\mathrm{dpH}}$$

缓冲容量的大小与缓冲溶液的总浓度及其组分有关。当缓冲溶液的总浓度一定时，缓冲组分的浓度比越接近 1，则缓冲容量越大；等于 1 时，缓冲容量最大，缓冲能力最强。缓冲溶液两组分的浓度比通常控制在 1/10～10/1 较为合适，超出此范围则认为失去缓冲作用。由式(6-12)可知，缓冲溶液的缓冲能力一般为 $\mathrm{pH=p}K_a^\ominus\pm1$ 或 $\mathrm{pOH=p}K_b^\ominus\pm1$ 的范围内，这就是缓冲范围。不同缓冲对组成的缓冲溶液，由于 $\mathrm{p}K_a^\ominus$ 或 $\mathrm{p}K_b^\ominus$ 不同，它们的缓冲范围也不同。

6.4.4 缓冲溶液的选择与配制

在实际工作中，常需要配制一定 pH 的缓冲溶液。因为 $\mathrm{p}K_a^\ominus$、$\mathrm{p}K_b^\ominus$ 是决定缓冲溶液 pH 的主要因素，为使缓冲溶液有较大的缓冲能力，所选用弱酸的 $\mathrm{p}K_a^\ominus$ 应尽可能接近缓冲溶液的 pH(或所选用弱碱的 $\mathrm{p}K_b^\ominus$ 尽可能接近缓冲溶液的 pOH)。如需配制 pH 为 5.0 左右的缓冲溶液，可选用 HAc-NaAc 缓冲体系；如需配制 pH=9.0 的缓冲溶液，可选用 NH_3-NH_4Cl 缓冲体系。然后计算出所选用的弱酸(或弱碱)及其共轭碱(或共轭酸)的量。或查阅有关的化学手册和专业书刊进行配制。附录Ⅳ中列出了常用缓冲溶液的配制方法。

实际应用中，在缓冲容量允许的情况下，使用的缓冲溶液还是稀一点好。这样既省药品，又避免过多的杂质影响操作。一般要求缓冲组分的浓度为 0.05～0.5mol · L^{-1}。

【例 6-9】 如何配制 1L、pH=5.0、具有中等缓冲能力的缓冲溶液?

解 (1)因为 HAc 的 $\mathrm{p}K_a^\ominus$=4.75，接近 5.0，故选用 HAc-NaAc 缓冲体系。

(2)求所需缓冲的浓度比。由式(6-12)有

$$5.0=4.75+\lg\frac{c(\mathrm{Ac^-})}{c(\mathrm{HAc})}$$

$$\frac{c(\mathrm{Ac^-})}{c(\mathrm{HAc})}=1.78$$

(3)求所需 HAc 和 NaAc 的体积。

为了使缓冲溶液具有中等缓冲能力和计算的方便，选用 0.10mol · L^{-1} HAc 和 0.10 mol · L^{-1} NaAc 溶液配制。混合前 $c(\mathrm{HAc})=c(\mathrm{NaAc})=0.10\mathrm{mol\cdot L^{-1}}$。

混合后

$$V(\mathrm{NaAc})=1.78\ V(\mathrm{HAc})$$

欲配制 1L(或 1000mL)缓冲溶液，则

$$V(\text{HAc})+V(\text{NaAc})=1000$$

即

$$1.78\,V(\text{HAc})+V(\text{HAc})=1000$$

$$V(\text{HAc})=360\text{mL}\qquad V(\text{NaAc})=640\text{mL}$$

即将 360mL 0.10 $\text{mol}\cdot\text{L}^{-1}$ HAc 和 640mL 0.10 $\text{mol}\cdot\text{L}^{-1}$ NaAc 混合，即制得 pH=5.0 的缓冲溶液。

【例 6-10】 取 50.0mL 0.10$\text{mol}\cdot\text{L}^{-1}$某一元弱酸溶液，与 20.0mL 0.10$\text{mol}\cdot\text{L}^{-1}$ NaOH 溶液混合后，稀释到 100.0mL，测此溶液的 pH=5.25，求一元弱酸的 $K_a^\ominus$。

解 设此一元弱酸为 HA

$$\text{HA}+\text{NaOH}=\!=\!=\text{NaA}+H_2O$$

则平衡时溶液为 HA-A^-组成的缓冲体系。由

$$\text{pH}=\text{p}K_a^\ominus+\lg\frac{c(A^-)}{c(\text{HA})}$$

$$\text{p}K_a^\ominus=\text{pH}-\lg\frac{c(A^-)}{c(\text{HA})}=5.25-\lg\frac{0.10\times20.0}{0.10\times50.0-0.10\times20.0}=5.43$$

$$K_a^\ominus=3.7\times10^{-6}$$

6.4.5 缓冲溶液的应用

溶液的酸度对许多化学反应和生物化学反应有着重要的影响，只有将溶液的 pH 严格控制在一定范围内，这些反应才能顺利地进行。缓冲体系能维持化学和生物化学系统的 pH 稳定，在工农业、生物学、医学、化学等方面具有极为重要的意义。例如，人的体液中 pH 随部位的不同而不同，血浆的 pH 为 7.36～7.44；唾液的 pH 为 6.35～6.85；胆囊胆汁的 pH 为 5.4～6.9。人的血液能维持一定的 pH 范围是由于它含有 H_2CO_3-$NaHCO_3$、NaH_2PO_4-Na_2HPO_4、$HHbO_2$(带氧血红蛋白)-$KHbO_2$、HHb(血红蛋白)-KHb 等多种缓冲体系，因此，血液的 pH 维持在 7.36～7.44，保证人体正常生理活动在相对稳定的酸度下进行。在植物体内也有由有机酸(酒石酸、柠檬酸、草酸等)及其共轭碱组成的缓冲体系，保证植物正常的生理功能。在土壤中，由于含有 H_2CO_3-$NaHCO_3$ 和 NaH_2PO_4-Na_2HPO_4 以及土壤腐殖质酸及其共轭碱类组成的复杂的缓冲体系，使其维持一定的 pH，以保证农作物的正常生长。

缓冲体系除了用作控制溶液的酸度，还可以作为标准缓冲溶液，用作酸度计的参比液。例如，25℃时饱和酒石酸氢钾 pH=3.56。

6.5 酸碱指示剂

6.5.1 酸碱指示剂的变色原理

在一定 pH 范围内能够利用本身的颜色改变来指示溶液的 pH 变化的物质称为酸碱指示剂(acid-base indicator)。在酸碱滴定中常用酸碱指示剂来指示滴定终点。

酸碱指示剂一般是有机弱酸或弱碱，其酸式与共轭碱式具有不同结构，且颜色不同。当溶液 pH 改变时，指示剂得到质子由碱式转变为酸式，或者失去质子由酸式转变为碱式。指示剂结构的改变，引起其颜色发生变化。

例如，酚酞在水溶液中存在以下平衡：

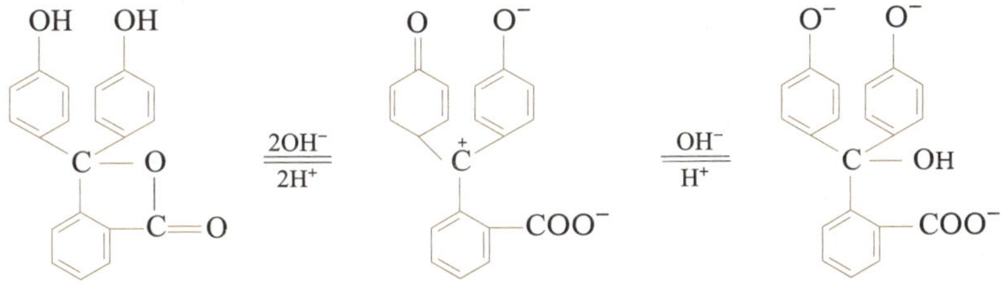

无色(内酯式)　红色(醌式)　无色(羧酸盐式)

由平衡关系可以看出，在酸性条件下，酚酞以无色的分子形式存在，是内酯式结构；在碱性条件下，转化为醌式结构的阴离子，显红色；当碱性更强时，则形成无色的羧酸盐式。

又如，甲基橙在水溶液中存在以下平衡：

黄色
(碱式色)

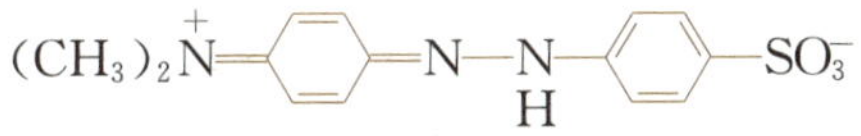

红色
(酸式色)

由平衡关系可以看出，增大溶液的酸度，甲基橙主要以醌式结构的离子形式存在，溶液呈红色；降低酸度，则主要以偶氮式结构存在，溶液呈黄色。

6.5.2 指示剂变色范围

指示剂颜色的改变源于溶液 pH 的变化，但并不是溶液的 pH 任意改变或稍有变化都能引起指示剂颜色的明显变化，指示剂的变色是在一定的 pH 范围内进行的。

以 HIn 表示指示剂的酸式，In^-表示指示剂的碱式，它们在水溶液中存在下列离解平衡：

$$HIn \rightleftharpoons H^+ + In^-$$

$$K^{\ominus}(HIn) = \frac{c(H^+)c(In^-)}{c(HIn)}$$

$$\frac{c(In^-)}{c(HIn)}=\frac{K^\ominus(HIn)}{c(H^+)}$$

式中：$K^\ominus$(HIn)为指示剂的离解常数。指示剂所显示的颜色由 $c(In^-)/c(HIn)$决定。一定温度下 $K^\ominus$(HIn)为常数，则 $c(In^-)/c(HIn)$的变化取决于 $c(H^+)$。当 $c(H^+)$发生改变时，$c(In^-)/c(HIn)$也发生改变，溶液的颜色也逐渐改变。肉眼辨别颜色的能力有限，当 $c(In^-)/c(HIn)<1/10$ 时，仅能看到指示剂酸色；当 $c(In^-)/c(HIn)>10$ 时，仅能看到指示剂碱色；当 $1/10<c(In^-)/c(HIn)<10$ 时，看到的是酸式和碱式的混合物。

因此，$pH=pK^\ominus(HIn)\pm1$ 就是指示剂变色的pH范围，称为指示剂变色范围(color range of indicator)。不同的指示剂，$pK^\ominus$(HIn)不同，其变色范围也不相同。

当 $c(In^-)/c(HIn)=1$ 时，$pH=pK^\ominus(HIn)$，此 pH 称为指示剂的理论变色点。

指示剂的变色范围理论上是 2 个 pH 单位，但实测的各种指示剂的变色范围并不都是 2 个 pH 单位(表 6-2)。这是因为指示剂的实际变色范围不是根据 $pK^\ominus$ 计算出来的，而是依靠肉眼观察得出来的。肉眼对各种颜色的敏感程度不同，加上指示剂的两种颜色之间相互掩盖，导致实测值与理论值有一定差异。

表 6-2 常用酸碱指示剂

指示剂	变色范围 pH	颜色变化	$pK^\ominus$(HIn)	浓度	用量(滴/10mL 试液)
百里酚蓝	1.2～2.8	红～黄	1.65	0.1%的 20%乙醇溶液	1～2
甲基黄	2.9～4.0	红～黄	3.25	0.1%的 90%乙醇溶液	1
甲基橙	3.1～4.4	红～黄	3.45	0.05%的水溶液	1
溴酚蓝	3.0～4.6	黄～紫	4.1	0.1%的 20%乙醇溶液或其钠盐水溶液	1
溴甲酚绿	4.0～5.6	黄～蓝	4.9	0.1%的 20%乙醇溶液或其钠盐水溶液	1～3
甲基红	4.4～6.2	红～黄	5.0	0.1%的 60%乙醇溶液或其钠盐水溶液	1
溴百里酚蓝	6.2～7.6	黄～蓝	7.3	0.1%的 20%乙醇溶液或其钠盐水溶液	1
中性红	6.8～8.0	红～黄橙	7.4	0.1%的 60%乙醇溶液	1
苯酚红	6.8～8.4	黄～红	8.0	0.1%的 60%乙醇溶液或其钠盐水溶液	1
酚酞	8.0～10.0	无～红	9.1	0.5%的 90%乙醇溶液	1～3
百里酚蓝	8.0～9.6	黄～蓝	8.9	0.1%的 20%乙醇溶液	1～4
百里酚酞	9.4～10.6	无～蓝	10.0	0.1%的 90%乙醇溶液	1～2

例如，甲基橙的 $pK^\ominus(HIn)=3.4$，理论变色范围应为 2.4～4.4，而实测范围为 3.1～4.4。后者表明甲基橙由红色变为黄色时，$c(In^-)/c(HIn)=10$，而由黄色变为红色，则只需酸式

为碱式浓度的 2 倍即可。

使用指示剂时应注意指示剂不宜过多，由于指示剂本身是弱酸或弱碱，多加指示剂会消耗滴定剂，引入滴定误差，同时指示剂加入过多还影响其变色范围。温度等因素也会影响指示剂的变色范围，在实际工作中应注意。

6.5.3　混合指示剂

在酸碱滴定中，有时需要将滴定终点限制在较窄的 pH 范围内，这时可采用混合指示剂(mixed indicator)。

混合指示剂是利用颜色互补作用使终点变色敏锐。混合指示剂有两类。一类是由两种或两种以上的指示剂混合而成。例如，溴甲酚绿和甲基红按一定比例混合后，酸色为酒红色，碱色为绿色，中间色为浅灰色，变化十分明显。另一类混合指示剂是由某种指示剂和一种惰性染料(如次甲基蓝、靛蓝二磺酸钠等)组成，也是利用颜色互补来提高颜色变化的敏锐性。常见的酸碱混合指示剂列于表 6-3 中。

表 6-3　常见的酸碱混合指示剂

指示剂溶液的组成	变色时 pH	颜色		备注
		酸色	碱色	
一份 0.1%甲基黄乙醇溶液 一份 0.1%次甲基蓝乙醇溶液	3.25	蓝紫	绿	pH 3.4 绿色，pH 3.2 蓝紫色
一份 0.1%甲基橙水溶液 一份 0.25%靛蓝二磺酸水溶液	4.1	紫	黄绿	
一份 0.1%溴甲酚绿钠盐水溶液 一份 0.02%甲基橙水溶液	4.3	橙	蓝绿	pH 3.5 黄色，pH 4.05 绿色，pH 4.8 浅绿
三份 0.1%溴甲酚绿乙醇溶液 一份 0～2%甲基红乙醇溶液	5.1	酒红	绿	
一份 0.1%溴甲酚绿钠盐水溶液 一份 0.1%氯酚红钠盐水溶液	6.1	黄绿	蓝紫	pH 5.4 蓝绿色，pH 5.8 蓝色，pH 6.0 蓝带紫，pH 6.2 蓝紫
一份 0.1%中性红乙醇溶液 一份 0.1%次甲基蓝乙醇溶液	7.0	蓝紫	绿	pH 7.0 紫蓝
一份 0.1%甲酚红钠盐水溶液 三份 0.1%百里酚蓝钠盐水溶液	8.3	黄	紫	pH 8.2 玫瑰红，pH 8.4 清晰的紫色
一份 0.1%百里酚蓝 50%乙醇溶液 三份 0.1%酚酞 50%乙醇溶液	9.0	黄	紫	从黄到绿再到紫
一份 0.1%酚酞乙醇溶液 一份 0.1%百里酚酞乙醇溶液	9.9	无	紫	pH 9.6 玫瑰红，pH 10 紫色
两份 0.1%百里酚酞乙醇溶液 两份 0.1%茜素黄 R 乙醇溶液	10.2	黄	紫	

6.6 酸碱滴定的基本原理

在酸碱滴定中，标准溶液一般都是强酸或强碱，如 HCl、H_2SO_4、NaOH、KOH 等。被测的是各种具有酸碱性或间接产生酸碱的物质，如 HNO_3、HAc、H_3PO_4、NaOH、Na_2CO_3、$(NH_4)_2SO_4$ 等。

6.6.1 强碱（酸）滴定强酸（碱）

强酸、强碱在水溶液中几乎完全离解，酸以 H^+形式存在，碱以 OH^-形式存在。这类滴定的基本反应为

$$H^+ + OH^- = H_2O$$

【例 6-11】 以 $0.1000mol\cdot L^{-1}$ NaOH 溶液滴定 20.00mL $0.1000mol\cdot L^{-1}$ HCl 溶液，研究滴定过程中溶液 pH 的变化。

解 （1）滴定开始前，溶液的 pH 取决于 HCl 的原始浓度，则

$$c(H^+)=c(HCl)=0.1000mol\cdot L^{-1}$$

$$pH=1.00$$

（2）滴定开始到化学计量点前，溶液由剩余 HCl 和作用产物 NaCl 组成，溶液的 pH 取决于剩余的 HCl 的量。此时，H^+的浓度按下式计算

$$c(H^+)=c(HCl，剩余)=c(HCl)\cdot V(HCl，剩余)/V(总)$$

当滴入 18.00mL NaOH 时，溶液中有 90%的 HCl 被中和，总体积为 38.00mL，剩余 HCl 体积为 2.00mL，此时，H^+的浓度为

$$c(H^+)=0.1000\times 2.00/38.00=5.3\times 10^{-3}(mol\cdot L^{-1})$$

同理，当滴入 19.80mL NaOH 时，H^+的浓度为

$$c(H^+)=5.0\times 10^{-4}mol\cdot L^{-1}$$

$$pH=3.30$$

当滴入 19.98mL NaOH 时，剩余 HCl 体积为 0.02mL，H^+的浓度为

$$c(H^+)=5.0\times 10^{-5}mol\cdot L^{-1}$$

$$pH=4.30$$

（3）计量点时，酸碱作用完全，溶液组成为 NaCl，此时 H^+来自水的质子自递反应，其浓度为

$$c(H^+)=\sqrt{K_w^\ominus}=\sqrt{10^{-14}}=10^{-7}$$

$$pH=7.00$$

（4）计量点后，溶液组成为 NaCl 和过量的 NaOH，溶液呈碱性，其碱度取决于过量的 NaOH 时，OH^-浓度可按下式计算

$$c(OH^-)=c(NaOH，剩余)=c(NaOH)\cdot V(NaOH，剩余)/V(总)$$

当滴入 20.02mL NaOH 时，NaOH 过量 0.02mL，即 0.1%溶液总体积为 40.02mL，则

$$c(OH^-)=0.1000\times 0.02/40.02=5.0\times 10^{-5}(mol\cdot L^{-1})$$

$$pOH=4.30 \qquad pH=9.70$$

用上述方法可逐一计算出滴定过程中溶液的 pH，结果列于表 6-4 中。以 NaOH 的加入量为横坐标，以 pH 为纵坐标，绘制如图 6-4 所示曲线，称为滴定曲线(titration curve)。

表 6-4　0.1000mol · L^{-1} NaOH 溶液滴定 20.00mL 0.1000mol · L^{-1} HCl 溶液的 pH 变化

NaOH 加入量		剩余 HCl	过量 NaOH	pH	
体积/mL	%	体积/mL	体积/mL		
0.00	0.00	20.00		1.00	
18.00	90.00	2.00		2.28	
19.80	99.00	0.20		3.30	
19.98	99.90	0.02		4.30	突跃范围
20.00	100.0	0.00		7.00	
20.02	100.1		0.02	9.70	
20.20	101.0		0.20	10.70	
22.00	110.0		2.00	11.68	
40.00	200.0		20.00	12.50	

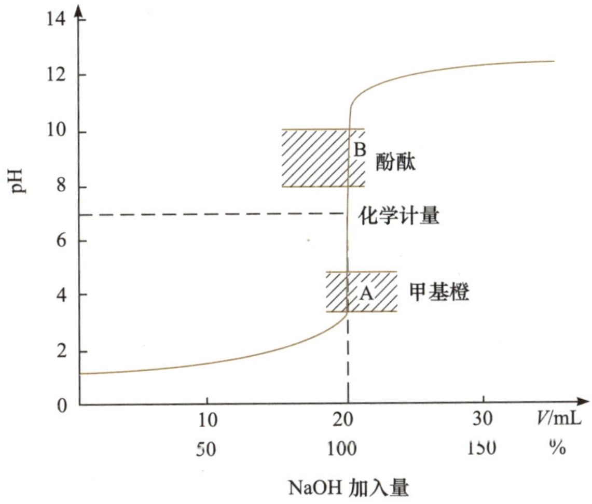

图 6-4　0.1000mol · L^{-1} NaOH 滴定 20.00mL 0.1000mol · L^{-1} HCl 的滴定曲线

从表 6-4 和图 6-4 可以看出，滴定开始时，pH 升高较慢。当加入 19.80mL NaOH 时，pH 只改变 2.3 个 pH 单位；再加入 0.18mL NaOH 溶液，pH 就改变 1 个 pH 单位，变化速度加快，继续滴加 0.02mL(约半滴，共滴入 NaOH 20.00mL)，达到化学计量点，此时 pH 迅速增至 7.00；再过量 0.02mL NaOH，pH 增至 9.70，此后，过量的 NaOH 所引起的溶液 pH 的变化又越来越慢。

计量点前后滴入 NaOH 19.98mL 至 20.02mL，即加入 NaOH 的量由 99.9%到过量 0.1%，虽然只增加了 0.04mL NaOH(约 1 滴)，却使溶液的 pH 由 4.30 突然上升到 9.70，增加了 5.4 个 pH 单位，溶液由酸性变为碱性。计量点前后的这一 pH 突变称为滴定突跃(titration jump)。计量点前后 ± 0.1%之间 pH 变化的范围称为滴定突跃范围。

根据化学计量点附近的 pH 突跃，可选择适当的酸碱指示剂。显然，最理想的指示剂应该恰好在计量点时变色，实际上，凡在突跃范围(4.30～9.70)变色的指示剂，都可用来正确指示终点，如甲基橙、甲基红、酚酞等。

用甲基橙(3.1～4.4)作指示剂，当滴至溶液变为黄色时，溶液 pH≈4.4，这时未反应的量小于 0.1%；用酚酞(8.0～10.0)作指示剂，酚酞变微红时，pH 略大于 8，此时超过计量点也不到半滴，即 NaOH 过量不到 0.1%，因而滴定误差均小于 ± 0.1%。

总之，在酸碱滴定过程中，如果用指示剂指示终点，应使指示剂的变色范围全部或部分落在化学计量点附近的 pH 突跃范围内。

滴定突跃范围的大小与溶液的浓度有关。溶液越浓，突跃范围越大，指示剂的选择也就越方便；溶液越稀，突跃范围越小，可供选择的指示剂越少，如图 6-5 所示。

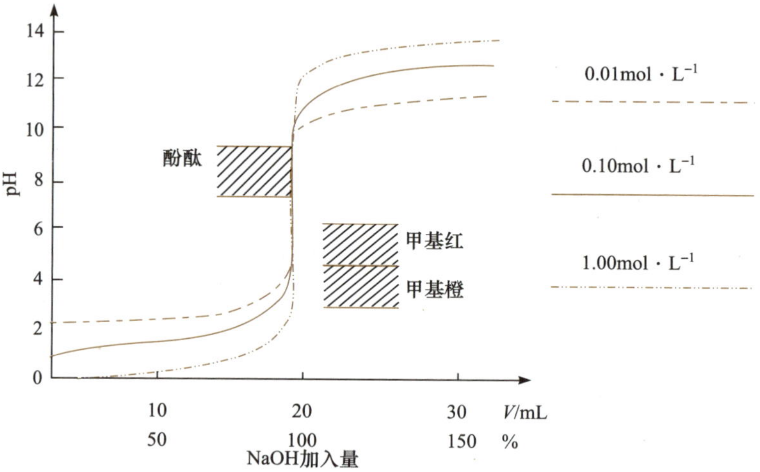

图 6-5　不同浓度 NaOH 溶液滴定不同浓度 HCl 溶液的滴定曲线

如果滴定方向相反，即用 $0.1000\text{mol}\cdot\text{L}^{-1}$ HCl 滴定 $0.1000\text{mol}\cdot\text{L}^{-1}$ NaOH，其滴定曲线与 NaOH 滴定 HCl 的滴定曲线相对称，pH 变化相反。

6.6.2 强碱(酸)滴定一元弱酸(碱)

一元弱酸在水溶液中存在离解平衡。强碱滴定一元弱酸的基本反应为

$$OH^- + HA = H_2O + A^-$$

【例 6-12】 以 $0.1000\text{mol}\cdot\text{L}^{-1}$ NaOH 滴定 20.00mL $0.1000\text{mol}\cdot\text{L}^{-1}$ HAc，研究滴定过程中溶液 pH 的变化。

解 滴定反应为

$$OH^- + HAc = H_2O + Ac^-$$

(1)滴定前，为 $0.1000\text{mol}\cdot\text{L}^{-1}$ HAc 溶液，按式(6-7)计算 H^+浓度，有

$$c(H^+) = \sqrt{cK_a^\ominus} = \sqrt{0.1000 \times 1.8 \times 10^{-5}} = 1.34 \times 10^{-3}(\text{mol}\cdot\text{L}^{-1})$$

$$pH = 2.87$$

(2)滴定开始到计量点前，溶液中有未反应的HAc和反应产生的共轭碱Ac^-，组成$HAc-Ac^-$缓冲体系，其 pH 可按式(6-12)计算，则

$$pH = pK_a^{\ominus} + \lg\frac{c(Ac^-)}{c(HAc)}$$

当加入 NaOH 溶液 19.98mL 时，剩余的 HAc 为 0.02mL，此时

$$c(HAc) = 0.02 \times 0.1000/(20.00+19.98) = 5.0 \times 10^{-5}(mol \cdot L^{-1})$$

$$c(Ac^-) = 19.98 \times 0.1000/(20.00+19.98) = 5.0 \times 10^{-2}(mol \cdot L^{-1})$$

$$pH = pK_a^{\ominus} + \lg\frac{c(Ac^-)}{c(HAc)} = 4.75 + \lg\frac{5.0\times10^{-2}}{5.0\times10^{-5}} = 7.75$$

(3)计量点时，加入 NaOH 体积为 20.00mL，HAc 全部作用生成共轭碱 Ac^-，由式(6-8)计算 OH^-浓度，则

$$c(OH^-) = \sqrt{cK_b^{\ominus}} = \sqrt{c\frac{K_w^{\ominus}}{K_a^{\ominus}}} = \sqrt{\frac{0.1000}{2}\times\frac{10^{-14}}{1.8\times10^{-5}}} = 5.3 \times 10^{-6}(mol \cdot L^{-1})$$

$$pOH = 5.28 \qquad pH = 8.72$$

(4)计量点后，溶液组成为 Ac^-和过量的 NaOH，由于 NaOH 抑制了 Ac^-的离解，溶液的碱度由过量的 NaOH 决定，溶液的 pH 变化与强碱滴定强酸的情况相同。

$$c(OH^-) = c(NaOH) \cdot V(NaOH，过量)/V(总)$$

当 NaOH 滴入 20.02mL 时，过量 0.02mL，则

$$c(OH^-) = 0.1000 \times 0.02/(20.00+20.02) = 5.0 \times 10^{-5}(mol \cdot L^{-1})$$

$$pOH = 4.30 \qquad pH = 9.70$$

由上述方法逐一计算出滴定过程中溶液的 pH，结果列于表 6-5 中，并绘制滴定曲线，见图 6-6 中的曲线Ⅰ，图中虚线为 $0.1000mol \cdot L^{-1}$ NaOH 滴定 20.00mL $0.1000mol \cdot L^{-1}$ HCl 的前半部分。

表 6-5　$0.1000mol \cdot L^{-1}$ NaOH 溶液滴定 20.00mL $0.1000mol \cdot L^{-1}$ HAc 溶液的 pH 变化

加入 NaOH		剩余 HAc	过量 NaOH	pH	
体积/mL	%	体积/mL	体积/mL		
0.00	0.00	20.00		2.87	
10.00	50.00	10.00		4.74	
18.00	90.00	2.00		5.70	
19.80	99.00	0.20		6.74	
19.98	99.90	0.02		7.74	突跃范围
20.00	100.0	0.00		8.72	
20.02	100.1			9.70	
20.20	101.0		0.20	10.70	
22.00	110.0		2.00	11.70	
40.00	200.0		20.00	12.50	

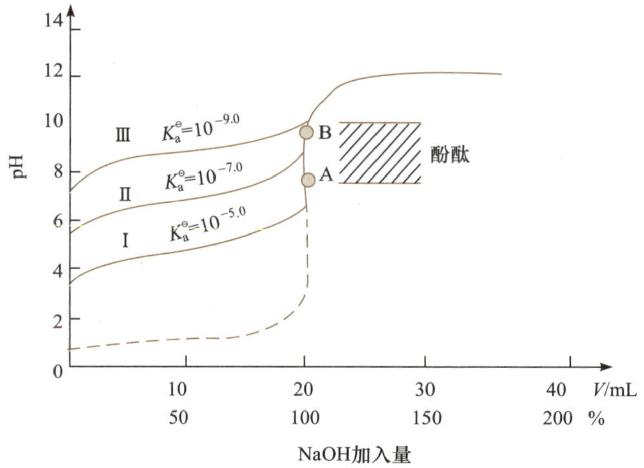

图 6-6 NaOH 溶液滴定不同弱酸溶液的滴定曲线

比较图 6-6 中曲线Ⅰ与虚线，可以看出：滴定前，由于 HAc 是弱酸，溶液的 pH 比同浓度 HCl 的 pH 大。滴定开始后，pH 升高较快，这是因为反应产生的 Ac^- 抑制了 HAc 的离解。随着滴定的进行，HAc 浓度不断降低，而 Ac^- 浓度逐渐增大，溶液中形成了 HAc-Ac^- 缓冲体系，故 pH 变化缓慢，滴定曲线较为平坦。接近计量点时，溶液中 HAc 浓度极小，溶液缓冲作用减弱，继续滴入 NaOH 溶液，溶液的 pH 变化速度加快，直到计量点时，HAc 浓度急剧减小，使溶液 pH 发生突变。因溶液组成为 NaAc，计量点时 pH 不是 7.00，而是 8.72。计量点后，溶液的 pH 变化规律与滴定 HCl 时情况相同，因而这一滴定过程的 pH 突跃范围为 7.75～9.70，比强碱滴定强酸时小得多，且落在碱性范围。这时可选碱性范围内变色的指示剂，如酚酞、百里酚酞或百里酚蓝等。在酸性范围内变色的指示剂如甲基橙、甲基红则不适用。

如用相同浓度的强碱滴定不同的一元弱酸，得到如图 6-6 所示Ⅰ、Ⅱ、Ⅲ三条滴定曲线。由图 6-6 可知：$K_a^\ominus$ 越大，酸越强，滴定突跃范围越大；$K_a^\ominus$ 越小，酸越弱，滴定突跃范围越小。当 $K_a^\ominus<10^{-9.0}$ 时已无明显的突跃，利用一般的酸碱指示剂已无法判断终点。

综合溶液浓度与弱酸强度两因素对滴定突跃大小的影响，得到弱酸能被强碱溶液准确滴定的判据为

$$cK_a^\ominus \geqslant 10^{-8}$$

对于 $cK_a^\ominus<10^{-8}$ 的弱酸，可采用其他方法进行测定。例如，用仪器来检测滴定终点，利用适当的化学反应使弱酸强化，或在酸性比水更弱的非水介质中进行滴定等。

与强碱滴定弱酸的情形相类似，弱碱被强酸准确滴定的判据为

$$cK_b^\ominus \geqslant 10^{-8}$$

【例 6-13】 下列物质能否用酸碱滴定法直接准确滴定？若能，计算计量点时的 pH，并选择合适的指示剂。(1) 0.10mol · L^{-1} H_3BO_3；(2) 0.10mol · L^{-1} NH_4Cl；(3) 0.10mol · L^{-1} NaCN。

解 (1) H_3BO_3

$$K_a^\ominus=7.3\times10^{-10}$$

$$cK_a^\ominus=0.10\times7.3\times10^{-10}<10^{-8}$$

所以，H_3BO_3 不能被直接准确滴定。

(2) NH_4^+

$$K_a^\ominus=5.64\times10^{-10}$$

$$cK_a^\ominus=0.10\times5.64\times10^{-10}=5.64\times10^{-10}<10^{-8}$$

不能直接准确滴定。

(3) CN^- 为 HCN 的共轭碱

$$K_b^\ominus=K_w^\ominus/K_a^\ominus=10^{-14}/(4.93\times10^{-10})=2.0\times10^{-5}$$

$$cK_b^\ominus=0.10\times2.0\times10^{-5}=2.0\times10^{-6}>10^{-8}$$

能直接准确滴定。

若用 0.10mol · L^{-1} HCl 滴定，计量点时溶液组成主要为 HCN，有

$$H^++CN^-=\!=\!=HCN$$

则

$$c(H^+)=\sqrt{cK_a^\ominus}=\sqrt{\frac{0.10}{2}\times4.93\times10^{-10}}=5.0\times10^{-6}(\text{mol}\cdot\text{L}^{-1})$$

$$\text{pH}=5.30$$

在实际工作中，选择指示剂时，通常只需知道计量点时的 pH，然后选择在计量点或其附近变色的指示剂。此滴定可选甲基红［$pK^\ominus$ (HIn)=5.0］作指示剂。

6.6.3 多元酸(碱)和混合酸(碱)的滴定

1. 多元酸的滴定

多元酸多数是弱酸，它们在水中分级离解，如 H_2B 分两步离解，但 H_2B 能否被强碱分步滴定，则与其 $K_{a_1}^\ominus$ 、$K_{a_2}^\ominus$ 的数值及二者相关的数量级大小有关。从图 6-2 可看出，由于 $H_2C_2O_4$ 的 $K_{a_1}^\ominus$ 、$K_{a_2}^\ominus$ 数量级相差不多，在 $H_2C_2O_4$ 尚未完全被中和成 $HC_2O_4^-$ 时，已有相当多的 $HC_2O_4^-$ 被 NaOH 中和生成 $C_2O_4^{2-}$ 。因此，第一步滴定反应的完全程度大大降低，第一化学计量点附近无明显的 pH 突跃，无法用指示剂指示终点，只能滴至第二终点。

已经证明二元弱酸能否分步滴定可按下列原则大致判断：

若 $cK_{a_1}^\ominus\geqslant10^{-8}$，且 $K_{a_1}^\ominus/K_{a_2}^\ominus\geqslant10^4$，则可分步滴定至第一终点；若同时 $cK_{a_2}^\ominus\geqslant10^{-8}$，则可继续滴定到第二终点；若 $cK_{a_1}^\ominus$ 和 $cK_{a_2}^\ominus$ 都大于 10^{-8}，但 $K_{a_1}^\ominus/K_{a_2}^\ominus<10^4$，则只能滴定到第二终点。

对于三元、四元弱酸分步滴定的判断，可以类似处理。例如，$c(H_3PO_4)$=0.10mol · L^{-1}的

磷酸溶液滴定时，由酸碱滴定法绘制 NaOH 滴定 H_3PO_4 的滴定曲线（图 6-7）可以看出，在第一计量点和第二计量点附近各有一个 pH 突跃。

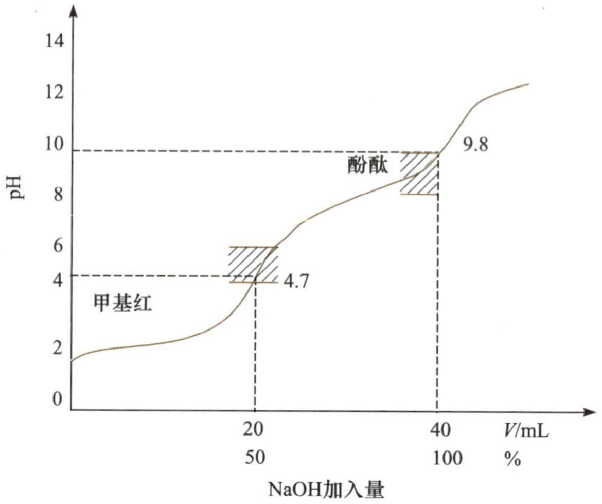

图 6-7 NaOH 溶液滴定 H_3PO_4 溶液的滴定曲线

第一计量点时，产物 NaH_2PO_4 为两性物质，其水溶液 pH 可按式（6-10）计算

$$c(H^+)=\sqrt{K_{a_1}^{\ominus}\cdot K_{a_2}^{\ominus}}=\sqrt{7.52\times10^{-3}\times6.23\times10^{-8}}=2.2\times10^{-5}(mol\cdot L^{-1})$$

$$pH=4.66$$

第二计量点时，产物 Na_2HPO_4 也为两性物质。

$$c(H^+)=\sqrt{K_{a_2}^{\ominus}\cdot K_{a_3}^{\ominus}}=\sqrt{6.23\times10^{-8}\times4.4\times10^{-13}}=1.6\times10^{-10}(mol\cdot L^{-1})$$

$$pH=9.80$$

分别选甲基红和酚酞作指示剂。但由于计量点附近突跃较小，如分别改用溴甲酚绿和甲基橙、酚酞和百里酚酞混合指示剂，则终点变色明显。

2. 多元碱的滴定

多元碱的滴定与多元酸的滴定相似，有关多元酸分步滴定的条件也适用于多元碱，只需将 $K_a^{\ominus}$ 换成 $K_b^{\ominus}$ 。

例如，Na_2CO_3 为二元弱碱，在水中存在两级离解

$$CO_3^{2-}+H_2O \longrightarrow HCO_3^-+OH^-$$

$$K_{b_1}^{\ominus}=K_w^{\ominus}/K_{a_2}^{\ominus}=10^{-14}/(5.6\times10^{-11})=1.8\times10^{-4}$$

$$HCO_3^-+H_2O \longrightarrow H_2CO_3+OH^-$$

$$K_{b_2}^{\ominus}=K_w^{\ominus}/K_{a_1}^{\ominus}=10^{-14}/(4.2\times10^{-7})=2.4\times10^{-8}$$

$$K_{b_1}^{\ominus}/K_{b_2}^{\ominus}=1.8\times10^{-4}/2.4\times10^{-8}\approx10^4$$

对高浓度的 Na_2CO_3 溶液，近似认为两级离解的 OH^- 可分步滴定，形成两个 pH 突跃。滴定曲线如图 6-8 所示。

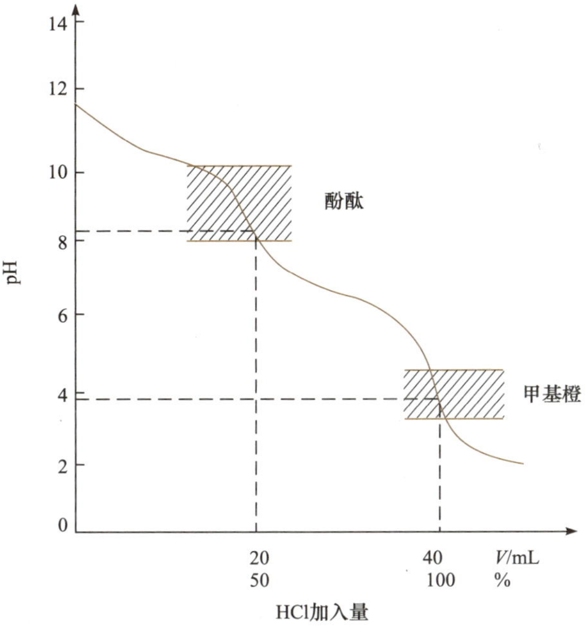

图 6-8　HCl 溶液滴定 Na_2CO_3 溶液的滴定曲线

第一计量点时，产物 $NaHCO_3$ 为两性物质，其水溶液 pH 按式(6-10)计算

$$c(H^+)=\sqrt{K_{a_1}^{\ominus}\cdot K_{a_2}^{\ominus}}=\sqrt{4.2\times10^{-7}\times5.6\times10^{-11}}=4.8\times10^{-9}(mol\cdot L^{-1})$$

$$pH=8.32$$

第二计量点时，产物为饱和的 CO_2 水溶液，浓度约为 0.040mol · L^{-1}，其 pH 按式(6-9)计算

$$c(H^+)=\sqrt{cK_{a_1}^{\ominus}}=\sqrt{0.040\times4.2\times10^{-7}}=1.3\times10^{-4}(mol\cdot L^{-1})$$

$$pH=3.89$$

根据计量点溶液的 pH，可分别选酚酞、甲基橙作指示剂。由于 $K_{b_2}^{\ominus}$ 不够大，第二计量点时 pH 突跃较小，用甲基橙作指示剂，终点变色不太明显。另外，CO_2 易形成过饱和溶液，酸度增大，使终点过早出现，所以在滴定接近终点时，应剧烈地摇动或加热，以除去过量的 CO_2，待冷却后再滴定。

3. 混合酸(碱)的滴定

混合酸(碱)的滴定与多元酸(碱)的滴定条件相类似。在考虑能否分步滴定时，除要看两种酸(碱)的强度，还要看两种酸(碱)的浓度比。

6.6.4　标准溶液的配制与标定

酸碱滴定法中常用的标准溶液是 HCl 和 NaOH 溶液，有时也用 H_2SO_4 和 KOH，HNO_3 具有氧化性，一般不用。标准溶液的浓度一般配成 0.1mol · L^{-1}，有时也需要高至 1mol · L^{-1} 和低至 0.01mol · L^{-1}。实际工作中应根据需要配制合适浓度的标准溶液。

1. 酸标准溶液

HCl 易挥发，HCl 标准溶液采用间接法配制，即先配成大致所需的浓度，然后用基准物质(如无水碳酸钠、硼砂等)进行标定。

(1)无水碳酸钠。其优点是易制得纯品，但由于 Na_2CO_3 易吸收空气中的水分，因此使用之前应在 180～200℃下干燥，然后密封于瓶内，保存在干燥器中备用。用时称量要快，以免吸收水分而引入误差。

标定反应 $$Na_2CO_3 + 2HCl \longequal 2NaCl + H_2CO_3$$
$$H_2CO_3 \longrightarrow CO_2(g) + H_2O$$

选用甲基橙作指示剂，终点变色不太敏锐。

(2)硼砂($Na_2B_4O_7 \cdot 10H_2O$)。其优点是易制得纯品，不易吸水，摩尔质量大，称量误差小。但在空气中易风化失去部分结晶水，因此应保存在相对湿度为 60%的恒湿器中①。

标定反应 $$Na_2B_4O_7 + 2HCl + 5H_2O = 4H_3BO_3 + 2NaCl$$

选甲基红作指示剂，终点变色明显。

2. 碱标准溶液

NaOH 具有很强的吸湿性，易吸收空气中的 CO_2，因此 NaOH 标准溶液应用间接法配制。标定 NaOH 溶液的基准物质有 $H_2C_2O_4 \cdot 2H_2O$、KHC_2O_4、$KHC_8H_4O_4$(邻苯二甲酸氢钾)等，最常见的是 $KHC_8H_4O_4$。

邻苯二甲酸氢钾易制得纯品，不含结晶水，不吸潮，容易保存，摩尔质量大，是标定碱较理想的基准物质，其标定反应为

邻苯二甲酸的 $pK^{\ominus}_{a_2}=5.41$，化学计量点的产物为二元弱碱，pH 约为 9.1，因此可选酚酞作指示剂。

6.6.5 CO_2 对酸碱滴定的影响

在酸碱滴定中，CO_2 的来源很多，如水中溶解的 CO_2、标准碱液或配制碱液的试剂本身吸收了 CO_2、滴定过程中溶液不断吸收空气中的 CO_2 等。它对滴定的影响也是多方面的，其中最重要的是 CO_2 可能与碱反应。由于 CO_2 溶于水后达到平衡时，每种存在形式的分布系数随溶液 pH 不同而不同，因而终点时溶液 pH 不同，CO_2 带来的误差大小也不一样。显然，终点时溶液的 pH 越低，CO_2 的影响越小。如果终点时溶液的 pH 小于 5，则 CO_2 的影响可以忽略不计。

强酸强碱之间的相互滴定，如 HCl 与 NaOH，在它们浓度不太低的情况下，选甲基橙作指示剂，终点时 pH≈4，这时 CO_2 基本上不与碱作用，而碱标准溶液中的 CO_3^{2-} 也基本上转变为 CO_2，即 CO_2 的影响可以忽略。当强酸强碱浓度很低时，由于突跃减小，再用甲基橙作指示剂可能不太合适，应选用甲基红，但此时 CO_2 的影响较大。在这种情况下，通常应煮沸溶液，除去水中溶解的 CO_2，并重新配制不含 CO_3^{2-} 的标准碱溶液。

① 装有食盐和蔗糖饱和溶液的干燥器，其上部空气相对湿度为 60%。

对于弱酸的滴定，终点落在碱性范围内，CO_2 的影响较大。但采用同一指示剂在同一条件下进行标定和测定，则 CO_2 的影响可以部分抵消。

对于其他各类酸碱滴定过程中 CO_2 的影响，可根据 CO_2 的性质进行判断。

6.7　酸碱滴定法的应用

酸碱滴定法广泛用于工业、农业、医药、食品等方面。例如，水果、蔬菜、食醋中的总酸度，天然水的总碱度，土壤、肥料中氨、磷含量的测定及混合碱的分析等都可用酸碱滴定法进行测定。

6.7.1　直接滴定法

强酸、强碱及 $cK_a^\ominus \geqslant 10^{-8}$ 的弱酸和 $cK_b^\ominus \geqslant 10^{-8}$ 的弱碱，均可用标准碱或酸直接滴定。

1. 混合碱的分析

(1) 烧碱中 NaOH 和 Na_2CO_3 含量的测定。NaOH 俗称烧碱，在生产和储藏过程中常因吸收空气中的 CO_2 而产生部分 Na_2CO_3。对烧碱中 NaOH 和 Na_2CO_3 含量的测定可采用双指示剂法。

准确称取质量为 m 的试样，溶于水后，先以酚酞为指示剂，用 HCl 标准溶液滴到终点，记下用去 HCl 溶液体积 V_1。这时 NaOH 全部被滴定，而 Na_2CO_3 只被滴到 $NaHCO_3$。然后加入甲基橙指示剂，用 HCl 继续滴到溶液由黄色变为橙色，此时 $NaHCO_3$ 被滴至 H_2CO_3，记下用去的 HCl 溶液体积为 V_2。显然 V_2 是滴定 $NaHCO_3$ 所消耗的 HCl 溶液体积，而 Na_2CO_3 被滴到 $NaHCO_3$ 和 $NaHCO_3$ 被滴定到 H_2CO_3 所消耗的 HCl 体积是相等的。滴定过程为

$$\left.\begin{array}{l}OH^-\\CO_3^{2-}\end{array}\right\}\xrightarrow[V_1]{H^+}\underset{\text{酚酞终点}}{\left.\begin{array}{l}H_2O\\HCO_3^-\end{array}\right\}}\xrightarrow[V_2]{H^+}\underset{\text{甲基橙终点}}{\begin{array}{l}H_2O\\H_2O+CO_2\end{array}}$$

NaOH 和 Na_2CO_3 的质量分数分别为

$$w(NaOH)=\frac{c(HCl)\cdot(V_1-V_2)\cdot M(NaOH)}{m}$$

$$w(Na_2CO_3)=\frac{c(HCl)\cdot V_2\cdot M(Na_2CO_3)}{m}$$

(2) 纯碱中 Na_2CO_3 和 $NaHCO_3$ 含量的测定。其测定方法与烧碱中 NaOH 和 Na_2CO_3 含量的测定相类似，也可用双指示剂法。滴定过程为

$$\left.\begin{array}{l}CO_3^{2-}\\HCO_3^-\end{array}\right\}\xrightarrow[V_1]{H^+}\underset{\text{酚酞终点}}{\left.\begin{array}{l}HCO_3^-\\HCO_3^-\end{array}\right\}}\xrightarrow[V_2]{H^+}\underset{\text{甲基橙终点}}{\begin{array}{l}H_2O+CO_2\\H_2O+CO_2\end{array}}$$

$$w(Na_2CO_3)=\frac{c(HCl)\cdot V_1\cdot M(Na_2CO_3)}{m}$$

$$w(\text{NaHCO}_3)=\frac{c(\text{HCl})\cdot(V_2-V_1)\cdot M(\text{NaHCO}_3)}{m}$$

双指示剂法不仅用于混合碱的定量分析，还可用于未知碱样的定性分析。某碱样可能含有 NaOH、Na_2CO_3、$NaHCO_3$ 或它们的混合物，设酚酞终点时用去 HCl 溶液 V_1mL，继续滴至甲基橙终点时又用去 HCl 溶液 V_2mL，则未知碱样的组成与 V_1，V_2 的关系见表 6-6。

表 6-6　V_1，V_2 的大小与未知碱样的组成

V_1 与 V_2 的关系	$V_1>V_2$，$V_2\neq0$	$V_1<V_2$，$V_1\neq0$	$V_1=V_2$	$V_1\neq0$，$V_2=0$	$V_1=0$，$V_2\neq0$
碱的组成	$OH^-+CO_3^{2-}$	$CO_3^{2-}+HCO_3^-$	CO_3^{2-}	OH^-	HCO_3^-

注意：混合碱中，NaOH 与 $NaHCO_3$ 不能共存。

【例 6-14】 称取含惰性杂质的混合碱（Na_2CO_3 和 NaOH 或 $NaHCO_3$ 和 Na_2CO_3 的混合物）试样 1.200g，溶于水后，用 0.5000mol · L^{-1}HCl 滴到酚酞终点，用去 30.00mL。然后加入甲基橙指示剂，用 HCl 继续滴到橙色出现，又用去 5.00mL。试样由何种碱组成？各组分的质量分数为多少？

解　此题是用双指示剂法测定混合碱各组分的含量。

$$V_1=30.00\text{mL}\qquad V_2=5.00\text{mL}\qquad V_1>V_2$$

故混合碱试样由 NaOH 和 Na_2CO_3 组成，则

$$w(\text{Na}_2\text{CO}_3)=\frac{c(\text{HCl})\cdot V_2\cdot M(\text{Na}_2\text{CO}_3)}{m}=\frac{0.5000\times0.005\ 00\times106.0}{1.200}=0.2210$$

$$w(\text{NaOH})=\frac{c(\text{HCl})\cdot(V_1-V_2)\cdot M(\text{NaOH})}{m}=\frac{0.5000\times(0.030\ 00-0.005\ 00)\times40.01}{1.200}=0.4168$$

2. 磷酸盐的分析

对于磷酸盐的测定，同样可用双指示剂法进行定性和定量的分析。

【例 6-15】 某 Na_3PO_4 试样含有 Na_2HPO_4 和非酸碱性杂质。称取该试样 0.9875g，溶于水后，以酚酞作指示剂，用 0.2802mol · L^{-1} HCl 滴定至终点，用去 HCl 17.86mL；再加甲基橙指示剂，继续用 HCl 滴定至终点，又用去 HCl 20.12mL，求试样中 Na_3PO_4、Na_2HPO_4 的质量分数。

解　滴定过程为

$$\left.\begin{matrix}\text{PO}_4^{3-}\\ \text{HPO}_4^{2-}\end{matrix}\right\}\xrightarrow[V_1]{\text{H}^+}\underset{\text{酚酞终点}}{\left.\begin{matrix}\text{HPO}_4^{2-}\\ \text{HPO}_4^{2-}\end{matrix}\right\}}\xrightarrow[V_2]{\text{H}^+}\underset{\text{甲基橙终点}}{\begin{matrix}\text{H}_2\text{PO}_4^-\\ \text{H}_2\text{PO}_4^-\end{matrix}}$$

显然，V_1 为滴定至酚酞终点时 PO_4^{3-} 所消耗酸的量，而 PO_4^{3-} 被滴至 HPO_4^{2-} 与 HPO_4^{2-} 继续被滴至 $H_2PO_4^-$ 所消耗的酸的量相等，则有

$$w(\text{Na}_3\text{PO}_4)=\frac{c(\text{HCl})\cdot V_1\cdot M(\text{Na}_3\text{PO}_4)}{m}=\frac{0.2802\times0.017\ 86\times163.9}{0.9875}=0.8308$$

$$w(\text{Na}_2\text{HPO}_4)=\frac{c(\text{HCl})\cdot(V_2-V_1)\cdot M(\text{Na}_2\text{HPO}_4)}{m}=\frac{0.2802\times(0.020\ 12-0.017\ 86)\times141.96}{0.9875}=0.0910$$

6.7.2　其他滴定方式

对于某些 $cK_a^\ominus < 10^{-8}$ 的弱酸和 $cK_b^\ominus < 10^{-8}$ 的弱碱以及一些非酸非碱性物质等可以采用回滴法、间接滴定法进行测定。

肥料、土壤及某些有机化合物（如含蛋白质、生物碱的样品）常需要测定其中氮的含量，一般用 K 氏法定氮，即在 $CuSO_4$ 催化下，用浓 H_2SO_4 将试样分解消化，使各种形式氮化物转化为 NH_4^+。NH_4^+ 的 $K_a^\ominus$ 极小，不能采用标准碱直接滴定，但可用间接的方法进行滴定。

1. 蒸馏法

置铵盐试液于蒸馏瓶中，加入过量的浓碱溶液，加热将 NH_3 蒸馏出来，吸收到一定量过量的标准 HCl 溶液中，然后用 NaOH 标准溶液返滴定剩余的酸。反应如下：

$$NH_4^+ + OH^- = NH_3(g) + H_2O$$

$$NH_3 + H^+ = NH_4^+$$

$$H^+(\text{剩余}) + OH^- = H_2O$$

由于计量点时溶液中存在 NH_4^+，显酸性，可用甲基红作指示剂，有

$$w(N) = \frac{[c(HCl) \cdot V(HCl) - c(NaOH) \cdot V(NaOH)] \cdot M(N)}{m}$$

蒸馏法也可用硼酸溶液吸收 NH_3，生成 $NH_4H_2BO_3$，由于 $H_2BO_3^-$ 是较强的碱，可用标准 HCl 溶液滴定，则有

$$NH_3 + H_3BO_3 = NH_4^+ + H_2BO_3^-$$

$$H_2BO_3^- + H^+ = H_3BO_3$$

计量点时 pH≈5，选用甲基红和溴甲酚绿混合指示剂。其中 H_3BO_3 作吸收剂，只需过量即可，不需知道其准确的量，则有

$$w(N) = \frac{c(HCl) \cdot V(HCl) \cdot M(N)}{m}$$

蒸馏法测氮结果比较准确，但较费时。

2. 甲醛法

甲醛法测 NH_4^+ 盐中氮的含量，操作简单。在试样中加入过量的甲醛，与 NH_4^+ 作用生成一定量的酸和六次甲基四胺。生成的酸可用于标准碱滴定，计量点溶液中存在六次甲基四胺，这种极弱的有机碱使溶液呈碱性，可选酚酞作指示剂，即有

$$4NH_4^+ + 6HCHO = (CH_2)_6N_4 + 4H^+ + 6H_2O$$

$$H^+ + OH^- = H_2O$$

$$w(N) = \frac{c(NaOH) \cdot V(NaOH) \cdot M(N)}{m}$$

如果试样中含有游离的酸或碱，则需先加以中和，采用甲基红作指示剂。不能用酚酞，否则有部分 NH_4^+ 被中和；如果甲醛中含有少量甲酸，使用前也要中和，用酚酞作指示剂。

【例 6-16】 用 K 氏法测定蛋白质中 N 的含量。称取粗蛋白质试样 1.786g，将试样中的氮转变为 NH_3，并以 25.00mL 0.2014mol · L^{-1} 的 HCl 标准溶液吸收，剩余的 HCl 用 0.1288mol · L^{-1} NaOH 的标准溶液返滴定，消耗 NaOH 溶液 10.12mL，计算此粗蛋白质试样中氮的质量分数。

解

$$NH_3+HCl═══NH_4Cl$$

$$HCl+NaOH═══NaCl+H_2O$$

$$w(N)=\frac{[c(HCl)\cdot V(HCl)-c(NaOH)\cdot V(NaOH)]\cdot M(N)}{m}$$

$$=\frac{(0.2014\times25.00-0.1288\times10.12)\times10^{-3}\times14.01}{1.786}$$

$$=0.0293$$

习　题

6-1 你如何理解水的质子自递反应？能够说明哪些主要问题？

6-2 酸碱滴定中，为什么酸碱标准溶液的浓度不宜太高或太低？

6-3 因保存不当而致硼砂失去了部分结晶水，但仍用此硼砂标定 HCl 溶液的浓度，标定结果如何？为什么？

6-4 根据下列反应，标出共轭酸碱对。

(1) $H_2O+H_2O═══H_3O^++OH^-$

(2) $HAc+H_2O═══H_3O^++Ac^-$

(3) $H_3PO_4+OH^-═══H_2PO_4^-+H_2O$

(4) $CN^-+H_2O═══HCN+OH^-$

6-5 指出下列物质中的共轭酸、共轭碱，并按照强弱顺序排列起来：HAc，Ac^-；NH_4^+，NH_3；HF，F^-；H_3PO_4，$H_2PO_4^-$；H_2S，HS^-。

6-6 已知下列各弱酸的 $pK_a^\ominus$ 和弱碱 $pK_b^\ominus$ 的值，求它们的共轭碱和共轭酸的 $pK_b^\ominus$ 和 $pK_a^\ominus$。

(1) HCN	$pK_a^\ominus=9.31$	(2) NH_4^+	$pK_a^\ominus=9.25$
(3) HCOOH	$pK_a^\ominus=3.75$	(4) 苯胺	$pK_b^\ominus=9.34$

6-7 计算 0.10mol · L^{-1} 甲酸(HCOOH)溶液的 pH 及其离解度。

6-8 计算下列溶液的 pH。

(1) 0.05mol · L^{-1} HCl	(2) 0.10mol · L^{-1} $CH_2ClCOOH$
(3) 0.10mol · L^{-1} $NH_3\cdot H_2O$	(4) 0.10mol · L^{-1} CH_3COOH
(5) 0.20mol · L^{-1} Na_2CO_3	(6) 0.50mol · L^{-1} $NaHCO_3$
(7) 0.10mol · L^{-1} NH_4Ac	(8) 0.20mol · L^{-1} Na_2HPO_4

6-9 计算室温下饱和 CO_2 水溶液（$0.040mol \cdot L^{-1}$）中的 $c(H^+)$，$c(HCO_3^-)$，$c(CO_3^{2-})$。

6-10 欲配制 pH=3.0 的缓冲溶液，有下列三组共轭酸碱对：(1) $HCOOH\text{-}HCOO^-$；(2) $HAc\text{-}Ac^-$；(3) $NH_4^+\text{-}NH_3$，哪组较为合适?

6-11 在 100.0mL 0.1 0mol·L^{-1} HAc 溶液中，加入 50.0mL 0.10mol·L^{-1} NaOH 溶液，求此混合液的 pH。

6-12 要配制 pH＝9.40 的 NaAc 溶液 1L，需称取 $NaAc \cdot 3H_2O$ 多少克?

6-13 已知 0.10mol·L^{-1} HAc 溶液的体积为 1.0L，若在该 HAc 溶液中加入 0.10mol 固体 NaAc（假设体积不变），求溶液的 $c(H^+)$ 和 HAc 的电离度 α。

6-14 欲以氨水及固体 NH_4Cl 为原料，配制 pH=9.30 的缓冲溶液 1000mL，要求 $c(NH_4^+)$=0.30mol·L^{-1}，需质量分数为 25%、密度为 0.91g·cm^{-3} 的氨水多少毫升?

6-15 欲配制 pH=10.0 的缓冲溶液，如用 500.0mL 0.10mol·L^{-1} $NH_3 \cdot H_2O$ 溶液，需加入 0.10mol·L^{-1} HCl 溶液多少毫升？或加入固体 NH_4Cl 多少克?（假设体积不变）

6-16 酸碱滴定中，指示剂选择的原则是什么?

6-17 借助指示剂的变色确定终点，下列各物质能否用酸碱滴定法直接准确滴定？如果能，计算计量点时的 pH，并选择合适的指示剂。(1) 0.10mol·L^{-1} NaF；(2) 0.10mol·L^{-1} HCN；(3) 0.10mol·L^{-1} $CH_2ClCOOH$。

6-18 一元弱酸（HA）纯试样 1.250g，溶于 50.00mL 水中，需 41.20mL 0.09000mol·L^{-1} NaOH 滴至终点。已知加入 8.24mL NaOH 时，溶液的 pH=4.30，(1) 求弱酸的摩尔质量 M；(2) 计算弱酸的离解常数 $K_a^\ominus$；(3) 求计量点时的 pH，并选择合适的指示剂指示终点。

6-19 用因保存不当失去部分结晶水的草酸（$H_2C_2O_4 \cdot 2H_2O$）作基准物质来标定 NaOH 的浓度，标定结果是偏高、偏低还是无影响?

6-20 称取混合碱（可能含有 NaOH、Na_2CO_3 和 $NaHCO_3$ 及其他杂质）2.4000g，溶解稀释至 250.0mL，取两份 25.00mL 溶液，一份以酚酞为指示剂，耗去 0.1000mol·L^{-1} HCl 30.00mL，另一份以甲基橙为指示剂，耗去 HCl 35.00mL，则混合碱的组成是什么？各组成成分质量分数为多少?

6-21 称取仅含 NaOH 和 Na_2CO_3 的试样 0.3720 克，溶解后用 30.00mL 0.2000mol·L^{-1} HCl 溶液滴至酚酞变色，则还需加入多少毫升上述 HCl 标液可达到甲基橙终点?

6-22 称取纯碱试样（含 $NaHCO_3$ 及惰性杂质）1.000g，溶于水后，以酚酞为指示剂滴至终点，需 0.2500mol·L^{-1} HCl 20.40mL；再以甲基橙作指示剂继续以 HCl 滴定，到终点时消耗同浓度 HCl 28.46mL，求试样中 Na_2CO_3 和 $NaHCO_3$ 的质量分数。

6-23 称取含 NaH_2PO_4 和 Na_2HPO_4 及其他惰性杂质的试样 1.000g，溶于适量水后，以百里酚酞作指示剂，用 0.1000mol·L^{-1} NaOH 标准溶液滴至溶液刚好变蓝，消耗 NaOH 标准溶液 20.00mL，而后加入溴甲酚绿指示剂，改用 0.1000mol·L^{-1} HCl 标准溶液滴至终点时，消耗 HCl 溶液 30.00mL，试计算：(1) $w(NaH_2PO_4)$；(2) $w(Na_2HPO_4)$；(3) 该 NaOH 标准溶液在甲醛法中对氮的滴定度。

6-24 蛋白质试样 0.2320g 经 K 氏法处理后，加浓碱蒸馏，用过量硼酸吸收蒸出的氨，然后用 0.12mol·L^{-1} HCl 21.00mL 滴至终点，计算试样中氮的质量分数。

6-25 称取土样 1.000g 溶解，将其中的磷沉淀为磷钼酸铵，用 20.00mL 0.1000mol·L^{-1} NaOH 溶解沉淀，过量的 NaOH 用 0.2000mol·L^{-1} HNO_3 7.50mL 滴至酚酞终点，计算土样中 $w(P)$、$w(P_2O_5)$。已知

$$H_3PO_4 + 12MoO_4^{2-} + 2NH_4^+ + 22H^+ = (NH_4)_2HPO_4 \cdot 12MoO_3 \cdot H_2O + 11H_2O$$

$$(NH_4)_2HPO_4 \cdot 12MoO_3 \cdot H_2O + 24OH^- = 12MoO_4^{2-} + HPO_4^{2-} + 2NH_4^+ + 13H_2O$$

6-26 Calculate the concentration of sodium acetate needed to produce a pH of 5.0 in a solution of acetic acid (0.1 mol · L^{-1}) at 25℃. p$K_a^\ominus$ for acetic acid is 4.75 at 25℃.

6-27 The concentration of H_2S in a saturated aqueous solution at room temperature is approximately 0.1mol · L^{-1}. Calculate $c(H^+)$, $c(HS^-)$ and $c(S^{2-})$ in the solution.

6-28 Calculate the equilibrium concentration of sulfide ion in a saturated solution of hydrogen sulfide to which enough hydrochloric acid has been added to make the hydronium ion concentration of the solution 0.1mol · L^{-1}at equilibrium. (A saturated H_2S solution is 0.1mol · L^{-1} in hydrogen sulfide)

第 7 章　沉淀溶解平衡和沉淀滴定法

难溶强电解质在溶液中存在沉淀溶解平衡，这种固相与液相间的平衡属于多相平衡。沉淀的生成、转化、溶解等变化在物质的制备、分离、测定中有广泛应用。

7.1　难溶电解质的溶度积

7.1.1　溶度积

一定温度下，当难溶强电解质溶解于水中而形成饱和溶液时，未溶解的固体物质和溶液中的离子之间即存在如下的沉淀溶解平衡(precipitation dissolution equilibrium)：

$$A_mD_n(s) \rightleftharpoons mA^{n+}(aq) + nD^{m-}(aq)$$

其平衡常数为

$$K_{sp}^{\ominus} = c^m(A^{n+}) \cdot c^n(D^{m-}) \tag{7-1}$$

式中：$K_{sp}^{\ominus}$称为 AgCl 的溶度积常数，简称溶度积。它表示在一定温度下，难溶强电解质的饱和溶液中各离子浓度以其计量数为指数的幂的乘积为一常数。$K_{sp}^{\ominus}$反映了难溶强电解质的溶解状况。一些常见难溶电解质的$K_{sp}^{\ominus}$见附录Ⅲ。

7.1.2　溶度积与溶解度的关系

溶度积$K_{sp}^{\ominus}$和溶解度 S 都可以表示难溶强电解质的溶解状况，但二者概念不同。溶度积$K_{sp}^{\ominus}$是平衡常数的一种形式；溶解度 S 则是浓度的一种形式，表示一定温度下 1L 难溶强电解质饱和溶液(saturated solution)中所含溶质的量。二者可相互换算。

【例 7-1】　已知 298.15K 时 AgCl 的溶解度为 1.91×10^{-3}g · L^{-1}，求其$K_{sp}^{\ominus}$。

解　AgCl 的摩尔质量为 143.4g · mol^{-1}，则

$$S=1.91\times10^{-3}/143.4=1.33\times10^{-5}\text{mol}\cdot\text{L}^{-1}$$

$$c(Ag^+)=c(Cl^-)=S=1.33\times10^{-5}\text{mol}\cdot\text{L}^{-1}$$

$$K_{sp}^{\ominus}=c(Ag^+)\cdot c(Cl^-)=(1.33\times10^{-5})^2=1.77\times10^{-10}$$

【例 7-2】 已知 298.15K 时 $Mg(OH)_2$ 的 $K_{sp}^{\ominus}=5.61\times10^{-12}$，求其溶解度 S。

解

$$Mg(OH)_2(s) \rightleftharpoons Mg^{2+}+2OH^-$$
$$S \qquad 2S$$

$$K_{sp}^{\ominus}=c(Mg^{2+})\cdot c^2(OH^-)=S\cdot(2S)^2=4S^3$$

$$S=\sqrt[3]{\frac{5.61\times10^{-12}}{4}}=1.12\times10^{-4}(mol\cdot L^{-1})$$

从以上两例可见，$K_{sp}^{\ominus}(AgCl)>K_{sp}^{\ominus}[Mg(OH)_2]$，但 $S(AgCl)<S[Mg(OH)_2]$。对于不同类型的难溶强电解质，不能根据它们的溶度积来比较其溶解度的大小；对同一类型的难溶强电解质，在同一温度下，其溶度积较大者，溶解度也较大，反之亦然。AD 型和 AD_2(或 A_2D)型难溶强电解质的 $K_{sp}^{\ominus}$ 与 S 数值的关系如下：

AD 型(如 AgCl，$BaSO_4$)　　$K_{sp}^{\ominus}=S^2$

AD_2 或 A_2D 型［如 $Mg(OH)_2$，Ag_2CrO_4］　　$K_{sp}^{\ominus}=4S^3$

需要指出的是，上述换算关系只适用于难溶强电解质在溶液中一步完全离解的情况，如果不是一步完全离解为离子，则情况较为复杂，上述简单的换算关系不再存在。

7.1.3 溶度积规则

在某难溶强电解质溶液中，其离子浓度乘积称为离子积，用 Q 表示。例如，在 A_mD_n 溶液中，其离子积 $Q=c^m(A^{n+})\cdot c^n(D^{m-})$。显然，$Q$ 与 $K_{sp}^{\ominus}$ 表达式相同，但 $K_{sp}^{\ominus}$ 表示的是难溶强电解质处于沉淀溶解平衡时饱和溶液中离子浓度之积。一定温度下，某一难溶强电解质溶液的 $K_{sp}^{\ominus}$ 为一常数；Q 表示任意状态下离子浓度之积。

(1) $Q<K_{sp}^{\ominus}$，为不饱和溶液，无沉淀生成；若体系中已有沉淀存在，沉淀将会溶解，直至饱和，$Q=K_{sp}^{\ominus}$。

(2) $Q=K_{sp}^{\ominus}$，为饱和溶液，处于沉淀溶解平衡状态。

(3) $Q>K_{sp}^{\ominus}$，为过饱和溶液，沉淀可从溶液中析出，直至饱和，$Q=K_{sp}^{\ominus}$。

以上关系称为溶度积规则(solubility product principle)，据此可以判断沉淀溶解平衡移动的方向，也可以通过控制有关离子的浓度，使沉淀生成或溶解。

7.2 沉淀的生成和溶解

7.2.1 沉淀的生成

根据溶度积规则，要从溶液中沉淀出某一离子，必须加入一种沉淀剂，使溶液中 $Q>K_{sp}^{\ominus}$，生成难溶物沉淀。

【例 7-3】 298.15K 时将 0.0040mol · L^{-1} $AgNO_3$ 溶液与 0.0060mol · L^{-1} K_2CrO_4 溶液等体积混合，是否产生 Ag_2CrO_4 沉淀？

解 两溶液等体积混合后，各物质浓度均减小一半，即

$$c(Ag^+)=0.0020mol \cdot L^{-1}$$

$$c(CrO_4^{2-})=0.0030mol \cdot L^{-1}$$

$$Q=c^2(Ag^+) \cdot c(CrO_4^{2-})=0.0020^2 \times 0.0030=1.2 \times 10^{-8}$$

$$Q>K_{sp}^{\ominus}(Ag_2CrO_4)=1.12 \times 10^{-12}$$

故溶液中有 Ag_2CrO_4 砖红色沉淀产生。

【例 7-4】 在 0.30mol · L^{-1} HCl 溶液中含有 0.10mol · L^{-1} Cd^{2+}，室温下通 H_2S 气体达到饱和(约 0.10mol · L^{-1})，此时 CdS 是否沉淀？

解 H_2S 在溶液中分两步离解

$$H_2S \rightleftharpoons H^+ + HS^- \qquad K_{a_1}^{\ominus}=9.1 \times 10^{-8}$$

$$HS^- \rightleftharpoons H^+ + S^{2-} \qquad K_{a_2}^{\ominus}=1.1 \times 10^{-12}$$

在 HCl 溶液中，由于同离子效应，H_2S 离解产生的 H^+ 很少，故溶液中

$$c(H^+) \approx 0.30mol \cdot L^{-1}$$

$$c(S^{2-})=K_{a_1}^{\ominus} K_{a_2}^{\ominus} c(H_2S)/c^2(H^+)=9.1 \times 10^{-8} \times 1.1 \times 10^{-12} \times 0.10/0.30^2=1.1 \times 10^{-19}(mol \cdot L^{-1})$$

$Q=c(S^{2-}) \cdot c(Cd^{2+})=1.1 \times 10^{-20}>K_{sp}^{\ominus}$，故此条件下有 CdS 黄色沉淀生成。

【例 7-5】 计算 298.15K 时 PbI_2 在 0.010mol · L^{-1} KI 溶液中的溶解度。

解 设 PbI_2 在 0.010mol · L^{-1} KI 溶液中的溶解度为 S mol · L^{-1}，已知 $K_{sp}^{\ominus}(PbI_2)=8.49 \times 10^{-9}$，则

$$PbI_2 \rightleftharpoons Pb^{2+} + 2I^-$$

平衡浓度/(mol · L^{-1})　　S　　$2S+0.010 \approx 0.010$

$$K_{sp}^{\ominus}=c(Pb^{2+}) \cdot c^2(I^-)=S \times 0.010^2$$

$$S=K_{sp}^{\ominus}/0.010^2=8.49 \times 10^{-9}/0.010^2=8.49 \times 10^{-5}(mol \cdot L^{-1})$$

已知 PbI_2 在水中的溶解度为 1.3×10^{-3}mol · L^{-1}，而在 KI 溶液中，由于 $c(I^-)$ 增大，PbI_2 的沉淀溶解平衡向着生成 PbI_2 的方向移动，从而达到新的平衡后，PbI_2 的溶解度降低。像这种加入含有相同离子的易溶强电解质，使难溶电解质的溶解平衡发生移动，从而使其溶解度降低的作用称为沉淀溶解平衡中的同离子效应。

若在难溶强电解质饱和溶液中加入含不同离子的强电解质，则其溶解度略有增大，这种作用称为盐效应。这是因为溶液中离子浓度增大，离子强度增加，阴、阳离子间作用增强，从而减少了离子间相互结合生成沉淀的机会，平衡向着沉淀溶解的方向移动，因而在达到新平衡时浓度略有增大。

要使溶液中某种离子沉淀出来，在选择和使用沉淀时应注意下面几个问题。

(1)根据同离子效应，欲使沉淀完全，必须加入过量沉淀剂。但沉淀剂的过量会使得盐效应增大，有时也会发生配位反应等其他反应，反而使沉淀物溶解度增大，故沉淀剂不可过量太多，一般以过量 20%～50%为宜。

(2)溶液中沉淀物的溶解度越小，沉淀越完全，故应选择沉淀物溶解度最小的沉淀剂，以使沉淀完全。例如，Ag^+可以 AgCl、AgBr、AgI 的形式沉淀出来，其中 AgI 溶解度最小，故选择 KI 为沉淀剂使沉淀最完全。

(3)注意沉淀剂的离解度。因为沉淀是否完全取决于离子的浓度，如欲使 Mn^{2+}沉淀为 $Mn(OH)_2$，选用 NaOH 为沉淀剂比用氨水的效果要好得多。此外还应注意沉淀剂的水解等问题。

7.2.2 分步沉淀

如果溶液中同时含有几种离子，这些离子都能与同一沉淀剂生成不同的沉淀。根据溶度积规则，需要沉淀剂浓度小的离子先生成沉淀；需要沉淀剂浓度大的离子则后生成沉淀。这种溶液中几种离子先后沉淀的现象称为分步沉淀(fractional precipitation)。

离子沉淀的先后次序取决于沉淀物的 $K_{sp}^{\ominus}$ 和被沉淀离子的浓度。对于同类型难溶电解质，当被沉淀离子的浓度相同或相近时，生成难溶物 $K_{sp}^{\ominus}$ 小的先沉淀出来，$K_{sp}^{\ominus}$ 大的后沉淀。例如，在含有等浓度 Cl^-、Br^-、I^-的溶液中，慢慢加入 $AgNO_3$ 溶液，因为 $K_{sp}^{\ominus}(AgI) < K_{sp}^{\ominus}(AgBr) < K_{sp}^{\ominus}(AgCl)$，生成 AgI 所需的 Ag^+浓度最小，故 AgI 最先析出，其后依次为 AgBr、AgCl。

对于不同类型难溶电解质(如 AgCl、Ag_2CrO_4)，或者溶液中离子浓度不同，则不能简单地根据 $K_{sp}^{\ominus}$ 大小来判断沉淀的次序，必须通过计算，根据生成不同难溶物时所需沉淀剂的浓度大小来确定。

利用分步沉淀的原理，可进行多种离子的分离。难溶物的 $K_{sp}^{\ominus}$ 相差越大，分离就越完全。

7.2.3 沉淀的溶解

根据溶度积规则，要使溶液中难溶电解质的沉淀溶解，必须使其离子积 $Q<K_{sp}^{\ominus}$，即必须降低溶液中难溶电解质的某一离子的浓度。可以通过加入某种试剂与溶液中阳离子或阴离子发生化学反应，从而降低该离子浓度，使沉淀溶解。常用的方法有以下三种。

1. 生成弱电解质

常见的弱酸盐和氢氧化物沉淀都易溶于强酸，这是由于弱酸根和 OH^-都能与 H^+结合成难离解的弱酸和水，从而降低了溶液中弱酸根及 OH^-的浓度，使 $Q<K_{sp}^{\ominus}$，沉淀溶解。例如，CaC_2O_4 沉淀溶于 HCl 的反应

$$CaC_2O_4(s) + H^+ \xlongequal{} Ca^{2+} + HC_2O_4^-$$

溶液中存在两个平衡

$CaC_2O_4(s) \rightleftharpoons Ca^{2+}+C_2O_4^{2-}$　　　　$K_{sp}^{\ominus}=c(Ca^{2+})\cdot c(C_2O_4^{2-})$

$H^++C_2O_4^{2-} \rightleftharpoons HC_2O_4^-$　　　　$1/K_{a_2}^{\ominus}=c(HC_2O_4^-)/[c(H^+)\cdot c(C_2O_4^{2-})]$

溶液中有两种平衡同时存在的竞争平衡，其竞争平衡常数$K_j^{\ominus}$为

$$K_j^{\ominus}=c(Ca^{2+})\cdot c(HC_2O_4^-)/c(H^+)=K_{sp}^{\ominus}(CaC_2O_4)/K_{a_2}^{\ominus}(H_2C_2O_4)$$

竞争反应的实质是Ca^{2+}和H^+争夺$C_2O_4^{2-}$生成难溶物CaC_2O_4或弱酸$HC_2O_4^-$。$K_j^{\ominus}$越大，竞争反应进行程度越大，即CaC_2O_4溶解越完全。由上式可知，沉淀物$K_{sp}^{\ominus}$越大，弱酸$K_a^{\ominus}$越小，反应就越完全。

难溶草酸盐、碳酸盐、乙酸盐等都能溶于HCl等强酸，如

$$AgAc(s)+H^+ \rightleftharpoons Ag^++HAc$$

$$CaCO_3(s)+2H^+ \rightleftharpoons Ca^{2+}+CO_2(g)+H_2O$$

$CaCO_3$还能溶于比H_2CO_3强的HAc中，有

$$CaCO_3(s)+2HAc \rightleftharpoons Ca^{2+}+2Ac^-+CO_2(g)+H_2O$$

一些难溶氢氧化物如$Mg(OH)_2$、$Mn(OH)_2$、$Fe(OH)_3$、$Al(OH)_3$等都能溶于强酸，如

$$Mn(OH)_2(s)+2H^+ \rightleftharpoons Mn^{2+}+2H_2O$$

溶度积较大的$Mn(OH)_2$、$Mg(OH)_2$等还能溶于足量的铵盐溶液中，如

$$Mn(OH)_2(s)+2NH_4^+ \rightleftharpoons Mn^{2+}+2NH_3\cdot H_2O$$

硫化物的溶解也可根据$K_{sp}^{\ominus}$来判断，但情况比较复杂。$K_{sp}^{\ominus}$较大的MnS、FeS、ZnS等可溶于强酸，如

$$FeS(s)+2H^+ \rightleftharpoons Fe^{2+}+H_2S$$

但$K_{sp}^{\ominus}$很小的CuS、HgS等不溶于强酸。

【例7-6】 计算下列情况中至少需要多少浓度的酸。(1) 0.10mol MnS溶于1.0L乙酸中；(2) 0.10mol CuS溶于1.0L盐酸中。

解 (1)　　　　$MnS(s)+2HAc \rightleftharpoons Mn^{2+}+2Ac^-+H_2S$

平衡浓度/($mol\cdot L^{-1}$)　　　　0.10　0.20　0.10

$$K_j^{\ominus}=\frac{c(Mn^{2+})\cdot c^2(Ac^-)\cdot c(H_2S)}{c^2(HAc)}=\frac{K_{sp}^{\ominus}(MnS)\cdot K_a^{\ominus 2}(HAc)}{K_{a_1}^{\ominus}\cdot K_{a_2}^{\ominus}(H_2S)}$$

$$c(HAc)=\sqrt{\frac{c(Mn^{2+})\cdot c^2(Ac^-)\cdot c(H_2S)\cdot K_{a_1}^{\ominus}\cdot K_{a_2}^{\ominus}(H_2S)}{K_{sp}^{\ominus}(MnS)\cdot K_a^{\ominus 2}(HAc)}}$$

$$=\sqrt{\frac{0.10\times0.20^2\times0.10\times9.1\times10^{-8}\times1.1\times10^{-12}}{4.65\times10^{-14}\times(1.76\times10^{-5})^2}}$$

$$=1.67(mol\cdot L^{-1})$$

故溶解 0.10mol MnS 所需 HAc 的最低浓度为

$$0.10\times 2+1.67=1.87(\text{mol}\cdot\text{L}^{-1})$$

（2）　$CuS(s)+2H^{+}=\!=\!=Cu^{2+}+H_2S$

平衡浓度/($\text{mol}\cdot\text{L}^{-1}$)　　0.10　0.10

$$K_j^{\ominus}=\frac{c(Cu^{2+})\cdot c(H_2S)}{c^2(H^+)}=\frac{K_{sp}^{\ominus}(CuS)}{K_{a_1}^{\ominus}\cdot K_{a_2}^{\ominus}(H_2S)}$$

$$c(H^+)=\sqrt{\frac{c(Cu^{2+})\cdot c(H_2S)\cdot K_{a_1}^{\ominus}\cdot K_{a_2}^{\ominus}(H_2S)}{K_{sp}^{\ominus}(CuS)}}$$

$$=\sqrt{\frac{0.10\times 0.10\times 9.1\times 10^{-8}\times 1.1\times 10^{-12}}{1.27\times 10^{-36}}}$$

$$=2.81\times 10^{7}(\text{mol}\cdot\text{L}^{-1})$$

所需 H^+浓度如此之高，说明 CuS 不能溶于盐酸中。

2. 发生氧化还原反应

加入氧化剂或还原剂，使沉淀因氧化还原反应而溶解。例如，CuS 不溶于盐酸，但溶于热的浓 HNO_3 中，有

$$3CuS+8HNO_3\xlongequal{\triangle}3Cu(NO_3)_2+3S+2NO(g)+4H_2O$$

3. 生成配合物

例如，AgCl 溶于氨水中，有

$$AgCl+2NH_3\cdot H_2O=\!=\!=Ag(NH_3)_2^{+}+Cl^{-}+2H_2O$$

溶解度极小的 HgS 不溶于热的浓 HNO_3，只溶于王水中，即

$$3HgS+2HNO_3+12HCl=\!=\!=3HgCl_4^{2-}+3S+2NO(g)+6H^{+}+4H_2O$$

这时溶液中既发生了氧化还原反应，又生成了配合物，因而大大降低了 Hg^{2+}、S^{2-}的浓度，使 $Q<K_{sp}^{\ominus}$，沉淀溶解。

7.2.4 沉淀的转化

在含有沉淀的溶液中加入适当试剂，与某离子结合生成另一种更难溶的沉淀，这一过程称为沉淀的转化。例如，在含有 $PbSO_4$ 白色沉淀的溶液中加入 $(NH_4)_2S$ 溶液，会发现沉淀变为黑色，这是生成了 PbS，即

$$PbSO_4(s)+S^{2-}=\!=\!=PbS(s)+SO_4^{2-}$$

沉淀转化的原因是 PbS 的 $K_{sp}^{\ominus}$ (9.04×10^{-29}) 比 $PbSO_4$ 的 $K_{sp}^{\ominus}$ (1.82×10^{-8}) 小得多。此竞争反应的平衡常数为

$$K_j^{\ominus}=c(SO_4^{2-})/c(S^{2-})=K_{sp}^{\ominus}(PbSO_4)/K_{sp}^{\ominus}(PbS)$$

$$=1.82\times 10^{-8}/(9.4\times 10^{-29})=2.0\times 10^{20}$$

$K_j^{\ominus}$ 如此之大，说明这个转化反应进行得很完全。

7.3　沉淀滴定法

7.3.1　沉淀滴定法对反应的要求

沉淀滴定法(precipitation titration)是以沉淀反应为基础的滴定分析方法。沉淀反应很多，但不是所有的沉淀反应都能用于滴定。能用于沉淀滴定的沉淀反应既要满足滴定分析反应的必需条件，还要求沉淀的溶解度足够小，沉淀的吸附现象应不影响终点的判断。

这些条件不易同时满足，故能用于沉淀滴定的反应不多。目前最常用的是生成难溶银盐的反应，如

$$Ag^+ + Cl^- = AgCl$$

$$Ag^+ + SCN^- = AgSCN$$

以这类反应为基础的沉淀滴定法称为银量法，可用于测定 Cl^-、Br^-、I^-、CN^-、SCN^-和Ag^+等离子。本章仅介绍这类方法。

7.3.2　沉淀滴定法

1. 莫尔法

用铬酸钾作指示剂的银量法称为莫尔(Mohr)法。

1)基本原理及滴定条件

在中性或弱碱性溶液中，以 K_2CrO_4 作指示剂，用 $AgNO_3$ 标准溶液直接滴定 Cl^-。有关反应式为

$$Ag^+ + Cl^- = AgCl \text{（白色）}$$

$$2Ag^+ + CrO_4^{2-} = Ag_2CrO_4 \text{（砖红色）}$$

因为 AgCl 的溶解度比 Ag_2CrO_4 小，根据分步沉淀原理，AgCl 先沉淀。当滴定至化学计量点时，过量一滴，Ag^+即与 CrO_4^{2-} 生成砖红色沉淀，指示到达终点。

为使 Ag_2CrO_4 沉淀恰好在计量点时产生，并使终点及时、明显，控制好 K_2CrO_4 溶液的浓度和溶液的酸度是两大关键。

(1) K_2CrO_4 溶液浓度太大或太小，会使 Ag_2CrO_4 沉淀过早或过迟出现，影响终点判断。理论上，要求在化学计量点时，即在 $c(Ag^+)=c(Cl^-)=1.33\times10^{-5}mol\cdot L^{-1}$时，$Ag_2CrO_4$ 刚好开始沉淀，指示终点，此时

$$c(CrO_4^{2-})=K_{sp}^{\ominus}(Ag_2CrO_4)/c^2(Ag^+)=1.12\times10^{-12}/(1.77\times10^{-10})=0.0063mol\cdot L^{-1}$$

一般滴定终点时，K_2CrO_4 的浓度为 $0.0050mol\cdot L^{-1}$ 较宜。

(2)用 $AgNO_3$ 溶液滴定 Cl^-时，反应需在中性或弱碱性介质(pH 为 6.5～10.5)中进行。在酸性介质中，Ag_2CrO_4 不会沉淀析出，即

$$Ag_2CrO_4 + H^+ = 2Ag^+ + HCrO_4^-$$

在强碱性或氨溶液中，滴定剂将发生其他反应，如

$$2Ag^{+} + 2OH^{-} \longrightarrow Ag_2O + H_2O$$

$$Ag^{+} + 2NH_3 \longrightarrow [Ag(NH_3)_2]^{+}$$

因此，如果溶液酸性太强，应用 $NaHCO_3$、$CaCO_3$ 或 $Na_2B_4O_7 \cdot 10H_2O$ 中和；碱性太强，可用稀 HNO_3 中和。

2) 应用范围

莫尔法选择性较差，主要用于直接测定 Cl^- 和 Br^- 或二者共存时的总量，不适用于直接滴定 I^- 或 SCN^-。因为 AgI 和 AgSCN 沉淀具有强烈的吸附作用，分别吸附 I^- 和 SCN^-，使终点提前。此法也不适用于以 Cl^- 滴定 Ag^+，因为滴定前生成的 Ag_2CrO_4 再转化为 AgCl 的速度很慢。凡能与 CrO_4^{2-} 生成沉淀的阳离子及能与 Ag^+ 生成沉淀或配合物的物质均对测定有干扰。

2. 福尔哈德法

用铁铵矾作指示剂的银量法称为福尔哈德(Volhard)法，常分为直接滴定法和返滴定法。

1) 基本原理及滴定条件

(1) 直接滴定法——测定 Ag^+。在含有 Ag^+ 的硝酸溶液中，以铁铵矾 $NH_4Fe(SO_4)_2 \cdot 12H_2O$ 作指示剂，用 NH_4SCN、KSCN 或 NaSCN 标准溶液进行滴定，先析出 AgSCN 白色沉淀，化学计量点后，稍微过量的 SCN^- 即与 Fe^{3+} 生成红色的 $[Fe(SCN)]^{2+}$，指示到达终点。

$$Ag^{+} + SCN^{-} \longrightarrow AgSCN\text{(白色)}$$

$$Fe^{3+} + SCN^{-} \longrightarrow [Fe(SCN)]^{2+}\text{(红色)}$$

滴定一般在硝酸溶液中进行，酸度控制在 0.1～1mol·L^{-1}。酸度太低，Fe^{3+} 会发生水解而析出沉淀。Fe^{3+} 的浓度通常保持在 0.0150mol·L^{-1}。同时，滴定时要充分摇动溶液，使被 AgSCN 沉淀吸附的 Ag^+ 及时释放出来以减小误差。

(2) 返滴定法——测定 Cl^-、Br^-、I^- 和 SCN^-。在含有 Cl^- 的硝酸溶液中加入一定过量的 $AgNO_3$ 标准溶液，然后以铁铵矾作指示剂，用 NH_4SCN 标准溶液返滴剩余的 Ag^+。

在滴定时，存在 AgCl 和 AgSCN 两种沉淀，为防止 Ag^+ 被沉淀吸附，计量点前需要充分振荡，但在计量点后，稍微过量的 SCN^- 除与 Fe^{3+} 生成红色 $[Fe(NCS)]^{2+}$ 以指示终点外，还将 AgCl 转化为溶解度更小的 AgSCN，此时若剧烈振荡，会促使沉淀的转化，并破坏 $[Fe(SCN)]^{2+}$，使红色消失而得不到终点。为解决这一问题，通常采用两种方法：一是通过过滤分离出 AgCl 沉淀，然后再滴定；二是加入有机溶剂(如硝基苯)，用力摇动，使 AgCl 表面被有机溶剂覆盖，与溶液隔开，然后再用 NH_4SCN 滴定。

用返滴定法测定 Br^- 或 I^- 时不存在沉淀转化的问题，但在测定 I^- 时要先加 $AgNO_3$ 再加指示剂，否则 Fe^{3+} 将与 I^- 作用析出 I_2，影响分析结果。

2) 应用范围

福尔哈德法的最大优点是在酸性溶液中进行，许多弱酸根离子(如 PO_4^{3-}、AsO_4^{3-}、CrO_4^{2-} 等)不与 Ag^+ 生成沉淀，故选择性较高。但强氧化剂、氮的低价氧化物及铜盐、汞盐等能与 SCN^- 反应，干扰滴定，必须预先除去。

3. 法扬斯法

用吸附指示剂指示滴定终点的银量法称为法扬斯(Fajans)法。

吸附指示剂(如荧光黄)是一种有机弱酸，常用它的钠盐，在溶液中离解为 Na^+和荧光黄阴离子 In^-。用 $AgNO_3$ 滴定 Cl^-时，在计量点前，溶液中过量的 Cl^-使 AgCl 胶粒带负电，不吸附 In^-，溶液呈黄色，而在计量点后，AgCl 胶粒因吸附而带正电，故而强烈吸附 In^-，溶液由黄色变为粉红色，从而指示终点。

如果用 NaCl 标准溶液滴定 Ag^+，颜色变化正好相反。

7.3.3 银量法的应用

1. 标准溶液的配制和标定

银量法中常用的标准溶液是 $AgNO_3$ 和 NH_4SCN 溶液。

(1) $AgNO_3$ 标准溶液。$AgNO_3$ 可以制得纯度很高，可直接用干燥的基准 $AgNO_3$ 来配制标准溶液。但一般的 $AgNO_3$ 往往含有杂质，应进行标定，即先配成近似浓度的 $AgNO_3$ 溶液，再用 NaCl 基准物标定。

必须注意的是，用于配制 $AgNO_3$ 溶液的蒸馏水应不含 Cl^-，且 $AgNO_3$ 溶液应保存在棕色瓶中。此外，基准物 NaCl 在使用前要放在坩埚中加热至 500～600℃，直至不再有爆裂声为止，然后放入干燥器内冷却备用。

(2) NH_4SCN 标准溶液。NH_4SCN 试剂一般含杂质，易潮解，不能直接配制标准溶液，需要标定。可取一定量已标定好的 $AgNO_3$ 标准溶液，用 NH_4SCN 溶液直接滴定。

2. 应用示例

(1) 天然水中 Cl^-含量的测定。天然水中都含 Cl^-，其含量一般用莫尔法测定。若水中还含有 SO_3^{2-}、PO_4^{3-}、S^{2-}等，则采用福尔哈德法。

(2) 有机卤化物中卤素的测定。有机物中所含卤素多为共价键结合，必须经过适当处理使其转化为卤素离子后才能用银量法测定。以农药“六六六”(六氯环己烷)为例，将试样与 KOH^-乙醇溶液一起加热回流，使有机氯转化为 Cl^-而进入溶液，即

$$C_6H_6Cl_6 + 3OH^- = C_6H_3Cl_3 + 3Cl^- + 3H_2O$$

溶液冷却后，加 HNO_3 调至酸性，用福尔哈德法测定其中的 Cl^-。

(3) 银合金中银的测定。用硝酸溶解试样并除去氮的氧化物后，用福尔哈德直接滴定法即可测得银的含量。

习　题

7-1　如何根据 $\Delta_r G_m^\ominus$ 的数据来计算 298K 时 AgCl 的 $K_{sp}^\ominus$(AgCl)？

7-2　对比滴定分析方法，重量分析法的有何特点？

7-3 工业生产中锅炉容易产生水垢，带来生产安全隐患。为了预防水垢的产生，可以在工业用水中加入一定量的聚磷酸盐(包括直连聚磷酸盐、超磷酸盐和环状偏聚磷酸盐等)等阻垢剂。请用所学知识解释水垢产生及预防的基本原理。

7-4 Even though $Ca(OH)_2$ is an inexpensive base, its limited solubility restricts its use. What is the pH of a saturated solution of $Ca(OH)_2$?

7-5 根据 $K_{sp}^{\ominus}$ 值计算下列各难溶电解质的溶解度：(1) $Mg(OH)_2$ 在纯水中；(2) $Mg(OH)_2$ 在 $0.010mol \cdot L^{-1}$ $MgCl_2$ 溶液中；(3) CaF_2 在 pH=2 的水溶液中。

7-6 欲从 $0.0020mol \cdot L^{-1}$ $Pb(NO_3)_2$ 溶液中产生 $Pb(OH)_2$ 沉淀，溶液的 pH 至少为多少？

7-7 下列溶液中能否产生沉淀？(1) $0.020mol \cdot L^{-1}$ $BaCl_2$ 溶液与 $0.010mol \cdot L^{-1}$ Na_2CO_3 溶液等体积混合；(2) $0.050mol \cdot L^{-1}$ $MgCl_2$ 溶液与 $0.10mol \cdot L^{-1}$ 氨水等体积混合；(3) 在 $0.10mol \cdot L^{-1}$ HAc 和 $0.10mol \cdot L^{-1}$ $FeCl_2$ 混合溶液中通入 H_2S 气体达饱和(约 $0.10mol \cdot L^{-1}$)。

7-8 将 50.0mL $0.20mol \cdot L^{-1}$ $MnCl_2$ 溶液与等体积的 $0.020mol \cdot L^{-1}$ 氨溶液混合，欲防止 $Mn(OH)_2$ 沉淀，至少需向此溶液中加入多少克 NH_4Cl 固体？

7-9 将 H_2S 气体通入 $0.10mol \cdot L^{-1}$ $FeCl_2$ 溶液中达到饱和，必须控制多大的 pH 才能阻止 FeS 沉淀？

7-10 在下列情况下，分析结果是偏高、偏低，还是无影响？为什么？(1) 在 pH=4 时用莫尔法测定 Cl^-；(2) 用福尔哈德法测定 Cl^- 时，既没有滤去 AgCl 沉淀，又没有加有机溶剂；(3) 在(2)的条件下测定 Br^-。

7-11 分析某铬矿时，称取 0.5100g 试样，生成 0.2615g $BaCrO_4$，求矿中 Cr_2O_3 的质量分数。

7-12 A solution is $0.010mol \cdot L^{-1}$ in both Cu^{2+} and Cd^{2+}. What percentage of Cd^{2+} remains in the solution when 99.9% of Cu^{2+} has been precipitated as CuS by adding sulfide?

7-13 Consider the titration of 25.00mL of $0.082\ 30mol \cdot L^{-1}$ KI with $0.051\ 10mol \cdot L^{-1}$ $AgNO_3$. Calculate pAg at the following volumes of added $AgNO_3$: (1) 39.00mL; (2) volume of stoichiometric point V_{sp}; (3) 44.30mL.

7-14 A solution contains $1.8 \times 10^{-4}mol \cdot L^{-1}$ Co^{2+} and $0.20mol \cdot L^{-1}$ HSO_4^-. How much the solution also contains Na_2SO_4 to prevent precipitation of cobalt(Ⅱ) sulfide when the solution is saturated with hydrogen sulfide ($0.10mol \cdot L^{-1}$ H_2S)?

7-15 含有 $0.10mol \cdot L^{-1}$ 的 Fe^{3+} 和 Mg^{2+} 的溶液，用 NaOH 使其分离，即将 Fe^{3+} 定性沉淀完全，而将 Mg^{2+} 留在溶液中，pH 应控制在什么范围？

7-16 在 $0.05mol \cdot L^{-1}$ $CuSO_4$ 溶液中通入 H_2S 至饱和($0.1mol \cdot L^{-1}$)溶液中，残留的 Cu^{2+} 浓度等于多少？

7-17 有 0.5000g 的纯 KIO_x，将它还原为 I^- 后，用 $0.1000mol \cdot L^{-1}$ $AgNO_3$ 溶液滴定，用去 23.36mL，求该化合物的分子式。

7-18 称取含砷试样 0.5000g，溶解后在弱碱性介质中将砷处理为 AsO_4^{3-}，然后沉淀为 Ag_3AsO_4。将沉淀过滤、洗涤，最后将沉淀溶于酸中。以 $0.1000mol \cdot L^{-1}$ NH_4SCN 溶液滴定其中的 Ag^+ 至终点，消耗 45.45mL。计算试样中砷的质量分数。

7-19 称取含有 NaCl 和 NaBr 的试样 0.6280g，溶解后用 $AgNO_3$ 溶液处理，得到干燥的 AgCl 和 AgBr 沉淀 0.5064g。另称取相同质量的试样 1 份，用 $0.1050mol \cdot L^{-1}$ $AgNO_3$ 溶液滴定至终点，消耗 28.34mL。计算试样中 NaCl 和 NaBr 的质量分数。

7-20 Cl^-、Br^-、I^- 都能与 Ag^+ 生成难溶性银盐，当混合溶液中上述三种离子的浓度都是 $0.010mol \cdot L^{-1}$ 时，加入 $AgNO_3$ 溶液，它们的沉淀次序如何？这三种离子是否能分步沉淀？

第 8 章 配位平衡和配位滴定法

配位化合物(coordination compound)简称配合物，是一类组成复杂的化合物。配位化合物不仅在生物体中具有重要意义，而且在化学分析、水的软化、医学、染料、催化合成、电镀、金属防腐、湿法冶金等方面都有着重要的应用。有关配合物的研究已发展成独立的分支学科——配位化学，并且与其他学科领域相互渗透，形成一些边缘学科，如金属有机化学、生物无机化学等。建立在配位反应基础上的滴定分析方法称为配位滴定法。

8.1 配位化合物的组成与命名

8.1.1 配合物的组成

1893 年，维尔纳(Werner)提出配位理论学说，认为配合物中有一个金属离子或原子处于配合物的中央，称为中心离子(或形成体)；在它周围按一定几何构型围绕着一些带负电荷的阴离子或中性分子，称为配位体；中心离子和配位体构成了配合物的内界(inner)，这是配合物的特征部分，在化学式中用方括号括起来。距中心离子较远的其他离子称为外界离子，构成配合物的外界(outer)，在化学式中写在方括号之外。内界与外界构成配合物。

例如，$[Co(NH_3)_6]Cl_3$，内界离子称为配离子，外界离子一般为简单离子。配离子与相反电荷的离子(外界)以离子键结合成电中性的配合物，如$[Cu(NH_3)_4]SO_4$、$K_3[Fe(CN)_6]$等。若内界不带电荷，称为配合分子，如$[Ni(CO)_4]$、$[Pt(NH_3)_2Cl_2]$等。配合物的组成可图示如下：

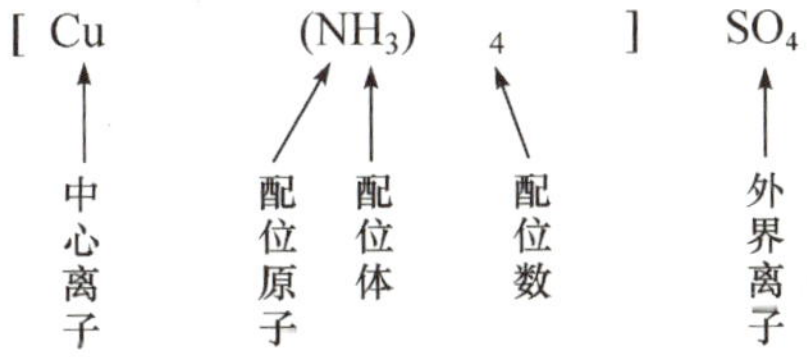

1. 中心离子或中心原子

配合物内界中，位于其结构几何中心的离子或原子称为中心离子(central ion)或中心原子，也统称为形成体，主要是一些过渡金属，如铁、钴、镍、铜、银、金、铂等金属元素的离子，但硼、硅、磷等一些具有高氧化数的非金属元素的离子也能作为中心离子，如$Na[BF_4]$中的B(Ⅲ)、$K_2[SiF_6]$中的Si(Ⅳ)和$NH_4[PF_6]$中的P(Ⅴ)。也有不带电荷的中性原子作形成体的，如$[Ni(CO)_4]$、$[Fe(CO)_5]$中的Ni、Fe都是中性原子。还有少数阴离子作中心离子的，如$[I(I_2)]^-$中的I^-、$[S(S_8)]^{2-}$中的S^{2-}等。

2. 配位体和配位原子

在内界中与中心离子结合的、含有孤对电子的中性分子或阴离子称为配位体(ligand)，简称配体。其中直接与中心离子结合的原子称为配位原子，如 F^-、OH^-、NH_3、H_2O 等配体中的 F、N、O 原子是配位原子。配位原子主要是非金属 N、O、S、C 和卤素原子。

只有一个配位原子的配体称为单基(单齿)配体(unidentate ligand)，如 NH_3、CN^-等；含有两个或两个以上配位原子的配体称为多基(多齿)配体(multidentate ligand)，如乙二胺 $NH_2—CH_2—CH_2—NH_2$(en)、草酸根 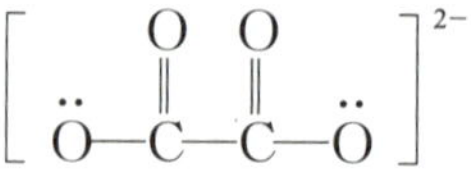(OX)、2，2′-联吡啶 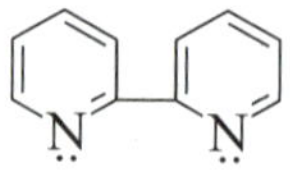(bipy)等均为双基配体，乙二胺四乙酸(EDTA)是六基配体。

常见的配体如表 8-1 所示。

表 8-1 常见的配体

类型	配位原子	实例
单齿配位	C	CO、C_2H_4、CNR(R 代表烃基)、CN^-
	N	NH_3、NO、NR_3、RNH_2、C_5H_5N(吡啶，py)、NCS^-、NH_2^-、NO_2^-
	O	ROH、R_2O、H_2O、R_2SO、OH^-、$RCOO^-$、ONO^-、SO_4^{2-}、CO_3^{2-}
	P	PH_3、PR_3、PX_3(X 代表卤素)、PR_2^-
	S	R_2S、RSH、$S_2O_3^{2-}$
	X	F^-、Cl^-、Br^-、I^-
双齿	N	乙二胺(en) $H_2\ddot{N}—CH_2—CH_2—\ddot{N}H_2$，联吡啶(bipy) $\ddot{N}H_4C_5—C_5H_4\ddot{N}$
	O	草酸根 $C_2O_4^{2-}$、乙酰丙酮离子($acac^-$) 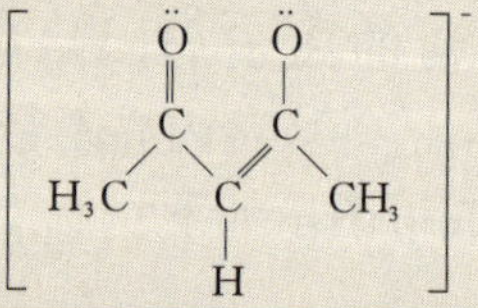
三齿	N	二乙基三胺(dien) $H_2\ddot{N}—CH_2—CH_2—\ddot{N}H—CH_2—CH_2—\ddot{N}H_2$
四齿	N，O	氨基三乙酸：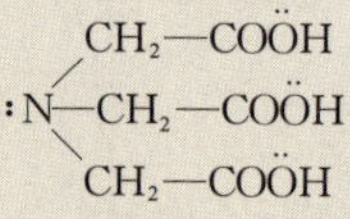
五齿	N，O	乙二胺三乙酸根离子 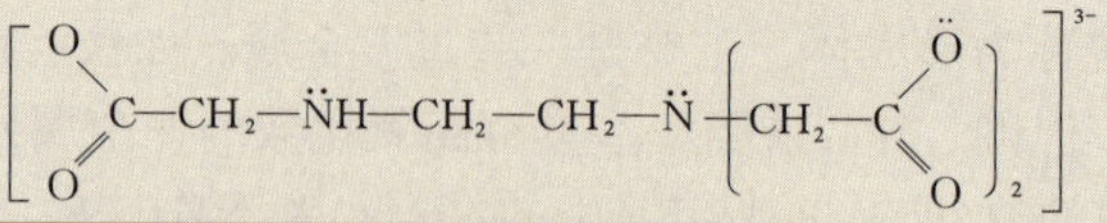
六齿	N，O	乙二胺四乙酸根离子 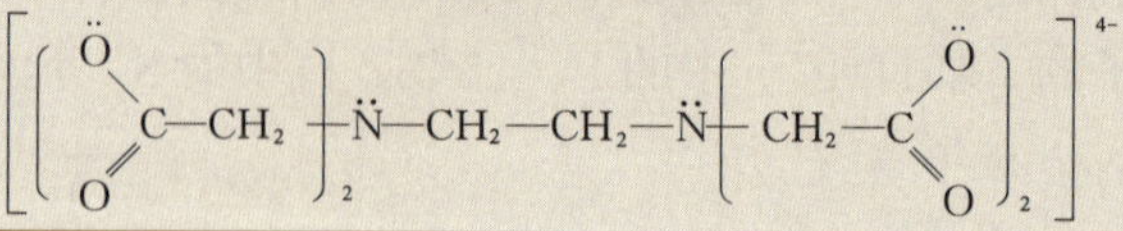

3. 配位数

与中心离子或中心原子直接结合的配位原子的总数称为该中心离子的配位数(coordination number)，它是配合物的重要特征之一。对于单基配体，配位数等于配体的个数，如$[Cu(NH_3)_4]^{2+}$中Cu^{2+}的配位数是4；多基配体则不然，如$[Pt(en)_2]^{2+}$中Pt^{2+}的配位数是4而不是2。

中心离子常见的配位数为2、4、6，也有为3、5、8等(表8-2)。影响配位数的因素主要是中心离子的电荷和半径，同时，配体的电荷、半径及配合物形成时的外界条件也有一定影响。

表8-2　不同价态金属离子的配位数

中心离子电荷	+1	+2	+3
配位数	2(4)	4(6)	(4)6
实例	Ag^+　2 Cu^+，Au^+　2，4	Cu^{2+}，Zn^{2+}，Ni^{2+}，Co^{2+}　4，6 Fe^{2+}，Ca^{2+}　6	Al^{3+}　4，6 Fe^{3+}，Co^{3+}，Cr^{3+}　6

一般来说，中心离子电荷越多，吸引配体的能力越强，配位数就越大。例如，$[PtCl_4]^{2-}$中Pt^{2+}的配位数为4，而$[PtCl_6]^{2-}$中Pt^{4+}的配位数为6。中心离子的半径越大，其周围可容纳配体的有效空间越大，配位数也越大。例如，Al^{3+}的离子半径比B^{3+}大，$[AlF_6]^{3-}$中Al^{3+}的配位数为6，而BF_4^-中B^{3+}的配位数为4。

当配体电荷少、体积小时，配位数大。例如，F^-的离子半径比Cl^-小，它们与Al^{3+}形成的配离子分别是$[AlF_6]^{3-}$和$[AlCl_4]^-$。在形成配合物时，配体浓度、温度等也影响配位数。

4. 配离子的电荷数

配离子的电荷数等于组成该配离子的中心离子电荷数与各配体电荷数的代数和。例如，配离子$[Fe(CN)_6]^{3-}$的电荷数$=(+3)+(-1)\times 6=-3$，配离子$[PtCl_4(NH_3)_2]$的电荷数$=(+4)+(-1)\times 4+0\times 2=0$。

5. 配位化合物的定义

由中心离子和一定数目的配体以配位键结合而形成的结构单元称为配位个体。配位个体一般为带电的离子，如$[Cu(NH_3)_4]^{2+}$，也有电中性的，如$[Ni(CO)_4]$。含有配位个体的电中性化合物即为配位化合物，如$[Cu(NH_3)_4]SO_4$。电中性的配位个体本身就是配位化合物。

8.1.2　配合物命名简介

配合物的命名方法服从一般无机化合物的命名原则。若外界是简单负离子，如Cl^-、OH^-等，则称为“某化某”；若外界是复杂负离子，如SO_4^{2-}、NO_3^-等，则称为“某酸某”；若外界是正离子，配离子是负离子，则将配阴离子看成复杂酸根离子，称为“某酸某”。

1. 内界的命名

配合物中内界配离子的命名方法一般依照如下顺序：配体数（中文数字）→配体名称→“合”→中心离子（原子）名称→中心离子（原子）氧化数（在括号内用罗马数字注明），中心原子的氧化数为零时可以不标明，若配体不止一种，不同配体之间以“·”分开。配体前用中文数字表示其数目，仅一个配体时可不写“一”。

（1）带倍数词头的无机含氧酸阴离子配体和复杂有机配体命名时，要加圆括号，如“三（磷酸根）”、“二（乙二胺）”。有的无机含氧酸阴离子，即使不含有倍数词头，但含有一个以上直接相连的成酸原子，也要加圆括号，如“（硫代硫酸根）”。

（2）配体的命名顺序。

①既有无机配体又有有机配体时，则无机配体在前，有机配体在后；在无机配体和有机配体中既有离子又有分子时，离子在前，分子在后，如 $K[PtCl_3NH_3]$，三氯·一氨合铂（Ⅱ）酸钾。

②同类配体的名称按配位原子元素符号的英文字母顺序排列，如 $[Co(NH_3)_5H_2O]Cl_3$，三氯化五氨·一水合钴（Ⅲ）。

2. 配合物的命名

理顺内界命名的关系后，再加上外界即可用一般无机化合物的命名原则进行命名。例如

$[Ag(NH_3)_2]Cl$	氯化二氨合银（Ⅰ）
$[Co(NH_3)_6]Br_3$	三溴化六氨合钴（Ⅲ）
$[Co(NH_3)_5(ONO)]SO_4$	硫酸亚硝酸根·五氨合钴（Ⅲ）
$[Cr(NH_3)_2(en)_2](NO_3)_3$	硝酸二氨·二（乙二胺）合铬（Ⅲ）
$K_2[HgI_4]$	四碘合汞（Ⅱ）酸钾
$Na_3[Ag(S_2O_3)_2]$	二（硫代硫酸根）合银（Ⅰ）酸钠
$NH_4[Cr(NH_3)_2(NCS)_4]$	四（异硫氰酸根）·二氨合铬（Ⅲ）酸铵
$K[PtCl_5(NH_3)]$	五氯·氨合铂（Ⅳ）酸钾
$H_2[PtCl_6]$	六氯合铂（Ⅳ）酸（俗名氯铂酸）
$H_2[SiF_6]$	六氟合硅（Ⅳ）酸（俗名氟硅酸）
$[Fe(CO)_5]$	五羰基合铁
$[Pt(NH_3)_2Cl_2]$	二氯·二氨合铂（Ⅱ）
$[Co(NH_3)_3(NO_2)_3]$	三硝基·三氨合钴（Ⅲ）
$[Ni(CO)_4]$	四羰基合镍

有的配体在与不同的中心离子结合时，所用配位原子不同，命名时应加以区别。例如

$K_3[Fe(\underset{\cdot}{N}CS)_6]$	六（异硫氰酸根）合铁（Ⅲ）酸钾
$[CoCl(\underset{\cdot}{S}CN)(en)_2]NO_3$	硝酸氯·硫氰酸根·二（乙二胺）合钴（Ⅲ）
$[Co(\underset{\cdot}{N}O_2)_2(NH_3)_4]Cl$	氯化二硝基·四氨合钴（Ⅲ）
$[Co(\underset{\cdot}{O}NO)(NH_3)_5]SO_4$	硫酸（亚硝酸根）·五氨合钴（Ⅲ）

某些常见配合物通常多用习惯名称。例如，$[Cu(NH_3)_4]^{2+}$称铜氨配离子，$[Ag(NH_3)_2]^+$称银氨配离子，$K_3[Fe(CN)_6]$称铁氰化钾，$K_4[Fe(CN)_6]$称亚铁氰化钾，$H_2[SiF_6]$称氟硅酸。有时也用俗名，如 $K_3[Fe(CN)_6]$称赤血盐、$K_4[Fe(CN)_6]$称黄血盐。

8.2　配合物的价键理论

8.2.1　价键理论

配合物价键理论(valence bond theory)是鲍林将杂化轨道理论应用于配位化合物而逐渐形成和发展起来的。该理论概念简单明确，能解释许多配合物形成体的配位数、配离子的空间构型、磁性和稳定性等。

1. 价键理论的基本要点

(1) 中心离子的结构特点。配合物的中心离子或原子，其价电子层必须有空轨道。在中心离子与配体的配位原子成键过程中，这些空的价电子层轨道以一定方式进行杂化，形成的杂化轨道具有一定的空间构型。

(2) 配体的结构特点。作为配体的离子或分子，其中的配位原子具有孤对电子。

(3) 配位键的形成。价键理论认为中心离子提供一组以一定方式进行杂化了的等价空轨道，配体中的配位原子提供孤对电子，进入这组杂化轨道，由此形成中心离子与配位原子之间的共价键称为配位键。

【例 8-1】　配离子$[Ag(NH_3)_2]^+$的形成。

解　Ag^+的价电子层电子结构为$4d^{10}5s^05p^0$，4d 轨道全满，5s 和 5p 全空。在形成$[Ag(NH_3)_2]^+$时，中心离子Ag^+提供了 1 个 5s 和 1 个 5p 空轨道进行杂化，得到 2 个等价的 sp 杂化轨道。两个配体NH_3分子分别从两头沿直线与Ag^+接近，N 原子上的孤对电子填入空的 sp 杂化轨道，因此$[Ag(NH_3)_2]^+$具有直线形构型：$[H_3N \rightarrow Ag \leftarrow NH_3]^+$。中心离子提供 2 个 sp 杂化轨道，形成 2 个配位键，Ag^+的配位数是 2。

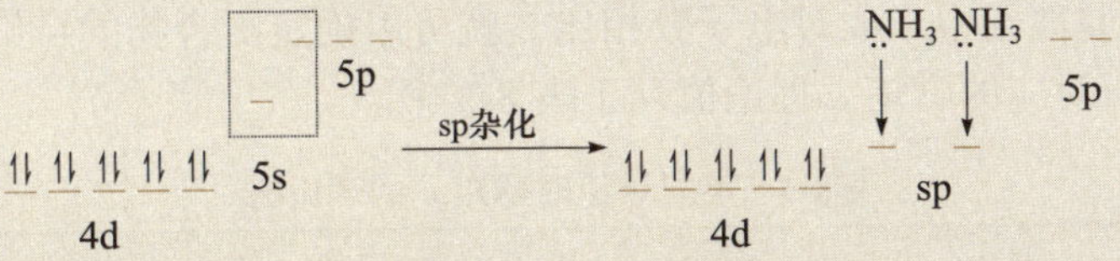

【例 8-2】　配离子$[Zn(NH_3)_4]^{2+}$的形成。

解　Zn^{2+}的价电子层结构为$3d^{10}4s^04p^0$。形成$[Zn(NH_3)_4]^{2+}$的过程中，Zn^{2+}的 1 个 4s 和 3 个 4p 空轨道进行sp^3杂化，得到 4 个sp^3杂化轨道，这 4 个轨道空间伸展形状呈正四面体。当 4 个NH_3分子中的配位原子 N 所提供的孤对电子进入这 4 个sp^3杂化轨道后，就形成$[Zn(NH_3)_4]^{2+}$，它具有正四面体空间构型。该配离子有 4 个配位键，Zn^{2+}的配位数是 4。

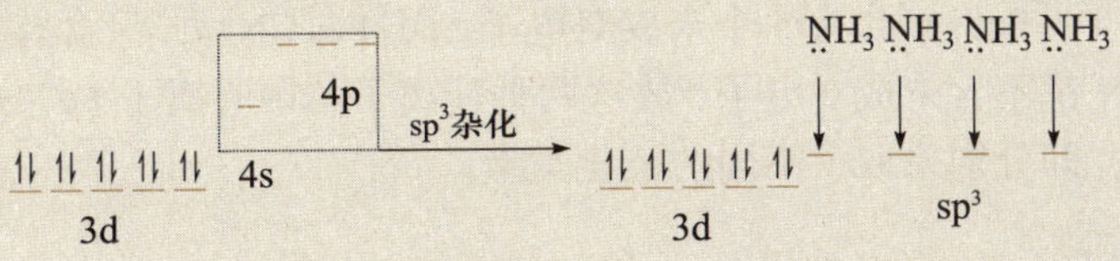

【例 8-3】　配离子$[Cu(NH_3)_4]^{2+}$的形成。

解　Cu^{2+}的价电子层结构为$3d^94s^04p^0$，在形成$[Cu(NH_3)_4]^{2+}$时，Cu^{2+}中未成对的 1 个 3d 电子跃迁到 1 个空的 4p 轨道上，空出 1 个 3d 轨道。这个 3d 空轨道与 1 个 4s 空轨道和 2 个 4p 空轨道进行dsp^2杂化，得到 4

个等价的 dsp^2 杂化轨道。4 个 NH_3 分子中的孤对电子分别填入 dsp^2 等价轨道后，形成平面正方形构型的 $[Cu(NH_3)_4]^{2+}$，Cu^{2+}的配位数为 4。

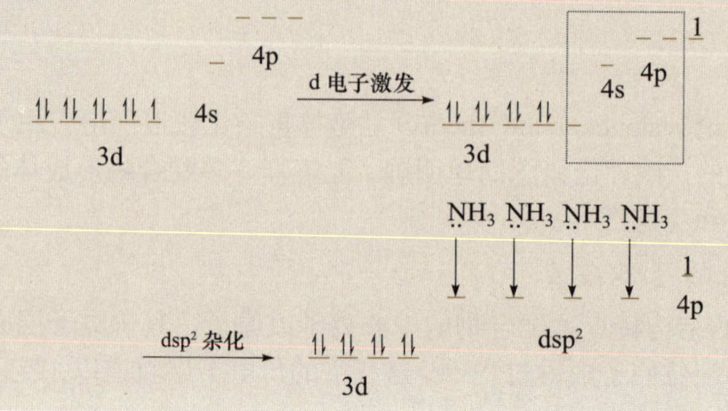

显然，价键理论较好地解释了配位键的形成、配离子的空间构型和中心离子的配位数。此外，它还能较好地解释配离子的磁性和稳定性。

2. 外轨型配合物和内轨型配合物

当仅考虑电子自旋运动时，过渡金属离子及其配离子（假定配体本身无未成对电子）的磁矩 μ 与中心离子未成对电子数 n 有如下近似关系：

$$\mu=\sqrt{n(n+2)}$$

磁矩 μ 的单位为玻尔磁子（B.M.），磁矩的大小反映了原子或分子中未成对电子数目的多少。μ 等于零时，则电子完全配对，无未成对电子，为抗磁性物质。μ 不等于零时，则还有未成对电子，为顺磁性物质。通过实验测得配合物的磁矩 μ，可计算出未成对电子数 n。将其与自由金属离子中未成对电子数相比，就可以确定配合物的自旋状态。用上述公式计算不同 n 值所对应的磁矩 μ 理论值列于表 8-3 中。

表 8-3　不同 n 值时磁矩 μ 的理论值

未成对电子数 n	0	1	2	3	4	5
磁矩 μ/B.M.	0	1.73	2.83	3.87	4.90	5.92

配离子 $[FeF_6]^{3-}$ 和 $[Fe(CN)_6]^{3-}$ 都具有正八面体的空间构型，中心离子的配位数都是 6，说明中心离子 Fe^{3+} 采取了不同的杂化方式，实验测得 $[FeF_6]^{3-}$ 的磁矩 μ=5.9B.M.，而 $[Fe(CN)_6]^{3-}$ 的磁矩 μ=2.0B.M.。

由表 8-3 可知，$[FeF_6]^{3-}$ 含有 5 个未成对电子，而 $[Fe(CN)_6]^{3-}$ 只含有 1 个未成对电子。由于配体 F^- 和 CN^- 都不含未成对电子，故这两种配离子的中心离子 Fe^{3+} 分别含有不同数目的未成对 d 电子，即分别采取了不同的杂化类型。

1）外轨型配合物

Fe^{3+} 的价电子层结构为 $3d^5 4s^0 4p^0$，含有 5 个自旋平行的 d 电子。由所测磁矩可知，$[FeF_6]^{3-}$ 有 5 个未成对电子，与自由离子 Fe^{3+} 的情形相同，因而 Fe^{3+} 在形成 $[FeF_6]^{3-}$ 的过程中，其 3d 轨道上的 5 个 d 电子没有发生重排。在 $[FeF_6]^{3-}$ 的形成过程中，Fe^{3+} 的 1 个 4s、3 个 4p

和 2 个 4d 空轨道进行杂化，得到 6 个等价的 sp^3d^2 杂化轨道，它们分别接受 F^- 提供的孤对电子，形成 6 个配位键，空间构型为正八面体，中心离子 Fe^{3+} 的配位数是 6。

【例 8-4】　配离子 $[FeF_6]^{3-}$ 的形成。

解　Fe^{3+}：$3d^5 4s^0 4p^0 4d^0$。

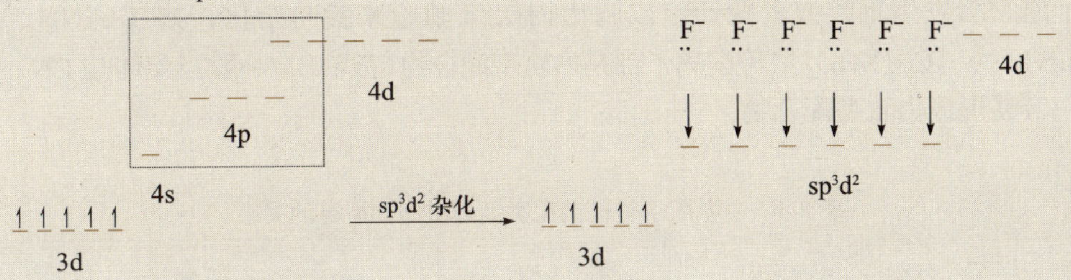

由于在 $[FeF_6]^{3-}$ 的形成过程中，参与 sp^3d^2 杂化的 4s、4p 和 4d 空轨道都是中心离子的外层（n 层）轨道，故称 $[FeF_6]^{3-}$ 为外轨型配离子。由其构成的配合物称为外轨型配合物（outer orbital coordination compound），如 $[Fe(H_2O)_6]Cl_3$、$Na_3[CoF_6]$ 等，中心离子全部采用外层（n 层）空轨道（ns、np 和 nd）进行杂化，都是外轨型配合物。一般当配体是 F^-、H_2O 时，易形成外轨型配合物。配体为 NH_3 分子时，既可能形成外轨型配合物，也可能形成内轨型配合物。

2）内轨型配合物

根据 $[Fe(CN)_6]^{3-}$ 的磁矩可知，配离子的中心离子 Fe^{3+} 只有 1 个未成对的 d 电子，而自由态的 Fe^{3+} 含有 5 个未成对的 d 电子。价键理论认为，中心离子 Fe^{3+} 在提供空轨道进行杂化的同时，受到配体 CN^- 作用，使得其价电子层 d 电子发生重排，原来 5 个自旋平行的未成对 d 电子中，有 4 个两两配对，自旋相反地分别挤入两个 d 电子中，剩余 1 个未成对 d 电子占据 1 个 3d 轨道。空出的 2 个 3d 轨道与 1 个 4s 轨道和 3 个 4p 空轨道进行 d^2sp^3 杂化，得到 6 个等价的 d^2sp^3 杂化轨道。配体 CN^- 中的 C 原子（其电负性小于 N，比 N 更容易给出电子对）将其孤对电子填入 d^2sp^3 杂化轨道，形成配位键。因此，$[Fe(CN)_6]^{3-}$ 为正八面体构型，含有 1 个未成对电子，中心离子 Fe^{3+} 的配位数为 6。

【例 8-5】　配离了 $[Fe(CN)_6]^{3-}$ 的形成。

解　Fe^{3+}：$3d^5 4s^0 4p^0 4d^0$

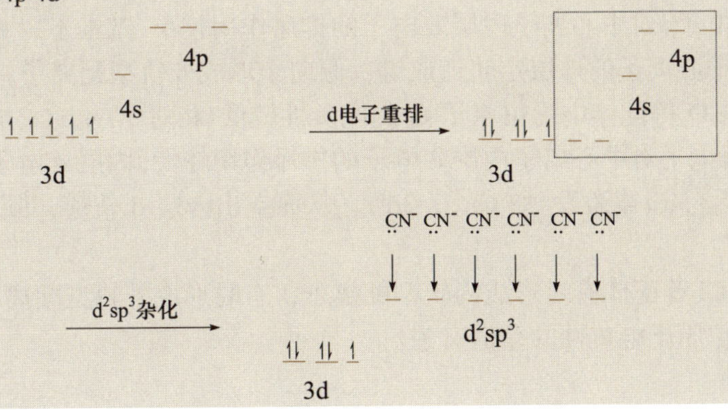

由于$[Fe(CN)_6]^{3-}$形成时，参与杂化的空轨道是3d、4s和4p，分别来自外层(*n*层)和次外层(*n*-1层)，故称$[Fe(CN)_6]^{3-}$为内轨型配合物。价键理论将中心离子提供外层和内层空轨道参与杂化而形成的配合物称为内轨型配合物(inner orbital coordination compound)。在形成内轨型配合物时，在配体的作用下，中心离子次外层d轨道上的d电子通常会发生重排或者跃迁，以腾出内层d轨道来参与杂化，如$[Cu(NH_3)_4]^{2+}$、$[Ni(CN)_4]^{2-}$、$[Co(NH_3)_6]^{3+}$等配离子都是内轨型配合物(表8-4)。一般当配体是CN^-、NO_2^-等时，容易形成内轨型配合物。

表8-4 中心离子轨道杂化类型与空间构型等的关系

配位数	杂化类型	空间构型	配离子类型	实例
2	sp	直线形	外轨型	$[Ag(CN)_2]^-$、$[Cu(NH_3)_2]^+$
3	sp^2	平面三角形	外轨型	$[HgI_3]^-$、$[CuCl_3]^-$、$[Cu(CN)_3]^{2-}$
4	sp^3	正四面体形	外轨型	$[Ni(NH_3)_4]^{2+}$、$[Co(SCN)_4]^{2-}$
	dsp^2	平面正方形	内轨型	$[Cu(NH_3)_4]^{2+}$、$[PtCl_4]^{2-}$
6	sp^3d^2	正八面体形	外轨型	$[Fe(H_2O)_6]^{2+}$、$[FeF_6]^{3-}$
	d^2sp^3	正八面体形	内轨型	$[Fe(CN)_6]^{3-}$、$[Cr(NH_3)_6]^{3+}$

3. 形成外轨型或内轨型配合物的影响因素

中心离子的价电子层结构是影响外轨型或内轨型配离子形成的主要因素。

(1)中心离子内层d轨道已全充满(如Zn^{2+}，$3d^{10}$；Ag^+，$4d^{10}$)，没有可利用的内层空轨道，只能形成外轨型配离子。

(2)中心离子本身具有空的内层d轨道(如Cr^{3+}，$3d^3$)，一般倾向于形成内轨型配离子。

(3)如果中心离子的内层d轨道未完全充满(d^4～d^9)，则既可形成外轨型配离子，也可形成内轨型配离子，这时，配体是决定配合物类型的主要因素。

① F^-、H_2O、OH^-等配体中配位原子F、O的电负性较高，吸引电子的能力较强，不容易给出孤对电子，对中心离子内层d电子的排斥作用较小，基本不影响其价电子层构型，因而只能利用中心离子的外层空轨道成键，倾向于形成外轨型配离子。

② CN^-、CO等配体中配位原子C的电负性较低(相对于N、O、F)，给出电子的能力较强，其孤对电子对中心离子内层d电子的排斥作用较大，内层d电子容易发生重排(如Fe^{3+}，$3d^5$；Ni^{2+}，$3d^8$)或激发(如Cu^{2+}，$3d^9$)，从而空出内层d轨道，倾向于形成内轨型配离子。

③ NH_3、Cl^-等配体有时形成内轨型配离子，有时形成外轨型配离子，与中心离子的结构及其与配位原子电负性的差值有关。

8.2.2　内轨型和外轨型配离子的某些性质差异

1. 离解程度

各种配离子在水中都会发生不同程度的离解。一般来说，内轨型配离子比外轨型配离子稳定，离解程度小。这是因为在形成内轨型配离子时，配体提供的孤对电子进入中心离子的内层轨道成键，能量较低，结合更牢固；形成外轨型配离子时，配体是与中心离子的外层轨道成键，能量较高，稳定性较差。

2. 磁性

不同的配离子表现出不同的磁性，其大小与中心离子中所含未成对电子数的多少密切相关。外轨型配离子，其中心离子的价电子层结构保持不变，即内层 d 电子尽可能分占每个 d 轨道且自旋平行，未成对电子数一般较多，因而表现为顺磁性，且磁矩较高，称为高自旋体(或高自旋型配合物)。内轨型配离子，其中心离子的内层 d 电子经常发生重排，使未成对电子数减少，因而表现为弱的顺磁性，磁矩较小，称为低自旋体(或低自旋型配离子)。如果中心离子的价电子完全配对或重排后完全配对，则表现为抗磁性，磁矩为零。

例如，Fe^{3+}在形成外轨型配离子$[FeF_6]^{3-}$时，具有 5 个自旋平行的未成对电子，为高自旋体，磁矩大(实测为 5.90B.M.)；在形成内轨型配离子$[Fe(CN)_6]^{3-}$时，由于 3d 电子重排而只有一个未成对电子，因而磁矩较小(实测为 2.0B.M.)，为低自旋体。同样，外轨型配离子$[Fe(H_2O)_6]^{2+}$为高自旋体，磁矩较大(实测为 5.30B.M.)，而内轨型配离子$[Fe(CN)_6]^{4-}$为低自旋体，磁矩为零，表现为抗磁性。

一般情况下，可以通过测定配离子的磁矩来计算出中心离子的未成对电子数，从而判断配离子的类型，但这种方法也有一定的局限性。例如，Cu^{2+}($3d^9$)有一个未成对电子，它在形成内轨型配离子$[Cu(NH_3)_4]^{2+}$或外轨型配离子$[CuCl_3]^-$时，磁矩相同，这时就不能根据磁矩大小来判断配离子类型。

3. 氧化还原稳定性

外轨型配离子$[Co(H_2O)_6]^{2+}$很稳定，不易被氧化为$[Co(H_2O)_6]^{3+}$，而内轨型配离子$[Co(CN)_6]^{4-}$却很不稳定，容易被氧化成$[Co(CN)_6]^{3-}$。这是因为在外轨型$[Co(H_2O)_6]^{2+}$中，Co^{2+}($3d^7$)采用 sp^3d^2 杂化，d 电子处于内层轨道，能量较低，很稳定，不易失去而被氧化。在内轨型$[Co(CN)_6]^{4-}$中，Co^{2+}的 3d 电子在配体 CN^-影响下发生重排，并有一个 3d 电子被激发到外层 5s 轨道上($3d^64s^04p^05s^1$)，Co^{2+}采用 d^2sp^3 杂化成键，而外层的 5s 电子由于能量较高而容易失去，因而易被氧化为$[Co(CN)_6]^{3-}$。

价键理论对于配离子的形成、空间构型、配位数、磁性等都作出了较好的说明，但其应用仍有较大的局限。它无法解释配合物的紫外-可见吸收光谱和特征颜色等现象，也不能说明配合物稳定性的规律。为解决这些问题，在价键理论的基础上，又发展出配位场理论、晶体场理论等。

8.3 配位平衡

8.3.1 配位平衡常数

1. 稳定常数

各种配离子在溶液中具有不同的稳定性，它们在溶液中能发生不同程度的离解。例如，配离子$[Cu(NH_3)_4]^{2+}$在水溶液中，可在一定程度上离解为Cu^{2+}和NH_3，同时，Cu^{2+}和NH_3又配位生成$[Cu(NH_3)_4]^{2+}$。在一定温度下，体系会达到动态平衡，即

$$Cu^{2+}+4NH_3 = [Cu(NH_3)_4]^{2+}$$

这种平衡称为配位平衡，其平衡常数可简写为

$$K_f^{\ominus}=\frac{c\left([Cu(NH_3)_4]^{2+}\right)}{c(Cu^{2+})\cdot c^4(NH_3)} \tag{8-1}$$

式中：$K_f^{\ominus}$称为配离子的稳定常数(stability constant)，其大小反映配位反应完成的程度。$K_f^{\ominus}$值越大，说明配位反应进行得越完全，配离子离解的趋势越小，即配离子越稳定。

不同的配离子具有不同的稳定常数，对于同类型的配离子，可利用$K_f^{\ominus}$值直接比较它们的稳定性。例如，$[Ag(NH_3)_2]^+$和$[Ag(CN)_2]^-$的$K_f^{\ominus}$值分别为1.1×10^7和1.3×10^{21}，说明$[Ag(CN)_2]^-$比$[Ag(NH_3)_2]^+$稳定得多。不同类型的配离子则不能仅用$K_f^{\ominus}$值进行比较。

2. 不稳定常数

除了可用$K_f^{\ominus}$表示配离子的稳定性外，也可以从配离子的离解程度来表示其稳定性。例如，$[Cu(NH_3)_4]^{2+}$在水中的离解平衡为

$$[Cu(NH_3)_4]^{2+} = Cu^{2+}+4NH_3$$

其平衡常数表示式为

$$K_d^{\ominus}=\frac{c(Cu^{2+})\cdot c^4(NH_3)}{c\left([Cu(NH_3)_4]^{2+}\right)} \tag{8-2}$$

式中：$K_d^{\ominus}$称为配离子的不稳定常数(instability constant)或离解常数。$K_d^{\ominus}$越大，表示配离子越容易离解，即越不稳定。显然$K_f^{\ominus}=\frac{1}{K_d^{\ominus}}$。

3. 逐级稳定常数

配离子的生成或离解一般是逐级进行的，因此在溶液中存在一系列配位平衡，各级均有其对应的稳定常数。以$[Cu(NH_3)_4]^{2+}$的形成为例，其逐级配位反应如下：

$$Cu^{2+}+NH_3 = [Cu(NH_3)]^{2+} \qquad K_1^{\ominus}=\frac{c([Cu(NH_3)]^{2+})}{c(Cu^{2+})\cdot c(NH_3)}=2.04\times10^4$$

$$[Cu(NH_3)]^{2+}+NH_3 = [Cu(NH_3)_2]^{2+} \qquad K_2^{\ominus}=\frac{c([Cu(NH_3)_2]^{2+})}{c([Cu(NH_3)]^{2+})\cdot c(NH_3)}=4.68\times10^3$$

$[Cu(NH_3)_2]^{2+}+NH_3 \rightleftharpoons [Cu(NH_3)_3]^{2+}$　　$K_3^\ominus = \dfrac{c([Cu(NH_3)_3]^{2+})}{c([Cu(NH_3)_2]^{2+})\cdot c(NH_3)} = 1.1\times10^3$

$[Cu(NH_3)_3]^{2+}+NH_3 \rightleftharpoons [Cu(NH_3)_4]^{2+}$　　$K_4^\ominus = \dfrac{c([Cu(NH_3)_4]^{2+})}{c([Cu(NH_3)_3]^{2+})\cdot c(NH_3)} = 2.0\times10^2$

式中：$K_1^\ominus$、$K_2^\ominus$、$K_3^\ominus$、$K_4^\ominus$ 称为配离子的逐级稳定常数(stepwise stability constant)，配离子总的稳定常数等于逐级稳定常数之积，即有

$$K_f^\ominus = K_1^\ominus \cdot K_2^\ominus \cdot K_3^\ominus \cdot K_4^\ominus = 2.1\times10^{13}$$

配离子的逐级稳定常数相差不大，因此计算时必须考虑各级配离子的存在。但在实际工作中，生成配合物时，体系内常加入过量的配体(又称配位剂)，配位平衡向着生成配合物的方向移动，配离子主要以最高配位数形式存在，其他低配位数的离子可以忽略不计。所以在有关计算中，除特殊情况外，一般都用总的稳定常数 $K_f^\ominus$ 进行计算。一些配离子的逐级稳定常数的对数值见表 8-5。

表 8-5　一些配离子的逐级稳定常数(对数值)

配离子	$\lg K_1^\ominus$	$\lg K_2^\ominus$	$\lg K_3^\ominus$	$\lg K_4^\ominus$	$\lg K_5^\ominus$	$\lg K_6^\ominus$
$[Zn(NH_3)_4]^{2+}$	2.37	2.44	2.5	2.15		
$[Hg(NH_3)_4]^{2+}$	8.8	8.7	1.0	0.78		
$[Zn(en)_3]^{2+}$	5.77	5.05	3.28			
$[Ag(NH_3)_2]^{+}$	3.24	3.81				
$[Cu(NH_3)_4]^{2+}$	4.31	3.67	3.04	2.30		
$[Cu(en)_2]^{2+}$	10.67	9.33				
$[Ni(NH_3)_6]^{2+}$	2.80	2.24	1.73	1.19	0.75	0.03
$[AlF_6]^{3-}$	6.10	5.05	3.85	2.75	1.62	0.47

4. 累积稳定常数

将逐级稳定常数依次相乘，可得到各级累积稳定常数(cumulative stability constant) $\beta_n^\ominus$ 如下：

$M+L \rightleftharpoons ML$　　$\beta_1^\ominus = K_1^\ominus = \dfrac{c(ML)}{c(M)c(L)}$

$ML+L \rightleftharpoons ML_2$　　$\beta_2^\ominus = K_1^\ominus K_2^\ominus = \dfrac{c(ML_2)}{c(M)c^2(L)}$

⋮　　⋮

$ML_{n-1}+L \rightleftharpoons ML_n$　　$\beta_n^\ominus = K_1^\ominus K_2^\ominus \cdots K_n^\ominus = \dfrac{c(ML_n)}{c(M)c^n(L)}$　　(8-3)

式中：M 为中心离子；L 为配体。最后一级累积稳定常数就是配合物的总的稳定常数。

8.3.2 配位平衡的计算

【例 8-6】 分别计算 (1) 含 $0.010\text{mol}\cdot\text{L}^{-1}$ CN^- 的 $0.010\text{mol}\cdot\text{L}^{-1}$ $[Ag(CN)_2]^-$ 溶液和 (2) 含 $0.010\text{mol}\cdot\text{L}^{-1}$ NH_3 的 $0.010\text{mol}\cdot\text{L}^{-1}$ $[Ag(NH_3)_2]^+$ 溶液中的 Ag^+ 浓度。

解 (1)

	Ag^+	+	$2CN^-$	$\rightleftharpoons$	$[Ag(CN)_2]^-$
平衡浓度/$(\text{mol}\cdot\text{L}^{-1})$	x		$0.010+2x$		$0.010-x$
			≈ 0.010		≈ 0.010

$$K_f^{\ominus}=\frac{c([Ag(CN)_2]^-)}{c(Ag^+)\cdot c^2(CN^-)}$$

$$c(Ag^+)=x=\frac{c([Ag(CN)_2]^-)}{K_f^{\ominus}\cdot c^2(CN^-)}=\frac{0.010}{1.3\times10^{21}\times(0.010)^2}=7.7\times10^{-20}(\text{mol}\cdot\text{L}^{-1})$$

(2)

	Ag^+	+	$2NH_3$	$\rightleftharpoons$	$[Ag(NH_3)_2]^+$
平衡浓度/$(\text{mol}\cdot\text{L}^{-1})$	y		$0.010+2y$		$0.010-y$
			≈ 0.010		≈ 0.010

$$c(Ag^+)=y=\frac{c([Ag(NH_3)_2]^+)}{K_f^{\ominus}\cdot c^2(NH_3)}=\frac{0.010}{1.1\times10^{7}\times(0.010)^2}=9.1\times10^{-6}(\text{mol}\cdot\text{L}^{-1})$$

由计算结果看出，同类型的配离子，$K_f^{\ominus}$ 值越大，离解程度越小，稳定性越高。

【例 8-7】 将 $0.020\text{mol}\cdot\text{L}^{-1}$ $ZnSO_4$ 溶液与 $1.08\text{mol}\cdot\text{L}^{-1}$ 氨水等体积混合，溶液中游离 Zn^{2+} 的浓度为多少？

解 混合后

	Zn^{2+}	+	$4NH_3$	$\rightleftharpoons$	$[Zn(NH_3)_4]^{2+}$
初始浓度/$(\text{mol}\cdot\text{L}^{-1})$	0.010		0.54		
平衡浓度/$(\text{mol}\cdot\text{L}^{-1})$	x		$0.54-4(0.010-x)$		$0.010-x$
			≈ 0.50		≈ 0.010

$$K_f^{\ominus}=\frac{c([Zn(NH_3)_4]^{2+})}{c(Zn^{2+})\cdot c^4(NH_3)}$$

$$c(Zn^{2+})=x=\frac{c([Zn(NH_3)_4]^{2+})}{K_f^{\ominus}\cdot c^4(NH_3)}=\frac{0.010}{2.9\times10^{9}\times(0.50)^4}=5.52\times10^{-11}(\text{mol}\cdot\text{L}^{-1})$$

8.3.3 配位平衡的移动

溶液中，配离子与组成它的中心离子和配体之间存在配位平衡，如

$$M+xL \rightleftharpoons ML_x$$

若向溶液中加入某种试剂(如酸、碱、沉淀剂、氧化还原剂或其他配位剂等)，它能与溶液中的金属离子或配体发生反应，使上述配位平衡发生移动，溶液中各组分的浓度和配离子的稳定性都会发生变化。这涉及溶液中的配位平衡和其他化学平衡共同存在时的多重平衡问题。

1. 配位平衡与酸碱平衡

如果形成配离子的配体是 NH_3 或其他碱(如 F^-、CN^-、$C_2O_4^{2-}$、CO_3^{2-} 等)，在酸性溶液中，配体可能与质子结合生成酸，降低配体的浓度，使配位平衡向着离解的方向移动，配离子稳定性降低。这种由于配体 L 与 H^+结合生成质子酸，而使配离子稳定性降低的现象称为配体的酸效应。例如

(1)　　$[FeF_6]^{3-} \rightleftharpoons Fe^{3+} + 6F^-$　　$K_1^\ominus = \dfrac{1}{K_f^\ominus}$

(2)　　$6F^- + 6H^+ \rightleftharpoons 6HF$　　$K_2^\ominus = \dfrac{1}{(K_a^\ominus)^6}$

(3)　　$[FeF_6]^{3-} + 6H^+ \rightleftharpoons Fe^{3+} + 6HF$

多重平衡式(3)=(1)+(2)，多重平衡常数为

$$K_J^\ominus = \frac{c(Fe^{3+})c^6(HF)}{c([FeF_6]^{3-})c^6(H^+)} = K_1^\ominus K_2^\ominus = \frac{1}{K_f^\ominus (K_a^\ominus)^6}$$

由 $K_J^\ominus$ 表示式可以看出，对于同类型的配离子，若 $K_f^\ominus$ 越小，$K_a^\ominus$ 越小，则 $K_J^\ominus$ 越大。这说明如果配离子稳定性越小，质子酸的稳定性越大，则平衡向右移动的趋势越大，配离子越容易被破坏。

【例 8-8】 50.0mL 0.20mol · L^{-1}的$[Ag(NH_3)_2]^+$ 溶液与 50.0mL 0.60mol · L^{-1}的 HNO_3 等体积混合，求平衡体系中$[Ag(NH_3)_2]^+$的剩余浓度。(已知$[Ag(NH_3)_2]^+$的 $K_f^\ominus$ 是 1.1×10^7，NH_3 的 $K_b^\ominus$ 是 1.77×10^{-5})

解　两溶液等体积混合后

$$c([Ag(NH_3)_2]^+)=0.10mol \cdot L^{-1},\ c(H^+)=0.30mol \cdot L^{-1}$$

设平衡时 $c([Ag(NH_3)_2]^+)$ 为 $x$mol · L^{-1}

$[Ag(NH_3)_2]^+ \rightleftharpoons Ag^+ + 2NH_3$　　$K_d^\ominus = \dfrac{1}{K_f^\ominus}$

$2NH_3 + 2H^+ \rightleftharpoons 2NH_4^+$　　$K^\ominus = \left(\dfrac{K_b^\ominus}{K_w^\ominus}\right)^2$

多重平衡为

	$[Ag(NH_3)_2]^+$	+ 2H^+	═ Ag^+	+ 2NH_4^+
反应后		0.30−0.10×2=0.10	0.10	2×0.10
平衡时	x	0.10+2x ≈0.10	0.10−x ≈0.10	0.20−2x ≈0.20

$$K_J^\ominus = K_d^\ominus K^\ominus = \frac{1}{K_f^\ominus}\cdot\left(\frac{K_b^\ominus}{K_w^\ominus}\right)^2 = \frac{1}{1.1\times10^7}\times\left(\frac{1.77\times10^{-5}}{10^{-14}}\right)^2 = 2.85\times10^{11}$$

$K_J^\ominus$ 值很大，说明反应进行的程度很大，$[Ag(NH_3)_2]^+$离解较完全。又

$$K_J^\ominus = \frac{c(Ag^+)\cdot c^2(NH_4^+)}{c([Ag(NH_3)_2]^+)\cdot c^2(H^+)}$$

$$2.85 \times 10^{11} = \frac{0.10 \times (0.20)^2}{x(0.10)^2}$$

$$c([Ag(NH_3)_2]^+) = x = 1.4 \times 10^{-12} (mol \cdot L^{-1})$$

可以认为$[Ag(NH_3)_2]^+$已被完全破坏。

加大H^+浓度，会使配体的酸效应增强，促使配离子$[FeF_6]^{3-}$离解。但如果H^+浓度太低，或者往体系中加入碱OH^-，由于发生酸碱反应，同样也会促使$[FeF_6]^{3-}$发生离解。

$$[FeF_6]^{3-} \rightleftharpoons 6F^- + Fe^{3+} \qquad K_1^\ominus = \frac{1}{K_f^\ominus}$$

$$Fe^{3+} + 3OH^- \rightleftharpoons Fe(OH)_3 \qquad K_2^\ominus = \frac{1}{K_{sp}^\ominus}$$

多重平衡为

$$[FeF_6]^{3-} + 3OH^- \rightleftharpoons Fe(OH)_3 + 6F^-$$

$$K_J^\ominus = \frac{c^6(F^-)}{c([FeF_6]^{3-})c^3(OH^-)} = K_1^\ominus \cdot K_2^\ominus = \frac{1}{K_f^\ominus K_{sp}^\ominus}$$

如果配离子越不稳定（$K_f^\ominus$越小），生成的沉淀越稳定（$K_{sp}^\ominus$越小），则中心离子越容易与OH^-结合。这种金属离子与OH^-结合，使配离子稳定性降低，平衡向配离子离解的方向移动的现象称为金属离子的碱效应。

由此可知，配离子只能在一定的 pH 范围内稳定存在。

2. 配位平衡与沉淀溶解平衡

在含有配离子的溶液中，如果加入某一沉淀剂，使金属离子生成沉淀，则配离子的配位平衡遭到破坏，配离子将发生离解。在一些难溶盐的溶液中加入某一配位剂，由于配离子的形成而使得沉淀溶解。这时溶液中同时存在着配位平衡和沉淀溶解平衡，反应的过程实质上是配位剂和沉淀剂争夺金属离子的过程。

例如，在含有$[Ag(NH_3)_2]^+$的溶液中加入 NaCl，则NH_3和Cl^-争夺Ag^+，溶液中同时存在配位平衡和沉淀溶解平衡如下：

$$[Ag(NH_3)_2]^+ \rightleftharpoons Ag^+ + 2NH_3$$

$$Ag^+ + Cl^- \rightleftharpoons AgCl$$

多重平衡为

$$[Ag(NH_3)_2]^+ + Cl^- \rightleftharpoons AgCl + 2NH_3$$

多重平衡常数$K_J^\ominus$表示为

$$K_J^\ominus = \frac{c^2(NH_3)}{c([Ag(NH_3)_2]^+) \cdot c(Cl^-)} = \frac{1}{K_f^\ominus K_{sp}^\ominus}$$

多重平衡反应进行程度的大小取决于沉淀的溶度积和配离子稳定常数的大小。中心离子与某一沉淀剂生成的沉淀越难溶（$K_{sp}^\ominus$越小），$K_f^\ominus$越小，则多重反应进行的程度越大，配离子越易离解，沉淀越容易生成；反之，金属离子与某一配位剂生成的配离子越稳定（$K_f^\ominus$ 越大），$K_{sp}^\ominus$ 越大，则沉淀越容易溶解。

【例 8-9】 要使 0.10mol AgCl 完全溶解在 1.00L 氨水中，氨水的初始浓度至少需多大？若是 0.10mol AgI 呢？

解 0.10mol AgCl 完全溶解后，Ag^+ 几乎完全转化为 $[Ag(NH_3)_2]^+$，则

$$AgCl(s) + 2NH_3 \rightleftharpoons [Ag(NH_3)_2]^+ + Cl^-$$

平衡浓度/(mol · L^{-1})　　x　　0.10　　0.10

$$K_J^\ominus = \frac{c([Ag(NH_3)_2]^+) \cdot c(Cl^-)}{c^2(NH_3)} = K_f^\ominus K_{sp}^\ominus$$

$$c(NH_3)=x=\sqrt{\frac{c([Ag(NH_3)_2]^+) \cdot c(Cl^-)}{K_f^\ominus K_{sp}^\ominus}} = \sqrt{\frac{0.10 \times 0.10}{1.1 \times 10^7 \times 1.77 \times 10^{-10}}} = 2.30\,(mol \cdot L^{-1})$$

因此，氨水的初始浓度应为

$$2.30+0.10 \times 2=2.50\,(mol \cdot L^{-1})$$

同样可计算出完全溶解 0.10mol AgI 所需氨水的最低浓度为 $3.3 \times 10^3 mol \cdot L^{-1}$。实际上氨水不可能达到如此高的浓度，所以 AgI 沉淀不可能溶解在氨水中。

【例 8-10】 将 0.20mol · L^{-1} $AgNO_3$ 溶液与 1.00mol · L^{-1} $Na_2S_2O_3$ 溶液等体积混合，然后向此溶液中加入 KBr 固体，使 Br^- 浓度为 0.010mol · L^{-1}，有无 AgBr 沉淀产生？

解 混合后

	Ag^+	+ $2S_2O_3^{2-}$	$\rightleftharpoons$ $[Ag(S_2O_3)_2]^{3-}$
初始浓度/(mol · L^{-1})	0.10	0.50	0
平衡浓度/(mol · L^{-1})	x	$0.50-2(0.10-x) \approx 0.30$	$0.10-x \approx 0.10$

$$c(Ag^+)=x=\frac{c([Ag(S_2O_3)_2]^{3-})}{K_f^\ominus \cdot c^2(S_2O_3^{2-})} = \frac{0.10}{2.9 \times 10^{13} \times (0.30)^2} = 3.8 \times 10^{-14}\,(mol \cdot L^{-1})$$

$$Q=c(Ag^+)c(Br^-)=3.8 \times 10^{-14} \times 0.010=3.8 \times 10^{-16}$$

查附录Ⅲ可知 $K_{sp}^\ominus(AgBr)=5.35 \times 10^{-13}$，$Q< K_{sp}^\ominus$，故没有 AgBr 沉淀生成。

3. 配离子之间的移动

在含有配离子的溶液中加入另一种配位剂，使之生成另一种更稳定的配离子，这时即发生了配离子的转化。

例如，在血红色 $Fe(SCN)_3$ 溶液中加入 NaF，F^- 和 SCN^- 争夺 Fe^{3+}，溶液中同时存在两个配位平衡，即

$$Fe(SCN)_3 \rightleftharpoons Fe^{3+}+3SCN^-$$

$$Fe^{3+}+6F^{-} \rightleftharpoons [FeF_6]^{3-}$$

总的反应为

$$Fe(SCN)_3+6F^{-} \rightleftharpoons [FeF_6]^{3-}+3SCN^{-}$$

$$K_J^{\ominus}=\frac{c([FeF_6]^{3-})\cdot c^3(SCN^-)}{c([Fe(SCN)]_3)\cdot c^6(F^-)}=\frac{K_f^{\ominus}([FeF_6]^{3-})}{K_f^{\ominus}[Fe(SCN)_3]}=\frac{1.13\times10^{12}}{4.0\times10^5}=2.8\times10^6$$

$K_J^{\ominus}$很大，说明多重反应进行得很完全，$Fe(SCN)_3$可完全转化为$[FeF_6]^{3-}$。这也可从溶液的颜色变化看出：在$Fe(SCN)_3$溶液中加入足量F^-后，溶液即从血红色变为无色。

4. 配位平衡与氧化还原平衡

在含有配离子的溶液中，氧化还原反应的发生可改变金属离子的浓度，使配位平衡发生移动。同时，对于溶液中的氧化还原反应，利用配位反应可改变金属离子的浓度，使其氧化还原能力发生变化。

例如，在$Fe(SCN)_3$溶液中加入还原剂$SnCl_2$，由于Sn^{2+}能将Fe^{3+}还原为Fe^{2+}，因而降低了Fe^{3+}的浓度，促进$Fe(SCN)_3$的离解，反应式如下：

$$Fe(SCN)_3 \rightleftharpoons Fe^{3+}+3SCN^{-}$$

$$2Fe^{3+}+Sn^{2+} \rightleftharpoons 2Fe^{2+}+Sn^{4+}$$

总的反应为

$$2Fe(SCN)_3+Sn^{2+} \rightleftharpoons 2Fe^{2+}+Sn^{4+}+6SCN^{-}$$

又如，溶液中有下列反应

$$2Fe^{3+}+2I^{-} \rightleftharpoons 2Fe^{2+}+I_2$$

若在此溶液中加入 NaF，F^-与 Fe^{3+}生成稳定的$[FeF_6]^{3-}$，从而降低了 Fe^{3+}的浓度，使Fe^{3+}的氧化能力减弱，Fe^{2+}的还原能力增强，氧化还原反应因而逆向进行，即有

$$2Fe^{2+}+I_2+12F^{-} \rightleftharpoons 2[FeF_6]^{3-}+2I^{-}$$

8.4 螯 合 物

8.4.1 螯合物的形成

由多基配体与金属离子形成的具有环状结构的配合物称为螯合物(chelating ligand)。例如，Co^{3+}分别与多基配体乙二胺(en)、草酸根($C_2O_4^{2-}$)、氨基乙酸根($NH_2CH_2COO^-$)形成螯合物$[Co(en)_3]^{3+}$、$[Co(C_2O_4)_3]^{3-}$、$[Co(NH_2CH_2COO)_3]$，它们的结构如图 8-1 所示。

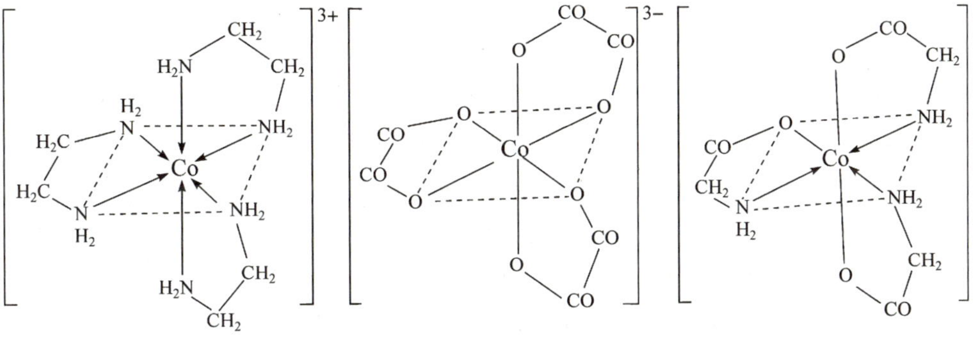

$[Co(en)_3]^{3+}$　　$[Co(C_2O_4)_3]^{3-}$　　$[Co(NH_2CH_2COO)_3]$

图 8-1　Co^{3+}三种螯合物的结构式

可以看出，在这三个螯合物中，同一配体的两个配位原子之间相隔两个碳原子，所以形成的螯环是五元环。如果多基配体的两个配位原子之间相隔三个其他原子，则形成六元环。

螯合物可以是带电荷的配离子，也可以是不带电的中性分子，如$[Co(NH_2CH_2COO)_3]$。电中性的螯合物又称内配盐，它们在水中的溶解度一般都很小。

形成螯合物的多基配体也称螯合剂，它们大多是一些含有 N、O、S 等配位原子的有机分子或离子。例如，以两个氧原子为配位原子的螯合剂：草酸根（$C_2O_4^{2-}$）、羟基乙酸根（$HOCH_2COO^-$）等；以 O、N 为配位原子的螯合剂：氨基乙酸（NH_2CH_2COOH）、氨三乙酸$[N(CH_2COOH)_3]$、乙二胺四乙酸（EDTA）$[(HOOCCH_2)_2NCH_2CH_2N(CH_2COOH)_2, H_4Y]$。这类既含有氨基又含有羧基的螯合剂称为氨羧螯合剂，其中以 EDTA 最为重要，它的螯合能力特别强，可与绝大多数金属离子形成稳定的配离子。

螯合物的组成一般用螯合比来表示，也就是中心离子与螯合剂分子（或离子）数目之比。例如，$[Cu(en)_2]^{2+}$的螯合比是 1∶2，$[Co(NH_2CH_2COO)_3]$的螯合比是 1∶3，EDTA 与金属离子 M^{n+}所形成螯合物 MY^{n-4}的螯合比通常为 1∶1。

8.4.2　螯合物的稳定性

螯合物的主要特性是具有较高的稳定性。例如，$[Ni(NH_3)_6]^{2+}$和$[Ni(en)_3]^{2+}$两种配离子的中心离子、配位原子和配位数都相同，但二者的 $K_f^\ominus$ 分别为 9.1×10^7 和 3.9×10^{18}。显然具有螯环结构的配离子$[Ni(en)_3]^{2+}$稳定得多。

由于螯环的形成而使配离子稳定性显著增强的作用称为螯合效应。例如

(1)　$$[Ni(H_2O)_6]^{2+}+6NH_3 \rightleftharpoons [Ni(NH_3)_6]^{2+}+6H_2O$$

(2)　$$[Ni(H_2O)_6]^{2+}+3en \rightleftharpoons [Ni(en)_3]^{2+}+6H_2O$$

一定温度下反应的标准吉布斯自由能变化为

$$\Delta_r G_m^\ominus = \Delta_r H_m^\ominus - T\Delta_r S_m^\ominus$$

$$\Delta_r G_m^\ominus = -RT\ln K_f^\ominus$$

由此可得

$$\ln K_f^\ominus = \frac{-\Delta_r H_m^\ominus}{RT} + \frac{\Delta_r S_m^\ominus}{R}$$

焓变 $\Delta_r H_m^\ominus$ 主要来源于反应前后键能的变化，在上述两个反应中都是六个 O→Ni 配位键断裂，形成六个 N→Ni 配位键，因而它们的 $\Delta_r H_m^\ominus$ 相差不大。但是，两个反应的 $\Delta_r S_m^\ominus$ 有较大差别，反应(1)中六个 NH_3 分子替换出六个 H_2O 分子，反应前后分子数不变，而反应(2)中三个 en 分子替换出六个 H_2O 分子，体系中游离的分子数增多，混乱程度增大，熵值增加，因而反应(2)的 $\Delta_r S_m^\ominus$ 比反应(1)的大。所以，$[Ni(en)_3]^{2+}$的 $K_f^\ominus$ 值比$[Ni(NH_3)_6]^{2+}$的大，稳定性较高。由此看出，引起螯合效应使螯合物稳定性增强的主要原因是熵效应。

影响螯合物稳定性的主要因素有以下两个方面：

(1)螯环的大小。以五、六元环最稳定，它们相应的键角分别是 108°、120°，有利于成键。更小的环由于张力较大而使得稳定性较差或不能形成，更大的环同样因为键合的原子轨道不能发生较大程度重叠而不易形成。

(2)螯环的数目。中心离子相同时，螯环数目越多，螯合物越稳定。

8.5 EDTA 的性质及配位滴定

配位滴定法是以配位反应为基础的滴定分析方法。配位反应很多，但能用于配位滴定的配位反应并不多。除汞量法$[Hg^{2+} + 2SCN^- \xlongequal{\text{二苯氨基脲(指示剂)}} Hg(SCN)_2]$测定汞和氰量法$(Ag^+ + 2CN^- \xlongequal{} [Ag(CN)_2]^-)$测定 Ag^+、CN^-等以外，其余的单基配位反应几乎不能用于配位滴定。其原因是大多数单基配合物的稳定性差，且反应的产物是一个混合体，无法进行定量计算。现在，成熟的配位滴定法大多是以螯合剂为滴定剂的配位反应。应用这类配位反应进行配位滴定的优点是：①生成的螯合物因螯合效应使其稳定性很强，配位反应很彻底；②生成的配合物配位比简单、固定。

配位滴定法中，应用最广、最重要的一个氨羧配位剂是乙二胺四乙酸(ethylene diamine tetraacetic acid，EDTA)，该酸中的羧基(—COO：$^-$)和氨基(═N：)均有孤对电子，可以与金属原子同时配位，形成具有环状结构的螯合物，因此配位滴定法又称 EDTA 滴定法。

8.5.1 EDTA 的性质

EDTA 是一个四元酸，通常用 H_4Y 表示，其结构式为

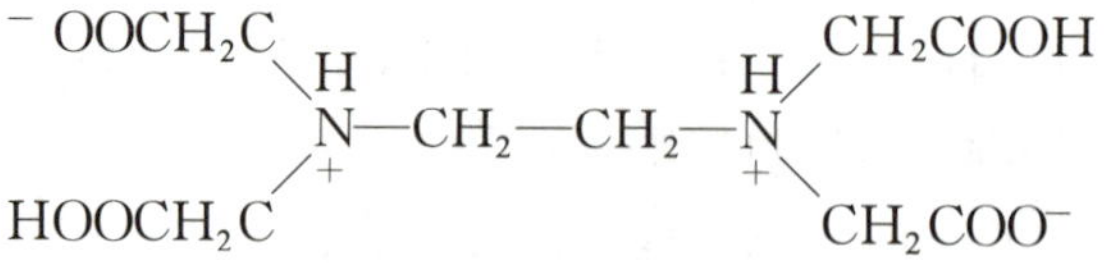

两个羧基上的 H^+转移到氨基上，形成双偶极离子。当溶液的酸度较大时，两个羧酸根可以再接受两个 H^+，这时的 EDTA 就相当于一个六元酸，用 H_6Y^{2+}表示。

EDTA 因溶解度太小$[0.020g \cdot (100.0mL\ 水)^{-1}]$，在配位滴定中，常用其二钠盐

$Na_2H_2Y \cdot 2H_2O$，也简称为 EDTA。22℃时，100.0mL 水中可溶解 11.1g $Na_2H_2Y \cdot 2H_2O$，溶液的浓度约为 $0.30mol \cdot L^{-1}$，可以满足常量分析的要求。

在酸性溶液中，EDTA 存在六级离解平衡，有 H_6Y^{2+}、H_5Y^{+}、H_4Y、H_3Y^{-}、H_2Y^{2-}、HY^{3-} 和 Y^{4-} 七种存在型体，见表 8-6。

在一定 pH 下，EDTA 存在的型体可能不止一种，但总有一种型体是占主要的。

表 8-6　不同 pH 范围 EDTA 各型体的主要存在形式

pH	<0.90	0.90～1.60	1.60～2.00	2.00～2.67	2.67～6.16	6.16～10.26	>10.26
主要型体	H_6Y^{2+}	H_5Y^{+}	H_4Y	H_3Y^{-}	H_2Y^{2-}	HY^{3-}	Y^{4-}

EDTA 的各级稳定常数及累积稳定常数见表 8-7。

表 8-7　EDTA 的各级稳定常数及累积稳定常数

稳定平衡	各级稳定常数	各级累积稳定常数
$Y^{4-} + H^+ \rightleftharpoons HY^{3-}$	$\lg K_1^\ominus = 10.26$	$\lg \beta_1^\ominus = 10.26$
$HY^{3-} + H^+ \rightleftharpoons H_2Y^{2-}$	$\lg K_2^\ominus = 6.16$	$\lg \beta_2^\ominus = 16.42$
$H_2Y^{2-} + H^+ \rightleftharpoons H_3Y^{-}$	$\lg K_3^\ominus = 2.67$	$\lg \beta_3^\ominus = 19.09$
$H_3Y^{-} + H^+ \rightleftharpoons H_4Y$	$\lg K_4^\ominus = 2.00$	$\lg \beta_4^\ominus = 21.09$
$H_4Y + H^+ \rightleftharpoons H_5Y^{+}$	$\lg K_5^\ominus = 1.60$	$\lg \beta_5^\ominus = 22.69$
$H_5Y^{+} + H^+ \rightleftharpoons H_6Y^{2+}$	$\lg K_6^\ominus = 0.90$	$\lg \beta_6^\ominus = 23.59$

这种关系还可以用 EDTA 的组分分布图表示(图 8-2)。在 EDTA 的各型体中，只有 Y^{4-} 可以直接与金属离子配位，所以，如果仅仅从 pH 单项条件考虑，pH 增大对配位是有利的。

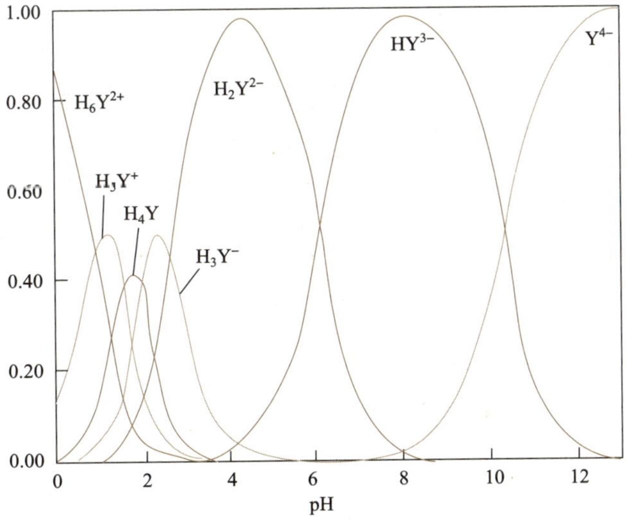

图 8-2　EDTA 各型体的分布曲线

8.5.2 EDTA 配合物的特点

1. 广谱性

EDTA 具有广泛的配位性能，属于广谱型配位剂，它几乎能与所有金属离子形成配合物。

2. 螯合比恒定

每个 EDTA 分子中含有六个配位原子，能与金属离子形成六个配位键，而且 EDTA 分子体积很大，EDTA 与金属离子形成的配合物的螯合比一般为 1 : 1。例如

$$M^{2+}+H_2Y^{2-}=\!=\!=MY^{2-}+2H^+$$

$$M^{3+}+H_2Y^{2-}=\!=\!=MY^-+2H^+$$

$$M^{4+}+H_2Y^{2-}=\!=\!=MY+2H^+$$

3. 稳定性高

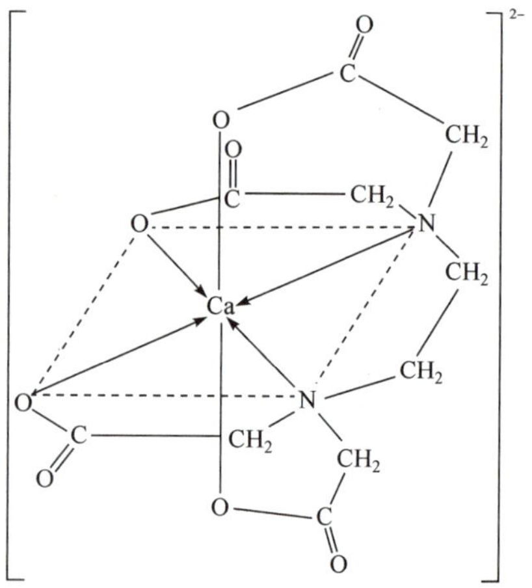

图 8-3 配合物 CaY^{2-}的立体结构

EDTA 与大多数金属离子形成多个五元环的螯合物，具有较高的稳定性。图 8-3 为 Ca^{2+} 与 EDTA 所形成螯合物的立体结构示意图。由图 8-3 可见，配离子中具有五个五元环，因而稳定性较高。

为方便起见，金属离子与 EDTA 之间的配位反应简写为

$$M+Y=\!=\!=MY$$

将各组分的电荷略去，配合物 MY 的稳定常数为

$$K_f^\ominus(MY)=\frac{c(MY)}{c(M)\cdot c(Y)} \tag{8-4}$$

$K_f^\ominus$ (MY)也称为 MY 的形成常数。一些金属离子与 EDTA 形成的配合物 MY 的稳定常数见表 8-8。由表 8-8 中数据可看出，绝大多数金属离子与 EDTA 形成的配合物都相当稳定。

表 8-8 一些金属离子 EDTA 配合物的 $\lg K_f^\ominus$ (MY) (I=0.1，293～298K)

离子	$\lg K_f^\ominus$ (MY)	离子	$\lg K_f^\ominus$ (MY)	离子	$\lg K_f^\ominus$ (MY)
Ag^+	7.32	Gd^{3+}	17.37	Sc^{3+}	23.1
Al^{3+}	16.3	HfO^{2+}	19.1	Sm^{3+}	17.14
Ba^{2+}	7.86	Hg^{2+}	21.7	Sn^{2+}	22.11
Be^{2+}	9.3	Ho^{3+}	18.7	Sr^{2+}	8.73
Bi^{3+}	27.94	In^{3+}	25.0	Tb^{3+}	17.67
Ca^{2+}	10.69	La^{3+}	15.50	Th^{4+}	23.2
Cd^{2+}	16.46	Li^+	2.79	Ti^{3+}	21.3

续表

离子	$\lg K_f^\ominus$ (MY)	离子	$\lg K_f^\ominus$ (MY)	离子	$\lg K_f^\ominus$ (MY)
Ce^{3+}	15.98	Lu^{3+}	19.83	TiO^{2+}	17.3
Co^{2+}	16.31	Mg^{2+}	8.7	Tl^{3+}	37.8
Co^{3+}	36	Mn^{2+}	13.87	Tm^{3+}	19.07
Cr^{3+}	23.4	Mo^{2+}	28	U(Ⅳ)	25.8
Cu^{2+}	18.80	Na^{+}	1.66	VO^{2+}	18.8
Dy^{3+}	18.30	Nd^{3+}	16.6	VO^{2+}	18.1
Er^{3+}	18.85	Ni^{2+}	18.62	Y^{3+}	18.09
Eu^{3+}	17.35	Pb^{2+}	18.04	Yb^{3+}	19.57
Fe^{2+}	14.32	Pd^{2+}	18.5	Zn^{2+}	16.50
Fe^{3+}	25.1	Pm^{3+}	16.75	ZrO^{2+}	29.5
Ga^{3+}	20.3	Pr^{3+}	16.40		

4. EDTA 与无色金属离子形成无色配合物，与有色金属离子形成颜色更深的配合物

有色金属离子的螯合物见表 8-9。

表 8-9　有色金属离子的螯合物

离子	离子颜色	螯合物颜色	离子	离子颜色	螯合物颜色
Co^{3+}	粉红色	紫红色	Fe^{3+}	浅黄色	黄色
Cr^{3+}	灰绿色	深紫色	Mn^{2+}	浅粉红色	紫红色
Ni^{2+}	浅绿色	蓝绿色	Cu^{2+}	浅蓝色	深蓝色

5. 溶液的酸度或碱度较高时，H^+或 OH^-也参与配位，形成酸式或碱式配合物

例如，Al^{3+}形成酸式配合物 AlHY 或碱式配合物$[Al(OH)Y]^{2}$。有时还有混合配合物形成，如在氨性溶液中，Hg^{2+}与 EDTA 可生成$[Hg(NH_3)Y]^{2-}$。这些配合物都不太稳定，它们的生成不影响金属离子与 EDTA 之间的 1∶1 定量关系。

8.6　影响金属与 EDTA 配合物稳定性的因素

8.6.1　主反应和副反应

在配位滴定中，除了存在 EDTA 与金属离子的主反应外，还存在许多副反应。所有存在于配位滴定中的化学反应可用下式表示：

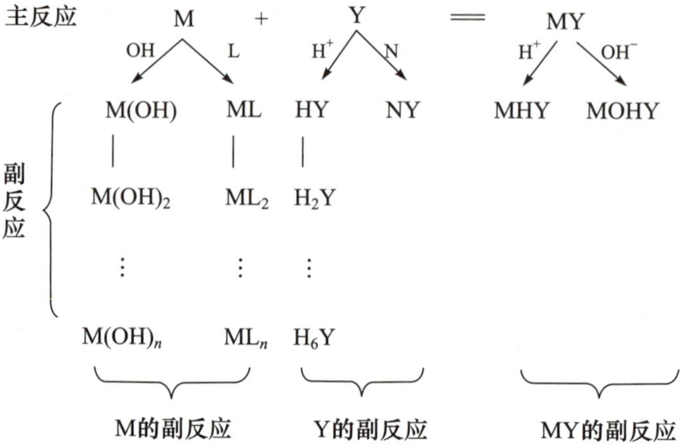

由上式可知，在 EDTA 的配位滴定中，存在三个方面的副反应：①金属离子的水解效应及与 EDTA 以外的配位剂的配位效应；②EDTA 配位剂的酸效应及与待测金属离子以外的金属离子的配位效应；③生成酸式配合物 MHY 及碱式配合物 MOHY 的副反应。在这三类副反应中，前两类对滴定不利，第三类虽对滴定是有利的，但因反应的程度很小，一般忽略不计。

在副反应存在的条件下，用稳定常数衡量配位反应进行的程度就会产生较大的误差，对此常用条件稳定常数来描述。如果用 $K_f^{\ominus\prime}(\mathrm{MY})$ 表示条件稳定常数，则

$$K_f^{\ominus\prime}(\mathrm{MY})=\frac{c(\mathrm{MY}')}{c(\mathrm{M}')\cdot c(\mathrm{Y}')}\approx\frac{c(\mathrm{MY})}{c(\mathrm{M}')\cdot c(\mathrm{Y}')} \tag{8-5}$$

式中：$c(\mathrm{M}')$ 和 $c(\mathrm{Y}')$ 分别为没有参加主反应的金属离子及 EDTA 配位剂的总浓度；$c(\mathrm{MY}')$ 为形成的配合物的总浓度。

$$c(\mathrm{M}')=c(\mathrm{M})+c(\mathrm{ML})+c(\mathrm{ML_2})+\cdots+c[\mathrm{M(OH)}]+c[\mathrm{M(OH)_2}]+\cdots$$

$$c(\mathrm{Y}')=c(\mathrm{Y})+c(\mathrm{HY})+c(\mathrm{H_2Y})+\cdots+c(\mathrm{H_6Y})+c(\mathrm{NY})$$

$$c(\mathrm{MY}')=c(\mathrm{MY})+c(\mathrm{MHY})+c(\mathrm{MOHY})$$

当忽略生成物的副反应时，$c(\mathrm{MY}')\approx c(\mathrm{MY})$。

由此可见，要计算 $K_f^{\ominus\prime}(\mathrm{MY})$ 就必须知道以上各项的浓度，这种计算变得十分繁杂，甚至难以计算。为使 $K_f^{\ominus\prime}(\mathrm{MY})$ 的计算简单可行，定量地了解副反应对滴定反应的影响程度，引入了副反应系数(side reaction coefficient)的概念。

8.6.2 EDTA 的酸效应及酸效应系数

在 EDTA 的七种型体中，只有 Y^{4-} 可以与金属离子 M 进行配位，而 Y^{4-} 是一种碱，其浓度受 H^+ 的影响，配位能力随着 H^+ 浓度的增加而降低，这种现象称为酸效应(acid effect)。酸效应系数 $\alpha[\mathrm{Y(H)}]$ 是用以衡量酸效应大小的一个参数，表示在一定的酸度下，未参加主反应的 EDTA 的总浓度与配位体系中 EDTA 的平衡浓度的比，即

$$\alpha[\mathrm{Y(H)}]=\frac{c(\mathrm{Y}')}{c(\mathrm{Y})}=\frac{c(\mathrm{Y})+c(\mathrm{HY})+c(\mathrm{H_2Y})+\cdots+c(\mathrm{H_6Y})}{c(\mathrm{Y})}$$

$$=1+\frac{c(\text{HY})}{c(\text{Y})}+\frac{c(\text{H}_2\text{Y})}{c(\text{Y})}+\cdots+\frac{c(\text{H}_6\text{Y})}{c(\text{Y})}$$

$$=1+\frac{c(\text{H}^+)}{K^\ominus_{a_6}}+\frac{c^2(\text{H}^+)}{K^\ominus_{a_6}K^\ominus_{a_5}}+\cdots+\frac{c^6(\text{H}^+)}{K^\ominus_{a_6}K^\ominus_{a_5}K^\ominus_{a_4}K^\ominus_{a_3}K^\ominus_{a_2}K^\ominus_{a_1}}$$

$$=1+c(\text{H}^+)\,\beta_1^{\text{H}}+c^2(\text{H}^+)\,\beta_2^{\text{H}}+\cdots+c^6(\text{H}^+)\,\beta_6^{\text{H}} \tag{8-6}$$

式中：β_n^{H} 为 Y 的累积质子化常数(cumulative protonation constant)，对反应

$$\text{Y}+n\text{H}^+ \longrightarrow \text{H}_n\text{Y}$$

$$\beta_n^{\text{H}}=\frac{c(\text{H}_n\text{Y})}{c(\text{Y})c^n(\text{H}^+)}$$

由式(8-6)可知，α[Y(H)]随酸度的增大而增大。也就是说，酸度越大，α[Y(H)]越大，由酸效应引起的副反应也越大，主反应越不彻底。所以，仅考虑酸效应时，低酸度对滴定是有利的。表 8-10 列出了 EDTA 在不同的 pH 时的酸效应系数。

表 8-10　EDTA 在不同 pH 时的 lg α[Y(H)]

pH	lg α[Y(H)]	pH	lg α[Y(H)]	pH	lg α[Y(H)]
0.0	23.64	3.6	9.27	7.2	3.10
0.2	22.47	3.8	8.85	7.4	2.88
0.4	21.32	4.0	8.44	7.6	2.68
0.6	20.18	4.2	8.04	7.8	2.47
0.8	19.08	4.4	7.64	8.0	2.27
1.0	18.01	4.6	7.24	8.2	2.07
1.2	16.98	4.8	6.84	8.4	1.87
1.4	16.02	5.0	6.45	8.6	1.67
1.6	15.11	5.2	6.07	8.8	1.48
1.8	14.27	5.4	5.69	9.0	1.28
2.0	13.51	5.6	5.33	9.2	1.10
2.2	12.82	5.8	4.98	9.6	0.75
2.4	12.19	6.0	4.65	10.0	0.45
2.6	11.62	6.2	4.34	10.5	0.20
2.8	11.09	6.4	4.06	11.0	0.07
3.0	10.60	6.6	3.79	11.5	0.02
3.2	10.14	6.8	3.55	12.0	0.01
3.4	9.70	7.0	3.32	13.0	0.00

由表 8-10 可知，随介质酸度增大，lg α[Y(H)]增大，即酸效应显著，EDTA 参与配位反应的能力显著降低。在 pH=12 时，lg α[Y(H)]接近于零，所以 pH≥12 时，可忽略 EDTA 酸效应的影响。

8.6.3 金属离子的配位效应及配位效应系数

如果滴定体系中存在 EDTA 以外的其他配位剂(L)，则由于共存配位剂 L 与金属离子的配位反应而使主反应能力降低的现象称为配位效应(complex effect)。配位效应的大小常用配位效应系数 $\alpha[\mathrm{M(L)}]$衡量。

如果不考虑金属离子的水解副反应，则

$$\alpha(\mathrm{M})=\alpha[\mathrm{M(L)}]=\frac{c(\mathrm{M'})}{c(\mathrm{M})}=\frac{c(\mathrm{M})+c(\mathrm{ML})+c(\mathrm{ML_2})+\cdots+c(\mathrm{ML}_n)}{c(\mathrm{M})}$$

$$=1+c(\mathrm{L})\beta_1^\ominus+c^2(\mathrm{L})\beta_2^\ominus+\cdots+c^n(\mathrm{L})\beta_n^\ominus \tag{8-7}$$

如果考虑金属离子的水解副反应，则

$$\alpha(\mathrm{M})=\frac{c(\mathrm{M'})}{c(\mathrm{M})}=\frac{c(\mathrm{M})+c(\mathrm{ML})+c(\mathrm{ML_2})+\cdots+c(\mathrm{ML}_n)}{c(\mathrm{M})}$$

$$+\frac{c(\mathrm{M})+c[\mathrm{M(OH)}]+c[\mathrm{M(OH)_2}]+\cdots+c[\mathrm{M(OH)}_n]}{c(\mathrm{M})}-\frac{c(\mathrm{M})}{c(\mathrm{M})}$$

$$=\alpha[\mathrm{M(L)}]+\alpha[\mathrm{M(OH)}]-1 \tag{8-8}$$

不难证明

$$\alpha[\mathrm{M(OH)}]=1+c(\mathrm{OH^-})\beta_1^\ominus+c^2(\mathrm{OH^-})\beta_2^\ominus+\cdots+c^n(\mathrm{OH^-})\beta_n^\ominus \tag{8-9}$$

一些金属离子的 $\lg\alpha[\mathrm{M(OH)}]$值如表 8-11 所示。

表 8-11 一些金属离子的 $\lg\alpha[\mathrm{M(OH)}]$值

金属离子	离子强度	pH													
		1	2	3	4	5	6	7	8	9	10	11	12	13	14
Al^{3+}	2					0.4	1.3	5.3	9.3	13.3	17.3	21.3	25.3	29.3	33.3
Bi^{3+}	3	0.1	0.5	1.4	2.4	3.4	4.4	5.4							
Ca^{2+}	0.1													0.3	1.0
Cd^{2+}	3									0.1	0.5	2.0	4.5	8.1	12.0
Co^{2+}	0.1								0.1	0.4	1.1	2.2	4.2	7.2	10.2
Cu^{2+}	0.1								0.2	0.8	1.7	2.7	3.7	4.7	5.7
Fe^{2+}	1									0.1	0.6	1.5	2.5	3.5	4.5
Fe^{3+}	3			0.4	1.8	3.7	5.7	7.7	9.7	11.7	13.7	15.7	17.7	19.7	21.7
Hg^{2+}	0.1			0.5	1.9	3.9	5.9	7.9	9.9	11.9	13.9	15.9	17.9	19.9	21.9
La^{3+}	3										0.3	1.0	1.9	2.9	3.9
Mg^{2+}	0.1											0.1	0.5	1.3	2.3
Mn^{2+}	0.1										0.1	0.5	1.4	2.4	3.4
Ni^{2+}	0.1									0.1	0.7	1.6			
Pb^{2+}	0.1							0.1	0.5	1.4	2.7	4.7	7.4	10.4	13.4
Th^{4+}	1				0.2	0.8	1.7	2.7	3.7	4.7	5.7	6.7	7.7	8.7	9.7
Zn^{2+}	0.1									0.2	2.4	5.4	8.5	11.8	15.5

8.6.4 EDTA 配合物的条件稳定常数

在一定条件下，α(M)和α[Y(H)]的值为定值，所以$K_f^{\ominus'}$(MY)在一定条件下是一常数，称为配合物的条件稳定常数(conditional stability constant)。

由式(8-6)、式(8-7)可知

$$K_f^{\ominus'}(\mathrm{MY})=\frac{c(\mathrm{MY'})}{c(\mathrm{M'})\cdot c(\mathrm{Y'})}\approx\frac{c(\mathrm{MY})}{c(\mathrm{M'})\cdot c(\mathrm{Y'})}=\frac{c(\mathrm{MY})}{c(\mathrm{M})\cdot\alpha(\mathrm{M})\cdot c(\mathrm{Y})\cdot\alpha[\mathrm{Y(H)}]}$$

$$=K_f^{\ominus}(\mathrm{MY})\frac{1}{\alpha(\mathrm{M})\alpha(\mathrm{Y})} \tag{8-10}$$

将式(8-10)两边取对数，得

$$\lg K_f^{\ominus'}(\mathrm{MY})=\lg K_f^{\ominus}(\mathrm{MY})-\lg\alpha(\mathrm{M})-\lg\alpha[\mathrm{Y(H)}] \tag{8-11}$$

如果配位滴定体系中仅考虑酸效应与配位效应，则

$$\lg K_f^{\ominus'}(\mathrm{MY})=\lg K_f^{\ominus}(\mathrm{MY})-\lg\alpha[\mathrm{M(L)}]-\lg\alpha[\mathrm{Y(H)}] \tag{8-12}$$

如果配位滴定体系中仅考虑酸效应，则

$$\lg K_f^{\ominus'}(\mathrm{MY})=\lg K_f^{\ominus}(\mathrm{MY})-\lg\alpha[\mathrm{Y(H)}] \tag{8-13}$$

由此可见，应用条件稳定常数比应用稳定常数能更准确地判断金属离子和 EDTA 的配位情况，在选择配位滴定的最佳酸度范围时，$K_f^{\ominus'}$(MY)有着重要的意义。

【例 8-11】 计算在 pH=2.00 和 pH=5.00 时，ZnY 的条件稳定常数。

解 由表 8-8 和表 8-10 可得 $\lg K_f^{\ominus}(\mathrm{ZnY})=16.50$

pH=2.00 时，$\lg\alpha[\mathrm{Y(H)}]=13.51$

pH=5.00 时，$\lg\alpha[\mathrm{Y(H)}]=6.45$

将以上数值代入式(8-12)，得

pH=2.00 时，$\lg K_f^{\ominus'}(\mathrm{ZnY})=16.50-13.51=2.99$

pH=5.00 时，$\lg K_f^{\ominus'}(\mathrm{ZnY})=16.50-6.45=10.05$

【例 8-12】 Zn^{2+}与 NH_3 配位反应的逐级稳定常数如下：

$K_1^{\ominus}=2.3\times10^2$　　$K_2^{\ominus}=2.8\times10^2$

$K_3^{\ominus}=3.2\times10^2$　　$K_4^{\ominus}=1.4\times10^2$

ZnY 的 $K^{\ominus}(\mathrm{ZnY})=3.2\times10^{16}$，计算 Zn^{2+}与 EDTA 在 pH=9.0 的缓冲溶液中反应的 $\lg K_f^{\ominus'}(\mathrm{ZnY})$。(设缓冲溶液中游离 NH_3 的浓度为 $0.10\mathrm{mol\cdot L^{-1}}$，此时 $\alpha[\mathrm{Zn(OH)_2}]$忽略不计)

解 根据式(8-7)计算

$$\alpha[\mathrm{Zn(NH_3)}]=1+\beta_1^{\ominus}c(\mathrm{NH_3})+\beta_2^{\ominus}c^2(\mathrm{NH_3})+\beta_3^{\ominus}c^3(\mathrm{NH_3})+\beta_4^{\ominus}c^4(\mathrm{NH_3})$$

$$=1+2.3\times10^2\times0.10+6.64\times10^4\times(0.10)^2+2.06\times10^7\times(0.10)^3+2.88\times10^9\times(0.10)^4$$

$$=3.11\times10^5$$

由表 8-10 查得 pH=9.0 时，$\lg\alpha[Y(H)]=1.28$，则

$$\lg K_f^{\ominus\prime}(ZnY)=\lg K^{\ominus}(ZnY)-\lg\alpha[M(NH_3)]-\lg\alpha[Y(H)]$$
$$=\lg(3.2\times10^{16})-\lg(3.11\times10^{5})-1.28$$
$$=9.73$$
$$K_f^{\ominus\prime}(ZnY)=10^{9.73}=5.37\times10^{9}$$

8.7 配位滴定的基本原理(单一金属离子的滴定)

8.7.1 配位滴定曲线

1. 滴定曲线的绘制

配位滴定中，滴定曲线是用以考察随着滴定剂 EDTA 的加入，被滴定金属离子浓度变化的曲线，一般以加入 EDTA 的体积为横坐标，金属离子 M 浓度的负对数 pM 为纵坐标。

要绘制滴定曲线，就必须了解滴定过程中金属离子 M 的浓度变化情况。现以 pH=10.0 时，EDTA 滴定 Ca^{2+}为例，绘制滴定曲线。

设 pH=10.0，$c(Ca^{2+})=0.010\ 00mol\cdot L^{-1}$，$c(Y)=0.010\ 00mol\cdot L^{-1}$，$V(Ca^{2+})=20.00mL$，且不存在其他配位剂，即 $\lg\alpha(M)=0$。

查表可知，$\lg K_f^{\ominus}(CaY)=10.7$，$\lg\alpha[Y(H)]=0.45$。所以

$$\lg K_f^{\ominus\prime}(CaY)=\lg K_f^{\ominus}(CaY)-\lg\alpha[Y(H)]=10.7-0.45=10.25$$

即

$$K_f^{\ominus\prime}(CaY)=1.8\times10^{10}$$

与酸碱滴定曲线相同，配位滴定曲线也可分为滴定前、滴定开始至计量点前、计量点时及计量点后四个部分进行讨论。

1）滴定前

$$c(Ca^{2+})=0.010\ 00mol\cdot L^{-1}\qquad pCa=2.0$$

2）滴定开始至计量点前

在这一阶段，Ca^{2+}是过量的，可以忽略生成配合物 CaY 的离解，所以，pCa 由剩余的 Ca^{2+}计算。当加入的 EDTA 分别为 18.00mL、19.98mL 时

$$c(Ca^{2+})=0.010\ 00\times\frac{20.00-18.00}{20.00+18.00}=5.3\times10^{-4}(mol\cdot L^{-1})$$
$$pCa=3.3$$
$$c(Ca^{2+})=0.010\ 00\times\frac{20.00-19.98}{20.00+19.98}=5.0\times10^{-6}(mol\cdot L^{-1})$$
$$pCa=5.3$$

3）计量点时

Ca^{2+}与 EDTA 完全反应，Ca^{2+}来自于配合物 CaY 的离解，即

$$c(\text{CaY})=0.010\ 00\times\frac{20.00}{20.00+20.00}=5.0\times10^{-3}(\text{mol}\cdot\text{L}^{-1})$$

CaY 离解，可以产生等浓度的 $c(\text{Ca}^{2+\prime})$ 和 $c(\text{Y}')$，即 $c(\text{Ca}^{2+\prime})=c(\text{Y}')$，所以

$$K_{\text{f}}^{\ominus\prime}(\text{CaY})=\frac{c(\text{CaY})}{c(\text{Ca}^{2+\prime})\cdot c(\text{Y}')}=\frac{c(\text{CaY})}{c^{2}(\text{Ca}^{2+\prime})}$$

$$c(\text{Ca}^{2+\prime})=\sqrt{\frac{c(\text{CaY})}{K_{\text{f}}^{\ominus\prime}(\text{CaY})}}=\sqrt{\frac{0.005\ 000}{1.8\times10^{10}}}=5.3\times10^{-7}$$

$$\text{pCa}'=6.3$$

4) 计量点后

当加入的 EDTA 为 20.02mL 时，EDTA 过量 0.02mL，其浓度为

$$c(\text{Y}')=0.010\ 00\times\frac{20.02-20.00}{20.00+20.02}=5.0\times10^{-6}(\text{mol}\cdot\text{L}^{-1})$$

因在计量点附近 EDTA 过量很少，可近似认为 $c(\text{CaY})=5.0\times10^{-3}\text{mol}\cdot\text{L}^{-1}$，将数据代入下式，得

$$K_{\text{f}}^{\ominus\prime}(\text{CaY})=\frac{c(\text{CaY})}{c(\text{Ca}^{2+\prime})\cdot c(\text{Y}')}$$

得

$$c(\text{Ca}^{2+\prime})=\frac{c(\text{CaY})}{K_{\text{f}}^{\ominus\prime}(\text{CaY})c(\text{Y}')}=\frac{0.005\ 000}{1.8\times10^{10}\times5.0\times10^{-6}}=5.6\times10^{-8}$$

$$\text{pCa}'=7.3$$

同理，可以计算出过量不同体积 EDTA 时的 pCa 值，列入表 8-12 中，并绘制出滴定曲线(图 8-4)。

表 8-12 在 pH=10.0 时，用 0.010 00mol·L^{-1} EDTA 滴定 20.00mL 0.010 00mol·L^{-1} Ca^{2+}溶液

加入 EDTA 的体积/mL	$c(\text{Ca}^{2+})/(\text{mol}\cdot\text{L}^{-1})$	pCa
0.00	0.01	2.0
18.00	5.3×10^{-4}	3.3
19.80	5.0×10^{-5}	4.3
19.98	5.0×10^{-6}	5.3
20.00	5.3×10^{-7}	6.3
20.02	5.6×10^{-8}	7.3
20.20	5.6×10^{-9}	8.3
22.00	5.6×10^{-10}	9.3
40.00	5.6×10^{-11}	10.3

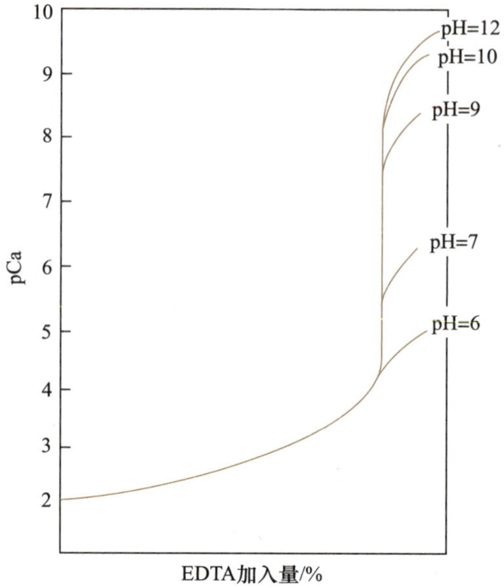

图 8-4 不同 pH 时用 0.010 00mol · L^{-1} EDTA 滴定 0.010 00mol · L^{-1} Ca^{2+}的滴定曲线

由表 8-12 可知，当加入 EDTA 的量由 19.98～20.02mL 时，即加入计量点时所需要的 99.9%～100.1%时，滴定曲线上 pCa 的值由 5.3 突变为 7.3，突跃范围为 2.0 个 pCa 单位，与酸碱滴定的 pH 突跃类似。

2. 影响滴定突跃的因素

由 Ca-EDTA 滴定曲线的绘制过程可知，影响滴定突跃的是 $c(\mathrm{M}')$ 与 $K_f^{\ominus\prime}(\mathrm{MY})$ 两个因素。

(1)金属离子浓度的影响。金属离子浓度影响的是滴定突跃的下限，在 $K_f^{\ominus\prime}(\mathrm{MY})$ 一定时，金属离子的浓度对滴定曲线的影响如图 8-5 所示。$c(\mathrm{M})$ 越大，其负对数就越小，滴定曲线的起点就越低，滴定突跃范围越大；反之，滴定的突跃范围越小。也就是说，滴定突跃范围的大小与 $c(\mathrm{M})$ 成正比。

(2)配合物的条件稳定常数 $K_f^{\ominus\prime}(\mathrm{MY})$ 的影响。如图 8-6 所示，当金属离子浓度 $c(\mathrm{M}')$ 一定时，配合物的条件稳定常数 $K_f^{\ominus\prime}(\mathrm{MY})$ 影响的是滴定突跃范围的上限。这一结论，可以从突跃范围上限金属离子浓度的计算公式 $c(\mathrm{M}')=\dfrac{c(\mathrm{MY})}{K_f^{\ominus\prime}(\mathrm{MY})c(\mathrm{Y}')}$ 得到。$K_f^{\ominus\prime}(\mathrm{MY})$ 越大，则 $c(\mathrm{M}')$ 越小，其负对数就越大，滴定突跃范围的上限也就越高，反之亦然。

由式(8-13)可知，$\lg K_f^{\ominus\prime}(\mathrm{MY})$ 取决于 $\lg K_f^{\ominus}(\mathrm{MY})$ 和 $\lg\alpha[\mathrm{Y(H)}]$ 的值。当酸度一定时，配合物越稳定，即 $\lg K_f^{\ominus}(\mathrm{MY})$ 越大时，$\lg K_f^{\ominus\prime}(\mathrm{MY})$ 越大，表明滴定反应越彻底，滴定突跃范围也越大；当 $\lg K_f^{\ominus}(\mathrm{MY})$ 一定时，$\lg K_f^{\ominus\prime}(\mathrm{MY})$ 的值随 $\lg\alpha[\mathrm{Y(H)}]$ 的增大而减小，即 $\lg K_f^{\ominus\prime}(\mathrm{MY})$ 随 pH 增大而增大，反之减小。如图 8-4 所示，若单从酸度一个因素考虑，增大 pH 对滴定是有利的。但是，pH 过大，会相应地增大金属离子水解的程度，反而使 $\lg K_f^{\ominus\prime}(\mathrm{MY})$ 减小。

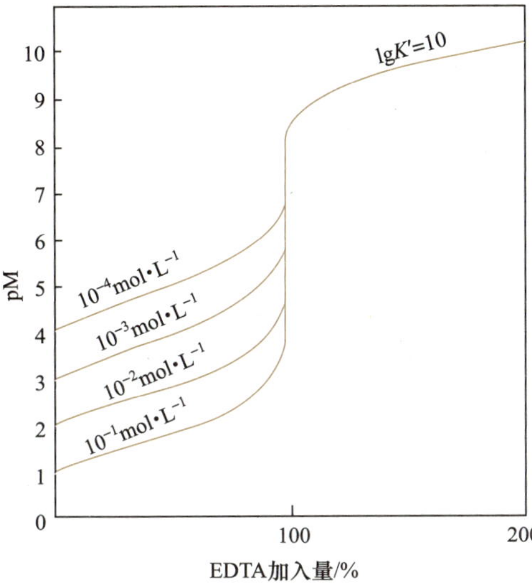

图 8-5　EDTA 滴定不同浓度金属离子 M 的滴定曲线

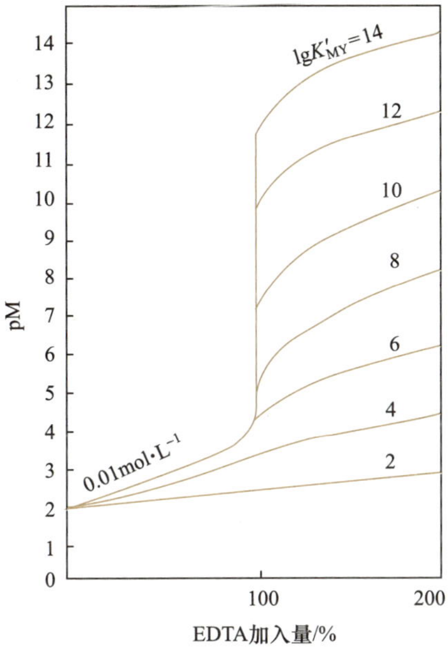

图 8-6　不同 $\lg K_f^{\ominus\prime}$(MY)时用 0.010 00mol·L⁻¹ EDTA 滴定 0.010 00mol·L⁻¹ M^{n+}的滴定曲线

8.7.2　准确滴定的条件

通过分析影响滴定突跃的因素可知，决定配位滴定准确度的重要依据是滴定突跃的大小，而滴定突跃的大小又受 $\lg K_f^{\ominus\prime}(MY)$及 $c(M')$的影响。那么，$\lg K_f^{\ominus\prime}(MY)$及 $c(M')$的大小与配位滴定的准确度之间是否存在着一定的计量的关系？

设被测金属离子的浓度为 $c(M')$，已知滴定分析允许的终点误差为 ± 0.1%，则在滴定至终点时

$$c(MY) \geqslant 0.999c(M),\quad c(M') \leqslant 0.001c(M),\quad c(Y') \leqslant 0.001c(M)$$

代入式(8-5)，得

$$K_f^{\ominus\prime}(MY)=\frac{c(MY)}{c(M')\cdot c(Y')} \geqslant \frac{0.999c(M)}{[0.001c(M)]^2}=\frac{10^6}{c(M)}$$

即
$$c(M)K_f^{\ominus\prime}(MY) \geqslant 10^6 \tag{8-14}$$

当 $c(M)=0.010mol \cdot L^{-1}$时

$$K_f^{\ominus\prime}(MY) \geqslant 10^8 \quad 或 \quad \lg K_f^{\ominus\prime}(MY) \geqslant 8 \tag{8-15}$$

式(8-14)或式(8-15)就是 EDTA 准确直接滴定单一金属离子的条件。

【例 8-13】 通过计算说明，用 EDTA 溶液滴定 Ca^{2+}为什么必须在 pH=10.0 而不能在 pH=5.0 的条件下进行，但滴定 Zn^{2+}时，则可以在 pH=5.0 时进行。

解 查表 8-7 和表 8-9 可知

$$\lg K_f^\ominus(ZnY)=16.50 \qquad \lg K_f^\ominus(CaY)=10.70$$

pH=5.0 时 $\lg\alpha[Y(H)]=6.45$

pH=10.0 时 $\lg\alpha[Y(H)]=0.45$

由式(8-13)可得

pH=5.0 时

$$\lg K_f^{\ominus\prime}(ZnY)=16.50-6.45=10.05>8$$

$$\lg K_f^{\ominus\prime}(CaY)=10.70-6.45=4.05<8$$

pH=10.0 时

$$\lg K_f^{\ominus\prime}(ZnY)=16.50-0.45=16.05>8$$

$$\lg K_f^{\ominus\prime}(CaY)=10.70-0.45=10.05>8$$

由此可见，pH=5.0 时，EDTA 溶液不能准确地滴定 Ca^{2+}，但可以准确地滴定 Zn^{2+}。pH=10.0 时，Ca^{2+}、Zn^{2+}都能用 EDTA 准确地滴定。

8.7.3 酸效应曲线和配位滴定中酸度的控制

1. 配位滴定的最高酸度和酸效应曲线

滴定金属离子的最低 pH(滴定所允许的最高酸度)可以用以下方法确定。

设滴定体系只存在酸效应，不存在其他副反应，则

$$\lg K_f^{\ominus\prime}(MY)=\lg K_f^\ominus(MY)-\lg\alpha[Y(H)]\geq 8 \tag{8-16}$$

得

$$\lg\alpha[Y(H)]\leq\lg K_f^\ominus[MY]-8 \tag{8-17}$$

将不同配合物的 $\lg K_f^\ominus(MY)$代入式(8-17)，求得 $\lg\alpha[Y(H)]$，查表 8-10，就可得到准确滴定金属离子的最低 pH。以金属离子的 $\lg K_f^\ominus(MY)$为横坐标，pH 为纵坐标，所得到的曲线即为 EDTA 的酸效应曲线。该曲线通常又称为林邦(Ringbom)曲线，如图 8-7 所示。

在酸效应曲线上，不仅可以得到指定金属离子准确滴定的最低 pH；确定一定的 pH 范围内能滴定的离子及干扰滴定的离子的种类；还可判断共存金属离子分步滴定的可能性。例如，pH=10.0 时可以滴定 Mg^{2+}，但位于其下的 Ca^{2+}、Pb^{2+}等干扰 Mg^{2+}的测定。

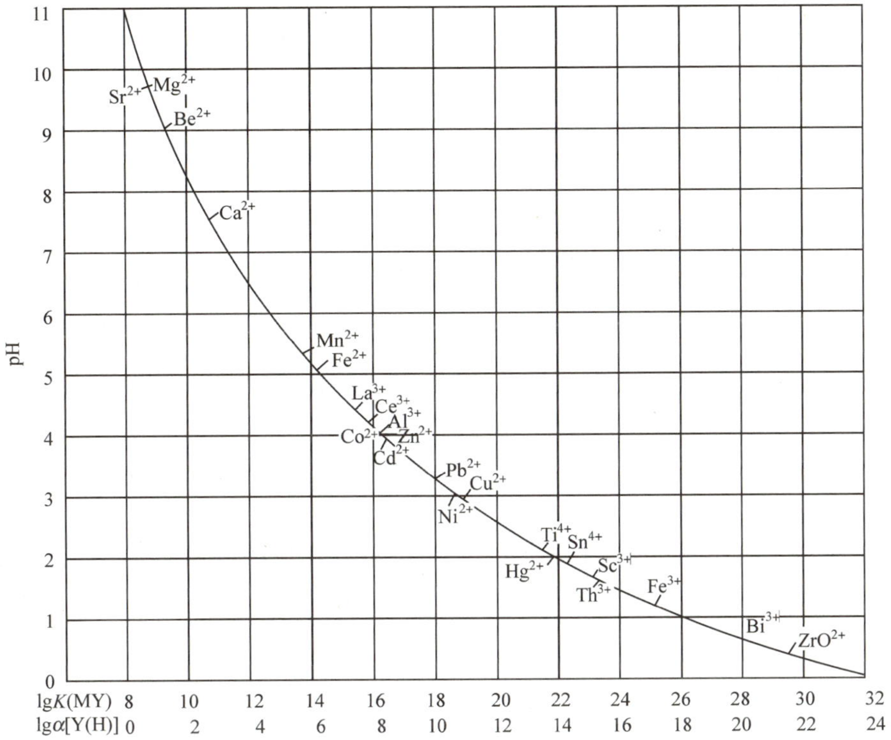

图 8-7　EDTA 的酸效应曲线

【例 8-14】　求用 0.010 00mol·L^{-1} EDTA 溶液滴定 0.010 00mol·L^{-1} Zn^{2+}时溶液的最低 pH。

解　由表 8-8 可知，$\lg K_f^{\ominus}(ZnY)=16.50$，将其代入 $\lg\alpha[Y(H)]\leqslant\lg K_f^{\ominus}(MY)-8$ 中，得

$$\lg\alpha[Y(H)]\leqslant 16.50-8=8.50$$

从表 8-10 或酸效应曲线中可查到，当 $\lg\alpha[Y(H)]=8.50$ 时，其相应的 pH 约为 4，即 EDTA 滴定 Zn^{2+}的最低 pH 应为 4 左右。

2. 配位滴定中的最低酸度

从滴定曲线的讨论中可知，pH 越大，由于酸效应减弱，$\lg K^{\ominus\prime}(MY)$增大，配合物越稳定，被滴定金属离子与 EDTA 的反应也越完全，滴定突跃也越大。但是，随着 pH 增大，金属离子可能会发生水解，生成多羟基配合物，降低 EDTA 配合物的稳定性，甚至会因生成氢氧化物沉淀而影响 EDTA 配合物的形成，故对滴定不利。因此，对不同的金属离子，因其性质不同而在滴定时有不同的最高允许 pH 或最低酸度。在没有辅助配位剂存在时，准确滴定某一金属离子的最低允许酸度通常可粗略地由一定浓度的金属离子形成氢氧化物沉淀时的 pH 估算。

【例 8-15】 试计算用 0.010 00mol · L^{-1} EDTA 滴定 0.010mol · L^{-1} Fe^{3+}溶液时的最高酸度和最低酸度。

解 由式(8-17)得

$$\lg\alpha[Y(H)] \leqslant \lg K_f^{\ominus}(FeY)-8=25.1-8=17.1$$

查表或酸效应曲线，得 pH≥1.2，故滴定时的最低 pH 为 1.2。

最低酸度由 $Fe(OH)_3$ 的 $K_{sp}^{\ominus}$ 求得

$$c(OH^-)=\sqrt[3]{\frac{K_{sp}^{\ominus}}{c(Fe^{3+})}}=\sqrt[3]{\frac{2.64\times10^{-39}}{0.010}}=6.41\times10^{-13}(mol \cdot L^{-1})$$

$$pOH=12.2 \qquad pH=1.8$$

即滴定时的最高 pH 为 1.8。

显然，此处计算出的最高 pH 是刚开始析出 $Fe(OH)_3$ 沉淀时的 pH。这样按 $K_{sp}^{\ominus}$ 计算所得的最低酸度，可能与实际情况略有出入，因为在计算过程中忽略了羟基配合物、离子强度及沉淀是否易于再溶解等因素的影响。尽管如此，按这种方式计算而得到的最低酸度仍可供实际滴定时参考。

配位滴定应控制在最高酸度和最低酸度之间进行，将此酸度范围称为配位滴定的适宜酸度范围。

3. 缓冲溶液的作用

在配位滴定过程中，随着配合物的生成，不断有 H^+释放出来，即有

$$M^{n+}+H_2Y^{2-}=\!=\!=MY^{(4-n)-}+2H^+$$

因此，溶液的酸度不断增大，不仅降低了配合物的实际稳定性[$\lg K^{\ominus\prime}(MY)$减小]，使滴定突跃减小，同时也可能改变指示剂变色的适宜酸度，导致很大的误差，甚至无法滴定。因此，在配位滴定中，通常要加入缓冲溶液来控制 pH。

8.8 金属离子指示剂

在配位滴定中，通常利用一种能与金属离子生成有色配合物的显色剂来指示滴定终点，这种能够指示溶液中金属离子浓度变化的显色剂称为金属离子指示剂，简称金属指示剂(metallochromic indicator)。

8.8.1 金属指示剂的变色原理

多数金属指示剂是具有一定配位能力的有机染料，几乎都是有机多元酸，而且不同型体有不同的颜色，可通过控制酸度使指示剂与配合物具有不同的颜色，以利于滴定终点的确定。其反应可表示为

$$\underset{}{M} + \underset{\text{指示剂颜色(颜色 A)}}{In} =\!=\!= \underset{\text{配合物颜色(颜色 B)}}{MIn}$$

例如，钙指示剂在 pH=10～13 时呈纯蓝色，它能与钙离子形成红色的配合物。用 EDTA 滴定钙离子时，加入少量钙指示剂，指示剂与钙离子形成红色配合物 CaIn，大部分钙离子仍处于游离态。随着 EDTA 的加入，游离的钙离子逐渐形成配合物。计量点附近时，游离的钙离子几乎被完全配位，如果继续滴加 EDTA，由于 EDTA 与钙离子的配位能力强于钙指示剂与钙离子的配位能力，而使 CaIn 中的 Ca^{2+} 被 EDTA 夺取，将指示剂游离出来，溶液即呈现游离指示剂的颜色，从而指示滴定的终点。

$$\underset{\text{颜色 B}}{\mathrm{MIn}} + \mathrm{Y} = \mathrm{MY} + \underset{\text{颜色 A}}{\mathrm{In}}$$

8.8.2　金属指示剂应具备的条件

与金属离子发生显色反应的有机化合物很多，但能用作金属指示剂的却不多，因为一个合格的金属指示剂必须具备以下条件：

(1) 所选定的 pH 范围内，金属指示剂配合物 MIn 与处于游离态的指示剂 In 的颜色应明显不同，使滴定终点时有明显的颜色变化，易于确定滴定终点。例如，二甲酚橙指示剂是一种紫色的晶体，易溶于水，存在七级酸式离解，为一种七元有机弱酸。在其离解产物中，H_7In～H_3In^{4-} 都是黄色的，H_2In^{5-}～In^{7-} 均为红色，二甲酚橙与金属离子的配合物都是红色，所以，二甲酚橙只适用于 pH<6.3 的酸性溶液中，其反应如下：

$$\underset{\text{黄}}{H_3In^{4-}} = H^+ + \underset{\text{红}}{H_2In^{5-}}$$

$$\mathrm{pH}<6.3 \qquad \mathrm{p}K_{a_5}^{\ominus}=6.3 \qquad \mathrm{pH}>6.3$$

(2) 指示剂与金属的显色反应必须灵敏、迅速，且有良好的变色可逆性。

(3) 金属指示剂配合物 MIn 有适当的稳定性，既要有足够的稳定性，又要比 EDTA 与金属离子的配合物 MY 的稳定性低[满足 $\lg K^{\ominus\prime}(\mathrm{MY})-\lg K^{\ominus\prime}(\mathrm{MIn})\geqslant 2$ 条件，而且 $\lg K^{\ominus\prime}(\mathrm{MIn})\geqslant 2$]。若 MIn 过于稳定，在计量点附近，EDTA 不能夺取 MIn 中的 M，而使滴定的终点推迟，甚至得不到终点。若 MIn 的稳定性不够，使 In 过早地游离出来，导致滴定的终点提前出现。

(4) 金属离子指示剂应比较稳定，便于储藏和使用。

(5) 指示剂与金属离子形成的配合物应易溶于水，如果生成胶体溶液或沉淀，会使变色不明显。

指示剂的封闭现象：如果滴定体系中存在干扰离子，并能与金属指示剂形成稳定的配合物，虽然加入过量的 EDTA，在化学计量点附近仍没有颜色变化，这种现象称为指示剂的封闭。可加入适当的掩蔽剂来消除。

指示剂的僵化现象：有些指示剂或指示剂与金属离子形成的配合物在水中溶解度较小，以致在化学计量点时 EDTA 与指示剂置换缓慢，使终点拖长，这种现象称为指示剂的僵化。可以通过放慢滴定速度，加入适当的有机溶剂或加热，以增加有关物质的溶解度来消除这一影响。

指示剂的氧化变质现象：某些金属指示剂为含双键的有色有机化合物，稳定性较差，易被日光、氧化剂、空气等分解，在水中一般不稳定，放置一段时间后会变质，所以，常配成固体混合物使用。

8.8.3 常用金属离子指示剂简介

1. 铬黑 T

铬黑 T 简称 EBT，使用最适宜酸度是 pH=9～10.5，在此酸度范围内其自身为蓝色，与 Mg^{2+}、Zn^{2+}、Ca^{2+}、Pb^{2+}、Hg^{2+}、Mn^{2+}等形成红色配合物。Al^{3+}、Fe^{3+}等对 EBT 有封闭作用。铬黑 T 固体性质稳定，但其水溶液只能保存几天，因此常将 EBT 与干燥的纯 NaCl 按 1∶100(质量比)混合均匀，研细，密闭保存。也可以用乳化剂 OP(聚乙二醇辛基苯基醚)和 EBT 配成水溶液，其中 OP 为 1%，EBT 为 0.001%，这样的溶液可使用 2 个月。

2. 钙指示剂

钙指示剂简称 NN，适用酸度为 pH=8～13，在 pH=12～13 时与 Ca^{2+}形成红色配合物，自身为蓝色。Fe^{3+}、Al^{3+}等对 NN 有封闭作用。

3. 二甲酚橙

二甲酚橙简称 XO，适用酸度为 pH<6，自身显亮黄色，在 pH=5～6 时，与 Pb^{2+}、Zn^{2+}、Cd^{2+}、Hg^{2+}、Ti^{3+}等形成红色配合物。Fe^{3+}、Al^{3+}等对 XO 有封闭作用。

4. PAN

PAN 适用酸度为 pH=2～12，自身显黄色，在适宜酸度下与 Th^{4+}、Bi^{3+}、Cu^{2+}、Ni^{2+}、Pb^{2+}、Cd^{2+}、Zn^{2+}、Mn^{2+}、Fe^{2+}形成紫红色配合物。

5. 磺基水杨酸

磺基水杨酸简称 ssal，适用酸度范围为 pH=1.5～2.5，自身为无色，在此酸度范围内与 Fe^{3+}生成紫红色配合物。

8.9 提高配位滴定选择性的方法

实际分析对象中往往有多种金属离子共存，而 EDTA 又能与很多金属离子形成稳定的配合物，所以在滴定某一金属离子时常受到共存离子的干扰。如何在多种离子中进行选择滴定就成为配位滴定的一个重要问题。

8.9.1 控制酸度

假设溶液中含有两种金属离子 M、N，它们均可与 EDTA 形成配合物，且 $K_f^{\ominus\prime}(MY) > K_f^{\ominus\prime}(NY)$。当用 EDTA 滴定时，若 $c(M)=c(N)$，M 首先被滴定。若 $K_f^{\ominus\prime}(MY)$ 与 $K_f^{\ominus\prime}(NY)$ 相差足够大，则 M 被定量滴定后，EDTA 才与 N 作用，这样，N 的存在并不干扰 M 的准确滴定。两种金属离子的 EDTA 配合物的条件稳定常数相差越大，被测金属离子浓度

[c(M)]越大，共存离子浓度[c(N)]越小，则在 N 离子存在下准确滴定 M 离子的可能性就越大。对于有干扰离子存在的配位滴定，一般允许有不超过 0.5%的相对误差，而如前述，肉眼判断终点颜色变化时，滴定突跃至少应有 0.2 个 pM 单位。根据理论推导，要想在 M、N 两种离子共存时通过控制溶液酸度来准确滴定 M 离子，必须同时满足

$$\frac{c(\mathrm{M})K_f^{\ominus\prime}(\mathrm{MY})}{c(\mathrm{N})K_f^{\ominus\prime}(\mathrm{NY})} \geqslant 10^5 \tag{8-18}$$

和 $K_f^{\ominus\prime}(\mathrm{MY}) > 10^8$ 两个条件。

【例 8-16】若一溶液中 Fe^{3+}、Al^{3+}浓度均为 0.010mol · L^{-1}，能否控制酸度，用 EDTA 选择滴定 Fe^{3+}？如何控制溶液的酸度？

解　已知 $K_f^{\ominus}(\mathrm{FeY^-}) = 10^{25.1}$，$K_f^{\ominus}(\mathrm{AlY^-}) = 10^{16.3}$。

同一溶液中 EDTA 的酸效应一定，在无其他副反应时，有

$$\frac{c(\mathrm{Fe^{3+}})K_f^{\ominus\prime}(\mathrm{FeY^-})}{c(\mathrm{Al^{3+}})K_f^{\ominus\prime}(\mathrm{AlY^-})} = \frac{K_f^{\ominus}(\mathrm{FeY^-})}{K_f^{\ominus}(\mathrm{AlY^-})} = 10^{8.8} > 10^5$$

所以，可通过控制溶液酸度来选择滴定 Fe^{3+}，而 Al^{3+}不干扰。

根据 $K_f^{\ominus\prime}(\mathrm{MY}) > 10^8$，可计算得滴定 Fe^{3+}的最低 pH 约为 1.2。在 pH≈1.8 时，Fe^{3+}发生水解生成 $Fe(OH)_3$ 沉淀，所以，可控制 pH=1.2～1.8 滴定 Fe^{3+}。从酸效应曲线可看出，这时 Al^{3+}不被滴定。如果溶液中存在两种以上金属离子，要判断能否用控制溶液酸度的方法进行分别滴定，应该首先考虑配合物稳定常数最大和与之最接近的那两种离子，然后依次两两考虑。

在考虑滴定的适宜 pH 范围时还应注意所选用指示剂的适宜 pH 范围。如例 8-16 中滴定 Fe^{3+}时，用磺基水杨酸作指示剂，在 pH=1.5～1.8 时，它与 Fe^{3+}形成红色配合物。若在此 pH 范围内用 EDTA 直接滴定 Fe^{3+}，终点颜色变化明显，Al^{3+}不干扰。滴定 Fe^{3+}后，调节溶液 pH=3，加入过量 EDTA，煮沸，使 Al^{3+}与 EDTA 完全配位，再调 pH 至 5～6，用 PAN 作指示剂，用 Cu^{2+}标准溶液滴定过量的 EDTA，即可测出 Al^{3+}的含量。

8.9.2　掩蔽和解蔽

当被测金属离子和干扰离子的配合物的稳定性相差不大，即不能满足式(8-18)时，就不能用控制酸度的方法进行选择滴定。可以加入某种试剂，使之仅与干扰离子 N 反应，这样溶液中游离 N 的浓度大大降低，N 对被测离子 M 的干扰也会减弱以至消除，这种方法称为掩蔽法(masking method)。常用的掩蔽法有配位掩蔽法、沉淀掩蔽法和氧化还原掩蔽法等，其中以配位掩蔽法最常用。

1. 配位掩蔽法

利用配位剂(掩蔽剂)与干扰离子形成稳定的配合物，从而消除干扰的掩蔽方法称为配位掩蔽法。例如，pH=10 时用 EDTA 滴定 Mg^{2+}、Zn^{2+}的存在会干扰滴定，若加入 KCN，

与 Zn^{2+}形成稳定配离子，Zn^{2+}被掩蔽而消除干扰。又如，用 EDTA 滴定法测定水的硬度时，Fe^{3+}、Al^{3+}的干扰可用三乙醇胺掩蔽。

采用配位掩蔽法时，所用掩蔽剂必须具备下列条件：①干扰离子与掩蔽剂形成的配合物应远比它与 EDTA 形成的配合物稳定，且配合物应为无色或浅色，不影响终点判断；②掩蔽剂不与被测离子反应，即使反应形成配合物，其稳定性也应远低于被测离子与 EDTA 形成的配合物，这样在滴定时掩蔽剂可被 EDTA 置换；③掩蔽剂适用的 pH 范围应与滴定的 pH 范围一致。常用的掩蔽剂见表 8-13。

表 8-13 EDTA 滴定中常用的掩蔽剂

掩蔽剂	掩蔽离子	测定离子	pH	指示剂	备注
二巯基丙醇(BAL)	Ag^{+}、As^{3+}、Bi^{3+}、Cd^{2+}、Hg^{2+}、Pb^{2+}、Sb^{3+}、Sn^{4+}、Co^{2+}、Cu^{2+}、Ni^{2+}	Ca^{2+}、Mg^{2+}、Mn^{2+}	10	铬黑 T	Co^{2+}、Cu^{2+}、Ni^{2+}与 BAL 的配合物有色
三乙醇胺(TEA)	Al^{3+}	Mg^{2+}、Zn^{2+}	10	铬黑 T	
	Al^{3+}、Fe^{3+}、Mn^{2+}	Ca^{2+}	碱性	Cu-PAN	
	Al^{3+}、Fe^{3+}、Tl^{3+}、Mn^{2+}	Ca^{2+}	>12	紫脲酸铵或钙指示剂	
		Ni^{2+}	10	紫脲酸铵	
		Cd^{2+}、Mg^{2+}、Mn^{2+}	10	铬黑 T	
	Al^{3+}、Fe^{2+}、Sn^{4+}、Ti^{2+}	Pb^{2+}、Zn^{2+}			
酒石酸盐	Al^{3+}	Zn^{2+}	5.2	二甲酚橙	
	Al^{3+}、Fe^{3+}	Ca^{2+}、Mn^{2+}	10	Cu-PAN	
	Al^{3+}、Fe^{3+}、少量 Ti^{4+}	Ca^{2+}	>12	钙黄绿素或钙指示剂	
柠檬酸	少量 Al^{3+}	Zn^{2+}	8.5～9.5	铬黑 T	30℃
	Fe^{3+}	Cd^{2+}、Cu^{2+}	8.5	萘基偶氮羟啉 S	丙酮(黄→粉红)
		Pb^{2+}			测定 Cu^{2+}和 Pb^{2+}时加入 Cu-EDTA
氰化物	Ag^{+}、Cd^{2+}、Co^{2+}、Cu^{2+}、Fe^{2+}、Hg^{2+}、Ni^{2+}、Zn^{2+}和铂系金属	Ba^{2+}、Sr^{2+}	10.5～11	金属酞	50%甲醇溶液
		Ca^{2+}			
		Mg^{2+}	>12	钙指示剂	
		Mg^{2+}、Ca^{2+}	10	铬黑 T	
	Cu^{2+}、Zn^{2+}	Mn^{2+}、Pb^{2+}	10	铬红 B	
氟化物	Al^{3+}	Cu^{2+}	3～3.5	萘基偶氮羟啉 S	氟化物又是沉淀掩蔽剂
	Al^{3+}、Fe^{3+}				
		Zn^{2+}	5～6	二甲酚橙	
		Cu^{2+}	6～6.5	铬天菁 S	
碘化钾	Hg^{2+}	Cu^{2+}	7	PAN	70℃
		Zn^{2+}	6.4	萘基偶氮羟啉 S	

2. 沉淀掩蔽法

利用某一沉淀剂与干扰离子生成难溶性沉淀，降低干扰离子浓度，在不分离沉淀的条件下可直接滴定被测离子。例如，在 pH=10 时用 EDTA 滴定 Ca^{2+}，这时 Mg^{2+}也被滴定，若加入 NaOH，使溶液 pH>12，则 Mg^{2+}形成 $Mg(OH)_2$沉淀而不干扰 Ca^{2+}的滴定。

沉淀掩蔽法不是一种理想的掩蔽方法，在实际应用中有一定局限性。必须注意：①沉淀反应要进行完全，沉淀溶解度要小，否则掩蔽效果不好；②生成的沉淀应是无色或浅色致密的，最好是晶形沉淀，否则由于颜色深、体积大，吸附被测离子或指示剂而影响终点观察。

3. 氧化还原掩蔽法

当某种价态的共存离子对滴定有干扰时，利用氧化还原反应改变干扰离子的价态，则可消除对被测离子的干扰。例如，用 EDTA 滴定 Hg^{2+}、Bi^{3+}、ZrO^{2+}、Sn^{4+}、Th^{4+}等时，Fe^{3+}有干扰[$\lg K_f^\ominus(FeY^-)=25.1$]，若用盐酸羟胺或抗坏血酸将 Fe^{3+}还原为 Fe^{2+}，由于 Fe^{2+}的 EDTA 配合物稳定性较差[$\lg K_f^\ominus(FeY^{2-})=14.33$]，因而可消除 Fe^{3+}的干扰。

有些离子（如 Cr^{3+}）对滴定有干扰，而其高价态与 EDTA 形成的配合物稳定性较差，不干扰 EDTA 滴定，可先将其氧化为高价态离子（如 $Cr_2O_7^{2-}$），就可消除干扰。

4. 解蔽方法

将干扰离子掩蔽以滴定被测离子后，再加入一种试剂，使已被掩蔽剂配位的干扰离子重新释放出来。这种作用称为解蔽（demasking），所用试剂称为解蔽剂。利用某些选择性的解蔽剂，可提高配位滴定的选择性。

例如，测定铜合金中的 Zn^{2+}、Pb^{2+}时，可在氨性溶液中用 KCN 掩蔽 Cu^{2+}、Zn^{2+}，在 pH=10 时以铬黑 T 作指示剂，用 EDTA 滴定 Pb^{2+}。在滴定 Pb^{2+}后的溶液中加入甲醛或三氯乙醛，则$[Zn(CN)_4]^{2-}$被破坏而释放出 Zn^{2+}，然后用 EDTA 滴定释放出的 Zn^{2+}，其反应如下：

$$[Zn(CN)_4]^{2-} + 4HCHO + 4H_2O = Zn^{2+} + 4HOCH_2CN + 4OH^-$$

$[Cu(CN)_4]^{2-}$很稳定，不易被解蔽，但要注意甲醛应分次滴加，不宜过多，且温度不能太高，否则$[Cu(CN)_4]^{2-}$会部分被解蔽而使 Zn^{2+}的测定结果偏高。

8.9.3　预先分离

如果用控制溶液酸度和使用掩蔽剂等方法都不能消除共存离子的干扰而选择滴定被测离子，就只有预先将干扰离子分离出来，再滴定被测离子。分离的方法很多，可根据干扰离子和被测离子的性质进行选择。例如，磷矿石中一般含 Fe^{3+}、Al^{3+}、Ca^{2+}、Mg^{2+}、PO_4^{3-}、F^-等，欲用 EDTA 滴定其中的金属离子，F^-有严重干扰，它能与 Fe^{3+}、Al^{3+}生成很稳定的配合物，酸度小时又能与 Ca^{2+}生成 CaF_2 沉淀，因此滴定前必须先加酸、加热，使 F^-生成 HF 而挥发除去。

8.9.4　其他配位剂

除 EDTA 外，其他许多配位剂也能与金属离子形成稳定性不同的配合物，因而选用不同的配位剂进行滴定，有可能提高滴定某些离子的选择性。例如，多数金属离子与EDTP（乙二胺四丙酸）形成的配合物的稳定性比它们的 EDTA 配合物差很多，而$[Cu(EDTP)]^{2-}$与$[Cu(EDTA)]^{2-}$稳定性相差不大，因而可用 EDTP 直接滴定 Cu^{2+}，而 Zn^{2+}、Cd^{2+}、Mg^{2+}、Mn^{2+}等都不干扰。又如，Ca^{2+}、Mg^{2+}的 EDTA 配合物的稳定性相差不大，若用 EGTA（乙二醇二乙醚二胺四乙酸）作为配位剂，由于$[Ca(EGTA)]^{2-}$仍有较高稳定性（比$[CaY]^{2-}$略高），而$[Mg(EGTA)]^{2-}$稳定性下降很多，故可用 EGTA 直接滴定 Ca^{2+}而 Mg^{2+}不干扰。

8.10 配位滴定的方式和应用

配位滴定有多种不同的滴定方式，包括直接滴定、间接滴定、返滴定、置换滴定等。采用不同的滴定方式，可以扩大配位滴定的应用范围，也可以提高选择性。

8.10.1 配位滴定的方式

1. 直接滴定法

用 EDTA 标准溶液直接滴定被测离子的方法称为直接滴定法。它方便快速，引入误差较少，因而是一种常用的基本方法。

2. 间接滴定法

对于不能与 EDTA 形成稳定配合物的物质，可以采用间接滴定法测定。例如，测定 PO_4^{3-} 时，可以加入一定量过量的 $Bi(NO_3)_3$，以生成 $BiPO_4$沉淀，再用 EDTA 滴定剩余的 Bi^{3+}，从而求得 PO_4^{3-} 的含量。又如，钠含量的测定，Na^+与 EDTA 不能生成稳定的配合物，可用乙酸铀酰锌将 Na^+沉淀为乙酸铀酰锌钠$[NaZn(UO_2)_3(Ac)_3 \cdot xH_2O]$，分离后将沉淀溶解，用 EDTA 滴定 Zn^{2+}，由此计算出 Na^+的含量。

3. 返滴定法

若被测离子与 EDTA 反应缓慢，被测离子在选定滴定条件下发生水解等副反应，无适宜指示剂或被测离子对指示剂有封闭作用，不能直接进行 EDTA 滴定。上述情况下可采用返滴定法，即加入一定量过量的 EDTA 标准溶液于被测离子溶液中，待反应完全后，再用另一金属离子的标准溶液返滴定过量的 EDTA，根据两种标准溶液的浓度和用量，即可求得被测离子的含量。例如，测定 Al^{3+}时，由于 Al^{3+}易水解形成一系列多羟基配合物，且与 EDTA 反应较慢，同时 Al^{3+}对二甲酚橙等指示剂有封闭作用，因此不能用 EDTA 直接滴定，可在 Al^{3+}溶液中先加入一定量过量的 EDTA 标准溶液，加热至沸以使 Al^{3+}与 EDTA 反应完全后，再加入二甲酚橙，用 Zn^{2+}或 Cu^{2+}标准溶液返滴定过量的 EDTA。

4. 置换滴定法

利用置换反应，用一种配位剂将被测离子与 EDTA 配合物中的 EDTA 置换出来，然后用另一金属离子的标准溶液滴定；或利用被测离子将另一金属离子配合物中的金属离子置换出来，然后用 EDTA 标准溶液滴定。例如，测定某合金中的 Sn^{4+}时，可在试液中加入过量的 EDTA，使共存的 Pb^{2+}、Zn^{2+}、Cd^{2+}、Bi^{3+}等与 Sn^{4+}一起都与 EDTA 配位，然后用 Zn^{2+}标准溶液滴定过量的 EDTA，除去溶液中游离的 EDTA。再加入 NH_4F，F^-与 Sn^{4+}形成稳定性更高的SnF_6^{2-}，选择性地将 SnY 中的 EDTA 置换出来，然后用 Zn^{2+}标准溶液滴定，即可求得 Sn^{4+}含量。又如，测定 Ag^+，由于 Ag^+的 EDTA 配合物不够稳定，因而不能用 EDTA 直接滴定。若在 Ag^+试液中加入过量的$[Ni(CN)_4]^{2-}$，则发生反应

$$2Ag^+ + [Ni(CN)_4]^{2-} \longrightarrow 2[Ag(CN)_2]^- + Ni^{2+}$$

置换出来的 Ni^{2+}可在 pH=10.0 的氨性缓冲溶液中用 EDTA 滴定，可计算出 Ag^+的含量。

8.10.2 配位滴定法应用实例

1. 水的总硬度及 Ca^{2+}、Mg^{2+}含量的测定

含有钙、镁盐类的水称为硬水，水中 Ca^{2+}、Mg^{2+}的含量常用硬度表示，根据采用的单位不同，水的硬度有以下两种表示方法：

(1)将水中 Ca^{2+}、Mg^{2+}的含量均折合为 $CaCO_3$后，以每升水中所含 $CaCO_3$的质量(单位为 mg)表示，即以质量浓度 ρ 表示。

(2)德国度。将水中 Ca^{2+}、Mg^{2+}的含量均折合为 CaO 后，以每升水中含 10mg CaO，或十万份水中含一份 CaO，称为一个德国度，用“°d”表示。

水的硬度按德国度来划分时，<4°d 的水为很软水；4～8°d 的水为软水；8～16°d 的水为中硬水；16～32°d 的水为硬水；>32°d 的水为很硬水。

用 EDTA 进行水的总硬度及 Ca^{2+}、Mg^{2+}含量的测定时，可先测定 Ca^{2+}、Mg^{2+}总量求总硬度。

Ca^{2+}、Mg^{2+}总量的测定：用 NH_3-NH_4Cl 缓冲溶液调节溶液的 pH=10，在此条件下，Ca^{2+}、Mg^{2+}均可被 EDTA 准确滴定。加入铬黑 T 指示剂(如果溶液中存在使铬黑 T 封闭的金属离子，应在加入指示剂前先加入掩蔽剂)，用 EDTA 标准溶液滴定。在滴定的过程中，将有 CaY、MgY、MgIn、CaIn 四种配合物生成，它们的稳定性次序为

$$CaY > MgY > MgIn > CaIn \text{(略去电荷)}$$

由此可见，当加入铬黑 T 后，它首先与 Mg^{2+}结合，生成红色的配合物 MgIn，当滴入 EDTA 时，首先与之结合的是 Ca^{2+}，其次是游离态的 Mg^{2+}，最后 EDTA 夺取与铬黑 T 结合的 Mg^{2+}，使指示剂游离出来，溶液的颜色由红色变为纯蓝色，到达指示终点，设消耗 EDTA 的体积为 V_1。

Ca^{2+}含量的测定：用 NaOH 溶液调节待测水样的 pH=12，将 Mg^{2+}转化为 $Mg(OH)_2$沉淀，使其不干扰 Ca^{2+}的测定。滴加少量的钙指示剂，溶液中的部分 Ca^{2+}立即与之反应生成红色配合物，使溶液呈红色。当滴定开始后，随着 EDTA 的不断加入，溶液中的 Ca^{2+}逐渐被滴定，接近计量点时，游离的 Ca^{2+}被滴定完后，EDTA 则夺取与指示剂结合的 Ca^{2+}使指示剂游离出来，溶液的颜色由红色变为蓝色，到达指示终点，设滴定中消耗 EDTA 的体积为 V_2。

通过以上的滴定，消耗的体积 V_1 和 V_2，则 Ca^{2+}、Mg^{2+}及总硬度分别为

$$\rho\,(\mathrm{Ca})=\frac{c(\mathrm{EDTA})\cdot V_2\cdot M(\mathrm{Ca})}{V(\text{水样})}$$

$$\rho\,(\mathrm{Mg})=\frac{c(\mathrm{EDTA})\cdot(V_1-V_2)\cdot M(\mathrm{Mg})}{V(\text{水样})}$$

$$\text{水的总硬度}(^\circ\mathrm{d})=\frac{c(\mathrm{EDTA})\cdot V_1\cdot M(\mathrm{CaO})}{V(\text{水样})\times 10}$$

2. 硫酸盐的测定

SO_4^{2-} 是非金属离子，不能和 EDTA 直接配位，不便于配位滴定。但是可采用加入过量的已知准确浓度的 $BaCl_2$ 沉淀剂，使 SO_4^{2-} 与 Ba^{2+}生成 $BaSO_4$ 沉淀。再用 EDTA 滴定剩余的 Ba^{2+}，以返滴定方式间接地测 SO_4^{2-} 的含量，即

$$w(SO_4^{2-})=\frac{[c(BaCl_2)V(BaCl_2)-c(\mathrm{EDTA})V(\mathrm{EDTA})]M(SO_4^{2-})}{m(\text{样品})}$$

式中：V 的单位为 L；m(样品)的单位为 g。

习　题

8-1 什么是螯合物？螯合物有什么特点？作为螯合剂必须具备什么条件？试举例说明。

8-2 将 KSCN 加入 $NH_4Fe(SO_4)_2\cdot 12H_2O$ 溶液中，溶液呈血红色，但加到 $K_3[Fe(CN)_6]$溶液中并不出现红色，这是为什么？

8-3 AgCl 溶于氨水形成$[Ag(NH_3)_2]^+$后，若用 HNO_3 酸化溶液，则又析出沉淀，这种现象怎样解释？

8-4 无水 $CrCl_3$ 和氨作用能形成两种配合物 A 和 B，组成分别为 $CrCl_3\cdot 6NH_3$ 和 $CrCl_3\cdot 5NH_3$。加入 $AgNO_3$，A 溶液中几乎全部的氯沉淀为 AgCl，而 B 溶液中只有 $\frac{2}{3}$ 的氯沉淀出来。加入 NaOH 并加热，两种溶液均无氨味。试写出这两种配合物的化学式并命名。

8-5 指出下列配合物的中心离子、配体、配位数、配离子电荷数和配合物名称。

$K_2[HgI_4]$　　$[CrCl_2(H_2O)_4]Cl$　　$[Co(NH_3)_2(en)_2](NO_3)_2$

$Fe_3[Fe(CN)_6]_2$　　$K[Co(NO_2)_4(NH_3)_2]$　　$Fe(CO)_5$

8-6 试用价键理论说明下列配离子的类型、空间构型和磁性。

(1) $[CoF_6]^{3-}$和$[Co(CN)_6]^{3-}$　　(2) $[Ni(NH_3)_4]^{2+}$和$[Ni(CN)_4]^{2-}$

8-7 将 0.10mol·L^{-1} $ZnCl_2$ 溶液与 1.0mol·L^{-1} NH_3 溶液等体积混合，求此溶液中$[Zn(NH_3)_4]^{2+}$和 Zn^{2+}的浓度。

8-8 在 100.0mL 0.050mol·L^{-1} $[Ag(NH_3)_2]^+$溶液中加入 1.0mL 1.0mol·L^{-1} NaCl 溶液，溶液中 NH_3 的浓度至少需多大才能阻止 AgCl 沉淀生成？

8-9 计算 AgCl 在 0.10mol·L^{-1}氨水中的溶解度。

8-10 在 100.0mL 0.15mol·L^{-1} $[Ag(CN)_2]^-$溶液中加入 50.0mL 0.10mol·L^{-1} KI 溶液，是否有 AgI 沉淀生成？在上述溶液中再加入 50.0mL 0.20mol·L^{-1} KCN 溶液，又是否会产生 AgI 沉淀？

8-11　0.080mol $AgNO_3$ 溶解在 1.0L $Na_2S_2O_3$ 溶液中形成 $[Ag(S_2O_3)_2]^{3-}$，过量的 $S_2O_3^{2-}$ 浓度为 0.20mol·L^{-1}。欲得到卤化银沉淀，所需 I^- 和 Cl^- 的浓度各为多少？能否得到 AgI、AgCl 沉淀？

8-12　50.0mL 0.10mol·L^{-1} $AgNO_3$ 溶液与等量的 6.0mol·L^{-1} 氨水混合后，向此溶液中加入 0.119g KBr 固体，有无 AgBr 沉淀析出？如欲阻止 AgBr 析出，原混合溶液中氨的初始浓度至少应为多少？

8-13　分别计算 $Zn(OH)_2$ 溶于氨水生成 $[Zn(NH_3)_4]^{2+}$ 和 $[Zn(OH)_4]^{2-}$ 时的平衡常数。若溶液中 NH_3 和 NH_4^+ 的浓度均为 0.10mol·L^{-1}，则 $Zn(OH)_2$ 溶于该溶液中主要生成哪一种配离子？

8-14　将含有 0.20mol·L^{-1} NH_3 和 1.00mol·L^{-1} NH_4^+ 的缓冲溶液与 0.020mol·L^{-1} $[Cu(NH_3)_4]^{2+}$ 溶液等体积混合，有无 $Cu(OH)_2$ 沉淀生成？[已知 $Cu(OH)_2$ 的 $K_{sp}^{\ominus}=2.2\times10^{-20}$]

8-15　写出下列反应的方程式并计算平衡常数。

(1) AgI 溶于 KCN 溶液中；

(2) AgBr 微溶于氨水中，溶液酸化后又析出沉淀(两个反应)。

8-16　下列化合物中，哪些可作为有效的螯合剂？

(1) HO—OH　　(2) $H_2N—(CH_2)_3—NH_2$　　(3) $(CH_3)_2N—NH_2$

(4)
```
      COOH
       |
H3C—CH—OH
```
(5) 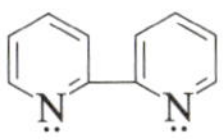

(6) $H_2N(CH_2)_4COOH$

8-17　计算 pH=7.0 时 EDTA 的酸效应系数 $\alpha[Y(H)]$，此时 Y^{4-} 占 EDTA 总浓度的百分数是多少？

8-18　在 0.010mol·L^{-1} Zn^{2+} 溶液中，用浓的 NaOH 溶液和氨水调节 pH 至 12.0，且使氨浓度为 0.010mol·L^{-1}(不考虑溶液体积的变化)，此时游离 Zn^{2+} 的浓度为多少？

8-19　pH=6.0 的溶液中含有 0.10mol·L^{-1} 的游离酒石酸根(Tart)，计算此时的 $\lg K^{\ominus\prime}([CdY]^{2-})$。若 Cd^{2+} 的浓度为 0.010mol·L^{-1}，能否用 EDTA 标准溶液准确滴定？(已知 Cd^{2+}-Tart 的 $\lg\beta_1^{\ominus}=2.8$)

8-20　pH=4.0 时，能否用 EDTA 准确滴定 0.010mol·L^{-1} Fe^{2+}？pH=6.0、8.0 时又如何？

8-21　若配制 EDTA 溶液的水中含有 Ca^{2+}、Mg^{2+}，在 pH=5～6 时，以二甲酚橙作指示剂，用 Zn^{2+} 标定该 EDTA 溶液，其标定结果是偏高还是偏低？若以此 EDTA 溶液测定 Ca^{2+}、Mg^{2+}，所得结果又如何？

8-22　含 0.010mol·L^{-1} Pb^{2+}、0.010mol·L^{-1} Ca^{2+} 的溶液中，能否用 0.010 00mol·L^{-1} EDTA 准确滴定 Pb^{2+}？若可以，应在什么 pH 下滴定而 Ca^{2+} 不干扰？

8-23　用返滴定法测定 Al^{3+} 的含量时，首先在 pH=3 左右加入过量的 EDTA 并加热，使 Al^{3+} 完全配位。为何选择此 pH？

8-24　量取含 Bi^{3+}、Pb^{2+}、Cd^{2+} 的试液 25.00mL，以二甲酚橙为指示剂，在 pH=1.0 时用 0.020 15mol·L^{-1} EDTA 溶液滴定，用去 20.28mL。调节 pH 至 5.0，用此 EDTA 滴定时又消耗 28.86mL。加入邻二氮菲，破坏 CdY^{2-}，释放出的 EDTA 用 0.012 02mol·L^{-1} Pb^{2+} 溶液滴定，用去 18.05mL。计算溶液中 Bi^{3+}、Pb^{2+}、Cd^{2+} 的浓度。

8-25　在 25.00mL 含 Ni^{2+}、Zn^{2+} 的溶液中加入 50.00mL 0.015 00mol·L^{-1} EDTA 溶液，用 0.010 00mol·L^{-1} Mg^{2+} 返滴定过量的 EDTA，用去 17.52mL，然后加入二巯基丙醇解蔽 Zn^{2+}，释放出 EDTA，再用去 22.00mL Mg^{2+} 溶液滴定。计算原试液中 Ni^{2+}、Zn^{2+} 的浓度。

8-26　间接法测定 SO_4^{2-} 时，称取 3.000g 试样溶解后，稀释至 250.00mL。在 25.00mL 试液中加入 25.00mL 0.050 00mol·L^{-1} $BaCl_2$ 溶液，过滤 $BaSO_4$ 沉淀后，滴定剩余 Ba^{2+} 用去 29.15mL 0.020 02mol·L^{-1} EDTA。试计算 SO_4^{2-} 的质量分数。

8-27　称取硫酸镁样品 0.2500g，以适当方式溶解后，以 0.021 15mol·L^{-1} EDTA 标准溶液滴定，用去 24.90mL，计算 EDTA 溶液对 $MgSO_4\cdot7H_2O$ 的滴定度及样品中 $MgSO_4$ 的质量分数。

8-28 分析铜、锌、镁合金时，称取试样 0.5000g，溶解后稀释至 200.00mL。取 25.00mL 调至 pH=6，用 PAN 作指示剂，用 0.030 80 mol·L^{-1}EDTA 溶液滴定，用去 30.30mL。另取 25.00mL 试液，调至 pH=10，加入 KCN 掩蔽铜、锌，用同浓度 EDTA 滴定，用去 3.40mL，然后滴加甲醛解蔽剂，再用该 EDTA 溶液滴定，用去 8.85mL。计算试样中铜、锌、镁的质量分数。

8-29 取 100.0mL 水样，调节 pH=10，用铬黑 T 作指示剂，用去 0.0100 mol·L^{-1} EDTA 25.40 mL；另取一份 100.0mL 水样，调节 pH=12，用钙指示剂，用去 EDTA 14.25 mL，求每升水中 CaO、MgO 的质量。

8-30 A 100mL sample of water is titrated with 12.24mL of the EDTA solution (0.020 40mol·L^{-1}). Calculate the degree of hardness of the water.

8-31 A 25.00mL sample of unknown Fe^{3+} and Cu^{2+} required 16.06mL of 0.050 83 mol·L^{-1}EDTA for coordination titration. A 50.00mL sample of unknown solution was treated with NH_4F to protect the Fe^{3+}. Then the Cu^{2+} was reduced and masked by addition of thiourea. Upon addition of 25.00mL of 0.050 83mol·L^{-1} EDTA, the Fe^{3+} was liberated from its fluoride complex and formed an EDTA complex. The excess EDTA required 19.77mL of 0.018 83mol·L^{-1} Pb^{2+} to reach an endpoint using xylenol orange. Calculate the concentration of Cu^{2+} in the unknown solution.

第 9 章　氧化还原平衡和氧化还原滴定法

化学反应可以分为两大类：一类是在反应过程中，反应物之间没有发生电子的转移，如酸碱反应、沉淀反应和配位反应等；另一类是在反应过程中，反应物之间发生了电子的转移，这一类反应就是氧化还原反应(redox reaction)。学习氧化还原反应，对于掌握化学反应规律、制备新物质、开发化学能源、研究生命科学等具有重要的意义。

9.1　氧化还原反应的基本概念

9.1.1　氧化数

氧化数(又称氧化值，oxidation number)是某元素一个原子的表观电荷数，是假设把每个键中的电子指定给电负性较大的原子而求得的。氧化数是人为的概念，主要用于描述物质的氧化或还原状态，并用于氧化还原反应方程式的配平。

元素的氧化数可按如下规则确定：

(1) 在单质中元素的氧化数为零。这是因为成键原子的电负性相同，共用电子对不能指定给任何一方。例如，O_2、Cl_2、Fe 等物质中，各元素的氧化数均为 0。

(2) 在离子化合物中，元素的氧化数为该元素离子的电荷数。例如，NaCl 中，Na 的氧化数为+1，Cl 的氧化数为−1。

(3) 在共价化合物中，把两个原子共用的电子对指定给电负性较大的原子后，各原子所具有的形式电荷数即为它们的氧化数。例如，HCl 分子中 H 的氧化数为+1，Cl 为−1。

(4) 氧在化合物中的氧化数一般为−2，在过氧化物(如 H_2O_2、Na_2O_2 等)中为−1，在超氧化合物(如 KO_2)中为−1/2，在 OF_2 中为+2。氢在化合物中的氧化数一般为+1，仅在与活泼金属生成的离子型氢化物(如 NaH、CaH_2)中为−1。

(5) 在中性分子中各元素的正、负氧化数代数和为零；在复杂离子中各元素原子正、负氧化数的代数和等于离子所带电荷数。

根据以上规则，可以确定化合物中某一元素的氧化数。例如，$K_2Cr_2O_7$ 中铬的氧化数为+6，$S_4O_6^{2-}$ 中硫的氧化数为+2.5。

必须指出，在共价化合物中，判断元素原子的氧化数时，不要与共价数(某元素原子形成的共价键的数目)相混淆。例如，在 CH_4、CH_3Cl、CH_2Cl_2、$CHCl_3$ 和 CCl_4 中，碳的共价数为 4，但其氧化数分别为−4、−2、0、+2 和+4。氧化数有正、负，而共价数无正、负。此外，氧化数与化合价也有区别，化合价是表示原子间相互化合的一种性质，其值没有分数，而氧化数是一种表观电荷数，是人为规定的。

9.1.2 氧化还原反应

在化学反应中，反应前后元素的氧化数发生变化的反应均称为氧化还原反应。氧化数升高的过程称为氧化，氧化数降低的过程称为还原。为了叙述的方便，将氧化与还原分别定义，事实上氧化与还原存在于同一反应中，且同时发生。一种元素的氧化数升高，必有另一元素的氧化数降低，且氧化数升高数与氧化数降低数相等。例如

氧化数降低，还原

$$\overset{+2}{Cu}O + \overset{0}{H_2} = \overset{0}{Cu} + \overset{+1}{H_2}O$$

氧化数升高，氧化

在氧化还原反应中，元素的氧化数发生改变的实质是反应过程中这些原子有电子的得失（包括电子对的偏移）。失去电子的变化是氧化，得到电子的变化是还原。反应中失去电子、氧化数升高的物质是还原剂（reductant），得到电子、氧化数降低的物质是氧化剂（oxidant）。

常用的氧化剂有活泼的非金属单质，如 O_2、F_2、Cl_2、Br_2、I_2，以及含氧化数较高的元素的化合物或离子，如 $KMnO_4$、$K_2Cr_2O_7$、HNO_3、H_2SO_4、$Ce(SO_4)_2$ 等。

常用的还原剂有活泼的金属单质，如 Na、Mg、Al、Zn、Fe，以及含较低氧化数的元素的化合物或离子，如 H_2、KI、$SnCl_2$、H_2S、$H_2C_2O_4$ 等。

某些含有中间氧化数的物质，在反应时其氧化数可能升高，也可能降低。在不同的反应条件下，这些物质有时作氧化剂，有时又可作还原剂。例如

$$H_2O_2+2Fe^{2+}+2H^+ = 2Fe^{3+}+2H_2O \qquad (H_2O_2\text{作氧化剂，O 的氧化数从}-1\text{变为}-2)$$

$$H_2O_2+Cl_2 = 2HCl+O_2 \qquad (H_2O_2\text{作还原剂，O 的氧化数从}-1\text{变为 }0)$$

氧化数的升高和降低发生在同一物质内同一元素上的反应称为歧化反应（disproportionation reaction），如 Cu^+ 在水溶液中的反应：

$$2Cu^+ = Cu+Cu^{2+}$$

9.1.3 氧化还原半反应与氧化还原电对

任何一个氧化还原反应都可看作是两个"半反应"（half reaction）之和。一个半反应是还原剂失去电子，自身的氧化数升高，转化为氧化型物质。另一个半反应是氧化剂得到电子，自身的氧化数降低，转化为还原型物质。例如，反应 $Cu^{2+}+Zn = Cu+Zn^{2+}$ 可看成下面两个半反应的结果：

（1）还原半反应 $\qquad Cu^{2+} + 2e^- = Cu$

（2）氧化半反应 $\qquad Zn - 2e^- = Zn^{2+}$

一个氧化型物质（电子受体）和与它相对应的还原型物质（电子给体）组成一个氧化还原电对，用"氧化型/还原型"（或"Ox/Red"）表示

$$\text{氧化型} + ne^- = \text{还原型}$$

或

$$Ox + ne^- = Red$$

式中：n 为半反应中转移的电子数。每个氧化还原半反应包含一个氧化还原电对。上例还原半反应中存在 Cu^{2+}/Cu 电对，氧化半反应中存在 Zn^{2+}/Zn 电对。

9.2　氧化还原反应方程式的配平

配平氧化还原方程式，首先要确定在反应条件(如温度、压力、介质的酸碱性等)下，氧化剂的还原产物和还原剂的氧化产物，然后根据氧化剂和还原剂氧化数的变化相等的原则，或氧化剂和还原剂得失电子数相等的原则进行配平。

*9.2.1　氧化数法

反应中氧化剂元素氧化数的降低值等于还原剂元素氧化数的增加值，或反应中得失电子的总数相等。

用此法配平氧化还原反应方程式的具体步骤如下：

(1) 写出基本反应式，即写出反应物和它们的主要产物。例如，$KMnO_4$ 和 HCl 的反应

$$KMnO_4 + HCl \longrightarrow MnCl_2 + Cl_2$$

(2) 对反应中氧化数发生变化的元素，标出氧化数及其变化值。

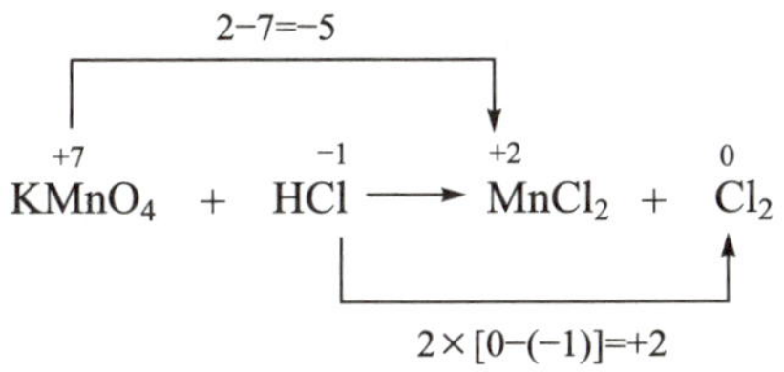

(3) 根据“氧化剂氧化数降低总数等于还原剂氧化数升高总数”的原则，按最小公倍数法则使氧化数升高和降低的总数相等。

氧化数降低　　2−7=−5

氧化数升高　　2×[0−(−1)]=+2

2 与 5 的最小公倍数为 10

(4) 配平方程式中两边的 H 和 O 的个数。根据介质不同，在酸性介质中 O 多的一边加 H^+，少的一边加 H_2O；在碱性介质中，O 多的一边加 H_2O，O 少的一边加 OH^-；在中性介质中，一边加 H_2O，另一边加 H^+ 或 OH^-。

$$2KMnO_4 + 16HCl \longrightarrow 2MnCl_2 + 2KCl + 5Cl_2 + 8H_2O$$

(5) 检查方程式两边是否质量平衡。各元素的原子个数反应前、后相等时，将箭头改为等号，得到平衡的化学反应方程式。

$$2KMnO_4 + 16HCl = 2MnCl_2 + 2KCl + 5Cl_2 + 8H_2O$$

9.2.2 离子–电子法

离子–电子法根据氧化还原反应中氧化剂和还原剂得失电子的总数相等，反应前后各元素的原子总数相等的原则配平方程式。以酸性溶液中 $KMnO_4$ 与 K_2SO_3 的反应为例，具体步骤如下：

(1)写出氧化还原反应的离子反应式。

$$MnO_4^- + SO_3^{2-} \longrightarrow Mn^{2+} + SO_4^{2-}$$

(2)把总反应式分解为两个半反应，即

还原半反应 $MnO_4^- + 5e^- \longrightarrow Mn^{2+}$

氧化半反应 $SO_3^{2-} - 2e^- \longrightarrow SO_4^{2-}$

(3)分别配平两个半反应式中的 H 和 O[见氧化数法步骤(4)]。

还原半反应 $MnO_4^- + 8H^+ + 5e^- = Mn^{2+} + 4H_2O$

氧化半反应 $SO_3^{2-} + H_2O - 2e^- = 2H^+ + SO_4^{2-}$

(4)根据“氧化剂得电子总数等于还原剂失电子总数”的原则，在两个半反应前面乘以适当的系数相加并约化。

$$\times 2)\ MnO_4^- + 8H^+ + 5e^- = Mn^{2+} + 4H_2O$$

$$+)\ \times 5)\ SO_3^{2-} + H_2O - 2e^- = 2H^+ + SO_4^{2-}$$

$$2MnO_4^- + 5SO_3^{2-} + 6H^+ = 2Mn^{2+} + 5SO_4^{2-} + 3H_2O$$

(5)检查质量平衡及电荷平衡，然后将离子反应式改写为化学反应式。

$$2KMnO_4 + 5K_2SO_3 + 3H_2SO_4 = 2MnSO_4 + 6K_2SO_4 + 3H_2O$$

离子–电子法突出了化学计量数的变动是电子得失的结果，因此更能反映氧化还原反应的真实情况。值得注意的是，无论在配平的离子方程式或化学方程式中，都不应出现游离电子。

9.3 原电池与电极电势

9.3.1 原电池

将锌片放入硫酸铜溶液中，会发生如下反应：

$$Cu^{2+} + Zn = Cu + Zn^{2+} \qquad \Delta_r H_m^\ominus = -211.46 kJ \cdot mol^{-1}$$

Zn 和 Cu^{2+}间发生电子转移，电子直接从锌片转移给 Cu^{2+}，化学能以热的形式与环境发生交换。

如果锌片和 $CuSO_4$ 溶液不直接接触，而是按图 9-1 的设计进行反应。即两烧杯中分别放入 $ZnSO_4$ 和 $CuSO_4$ 溶液，在盛 $ZnSO_4$ 溶液的烧杯中放入锌片，在盛 $CuSO_4$ 溶液的烧杯中放入 Cu 片。用一倒置的 U 形管连接两个烧杯中的溶液，U 形管中装满用 KCl 饱和溶液和琼胶做成的冻胶，该 U 形管称为盐桥。此时串联在 Cu 极和 Zn 极间的检流计指针立即向一方偏转，说明导线中有电流通过。这就是铜锌原电池。原电池(primary cell)是利用自发的氧化还原反应产生电流的装置，它可使化学能转化为电能。

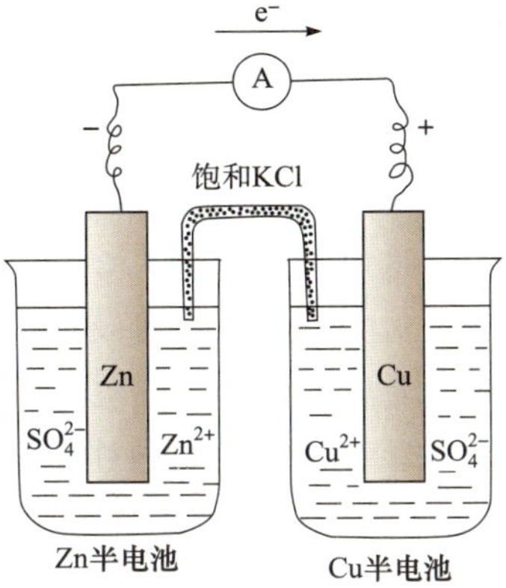

图 9-1 Cu-Zn 原电池

上述原电池由两部分组成：一部分是 Cu 片和 $CuSO_4$ 溶液；另一部分是 Zn 片和 $ZnSO_4$ 溶液，这两部分均称为半电池(half cell)或电极，一般称为 Cu 电极和 Zn 电极，分别对应着 Cu^{2+}/Cu 电对和 Zn^{2+}/Zn 电对。在电极的金属和溶液界面上发生的反应(半反应)称为电极反应或半电池反应。

电极的正、负可由电子的流向确定。输出电子的电极为负极，发生氧化反应；输入电子的电极为正极，发生还原反应。将两个电极反应合并即得原电池的总反应，称为电池反应。例如，铜锌电池反应

负极反应 $Zn-2e^- = Zn^{2+}$

正极反应 $Cu^{2+}+2e^- = Cu$

电池反应 $Cu^{2+}+Zn = Cu+Zn^{2+}$

为了书面表达方便，常用电池符号表示原电池，如铜锌原电池可以表示为

$$(-)Zn(s) \mid ZnSO_4(c_1) \parallel CuSO_4(c_2) \mid Cu(s)(+)$$

电池符号的书写必须遵循以下规则：

(1)习惯上左边表示负极，右边表示正极。原电池符号两边的(+)和(−)也可以省略不写。

(2)用“|”表示物质之间的相界面，如 $Zn(s) \mid ZnSO_4(c_1)$；用“‖”表示盐桥。

(3)电极物质为溶液时要注明其浓度，为气体时要注明其分压。

(4)某些电极需插入惰性电极(不参加电极反应，仅起导电作用的物质，如石墨、Pt 等)，如 Fe^{2+}/Fe^{3+}、O_2/H_2O 等。惰性电极在电池符号中也要表示出来。

【例 9-1】 写出反应 $2Fe^{3+}+Sn^{2+} = Sn^{4+}+2Fe^{2+}$ 的电池符号。

解 电极反应 $(-)Sn^{2+} = Sn^{4+}+2e^-$

$(+)Fe^{3+}+e^- = Fe^{2+}$

符号：$(-)Pt \mid Sn^{2+}(c_1), Sn^{4+}(c_2) \parallel Fe^{3+}(c_3), Fe^{2+}(c_4) \mid Pt(+)$。

9.3.2 电极电势

*1. 电极电势的产生

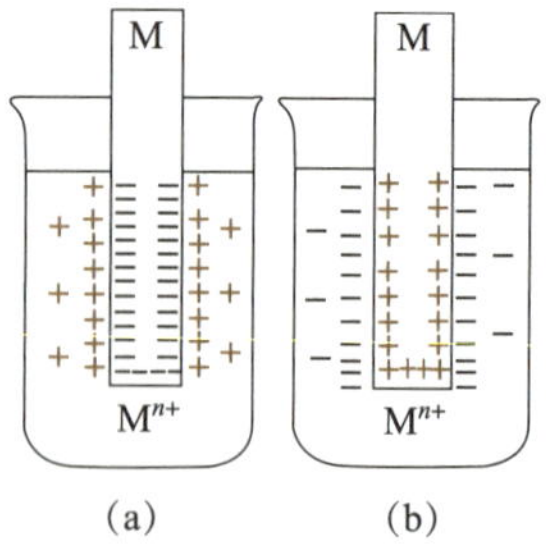

图 9-2 双电层示意图

电极电势(electrode potential)产生的微观机理非常复杂。以金属电极为例，在金属晶体中存在金属离子和自由电子。金属棒 M 放入它的盐溶液中，一方面金属 M 表面构成晶格的金属离子和极性大的水分子互相吸引，有以水合离子的形式 $M^{n+}(aq)$ 进入溶液的倾向，从而在金属棒上留下电子。金属越活泼，盐溶液越稀，这种倾向越大。另一方面，盐溶液中的水合金属离子 M^{n+} 又有从金属表面获得电子而沉积的倾向。金属越不活泼，盐溶液越浓，这种倾向越大。这两种对立的倾向在一定条件下达到动态平衡

$$M(s) \rightleftharpoons M^{n+}(aq) + ne^-$$

如果溶解倾向大于沉积倾向，达到平衡后金属表面将有一部分金属离子进入溶液，使金属表面带负电，而金属附近的溶液带正电[图 9-2(a)]；反之，如果沉积倾向大于溶解倾向，达到平衡后金属表面带正电，而金属附近的溶液带负电[图 9-2(b)]。不论是哪一种情况，在达到平衡后，金属与其盐溶液界面之间都会因带相反电荷而形成双电层结构，从而产生电势差。该电势差称为电极的绝对电势，其大小和方向主要由金属的种类和溶液中离子浓度等因素决定。

2. 原电池的电动势与电极电势

原电池的电动势(electromotive force)是电池中各个相界面上电势的代数和。这些界面电势主要有电极-溶液界面电势，即绝对电势，还有不同金属间的接触电势以及两种溶液间的液体接界电势。通常液体接界电势可用盐桥使其降至最小，以致可以忽略不计。接触电势一般也很小，常不加考虑。

目前还无法由实验测定单个电极的绝对电势，但可用电位计测定电池的电动势，并规定电动势 E 等于两个电极电势的相对差值，即

$$E = \varphi_{(+)} - \varphi_{(-)} \tag{9-1}$$

3. 标准电极电势

电极电势的绝对值是无法测量的，但是电池的电动势可以准确测定。通常选择标准氢电极(standard hydrogen electrode)作为基准，规定它的电极电势为零。将待测电极和标准氢电极组成原电池，通过测定该电池的电动势，可以求出待测电极的电极电势。

1)标准氢电极

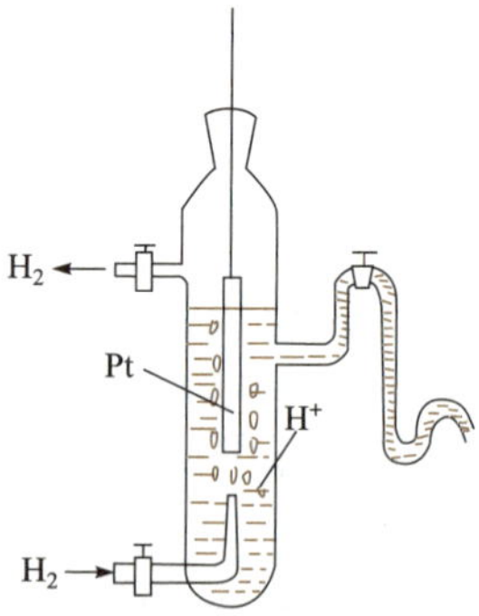

图 9-3 标准氢电极

标准氢电极的结构如图 9-3 所示。将镀有铂黑的铂片置于氢离子浓度为 1.0mol · kg^{-1}(严格地说应为活度为 1)的溶液中，通入标准压力 1.0×10^5Pa 的纯氢气，使其在铂黑表面达到饱和，此时电极上存在平衡

$$\frac{1}{2}H_2(g) \rightleftharpoons H^+(aq) + e^-$$

这种状态下的电极电势即为氢电极的标准电极电势。

国际上规定标准氢电极在任何温度下电极电势的值为零，即有

$$\varphi^{\ominus}(H^+/H_2)=0V \tag{9-2}$$

并以此为标准来确定其他各种电极的电极电势值。

2）标准电极电势

如果参加电极反应的物质均处于标准态，这时的电极称标准电极，对应的电极电势称标准电极电势（standard electrode potential），用 $\varphi^{\ominus}$ 表示，SI 单位为 V。标准态是指组成电极的离子浓度为 $1.0mol\cdot kg^{-1}$（近似为 $1.0mol\cdot L^{-1}$）、气体分压为 10^5Pa、液体或固体都是纯净物质的状态。如果原电池的两个电极均为标准电极，此电池为标准电池，对应的电动势为标准电池电动势，用 $E^{\ominus}$ 表示，即

$$E^{\ominus}=\varphi^{\ominus}_{(+)}-\varphi^{\ominus}_{(-)} \tag{9-3}$$

用标准态下的各种电极与标准氢电极组成原电池，用电位计测得电池的电动势，即可求出待测电极的标准电极电势。

例如，测定铜电极的标准电极电势，可将标准铜电极作为正极，与标准氢电极组成原电池。该电池可表示为

$$(-)Pt,\ H_2(p^{\ominus})\mid H^+(1mol\cdot L^{-1})\parallel Cu^{2+}(1mol\cdot L^{-1})\mid Cu(+)$$

此时的电动势为标准电池电动势，以 $E^{\ominus}$ 表示，25℃时，测得 $E^{\ominus}=0.3419V$。所以

$$E^{\ominus}=\varphi^{\ominus}(Cu^{2+}/Cu)-\varphi^{\ominus}(H^+/H_2)$$

$$\varphi^{\ominus}(Cu^{2+}/Cu)=0.3419V$$

由此可知，Cu 电极上发生还原反应，所组成的电池是自发电池。

要测定锌电极的标准电极电势，同样可将标准锌电极作为正极，与标准氢电极组成原电池。该原电池可表示为

$$(-)Pt,\ H_2(p^{\ominus})\mid H^+(1mol\cdot L^{-1})\parallel Zn^{2+}(1mol\cdot L^{-1})\mid Zn(+)$$

用电位计测得该电池电动势 $E^{\ominus}=-0.7618V$。

$$E^{\ominus}=\varphi^{\ominus}(Zn^{2+}/Zn)-\varphi^{\ominus}(H^+/H_2)$$

$$\varphi^{\ominus}(Zn^{2+}/Zn)=-0.7618V$$

锌电极实际上发生的是氧化反应，组成自发电池时，锌电极应为负极。

用同样的方法可测得其他电对的标准电极电势。对某些剧烈与水反应而不能直接测定的电极，如 Na^+/Na、F_2/F^- 等，则可通过热力学数据用间接方法计算标准电极电势。附录Ⅵ列出了 298.15K 时较常见的各种电极的标准电极电势。

查标准电极电势表数据时应注意：

(1) 按照国际惯例，电池半反应一律用还原过程 $M^{n+}+ne^-$══M 表示，因此电极电势是还原电势。电极电势的数值越正，说明氧化型物质获得电子的本领或氧化能力越强，即附录Ⅵ中自上而下氧化性依次增强；反之，电极电势的数值越负，说明还原型物质失去电子的本领或还原能力越强，即附录Ⅵ中自下而上还原性依次增强。

(2)标准电极电势的数值反映物质得失电子的倾向，是反应体系的强度性质，与半反应中的系数无关。例如

$$Cl_2+2e^- = 2Cl^- \qquad \varphi^\ominus=1.358V$$

$$\frac{1}{2}Cl_2+e^- = Cl^- \qquad \varphi^\ominus=1.358V$$

(3)附录Ⅵ为 298.15K 时的标准电极电势。因为电极电势随温度的变化不大，所以，在室温下一般均可应用该表列值。

(4)附录Ⅵ不适用于非水溶液或熔融盐体系。在非水溶液中的电极电势由于有溶剂化作用而与水溶液中的电极电势不同。

(5)电极电势表分酸表和碱表。

9.3.3 电池电动势与吉布斯自由能变Δ_rG_m的关系

热力学研究表明，在定温定压下，反应体系吉布斯自由能的变化值等于体系能做的最大有用功，即$(\Delta_rG_m)_{T,p}=W_{max}$。原电池中，体系所做非膨胀功为电功，上式可写成

$$(\Delta_rG_m)_{T,p}=-nFE \tag{9-4}$$

式中：n为电池的氧化还原反应式中传递的电子数，它实际上是两个半反应中得失电子的化学计量数n_1和n_2的最小公倍数；F为法拉第常量(Faraday constant)，即 1mol 电子所带的电量，其值为 96 485C·mol^{-1}；E为电池的电动势，单位为 V(伏特)。

当电池中所有物质都处于标准态时，电池的电动势就是标准电动势$E^\ominus$，即

$$\Delta_rG_m^\ominus=-nFE^\ominus \tag{9-5}$$

这个关系式将热力学和电化学联系起来，其作用如下：

1)计算原电池的电动势$E^\ominus$或吉布斯自由能变$\Delta_rG_m^\ominus$

测定出原电池的电动势$E^\ominus$，就可根据式(9-5)计算出电池中氧化还原反应的$\Delta_rG_m^\ominus$；反之，通过计算某个氧化还原反应的$\Delta_rG_m^\ominus$，也可求出相应原电池的$E^\ominus$。

【例 9-2】 试计算下列电池的$E^\ominus$和$\Delta_rG_m^\ominus$。

$$(-)Zn(s) \mid ZnSO_4(1mol\cdot L^{-1}) \parallel CuSO_4(1mol\cdot L^{-1}) \mid Cu(s)(+)$$

解 该电池的氧化还原反应为

$$Cu^{2+}+Zn = Cu+Zn^{2+}$$

查附录Ⅵ知，$\varphi^\ominus(Zn^{2+}/Zn)=-0.7618V$，$\varphi^\ominus(Cu^{2+}/Cu)=0.3419V$，因此

$$E^\ominus=\varphi_{(+)}^\ominus-\varphi_{(-)}^\ominus=\varphi^\ominus(Cu^{2+}/Cu)-\varphi^\ominus(Zn^{2+}/Zn)$$

$$=03419-(-0.7618)=1.1037(V)$$

根据式(9-5)

$$\Delta_rG_m^\ominus=-nFE^\ominus=-(2\times1.1037\times96\,485)=-2.13\times10^5(J\cdot mol^{-1})$$

2) 根据电动势的正负判断氧化还原反应进行的方向

根据 $\Delta_r G_m = -nFE = -nF[\varphi_{(+)} - \varphi_{(-)}]$，还可判断定温定压下氧化还原反应的自发方向。

对于氧化还原反应，当 $E>0$，即 $\varphi_{(+)} > \varphi_{(-)}$，正反应能自发进行；当 $E=0$，即 $\varphi_{(+)} = \varphi_{(-)}$，反应达到平衡；当 $E<0$，即 $\varphi_{(+)} < \varphi_{(-)}$，逆反应能自发进行。

在标准状态下，则用 $E^{\ominus}$ 或 $\varphi^{\ominus}$ 进行判断。

要判断一个氧化还原反应的方向，只要将此反应设计成一个原电池，使反应物中的氧化剂电对作正极，还原剂电对作负极，比较两电极的电极电势值的相对大小即可。自发的氧化还原反应总是较强的氧化剂与较强的还原剂相互作用，生成较弱的还原剂和较弱的氧化剂。

3) 根据电动势的值判断氧化还原反应进行的程度

若将 $\Delta_r G_m^{\ominus}$ 与标准平衡常数 $K^{\ominus}$ 的关系式 $\Delta_r G_m^{\ominus} = -RT\ln K^{\ominus} = -2.303RT\ \lg K^{\ominus}$ 代入式(9-5)，得

$$E^{\ominus} = \frac{2.303RT}{nF}\lg K^{\ominus} \tag{9-6}$$

若电池反应是在 298.15K 进行，将 R、T 和 F 的值代入式(9-6)，得

$$\lg K^{\ominus} = \frac{nE^{\ominus}}{0.0592} = \frac{n\left[\varphi_{(+)}^{\ominus} - \varphi_{(-)}^{\ominus}\right]}{0.0592} \tag{9-7}$$

可见，氧化还原反应平衡常数 $K^{\ominus}$ 值的大小是直接由氧化剂和还原剂两电对的标准电极电势之差决定的，相差越大，$K^{\ominus}$ 值越大，反应也越完全。

【例 9-3】 已知 298.15K 时，反应

$$H_2+2AgCl = 2H^++2Cl^-+2Ag$$

$\Delta_r H_m^{\ominus} = -80.80\text{kJ}\cdot\text{mol}^{-1}$ 和 $\Delta_r S_m^{\ominus} = -127.20\text{J}\cdot\text{mol}^{-1}\cdot\text{K}^{-1}$，计算电对 AgCl/Ag 的 $\varphi^{\ominus}$ (AgCl/Ag) 和反应的 $K^{\ominus}$。

解

$$\Delta_r G_m^{\ominus} = \Delta_r H_m^{\ominus} - T\Delta_r S_m^{\ominus}$$

$$= -80.80 - 298.15\times(-127.20)\times 10^{-3}$$

$$= -42.89(\text{kJ}\cdot\text{mol}^{-1})$$

$$E^{\ominus} = \frac{-\Delta_r G_m^{\ominus}}{nF} = \frac{42.89\times 10^3}{2\times 96\,485} = 0.222(\text{V})$$

$$E^{\ominus} = \varphi_{(+)}^{\ominus} - \varphi_{(-)}^{\ominus} = \varphi^{\ominus}(\text{AgCl/Ag}) - \varphi^{\ominus}(\text{H}^+/\text{H}_2)$$

$$\varphi^{\ominus}(\text{AgCl/Ag}) = 0.222+0 = 0.222(\text{V})$$

$$\lg K^{\ominus} = \frac{nE^{\ominus}}{0.0592} = \frac{2\times 0.222}{0.0592} = 7.525$$

$$K^{\ominus} = 3.35\times 10^7$$

9.4 影响电极电势的因素

9.4.1 能斯特方程

影响电极电势的因素主要有电极的本性、氧化型物质和还原型物质的浓度(或分压)以及温度。对于任何给定的电极，其电极电势与氧化型物质、还原型物质浓度及温度的关系遵循能斯特(Nernst)方程。

设有电极反应

$$a\text{Ox}+ne^- = b\text{Red}$$

则有

$$\varphi = \varphi^\ominus + \frac{RT}{nF}\ln\frac{c^a(\text{Ox})}{c^b(\text{Red})} \tag{9-8}$$

式中：φ 为氧化型物质和还原型物质为任意浓度时电对的电极电势；$\varphi^\ominus$ 为电对的标准电极电势；R 为摩尔气体常量，$8.314\text{J} \cdot \text{mol}^{-1} \cdot \text{K}^{-1}$；$n$ 为电极反应的电子转移数；F 为法拉第常量。

式(9-8)称为能斯特方程，它反映了参加电极反应的各种物质的浓度以及温度对电极电势的影响。

298.15K 时，将各常数代入式(9-8)，并将自然对数换成常用对数，即得

$$\varphi = \varphi^\ominus + \frac{0.0592}{n}\lg\frac{c^a(\text{Ox})}{c^b(\text{Red})} \tag{9-9}$$

使用能斯特方程时，必须注意以下几点：

(1)若电极反应中物质的计量数不是 1，能斯特方程中该物质的浓度项要以计量数为方次。

(2)若电极反应中某物质是固体或液体，则不写入能斯特方程。如果是气体，则用该气体的分压与标准压力($p^\ominus$)的比值代入公式。例如

$$Zn^{2+}+2e^- = Zn$$

$$\varphi(Zn^{2+}/Zn) = \varphi^\ominus(Zn^{2+}/Zn) + \frac{0.0592}{2}\lg c(Zn^{2+})$$

$$Br_2(l)+2e^- = 2Br^-$$

$$\varphi(Br_2/Br^-) = \varphi^\ominus(Br_2/Br^-) + \frac{0.0592}{2}\lg\frac{1}{c^2(Br^-)}$$

$$O_2+4H^++4e^- = 2H_2O$$

$$\varphi(O_2/H_2O) = \varphi^\ominus(O_2/H_2O) + \frac{0.0592}{4}\lg\left[\frac{p(O_2)}{p^\ominus}c^4(H^+)\right]$$

(3)公式中的 c(Ox)和 c(Red)并非专指氧化数有变化的物质的浓度，若有氧化剂、还原剂以外的物质参加电极反应(如 H^+、OH^-等)，则应把这些物质的浓度乘以相应的方次，

表示在方程中。例如

$$MnO_4^- + 8H^+ + 5e^- \longrightarrow Mn^{2+} + 4H_2O$$

$$\varphi(MnO_4^-/Mn^{2+}) = \varphi^\ominus(MnO_4^-/Mn^{2+}) + \frac{0.0592}{5}\lg\frac{c(MnO_4^-)\cdot c^8(H^+)}{c(Mn^{2+})}$$

根据电极的组成，利用能斯特方程分别计算正、负极的电极电势，可求原电池的电动势。

【例 9-4】 原电池的组成为(−) $Zn|Zn^{2+}(0.0010mol\cdot L^{-1}) \parallel Zn^{2+}(1.0mol\cdot L^{-1}) | Zn$ (+)。计算 298.15K 时，该原电池的电动势。

解 电极反应为

$$Zn^{2+} + 2e^- \longrightarrow Zn$$

$$\varphi_{(+)} = \varphi(Zn^{2+}/Zn) = \varphi^\ominus(Zn^{2+}/Zn) = -0.762V$$

$$\varphi_{(-)} = \varphi(Zn^{2+}/Zn) = \varphi^\ominus(Zn^{2+}/Zn) + \frac{0.0592}{2}\lg c(Zn^{2+})$$

$$= -0.762 + \frac{0.0592}{2}\lg 1.0\times10^{-3} = -0.851(V)$$

电池的电动势

$$E = \varphi_{(+)} - \varphi_{(-)} = -0.762 - (-0.851) = 0.089(V)$$

9.4.2 影响电极电势的因素及电极电势的应用

1. 电对的氧化型或还原型物质的浓度的改变对电极电势的影响

在大多数的情况下，一个电对的氧化型氧化能力、还原型还原能力的强弱主要取决于电对 $\varphi^\ominus$ 的大小。通常可以根据电对的标准电极电势值的大小来判断物质的氧化还原能力的强弱。但是，电对的氧化型或还原型物质的浓度的改变对电极电势也会产生影响。

【例 9-5】 计算 298.15K 时电对 Fe^{3+}/Fe^{2+} 在下列情况下的电极电势：(1) $c(Fe^{3+}) = 0.100mol\cdot L^{-1}$，$c(Fe^{2+}) = 1.00mol\cdot L^{-1}$；(2) $c(Fe^{3+}) = 1.00mol\cdot L^{-1}$，$c(Fe^{2+}) = 0.100mol\cdot L^{-1}$。

解 $Fe^{3+} + e^- \longrightarrow Fe^{2+}$　　$\varphi^\ominus = 0.771V$

$$\varphi(Fe^{3+}/Fe^{2+}) = \varphi^\ominus(Fe^{3+}/Fe^{2+}) + 0.0592\lg\frac{c(Fe^{3+})}{c(Fe^{2+})}$$

(1)
$$\varphi(Fe^{3+}/Fe^{2+}) = \varphi^\ominus(Fe^{3+}/Fe^{2+}) + 0.0592\lg\frac{0.100}{1.00} = 0.712(V)$$

(2)
$$\varphi(Fe^{3+}/Fe^{2+}) = \varphi^\ominus(Fe^{3+}/Fe^{2+}) + 0.0592\lg\frac{1.00}{0.100} = 0.830(V)$$

计算结果表明，降低电对中氧化型物质的浓度，电极电势数值减小，即电对中氧化型物质的氧化能力减弱或还原型物质的还原能力增强；降低电对中还原型物质的浓度，电极电势数值增大，即电对中氧化型物质的氧化能力增强或还原型物质的还原能力减弱。因此，可利用各种改变反应物浓度的方法，如生成弱电解质、沉淀、配合物等，控制物质的氧化还原能力，使氧化还原反应向我们希望的方向自发进行。

【例 9-6】 298.15K 时，判断下列两种情况下反应自发进行的方向。

(1) $Pb+Sn^{2+}(1.00mol\cdot L^{-1})═Pb^{2+}(0.100mol\cdot L^{-1})+Sn$

(2) $Pb+Sn^{2+}(0.100mol\cdot L^{-1})═Pb^{2+}(1.00mol\cdot L^{-1})+Sn$

解 (1)

$$\varphi_{(+)}=\varphi(Sn^{2+}/Sn)=-0.138+\frac{0.0592}{2}\lg1.00=-0.138(V)$$

$$\varphi_{(-)}=\varphi(Pb^{2+}/Pb)=-0.126+\frac{0.0592}{2}\lg0.100=-0.156(V)$$

因为 $\varphi_{(+)}>\varphi_{(-)}$，所以反应正向自发进行。

(2)

$$\varphi_{(+)}=\varphi(Sn^{2+}/Sn)=-0.138+\frac{0.0592}{2}\lg0.100=-0.168(V)$$

$$\varphi_{(-)}=\varphi(Pb^{2+}/Pb)=-0.126+\frac{0.0592}{2}\lg1.00=-0.126(V)$$

因为 $\varphi_{(+)}<\varphi_{(-)}$，所以反应逆向进行。

例 9-6 说明，当氧化剂电对和还原剂电对的 $\varphi^{\ominus}$ 相差不大时，物质的浓度将对反应方向起决定作用。在非标准状态下，需用电对的电极电势值的相对大小来判断氧化还原反应的方向。

大多数氧化还原反应如果组成原电池，其电动势一般大于 0.2V，在这种情况下，浓度的变化虽然会影响电极电势，但不会使电动势值正、负变号。

2. 溶液酸碱性对电极电势的影响

若电极反应中 H^+、OH^-参加，则溶液酸碱性对电极电势有较大的影响。

例如，在某一中性溶液中，$\varphi(Cr_2O_7^{2-}/Cr^{3+})=0.26V$，$\varphi(I_2/I^-)=0.54V$，在这种情况下，$I_2$ 的氧化能力要比 $Cr_2O_7^{2-}$ 强；Cr^{3+}的还原能力比 I^-强。而在酸性溶液中，情况则不同。

【例 9-7】 设 $c(Cr_2O_7^{2-})=c(Cr^{3+})=1.00mol\cdot L^{-1}$，计算 298.15K 时电对 $Cr_2O_7^{2-}/Cr^{3+}$分别在 $1.00mol\cdot L^{-1}$ HCl 和中性溶液中的电极电势。

解 电极反应为

$$Cr_2O_7^{2-}+6e^-+14H^+═2Cr^{3+}+7H_2O$$

$$\varphi(Cr_2O_7^{2-}/Cr^{3+})=\varphi^{\ominus}(Cr_2O_7^{2-}/Cr^{3+})+\frac{0.0592}{6}\lg\frac{c(Cr_2O_7^{2-})\cdot c^{14}(H^+)}{c^2(Cr^{3+})}$$

$$=1.33+\frac{0.0592}{6}\lg c^{14}(H^+)$$

在 $1.00mol\cdot L^{-1}$ HCl 溶液中，$c(H^+)=1.00mol\cdot L^{-1}$

$$\varphi(Cr_2O_7^{2-}/Cr^{3+})=1.33+\frac{0.0592}{6}\lg 1.00^{14}=1.33(V)$$

在中性溶液中，$c(H^+)=1.00\times10^{-7}mol\cdot L^{-1}$

$$\varphi(Cr_2O_7^{2-}/Cr^{3+})=1.33+\frac{0.0592}{6}\lg(1.00\times10^{-7})^{14}=0.363(V)$$

可见，$K_2Cr_2O_7$（及大多数含氧酸盐）作为氧化剂的氧化能力受溶液酸度的影响非常大，酸度越高，其氧化能力越强。

溶液的酸度不仅影响电对的电极电势的数值，还会影响氧化还原反应的产物。例如，MnO_4^- 作为氧化剂，在不同酸碱性溶液中的产物就不同，即

$$2MnO_4^- + 5SO_3^{2-} + 6H^+ = 2Mn^{2+} + 5SO_4^{2-} + 3H_2O \text{（酸性）}$$

$$2MnO_4^- + 3SO_3^{2-} + H_2O = 2MnO_2 + 3SO_4^{2-} + 2OH^- \text{（中性）}$$

$$2MnO_4^- + SO_3^{2-} + 2OH^- = 2MnO_4^{2-} + SO_4^{2-} + H_2O \text{（强碱性）}$$

溶液酸度还会影响反应进行的方向。

【例 9-8】 设 298.15K 标准状态下，各物质的浓度均为 $1.00mol \cdot L^{-1}$，计算说明溶液的酸度对 H_3AsO_4 与 KI 氧化还原反应方向的影响。

解

$$I_2 + 2e^- = 2I^- \qquad \varphi^{\ominus}(I_2/I^-) = 0.536V$$

$$H_3AsO_4 + 2H^+ + 2e^- = HAsO_2 + 2H_2O \qquad \varphi^{\ominus}(H_3AsO_4/HAsO_2) = 0.560V$$

$$\varphi(I_2/I^-) = \varphi^{\ominus}(I_2/I^-) = 0.536V$$

$$\varphi(H_3AsO_4/HAsO_2) = \varphi^{\ominus}(H_3AsO_4/HAsO_2) + \frac{0.0592}{2}\lg\frac{c(H_3AsO_4)\cdot c^2(H^+)}{c(HAsO_2)}$$

$$= 0.560 + 0.0592\lg c(H^+)$$

由此可知，$\varphi(H_3AsO_4/HAsO_2)$ 的大小受溶液中 H^+ 浓度的影响。酸度越大，该电对的电极电势越大，H_3AsO_4 的氧化性越强。

当氧化还原反应达到平衡时，$\varphi(I_2/I^-) = \varphi(H_3AsO_4/HAsO_2)$，即

$$0.536 = 0.560 + 0.0592\lg c(H^+)$$

解得

$$c(H^+) = 0.393mol \cdot L^{-1}$$

因此，当溶液的 $c(H^+) > 0.393mol \cdot L^{-1}$ 时，H_3AsO_4 可以将 KI 氧化成 I_2；相反，当 $c(H^+) < 0.393mol \cdot L^{-1}$ 时（包括中性溶液），不但 H_3AsO_4 不能将 KI 氧化成 I_2，I_2 反而能氧化 $HAsO_2$ 成 H_3AsO_4，即

$$H_3AsO_4 + 2H^+ + 2I^- \underset{c(H^+)<0.393mol \cdot L^{-1}}{\overset{c(H^+)>0.393mol \cdot L^{-1}}{\rightleftharpoons}} HAsO_2 + 2H_2O + I_2$$

3. 生成沉淀对电极电势的影响

在电对溶液中加入沉淀剂，若使氧化型物质生成沉淀，则电极电势降低。氧化型的氧化能力减弱，稳定性增加；沉淀的 $K_{sp}^{\ominus}$ 越小，则 φ 越小。若还原型物质生成沉淀，结果正好相反。

例如，电对 Ag^+/Ag，电极反应为

$$Ag^+ + e^- = Ag \qquad \varphi^{\ominus}(Ag^+/Ag) = 0.799V$$

其中 Ag^+ 为一中等强度的氧化剂。若在溶液中加入 NaCl，则生成 AgCl 沉淀，其反应式为

$$Ag^{+}+Cl^{-}=\!=\!=AgCl\downarrow \qquad K_{sp}^{\ominus}=1.77\times10^{-10}$$

达到平衡时，如果 $c(Cl^{-})=1.00mol\cdot L^{-1}$，则 $c(Ag^{+})=K_{sp}^{\ominus}/c(Cl^{-})=1.77\times10^{-10}mol\cdot L^{-1}$，那么

$$\begin{aligned}\varphi(Ag^{+}/Ag)&=\varphi^{\ominus}(Ag^{+}/Ag)+0.0592\lg c(Ag^{+})\\&=0.799+0.0592\lg(1.77\times10^{-10})\\&=0.222(V)\end{aligned}$$

在含有 Ag^{+}、Cl^{-}和 AgCl 沉淀的体系中，不仅存在 Ag^{+}/Ag 电对，而且也存在 AgCl/Ag 电对，体系的电势可用两电对的任一电对进行计算。对于 AgCl/Ag 电对。其电极反应

$$AgCl+e^{-}=\!=\!=Ag+Cl^{-}$$

在 $c(Cl^{-})=1.00mol\cdot L^{-1}$ 的条件下，实际上就是 AgCl/Ag 电对的标准状态，即 $\varphi^{\ominus}(AgCl/Ag)=0.222V$。与 $\varphi^{\ominus}(Ag^{+}/Ag)=0.799V$ 相比，电极电势降低了 0.577V。

由于生成难溶化合物会影响有关电对的电极电势，所以根据氧化还原反应的标准平衡常数与标准电池电动势间的定量关系，可以通过测定原电池电动势的方法来求算难溶电解质的溶度积常数。

【例 9-9】 298.15K 时，$\varphi^{\ominus}(Ag^{+}/Ag)=0.799V$，$\varphi^{\ominus}(AgCl/Ag)=0.222V$，计算 AgCl 的 $K_{sp}^{\ominus}$。

解 将 Ag^{+}/Ag、AgCl/Ag 组成标准电池，则

正极 $Ag^{+}+e^{-}=\!=\!=Ag$

负极 $Ag+Cl^{-}=\!=\!=AgCl+e^{-}$

电池反应 $Ag^{+}+Cl^{-}=\!=\!=AgCl$

$$\lg K^{\ominus}=\frac{nE^{\ominus}}{0.0592}=\frac{1\times(0.799-0.222)}{0.0592}$$

$$K^{\ominus}=5.58\times10^{9}$$

$$K_{sp}^{\ominus}=\frac{1}{K^{\ominus}}=1.79\times10^{-10}$$

4. 生成配合物对电极电势的影响

参加电极反应的氧化型或还原型物质若生成配合物，其浓度发生变化，则电对的电极电势会明显改变。

【例 9-10】 计算在电对 Ag^{+}/Ag 溶液中加入 NH_3 后电对的电极电势。

解 电极反应为

$$Ag^{+}+e^{-}=\!=\!=Ag$$

加入 NH_3 后，与 Ag^{+}形成稳定的$[Ag(NH_3)_2]^{+}$，即

$$Ag^{+}+2NH_3=\!=\!=[Ag(NH_3)_2]^{+}$$

使溶液中的 Ag^{+}浓度大大降低。若平衡时溶液中的 $c(NH_3)=c([Ag(NH_3)_2]^{+})=1.00mol\cdot L^{-1}$，则

$$c(Ag^{+})=\frac{c([Ag(NH_3)_2]^{+})}{K_f^{\ominus}([Ag(NH_3)_2]^{+})\cdot c^{2}(NH_3)}=\frac{1}{K_f^{\ominus}([Ag(NH_3)_2]^{+})}$$

$$\varphi(Ag^+/Ag)=\varphi^{\ominus}(Ag^+/Ag)+\frac{0.0592}{1}\lg c(Ag^+)$$

$$=\varphi^{\ominus}(Ag^+/Ag)+\frac{0.0592}{1}\lg\frac{1}{K_f^{\ominus}([Ag(NH_3)_2]^+)}$$

$$=0.799+0.0592\lg\frac{1}{1.1\times10^7}=0.382(V)$$

在上述体系中同时还存在着$[Ag(NH_3)_2]^+/Ag$电对，其电极反应为

$$[Ag(NH_3)_2]^+ + e^- = Ag + 2NH_3$$

0.382V 就是$[Ag(NH_3)_2]^+/Ag$电对在标准状态下的电势值，即$\varphi^{\ominus}([Ag(NH_3)_2]^+/Ag)=0.382V$。

当电对的氧化型生成配合物时，使氧化型离子的浓度减小，则电极电势变小；反之，若电对的还原型生成配合物时，使还原型离子的浓度减小，则电极电势变大。

根据氧化还原反应的标准平衡常数与标准电池电动势间的定量关系，还可以通过测定原电池电动势的方法来求算配合物的稳定常数。

【例 9-11】 已知 298.15K 时，Cu^{2+}/Cu电对的$\varphi^{\ominus}=0.342V$，$[Cu(NH_3)_4]^{2+}/Cu$电对的$\varphi^{\ominus}=-0.033V$。计算$[Cu(NH_3)_4]^{2+}$的$K_f^{\ominus}$值。

解 $[Cu(NH_3)_4]^{2+}/Cu$电对的电极反应为

$$[Cu(NH_3)_4]^{2+} + 2e^- = Cu + 4NH_3$$

标准状态时，$c([Cu(NH_3)_4]^{2+})=c(NH_3)=1.00mol\cdot L^{-1}$，由溶液中存在的配位平衡可知

$$c(Cu^{2+})=\frac{c([Cu(NH_3)_4]^{2+})}{K_f^{\ominus}\cdot c^4(NH_3)}=\frac{1}{K_f^{\ominus}}$$

此体系同时还存在Cu^{2+}/Cu电对，该电对的能斯特方程为

$$\varphi=\varphi^{\ominus}+\frac{0.0592}{2}\lg c(Cu^{2+})$$

即

$$-0.033=0.342+\frac{0.0592}{2}\lg\frac{1}{K_f^{\ominus}}$$

$$K_f^{\ominus}=4.67\times10^{12}$$

9.5　元素电势图及其应用

9.5.1　元素电势图

某些非金属元素和过渡元素存在多种氧化态，不同氧化态之间有相应的标准电极电势。将同一种元素的各种氧化态按氧化数从高到低的顺序排列，在两种氧化态之间用线连接，并在连线上标明相应电对的标准电极电势值，这种图形称为元素电势图。

例如，铁元素通常有+3、+2、0 等氧化态，因此可以形成下列电对

Fe^{3+}/Fe^{2+}	$\varphi^{\ominus}=0.771V$
Fe^{2+}/Fe	$\varphi^{\ominus}=-0.441V$
Fe^{3+}/Fe	$\varphi^{\ominus}=-0.037V$

铁元素电势图

$$\varphi^{\ominus}/\text{V} \qquad Fe^{3+} \overset{0.771}{\text{———}} Fe^{2+} \overset{-0.441}{\text{———}} Fe$$

（Fe^{3+}—Fe：-0.037）

又如，碘元素电势图

$$\varphi^{\ominus}/\text{V} \qquad H_5IO_6 \overset{+1.7}{\text{———}} IO_3^- \overset{+1.13}{\text{———}} HIO \overset{+1.45}{\text{———}} I_2 \overset{+0.45}{\text{———}} I^-$$

（IO_3^-—I_2：$+1.19$；HIO—I^-：$+0.99$）

9.5.2 元素电势图的应用

从元素电势图不仅可以全面看出一种元素各氧化态之间的电极电势的高低，而且可以判断元素在不同氧化态时的氧化还原性质，推导出各电对 $\varphi^{\ominus}$ 值之间的定量关系。

1. 利用元素电势图求算某电对未知的标准电极电势

若已知两个或两个以上的相邻的标准电极电势，则可求出另一电对的未知标准电极电势。例如，某元素电势图为

$$A \overset{n_1\varphi_1^{\ominus}}{\text{————}} B \overset{n_2\varphi_2^{\ominus}}{\text{————}} C$$

（A—C：$n\varphi^{\ominus}$）

图中 n，n_1，n_2 为得失电子数目。

$$\varphi^{\ominus}=\frac{n_1\varphi_1^{\ominus}+n_2\varphi_2^{\ominus}}{n_1+n_2}$$

若有 i 个相邻电对，则

$$\varphi^{\ominus}=\frac{n_1\varphi_1^{\ominus}+n_2\varphi_2^{\ominus}+\cdots+n_i\varphi_i^{\ominus}}{n_1+n_2+\cdots+n_i} \tag{9-10}$$

【例 9-12】 碱性溶液中溴元素电势图为

$$\varphi^{\ominus}/\text{V} \qquad BrO_3^- \overset{0.54}{\text{———}} BrO^- \overset{0.45}{\text{———}} Br_2 \overset{1.07}{\text{———}} Br^-$$

（BrO^-—Br^-：?；BrO_3^-—Br^-：?）

计算 $\varphi^{\ominus}(BrO^-/Br^-)$ 和 $\varphi^{\ominus}(BrO_3^-/Br^-)$。

解 根据各电对氧化数变化可知 n_1、n_2、n_3 分别为 4、1、1，则

$$\varphi^{\ominus}(BrO^-/Br^-)=\frac{1\times0.45+1\times1.07}{1+1}=0.76(\text{V})$$

$$\varphi^{\ominus}(BrO_3^-/Br^-)=\frac{4\times0.54+1\times0.45+1\times1.07}{4+1+1}=0.61(\text{V})$$

2. 判断歧化反应能否进行

某元素不同氧化态的三种物质，按其氧化态由高到低排列如下：

$$A \xrightarrow{\varphi^\ominus(左)} B \xrightarrow{\varphi^\ominus(右)} C$$

若 B 能发生歧化反应，则 $E^\ominus=\varphi^\ominus_{(+)}-\varphi^\ominus_{(-)}=\varphi^\ominus(右)-\varphi^\ominus(左)>0$，即 $\varphi^\ominus(右)>\varphi^\ominus(左)$；否则 B 不能发生歧化反应。

例如，在酸性溶液中，铜元素电势图为

$$\varphi^\ominus/V \qquad Cu^{2+} \frac{+0.153}{\quad} Cu^{+} \frac{+0.521}{\quad} Cu$$

因为 $\varphi^\ominus(右)>\varphi^\ominus(左)$，所以在酸性溶液中 Cu^+不稳定，发生下列歧化反应

$$2Cu^+ = Cu+Cu^{2+}$$

又如，铁元素电势图

$$\varphi^\ominus/V \qquad Fe^{3+} \frac{0.771}{\quad} Fe^{2+} \frac{-0.441}{\quad} Fe$$

因为 $\varphi^\ominus(左)>\varphi^\ominus(右)$，所以 Fe^{2+}不能发生歧化。但是，Fe^{3+}/Fe^{2+}电对中的 Fe^{3+}可氧化 Fe 生成 Fe^{2+}而发生逆歧化反应，即

$$2Fe^{3+}+Fe = 3Fe^{2+}$$

9.6　条件电极电势

介质条件对电极电势有一定的影响，能斯特方程中的浓度应采用相应的活度表示。当溶液的离子强度较大、氧化型和还原型物质的价态较高时，活度系数受离子强度的影响较大，因而用浓度代替活度会有较大的偏差。此外，对电极电势影响更大的是当溶液的组成改变时，氧化型和还原型物质可能发生各种副反应，如酸度的变化、沉淀和配合物的形成等，均会影响电极电势值。因此在很多实际工作中，要考虑各种因素引起的电极电势的改变。

例如，在计算 HCl 溶液中电对 Fe^{3+}/Fe^{2+}的电势时，由能斯特方程得

$$\varphi(Fe^{3+}/Fe^{2+})=\varphi^\ominus(Fe^{3+}/Fe^{2+})+0.0592\lg\frac{a(Fe^{3+})}{a(Fe^{2+})}$$

若以浓度代替活度，则必须引入活度系数 γ

$$\varphi(Fe^{3+}/Fe^{2+})=\varphi^\ominus(Fe^{3+}/Fe^{2+})+0.0592\lg\frac{\gamma(Fe^{3+})\cdot c(Fe^{3+})}{\gamma(Fe^{2+})\cdot c(Fe^{2+})} \tag{9-11}$$

另外，由于 Fe^{3+}、Fe^{2+}在溶液中存在副反应，形成一系列羟基配合物和氯配合物等，还必须引入副反应系数，即

$$\alpha(Fe^{3+})=\frac{c(Fe^{3+\prime})}{c(Fe^{3+})} \qquad \alpha(Fe^{2+})=\frac{c(Fe^{2+\prime})}{c(Fe^{2+})}$$

式中：$c(Fe^{3+\prime})$和 $c(Fe^{2+\prime})$分别为氧化型物质和还原型物质的分析浓度。代入式(9-9)，则有

$$\varphi\,(Fe^{3+}/Fe^{2+})=\varphi^{\ominus}\,(Fe^{3+}/Fe^{2+})+0.0592\,\lg\frac{\gamma(Fe^{3+})\cdot\alpha(Fe^{2+})\cdot c(Fe^{3+\prime})}{\gamma(Fe^{2+})\cdot\alpha(Fe^{3+})\cdot c(Fe^{2+\prime})}$$

$$=\varphi^{\ominus}\,(Fe^{3+}/Fe^{2+})+0.0592\,\lg\frac{\gamma(Fe^{3+})\cdot\alpha(Fe^{2+})}{\gamma(Fe^{2+})\cdot\alpha(Fe^{3+})}+0.0592\,\lg\frac{c(Fe^{3+\prime})}{c(Fe^{2+\prime})}$$

在一定条件下，上式中 γ 和 α 有固定值，因而上式中前两项之和应为一常数，令其为 $\varphi^{\ominus\prime}$

$$\varphi^{\ominus\prime}\,(Fe^{3+}/Fe^{2+})=\varphi^{\ominus}\,(Fe^{3+}/Fe^{2+})+0.0592\,\lg\frac{\gamma(Fe^{3+})\cdot\alpha(Fe^{2+})}{\gamma(Fe^{2+})\cdot\alpha(Fe^{3+})} \tag{9-12}$$

式(9-12)表示的 $\varphi^{\ominus\prime}$ 是在特定条件下氧化型物质和还原型物质的分析浓度均等于 $1mol\cdot L^{-1}$ 或它们的比值为 1 时的实际电极电势，是一个随实验条件而变的常数，故称为条件电极电势(condition electrode potential)。它反映了离子强度和各种副反应对电极电势影响的总结果。在离子强度和副反应系数等条件不变时 $\varphi^{\ominus\prime}$ 为常数，引入条件电极电势的概念后，上述电对的能斯特方程可以写成

$$\varphi\,(Fe^{3+}/Fe^{2+})=\varphi^{\ominus\prime}\,(Fe^{3+}/Fe^{2+})+0.0592\,\lg\frac{c(Fe^{3+\prime})}{c(Fe^{2+\prime})} \tag{9-13}$$

当离子强度较高时，γ 值不易求得，副反应多，且常数不全，有的常数可靠性差。因此，条件电极电势都是由实验测定的。但是，实验条件千变万化，条件电极电势不可能一一测定，现有的条件电极电势的数据又少。若查不到所需条件下的条件电势，可采用相近条件下的条件电势，甚至只能用标准电极电势代替条件电极电势。

9.7 氧化还原滴定法

氧化还原滴定是以氧化还原反应为基础的滴定分析法，应用范围十分广泛。该滴定法不仅可以测定许多具有氧化还原性质的金属离子、阴离子和有机化合物，而且某些非变价元素也可以通过与氧化剂或还原剂发生其他反应间接地进行测定。常用的氧化还原滴定法有高锰酸钾法、重铬酸钾法、碘量法、溴酸钾法和铈量法等。

*9.7.1 氧化还原反应的条件平衡常数

氧化还原反应机理复杂，副反应较多，反应速率一般较慢。因此氧化还原滴定中，需要控制反应条件，利用条件电极电势数据进行计算。

氧化还原反应

$$a\mathrm{Ox_1}+d\mathrm{Red_2}=\!=\!=g\mathrm{Red_1}+h\mathrm{Ox_2}$$

的标准平衡常数为

$$K^{\ominus}=\frac{c^{g}(\mathrm{Red_1})\cdot c^{h}(\mathrm{Ox_2})}{c^{a}(\mathrm{Ox_1})\cdot c^{d}(\mathrm{Red_2})} \tag{9-14}$$

式中：$K^{\ominus}$ 的大小表示反应完全趋势的大小，但实际反应完全程度与反应进行的条件(如反应物是否发生副反应等)有关。类似于引入配合物条件稳定常数，氧化还原反应的条件平衡常数 $K^{\ominus\prime}$ 能更好地说明一定

条件下反应实际进行的程度，即

$$K^{\ominus\prime}=\frac{c^{g}(\text{Red}_1')\cdot c^{h}(\text{Ox}_2')}{c^{a}(\text{Ox}_1')\cdot c^{d}(\text{Red}_2')} \tag{9-15}$$

式中：c' 为有关物质的总浓度，即分析浓度。$K^{\ominus\prime}$ 可依式(9-16)计算

$$\lg K^{\ominus\prime}=\frac{n\left[\varphi_{(+)}^{\ominus}{}'-\varphi_{(-)}^{\ominus}{}'\right]}{0.0592} \tag{9-16}$$

式中：$\varphi_{(+)}^{\ominus}{}'-\varphi_{(-)}^{\ominus}{}'$ 为两电对条件电极电势差值。显然 $\varphi_{(+)}^{\ominus}{}'-\varphi_{(-)}^{\ominus}{}'$ 的值越大，反应进行得越完全。在氧化还原滴定中，一般可根据两电对条件电极电势之差是否大于 0.4V 来判断氧化还原滴定能否进行。氧化还原滴定中，一般用强氧化剂作为滴定剂，或通过控制条件改变电对的条件电极电势以满足这个要求。

9.7.2　氧化还原滴定曲线

在氧化还原滴定过程中，随着滴定剂的加入，反应物和产物的浓度不断改变，使有关电对的电极电势也随之发生变化。这种电极电势的变化情况也可以用滴定曲线来描绘。各滴定点的电势可用实验方法测量，也可从理论上进行计算。

根据电对氧化型和还原型物质的化学计量数是否相等，可分为对称电对和不对称电对。例如，电对 Fe^{3+}/Fe^{2+}和 Ce^{4+}/Ce^{3+}

$$Ce^{4+}+e^{-}\!=\!=\!=Ce^{3+}$$

$$Fe^{3+}+e^{-}\!=\!=\!=Fe^{2+}$$

氧化型与还原型物质计量数相等，是对称电对。电对 Br_2/Br^- ($Br_2+2e^-\!=\!=\!=2Br^-$) 是不对称电对。两种电对在计算计量点电势时有区别。

在 1.00mol · L^{-1}硫酸中，以 0.1000mol · L^{-1} $Ce(SO_4)_2$溶液滴定 20.00mL 0.1000mol · L^{-1} $FeSO_4$溶液为例，计算不同滴定阶段时的电势。滴定反应为

$$Ce^{4+}+Fe^{2+}\!=\!=\!=Ce^{3+}+Fe^{3+}$$

其中各半反应和条件电极电势为

$$Fe^{3+}+e^{-}\!=\!=\!=Fe^{2+} \qquad \varphi^{\ominus\prime}(Fe^{3+}/Fe^{2+})=0.68\text{V}$$

$$Ce^{4+}+e^{-}\!=\!=\!=Ce^{3+} \qquad \varphi^{\ominus\prime}(Ce^{4+}/Ce^{3+})=1.44\text{V}$$

(1) 滴定前。对于 Fe^{2+}溶液，由于空气中氧的作用会有痕量的 Fe^{3+}存在，组成 Fe^{3+}/Fe^{2+}电对，但由于 Fe^{3+}的浓度不知道，所以溶液的电势无从求得。不过这对滴定曲线的绘制无关紧要。

(2) 滴定开始至计量点前。滴定开始后，溶液中存在 Ce^{4+}/Ce^{3+}和 Fe^{3+}/Fe^{2+}两个电对。在任一滴定点，这两个电对的电极电势相等，溶液的电势等于其中任一电对的电极电势，即 $\varphi(Fe^{3+}/Fe^{2+})=\varphi(Ce^{4+}/Ce^{3+})$。在化学计量点前，溶液中 Ce^{4+}浓度很小，且不容易直接计算，而溶液中 Fe^{3+}和 Fe^{2+}的浓度容易求出，故在化学计量点前用 Fe^{3+}/Fe^{2+}电对计算溶液中各平衡点的电势。

$$\varphi(Fe^{3+}/Fe^{2+})=\varphi^{\ominus\prime}(Fe^{3+}/Fe^{2+})+0.0592\lg\frac{c(Fe^{3+\prime})}{c(Fe^{2+\prime})}$$

为计算方便，用滴定的百分数代替浓度比。例如，当加入 2.00mL Ce^{4+}溶液时，有 10% Fe^{2+}反应，剩余 90%的 Fe^{2+}，则

$$\frac{c(Fe^{3+\prime})}{c(Fe^{2+\prime})}=\frac{1}{9}$$

$$\varphi\,(Fe^{3+}/Fe^{2+})=\varphi^{\ominus\prime}\,(Fe^{3+}/Fe^{2+})+0.0592\lg\frac{c(Fe^{3+\prime})}{c(Fe^{2+\prime})}$$

$$=0.68+0.0592\lg\frac{1}{9}=0.62\,(V)$$

当加入 19.98mL Ce^{4+}时，有 99.9% Fe^{2+}反应，剩余 0.1%的 Fe^{2+}，则

$$\frac{c(Fe^{3+\prime})}{c(Fe^{2+\prime})}=\frac{99.9}{0.1}$$

$$\varphi\,(Fe^{3+}/Fe^{2+})=\varphi^{\ominus\prime}\,(Fe^{3+}/Fe^{2+})+0.0592\lg\frac{c(Fe^{3+\prime})}{c(Fe^{2+\prime})}$$

$$=0.68+0.0592\lg\frac{99.9}{0.1}=0.86\,(V)$$

(3) 计量点时。滴入 0.1000mol · L^{-1} Ce^{4+}溶液 20.00mL 时，反应正好达到化学计量点。此时，Ce^{4+}和 Fe^{2+}均定量地转化为 Ce^{3+}和 Fe^{3+}，但无法确切知道 Ce^{4+}和 Fe^{2+}的浓度。不可能根据某一电对计算 φ，而要通过两个电对的浓度关系来计算。

计量点时的电势 φ_{sp} 可分别表示成

$$\varphi_{sp}=\varphi^{\ominus\prime}\,(Fe^{3+}/Fe^{2+})+0.0592\lg\frac{c(Fe^{3+\prime})}{c(Fe^{2+\prime})}$$

$$\varphi_{sp}=\varphi^{\ominus\prime}\,(Ce^{4+}/Ce^{3+})+0.0592\lg\frac{c(Ce^{4+\prime})}{c(Ce^{3+\prime})}$$

两式相加，得

$$2\varphi_{sp}=\varphi^{\ominus\prime}\,(Fe^{3+}/Fe^{2+})+\varphi^{\ominus\prime}\,(Ce^{4+}/Ce^{3+})+0.0592\lg\frac{c(Fe^{3+\prime})\cdot c(Ce^{4+\prime})}{c(Fe^{2+\prime})\cdot c(Ce^{3+\prime})}$$

计量点时，$c(Ce^{3+\prime})=c(Fe^{3+\prime})$，$c(Ce^{4+\prime})=c(Fe^{2+\prime})$，上式中对数项为零，则

$$\varphi_{sp}=\frac{\varphi^{\ominus\prime}(Fe^{3+}/Fe^{2+})+\varphi^{\ominus\prime}(Ce^{4+}/Ce^{3+})}{2}=\frac{1.44+0.68}{2}=1.06\,(V)$$

对于对称电对，当两个电对得失电子数相等时，计量点时的电势是两个电对条件电极电势的算术平均值，而与反应物的浓度无关。

(4) 计量点后。由于 Fe^{2+}已定量地氧化成 Fe^{3+}，$c(Fe^{2+})$很小且无法知道，而 Ce^{4+}过量的

百分数是已知的，从而可确定 $c(Ce^{4+})/c(Ce^{3+})$ 值，这样可根据电对 Ce^{4+}/Ce^{3+} 计算 φ 。

例如，当加入 20.02mL Ce^{4+} 溶液，即 Ce^{4+} 过量 0.1%时，$c(Ce^{4+})/c(Ce^{3+})=0.1/100$，所以

$$\varphi(Ce^{4+}/Ce^{3+})=\varphi^{\ominus'}(Ce^{4+}/Ce^{3+})+0.0592\lg\frac{c(Ce^{4+'})}{c(Ce^{3+'})}$$

$$=1.44+0.0592\lg\frac{0.1}{100}=1.26(V)$$

不同滴定点计算的 φ 值列于表 9-1，并绘成滴定曲线，如图 9-4 所示。从计量点前 Fe^{2+} 剩余 0.1%(0.02mL，半滴)到计量点后 Ce^{4+} 过量 0.1%，溶液的电势值由 0.86V 突增到 1.26V，改变了 0.40V，这个变化称为 Ce^{4+} 滴定 Fe^{2+} 的电势突跃范围，了解电势突跃范围是选择氧化还原指示剂的依据。

表 9-1　1.0mol · L^{-1} 硫酸中，用 0.1000mol · L^{-1} $Ce(SO_4)_2$ 溶液滴定 20.00mL 0.1000mol · L^{-1} $FeSO_4$ 溶液

滴入溶液/mL	滴入百分数/%	电势/V	
2.00	10.0	0.62	
10.00	50.0	0.68	
18.00	90.0	0.74	
19.80	99.0	0.80	
19.98	99.9	0.86	滴定突跃范围
20.00	100.0	1.06	滴定突跃范围
20.02	100.1	1.26	滴定突跃范围
22.00	110.0	1.38	
30.00	150.0	1.42	
40.00	200.0	1.44	

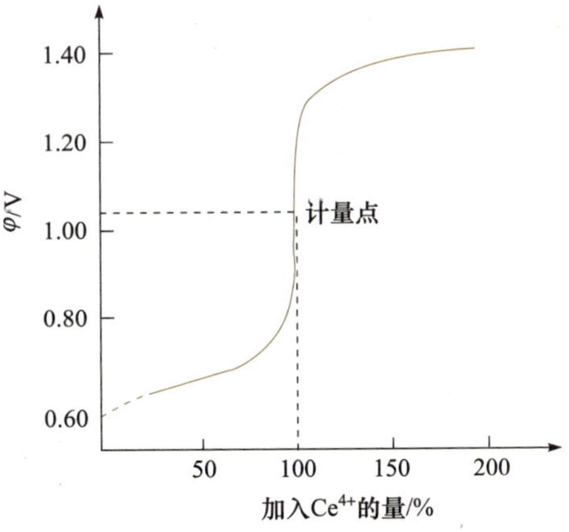

图 9-4　1.0mol · L^{-1} 硫酸中，用 0.1000mol · L^{-1} $Ce(SO_4)_2$ 溶液滴定 20.00mL 0.1000mol · L^{-1} $FeSO_4$ 溶液

对于对称电位，当两电对得失电子数不相等时，计量点的电势计算方式与上述相似。

【例 9-13】 计算用 Sn^{2+} 滴定 Fe^{3+} 至化学计量点的电势。

解 滴定反应为

$$2Fe^{3+}+Sn^{2+}=\!=\!=2Fe^{2+}+Sn^{4+}$$

$$\varphi_{sp}=\varphi^{\ominus'}(Fe^{3+}/Fe^{2+})+0.0592\lg\frac{c(Fe^{3+'})}{c(Fe^{2+'})}$$

$$\varphi_{sp}=\varphi^{\ominus'}(Sn^{4+}/Sn^{2+})+\frac{0.0592}{2}\lg\frac{c(Sn^{4+'})}{c(Sn^{2+'})}$$

两式相加，得

$$3\varphi_{sp}=\varphi^{\ominus'}(Fe^{3+}/Fe^{2+})+2\varphi^{\ominus'}(Sn^{4+}/Sn^{2+})+0.0592\lg\frac{c(Fe^{3+'})\cdot c(Sn^{4+'})}{c(Fe^{2+'})\cdot c(Sn^{2+'})}$$

计量点时，$2c(Sn^{2+'})=c(Fe^{3+'})$，$2c(Sn^{4+'})=c(Fe^{2+'})$，因此上式中对数项为零，所以

$$\varphi_{sp}=\frac{\varphi^{\ominus'}(Fe^{3+}/Fe^{2+})+2\varphi^{\ominus'}(Sn^{4+}/Sn^{2+})}{3}=\frac{2\times0.14+0.68}{3}=0.32(V)$$

一般的可逆对称氧化还原反应(没有 H^+，OH^- 参加的反应)：

$$n_2Ox_1+n_1Red_2=\!=\!=n_2Red_1+n_1Ox_2$$

其半反应和标准电极电势(或条件电极电势)分别为

$$Ox_1+n_1e^-=\!=\!=Red_1 \qquad \varphi_1^{\ominus'}$$

$$Ox_2+n_2e^-=\!=\!=Red_2 \qquad \varphi_2^{\ominus'}$$

计算化学计量点的通式为

$$\varphi_{sp}=\frac{n_1\varphi_1^{\ominus'}+n_2\varphi_2^{\ominus'}}{n_1+n_2} \tag{9-17}$$

由于 $n_1\neq n_2$，滴定曲线在计量点前后是不对称的，φ_{sp} 并不是在滴定突跃的中央，而是偏向电子得失数较大的一方。

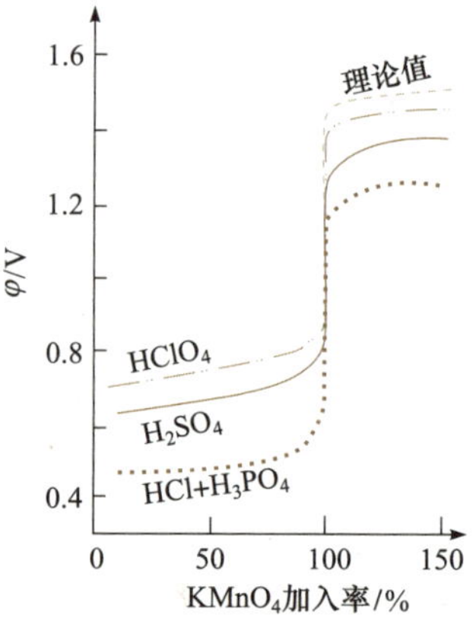

图 9-5 $KMnO_4$ 在不同介质中滴定 Fe^{2+} 的实测滴定曲线

*9.7.3 氧化还原滴定曲线的影响因素

化学计量点附近电势突跃范围与两个电对的条件电极电势有关。条件电极电势差值越大，突跃范围越大；差值越小，突跃范围越小。突跃范围越大，滴定时准确度越高。借助指示剂目测化学计量点时，突跃范围通常要求在 0.2V 以上。

氧化还原滴定曲线还因滴定时所用的介质不同而改变其曲线的位置和突跃范围的大小。图 9-5 是 $KMnO_4$ 在不同介质中滴定 Fe^{2+} 的实测滴定曲线。

(1) 化学计量点前，曲线的位置取决于 $\varphi(Fe^{3+}/Fe^{2+})$，而 $\varphi(Fe^{3+}/Fe^{2+})$ 的大小又与 Fe^{3+} 和介质阴离子的配位作用强弱有关。由于 PO_4^{3-} 易与 Fe^{3+}

形成稳定的无色$[Fe(HPO_4)_2]^-$，因此可使$\varphi(Fe^{3+}/Fe^{2+})$降低。在$HClO_4$介质中，由于ClO_4^-与Fe^{3+}不形成配合物，故$\varphi(Fe^{3+}/Fe^{2+})$较高。所以，在有H_3PO_4介质存在时的HCl溶液中，用$KMnO_4$溶液滴定Fe^{2+}的曲线位置最低，滴定突跃范围最大。在实际滴定中，为避免$KMnO_4$将Cl^-氧化而带来误差，通常采用以H_2SO_4为介质再加入H_3PO_4的方法。

(2)化学计量点后，溶液中存在过量的MnO_4^-，由于MnO_4^-与溶液中Mn^{2+}反应生成Mn^{3+}，因此实际上决定电极电势的是Mn^{3+}/Mn^{2+}电对，曲线的位置高低取决于$\varphi(Mn^{3+}/Mn^{2+})$的大小。由于Mn^{3+}易与PO_4^{3-}、SO_4^{2-}等阴离子形成配合物，因而降低了$\varphi(Mn^{3+}/Mn^{2+})$，而ClO_4^-与Mn^{3+}不形成配合物，所以在$HClO_4$介质中用$KMnO_4$溶液滴定Fe^{2+}在化学计量点后曲线位置最高。

(3) MnO_4^-/Mn^{2+}为不可逆电对，在开始反应的一瞬间，并不能马上建立化学平衡，其电势计算值与实测值相差可达0.1～0.2V。在$KMnO_4$溶液滴定Fe^{2+}时，化学计量点前，溶液电势由Fe^{3+}/Fe^{2+}计算，故滴定曲线的计算值与实测值无明显差别。但在化学计量点后，溶液电势由MnO_4^-/Mn^{2+}电对计算，这时计算得到的滴定曲线在形式上与实测滴定曲线有明显的不同。

9.7.4 氧化还原滴定指示剂

在氧化还原滴定中，常使用某些在化学计量点附近发生颜色改变的物质来指示滴定终点，这类物质称为氧化还原滴定指示剂。

1. 自身指示剂

在氧化还原滴定中，有些标准溶液或被滴定物质本身有颜色，而滴定产物无色或颜色很浅，则滴定时无需另加指示剂，可利用标准溶液或被滴定物本身颜色的变化指示终点，这类物质称为自身指示剂。

例如，MnO_4^-本身呈紫红色，在酸性溶液中用它滴定无色或浅色溶液时，它被还原为几乎无色的Mn^{2+}，当滴定到计量点后，稍过量的MnO_4^-就可使溶液呈粉红色(此时MnO_4^-的浓度约为$2\times10^{-6}mol\cdot L^{-1}$)，指示终点的到达。

2. 显色指示剂

有些物质本身并不具有氧化还原性，但它能与滴定剂或被测物产生特殊的颜色以指示终点，这类指示剂称为显色指示剂或专属指示剂。例如，碘量法中，利用可溶性淀粉与I_3^-生成深蓝色的吸附化合物，反应特效且灵敏，以蓝色的出现或消失指示终点。

3. 氧化还原指示剂

氧化还原指示剂是本身具有氧化还原性质的有机化合物，其氧化态和还原态具有明显不同的颜色，在滴定过程中，因被氧化或还原而发生颜色变化以指示终点。如果用In(Ox)和In(Red)分别表示指示剂的氧化型和还原型，则这一电对的半反应

$$In(Ox)+ne^- = In(Red)$$

其电极电势为

$$\varphi(In)=\varphi^{\ominus'}(In)+\frac{0.0592}{n}\lg\frac{c[In(Ox')]}{c[In(Red')]} \tag{9-18}$$

式中：$\varphi^{\ominus'}(In)$为指示剂的条件电极电势。在滴定过程中，随着溶液电极电势的改变，指示

剂的氧化型与还原型的浓度比逐渐变化，溶液的颜色也发生变化。当 c[In(Ox)]=c[In(Red)]时，溶液的电势称为指示剂的理论变色点，溶液呈氧化型和还原型物质的混合色。电势改变时，指示剂由氧化型颜色转变为还原型颜色，或相反。氧化还原指示剂颜色转变对应的溶液电极电势的变化范围称为氧化还原指示剂的变色范围，在理论上为 $\varphi^{\ominus\prime}(\mathrm{In}) \pm \frac{0.0592}{n}$。

表 9-2 列出常用的氧化还原指示剂。

表 9-2　常用的氧化还原指示剂

指示剂	$\varphi^{\ominus\prime}$(In)/V [$c(H^+)$=1mol · L^{-1}]	颜色变化		配制方法
		氧化型	还原型	
次甲基蓝	0.36	蓝	无色	0.05%水溶液
二苯胺	0.76	紫	无色	1.0g 溶于 100.0mL 2% H_2SO_4 中
二苯胺磺酸钠	0.85	紫红	无色	0.8g 溶于 100.0mL 2% Na_2CO_3 中
邻苯氨基苯甲酸	0.89	紫红	无色	0.107g 溶于 20.0mL 5% Na_2CO_3 中，用水稀释至 100.0mL
邻二氮菲亚铁	1.06	浅蓝	红	1.485g 邻二氮菲及 0.965g $FeSO_4$ 溶于 100.0mL 水中

当指示剂半反应的电子转移数 n=1 时，指示剂变色范围为 $\varphi^{\ominus\prime}(\mathrm{In}) \pm 0.0592$，$n$=2 时，指示剂变色范围为 $\varphi^{\ominus\prime}(\mathrm{In}) \pm 0.030$。指示剂的变色范围较窄，而氧化还原滴定的突跃范围又较宽(一般要求 $\Delta\varphi > 0.2V$)，所以一般可以用指示剂的条件电极电势和滴定的突跃范围来选用氧化还原指示剂，即指示剂条件电极电势落在滴定的突跃范围内就可选用。

例如，在 1mol · L^{-1} H_2SO_4 溶液中，用 Ce^{4+}溶液滴定 Fe^{2+}，滴定的电势突跃范围是 0.86～1.26V，计量点电势为 1.06V，显然可供选择的指示剂有邻二氮菲亚铁($\varphi^{\ominus\prime}$=1.06V)及邻苯氨基苯甲酸($\varphi^{\ominus\prime}$=0.89V)。

9.7.5　滴定前预处理

氧化还原滴定时，待测物质的价态往往不适于滴定，需进行滴定前的预处理，将待测物质转化为适合于滴定的型态。例如，用 $K_2Cr_2O_7$ 法测定铁矿中的含铁量，Fe^{2+}在空气中不稳定，易被氧化成 Fe^{3+}，而 $K_2Cr_2O_7$ 溶液不能与 Fe^{3+}反应，必须预先将溶液中的 Fe^{3+}还原至 Fe^{2+}，才能用 $K_2Cr_2O_7$ 溶液进行直接滴定。

预处理时所用的氧化剂或还原剂应满足下列条件：

(1)必须将欲测组分定量地氧化或还原为指定的型态或价态。

(2)预氧化或预还原反应进行完全，速度快。

(3)预氧化或预还原反应具有好的选择性，避免其他组分的干扰。例如，钛铁矿中铁的测定。若采用金属锌为预还原剂，不仅将矿石中的 Fe^{3+}还原为 Fe^{2+}，而且也将 Ti^{4+}还原为 Ti^{3+}，再用 $K_2Cr_2O_7$ 滴定 Fe^{2+}时，就会将 Ti^{3+}同时滴定，造成较大的误差。此时如选用

$SnCl_2$作为预还原剂，则仅能使Fe^{3+}还原为Fe^{2+}，这就提高了反应的选择性。

(4)剩余的预氧化剂或预还原剂应易于除去。由于预处理时加入的预氧化剂或预还原剂都是过量的，预处理完毕，过量的预处理剂必须除去，否则将干扰后续的滴定反应，除去的方法有以下几种：

①加热分解。例如，$(NH_4)_2S_2O_8$、H_2O_2等可通过加热煮沸，分解而除去。

$$2S_2O_8^{2-}+2H_2O \xlongequal{\text{煮沸}} 4HSO_4^-+O_2$$

$$2H_2O_2 \xlongequal{\text{煮沸}} 2H_2O+O_2$$

②过滤分离。例如，在HNO_3溶液中，$NaBiO_3$可将Mn^{2+}氧化为MnO_4^-，$NaBiO_3$微溶于水，过量的$NaBiO_3$可通过过滤分离除去。

③利用化学反应消除。例如，用$HgCl_2$除去过量的$SnCl_2$，其反应为

$$SnCl_2+2HgCl_2 \xlongequal{} SnCl_4+Hg_2Cl_2$$

反应中生成的Hg_2Cl_2沉淀不被一般氧化剂氧化，不必过滤除去。

常用的预氧化剂和预还原剂分别列于表 9-3 和表 9-4 中。

表 9-3　常用的预氧化剂

预氧化剂	反应条件	主要应用	过量氧化剂除去方法
$(NH_4)_2S_2O_8$ (过二硫酸铵)	酸性Ag^+作催化剂	$Mn^{2+} \longrightarrow MnO_4^-$ $Ce^{3+} \longrightarrow Ce^{4+}$ $Cr^{3+} \longrightarrow Cr_2O_7^{2-}$ $VO^{2+} \longrightarrow VO_2^+$	煮沸分解
$NaBiO_3$ (铋酸钠)	HNO_3作介质	$Mn^{2+} \longrightarrow MnO_4^-$ $Ce^{3+} \longrightarrow Ce^{4+}$ $Cr^{3+} \longrightarrow CrO_4^{2-}$	过滤
高锰酸钾	焦磷酸盐和氟化物或Cr^{3+}	$Ce^{3+} \longrightarrow Ce^{4+}$ $VO^{2+} \longrightarrow VO_2^+$ $Cr^{3+} \longrightarrow Cr_2O_7^{2-}$	用叠氮化钠(NaN_3)或亚硝酸钠除去
H_2O_2 (过氧化氢)	碱性	$Co^{2+} \longrightarrow Co^{3+}$ $Mn^{2+} \longrightarrow MnO_4^{2-}$	煮沸分解，加入少量Ni^{2+}或I^-作催化剂加速H_2O_2分解
$HClO_4$ (高氯酸)	热、浓	$VO^{2+} \longrightarrow VO_2^+$ $I^- \longrightarrow IO_3^-$ $Fe^{2+} \longrightarrow Fe^{3+}$	迅速冷却，加水稀释

表 9-4 常用的预还原剂

预还原剂	反应条件	主要应用	过量还原剂除去方法
$SnCl_2$(二氯化锡)	HCl 溶液加热	$MnO_4^{2-} \longrightarrow MnO_2$ As(V) $\longrightarrow$ As(Ⅲ)	用 $HgCl_2$ 氧化
$TiCl_3$(三氯化钛)	酸性溶液	$Fe^{3+} \longrightarrow Fe^{2+}$	加水稀释，少量 $TiCl_3$ 被水中溶解氧氧化
肼类	酸性	As(V) $\longrightarrow$ As(Ⅲ) $Sn^{4+} \longrightarrow Sn^{2+}$	浓 H_2SO_4，加热
Al	HCl 溶液	$Ti^{4+} \longrightarrow Ti^{3+}$ $Fe^{3+} \longrightarrow Fe^{2+}$	
锌汞齐还原柱	酸性溶液	$Cr^{3+} \longrightarrow Cr^{2+}$ $Ti^{4+} \longrightarrow Ti^{3+}$ $VO_2^{+} \longrightarrow VO_2^{2-}$	

9.8 常用的氧化还原滴定方法

9.8.1 高锰酸钾法

1. 高锰酸钾法的特点

高锰酸钾是一种强氧化剂。在不同酸度的溶液中，它的氧化能力和还原产物不同。

在强酸性溶液中，有

$$MnO_4^- + 8H^+ + 5e^- = Mn^{2+} + 4H_2O \qquad \varphi^\ominus = 1.507V$$

在中性或弱碱性溶液中，有

$$MnO_4^- + 2H_2O + 3e^- = MnO_2 + 4OH^- \qquad \varphi^\ominus = 0.595V$$

在强碱性溶液中，有

$$MnO_4^- + e^- = MnO_4^{2-} \qquad \varphi^\ominus = 0.558V$$

强酸性溶液中 $KMnO_4$ 的氧化能力强，一般都在强酸性条件下使用。但在测定某些有机物时，如甲醇、甲酸、甘油、酒石酸、葡萄糖等，在强碱性条件下反应速率更快，更适于滴定。

高锰酸钾法的优点是氧化能力强，可以采用直接、间接、返滴定等多种滴定方式，对多种有机物和无机物进行测定，应用非常广泛。另外，$KMnO_4$ 本身为紫红色，在滴定无色或浅色溶液时无需另加指示剂，其本身即可作为自身指示剂。其缺点是试剂中常含有少量的杂质，配制的标准溶液不太稳定，易与空气和水中的多种还原性物质发生反应，干扰严重，滴定的选择性差。

2. 标准溶液的配制与标定

1) $KMnO_4$标准溶液的配制

市售 $KMnO_4$试剂纯度为 99%～99.5%，其中常含有少量 MnO_2 和其他杂质。$KMnO_4$ 还能自行分解，即

$$4KMnO_4 + 2H_2O = 4MnO_2 + 4KOH + 3O_2$$

MnO_2和 Mn^{2+}又能促进 $KMnO_4$的分解，上述反应见光时速率更快。$KMnO_4$标准溶液只能间接配制：称取略多于理论计算量的固体 $KMnO_4$，溶解于一定体积的蒸馏水中，加热煮沸，保持微沸约 1h，或在暗处放置 2～3d，使溶液中可能含有的还原性物质完全氧化。冷却后用微孔玻璃漏斗过滤除去 $MnO(OH)_2$沉淀。过滤后的 $KMnO_4$溶液储存于棕色瓶中，置于暗处，避光保存。

2) $KMnO_4$标准溶液的标定

标定 $KMnO_4$标准溶液的基准物有 $Na_2C_2O_4$、$H_2C_2O_4·2H_2O$、As_2O_3和纯铁丝等。最常用的是 $Na_2C_2O_4$，它易提纯，稳定，不含结晶水，在 105～110℃烘干 2h，置于干燥器中冷却后即可使用。在酸性溶液中，$KMnO_4$与 $Na_2C_2O_4$的反应为

$$2MnO_4^- + 5C_2O_4^{2-} + 16H^+ = 2Mn^{2+} + 10CO_2 + 8H_2O$$

为了使滴定反应定量且迅速，应注意以下条件：

(1) 温度。室温下此反应缓慢。常将溶液加热到 75～85℃进行滴定。但温度不宜过高，温度超过 90℃会使 $C_2O_4^{2-}$ 部分分解，低于 60℃反应速率太慢。

$$H_2C_2O_4 \xrightarrow{>90℃} H_2O + CO + CO_2$$

(2) 酸度。为了保证滴定反应能正常进行，溶液必须保持一定的酸度。酸度太低，$KMnO_4$ 部分还原为 MnO_2；酸度太高，$H_2C_2O_4$ 分解。开始滴定时，溶液酸度为 0.5～1.0mol·L^{-1}，滴定终点时溶液酸度为 0.2～0.5mol·L^{-1}。

(3) 滴定速度。该反应在室温下反应速率极慢。滴定开始时，第一滴 $KMnO_4$溶液滴入后，红色很难褪去，这时需待红色消失后再滴加第二滴。反应中产生的 Mn^{2+}对反应具有催化作用，加入几滴 $KMnO_4$后，反应明显加快，这时可适当加快滴定速度；否则，加入的 $KMnO_4$在热溶液中来不及与 $C_2O_4^{2-}$ 反应，而发生分解，如

$$4MnO_4^- + 12H^+ = 4Mn^{2+} + 5O_2 + 6H_2O$$

若在滴定前加入几滴 $MnSO_4$溶液，滴定一开始反应速率就较快。

(4) 终点判断。$KMnO_4$可作为自身指示剂，滴定至化学计量点时，$KMnO_4$微过量就可使溶液呈粉红色，若 30s 不褪色，即可认为已到滴定终点。

3. 应用实例

1) 直接滴定法

用 $KMnO_4$直接滴定 Fe^{2+}时，酸性介质常用硫酸与磷酸的混合酸，发生如下反应：

$$MnO_4^- + 5Fe^{2+} + 8H^+ = Mn^{2+} + 5Fe^{3+} + 4H_2O \tag{1}$$

若滴定反应中用 HCl 调节酸度，则发生副反应：

$$2MnO_4^- + 10Cl^- + 16H^+ = 2Mn^{2+} + 5Cl_2 + 8H_2O \tag{2}$$

反应(1)加速反应(2)的进行，致使测定结果偏高。

这种由于一种氧化还原反应的发生而促进另一种氧化还原反应进行的现象称为诱导反应。诱导反应常给定量分析带来误差，应引起重视。

2)间接滴定法

有些不具有氧化还原性的物质也可用高锰酸钾法间接测定，如钙、铅、钡等元素。钙是构成植物细胞壁的重要元素，植物样品经灰化处理，制成含 Ca^{2+}试液，再将 Ca^{2+}与 $C_2O_4^{2-}$ 反应生成草酸钙沉淀，沉淀经过滤，洗涤后，溶于热的稀 H_2SO_4 中，释放出等量的 Ca^{2+} 与 $C_2O_4^{2-}$，然后用高锰酸钾标准溶液滴定。有关反应为

$$Ca^{2+}+C_2O_4^{2-} \xlongequal{} CaC_2O_4$$

$$CaC_2O_4 + 2H^+ \xlongequal{} Ca^{2+} + H_2C_2O_4$$

$$2MnO_4^- + 5H_2C_2O_4 + 6H^+ \xlongequal{} 2Mn^{2+} + 10CO_2 + 8H_2O$$

$$\text{样品中钙的质量分数 } w(\text{Ca}) = \frac{5c(\text{KMnO}_4)\cdot V(\text{KMnO}_4)\cdot M(\text{Ca})}{2m}$$

3)返滴定法

有些物质不能用 $KMnO_4$ 溶液直接滴定，可以采用返滴定的方式。例如，在强碱性中，过量的 $KMnO_4$ 能定量氧化甘油、甲醇、甲醛、甲酸、苯酚和葡萄糖等有机化合物。测甲酸的反应如下：

$$MnO_4^- + HCOO^- + 3OH^- \xlongequal{} CO_3^{2-} + MnO_4^{2-} + 2H_2O$$

反应完毕将溶液酸化，用亚铁盐还原剂标准溶液滴定剩余的 MnO_4^-。根据已知过量的 $KMnO_4$ 和还原剂标准溶液的浓度和消耗的体积，即可计算出甲酸的含量。

【例 9-14】 检验某患者血液中的含钙量，取 2.00mL 血液，稀释后用 $(NH_4)_2C_2O_4$ 溶液处理，使 Ca^{2+} 生成 CaC_2O_4 沉淀，沉淀过滤洗涤后溶解于强酸中，然后用 $c(KMnO_4)$=0.010 00mol · L^{-1} 的 $KMnO_4$ 溶液滴定，用去 1.20mL，试计算此血液中钙的含量。[M(Ca)=40.00g · mol^{-1}]

解 用 $KMnO_4$ 法间接测定 Ca^{2+}时经过如下几步：

$$Ca^{2+} \xrightarrow{C_2O_4^{2-}} CaC_2O_4 \xrightarrow{H^+} H_2C_2O_4 \xrightarrow{KMnO_4,H^+} 2CO_2$$

根据滴定反应

$$2MnO_4^- + 5H_2C_2O_4 + 6H^+ \xlongequal{} 2Mn^{2+} + 10CO_2 + 8H_2O$$

$$n(\text{Ca}) = \frac{5}{2} n(\text{KMnO}_4)$$

$$c(\text{Ca}^{2+}) = \frac{\frac{5}{2}c(\text{KMnO}_4)\cdot V(\text{KMnO}_4)\cdot M(\text{Ca})}{V_s}$$

$$= \frac{\frac{5}{2}\times 0.0100\times 1.20\times 40.00}{2.00}$$

$$=0.600(\text{mg}\cdot\text{mL}^{-1})$$

9.8.2　重铬酸钾法

1. 重铬酸钾法的特点

$K_2Cr_2O_7$在酸性条件下是一种强氧化剂，其半反应为

$$Cr_2O_7^{2-} + 14H^+ + 6e^- \rightleftharpoons 2Cr^{3+} + 7H_2O \qquad \varphi^\ominus = 1.33V$$

$K_2Cr_2O_7$氧化能力没有 $KMnO_4$ 强，测定对象没有高锰酸钾法广泛。但重铬酸钾法具有以下特点：

(1) $K_2Cr_2O_7$易提纯，在 140～150℃干燥，可直接配制标准溶液。标准溶液稳定，存放在密闭容器中可长期保存。

(2) $K_2Cr_2O_7$氧化性较弱，选择性高，在 HCl 浓度不太高时，$K_2Cr_2O_7$不氧化 Cl^-，因此可在盐酸介质中滴定。

(3) 重铬酸钾法滴定需使用氧化还原指示剂，常用指示剂为二苯胺磺酸钠。

(4) $K_2Cr_2O_7$滴定反应速率快，通常在常温下进行滴定。

应当指出，$K_2Cr_2O_7$和 Cr^{3+}都是污染物，使用时应注意废液处理，以免污染环境。

2. 应用实例

重铬酸钾法最主要的应用是铁矿石(或钢铁)中全铁的测定，是公认的标准方法。其方法是试样用浓热 H_2SO_4 分解，用 $SnCl_2$ 趁热将 Fe^{3+}还原为 Fe^{2+}，过量 $SnCl_2$ 用 $HgCl_2$ 氧化，再用水稀释，并加入 H_2SO_4-H_3PO_4 混酸，以二苯胺磺酸钠为指示剂，用 $K_2Cr_2O_7$ 标准溶液滴定至溶液由绿色变为蓝紫色或紫红色即为终点。滴定反应为

$$Cr_2O_7^{2-} + 6Fe^{2+} + 14H^+ \rightleftharpoons 2Cr^{3+} + 6Fe^{3+} + 7H_2O$$

故

$$w(Fe) = \frac{6c(K_2Cr_2O_7) \cdot V(K_2Cr_2O_7) \cdot M(Fe)}{m}$$

加入 H_3PO_4 的主要作用：①降低 Fe^{3+}/Fe^{2+}电对的电极电势，增大滴定突跃范围，使二苯胺磺酸钠的变色范围落在滴定的突跃范围之内；②与黄色的 Fe^{3+}生成无色$[Fe(HPO_4)_2]^-$，有利于滴定终点的观察。

【例 9-15】 有一 $K_2Cr_2O_7$标准溶液的浓度为 0.016 83mol · L^{-1}，求其对 Fe 和 Fe_2O_3的滴定度。称取铁矿样 0.2801g，溶解于酸并将 Fe^{3+}还原为 Fe^{2+}。然后用上述 $K_2Cr_2O_7$标准溶液滴定，用去 25.60mL。求试样中的含铁量，分别以 $w(Fe_2O_3)$和 $w(Fe)$表示。

解　滴定反应为

$$Cr_2O_7^{2-} + 6Fe^{2+} + 14H^+ \rightleftharpoons 2Cr^{3+} + 6Fe^{3+} + 7H_2O$$

$$T(Fe/K_2Cr_2O_7) = \frac{m(Fe)}{V(K_2Cr_2O_7)} = \frac{6c(K_2Cr_2O_7) \cdot V(K_2Cr_2O_7) \cdot M(Fe)}{V(K_2Cr_2O_7)}$$

$$= \frac{6 \times 0.016\,83 \times 1.00 \times 10^{-3} \times 55.85}{1.00}$$

$$= 5.640 \times 10^{-3}(g \cdot mL^{-1})$$

$$T(Fe_2O_3/K_2Cr_2O_7)=\frac{3c(K_2Cr_2O_7)\cdot V(K_2Cr_2O_7)\cdot M(Fe_2O_3)}{V(K_2Cr_2O_7)}$$

$$=\frac{3\times 0.016\,83\times 1.00\times 10^{-3}\times 159.7}{1.00}$$

$$=8.063\times 10^{-3}(g\cdot mL^{-1})$$

因此

$$w(Fe)=\frac{T(Fe/K_2Cr_2O_7)\cdot V}{m}=\frac{5.640\times 10^{-3}\times 25.60}{0.2801}=0.5155$$

若含铁量以 Fe_2O_3 表示，则

$$w(Fe_2O_3)=\frac{T(Fe_2O_3/K_2Cr_2O_7)\cdot V}{m}=\frac{8.063\times 10^{-3}\times 25.60}{0.2801}=0.7369$$

9.8.3 碘量法

1. 概述

碘量法是基于 I_2 的氧化性及 I^- 的还原性建立起来的氧化还原分析法。

$$I_3^- + 2e^- \longrightarrow 3I^- \qquad \varphi^{\ominus} = 0.536V$$

I_2 在水中溶解度小，使用时将 I_2 溶于 KI 溶液，生成 I_3^-。为了简化和强调化学计量关系，通常将 I_3^- 写成 I_2。I_2 是较弱的氧化剂，而 I^- 是中等强度的还原剂。因此，根据 I_2 的氧化性和 I^- 的还原性可将碘量法分为直接碘量法和间接碘量法。

碘量法采用淀粉作为指示剂，其灵敏度很高，I_2 浓度为 $5\times 10^{-6}mol\cdot L^{-1}$ 时即显蓝色。

2. 直接碘量法

直接碘量法(direct iodimetry)是以 I_2 作滴定剂，故又称碘滴定法。其只能用于测定强还原性物质，如 Sn(Ⅱ)、H_2S、$S_2O_3^{2-}$、As(Ⅲ)、维生素 C 等。其反应条件为酸性或中性。在碱性条件下 I_2 会发生歧化反应

$$3I_2 + 6OH^- \longrightarrow IO_3^- + 5I^- + 3H_2O$$

(1) I_2 标准溶液。升华的纯碘可直接配制成标准溶液。但通常是用市售的碘先配成近似浓度的碘溶液，再以 $Na_2S_2O_3$ 标液进行标定。由于碘几乎不溶于水，但能溶于 KI 溶液，故配制碘溶液时应加入过量的 KI。

碘溶液应避免与橡皮等有机物接触，也要防止见光、受热，否则浓度将发生变化。

(2) 应用实例——测定硫化钠的总还原能力。在弱酸性溶液中可发生反应：

$$I_2 + H_2S \longrightarrow S + 2I^- + 2H^+$$

硫化钠中常含有 Na_2SO_3 和 $Na_2S_2O_3$ 等还原性物质，它们也能与 I_2 作用，因此测定结果实际上是硫化钠的总还原能力。

钢铁、矿石、石油和废水以及有机物中的硫都可转化为硫化钠，进而可用直接碘量法测定它们的含硫量。在直接碘量法中，淀粉可在滴定开始时就加入。计量点时，稍过量的 I_2 溶液就能使滴定溶液出现深蓝色。

3. 间接碘量法

间接碘量法又称滴定碘法，有两个基本滴定反应：①被测物(氧化剂)与I^-反应定量地生成I_2；②用$Na_2S_2O_3$滴定析出的I_2，即

$$I_2 + 2S_2O_3^{2-} = 2I^- + S_4O_6^{2-}$$

在间接碘量法中，为了获得准确的分析结果，必须严格控制反应条件。

(1)控制溶液的酸度。一般在弱酸性或中性条件下进行，因在强酸性溶液中，$Na_2S_2O_3$会分解，I^-易被空气中的氧氧化，其反应为

$$S_2O_3^{2-} + 2H^+ = SO_2 + S + H_2O$$

$$4I^- + 4H^+ + O_2 = 2I_2 + 2H_2O$$

在碱性条件下，$Na_2S_2O_3$与I_2会发生如下副反应：

$$S_2O_3^{2-} + 4I_2 + 10OH^- = 2SO_4^{2-} + 8I^- + 5H_2O$$

这种副反应影响滴定反应的定量关系。另外，在碱性溶液中I_2也会发生歧化反应。

(2)防止I_2的挥发和I^-的氧化。为防止I_2的挥发，可加入过量的KI(比理论量多2～3倍)，并在室温下进行滴定。滴定速度要适当，不要剧烈摇动。滴定时必须使用碘瓶。

(3)在间接碘量法中，到达计量点前，溶液中都有I_2存在，因此淀粉必须在接近计量点前再加入(可从I_2的黄色变浅判断)，滴定至蓝色消失即为终点。若淀粉加入过早，则大量的I_2与淀粉生成蓝色包结物，这一部分的碘被淀粉分子包裹后不易与$Na_2S_2O_3$发生反应，造成测定误差。

间接碘量法可以测定许多无机物和有机物，应用十分广泛。

硫代硫酸钠标准溶液的配制与标定如下：

(1)配制。含结晶水的$Na_2S_2O_3 \cdot 5H_2O$常含S、Na_2SO_3、Na_2SO_4等少量杂质，容易风化、潮解，所以必须事先配制成近似浓度的溶液，然后进行标定。溶液中若溶解有O_2、CO_2或有微生物时，$Na_2S_2O_3$会析出单质硫。

配制$Na_2S_2O_3$标准溶液时，应采用新煮沸(除氧、杀菌)并冷却的蒸馏水，并加入少量Na_2CO_3使溶液呈弱碱性，以防止$Na_2S_2O_3$的分解；光照会促进$Na_2S_2O_3$的分解，因此应将溶液保存在棕色瓶中，置于暗处放置8～12d，待其浓度稳定后，再进行标定，但不宜长期保存。

(2)标定。常用来标定$Na_2S_2O_3$的基准物质有$K_2Cr_2O_7$、$KBrO_3$和KIO_3等。用$K_2Cr_2O_7$标定$Na_2S_2O_3$的反应式为

$$Cr_2O_7^{2-} + 6I^- + 14H^+ = 2Cr^{3+} + 3I_2 + 7H_2O$$

$$I_2 + 2S_2O_3^{2-} = 2I^- + S_4O_6^{2-}$$

为防止I^-被空气中的氧氧化，基准物质与KI反应时，酸度应控制为0.2～0.4mol·L^{-1}，加入KI的量应超过理论用量的5倍，以保证反应完全进行。

间接碘量法测Cu^{2+}是基于Cu^{2+}与过量的KI反应定量地析出I_2，然后用标准溶液滴定，其反应式为

$$2Cu^{2+} + 4I^- = 2CuI + I_2$$

$$I_2+2S_2O_3^{2-}=\!=\!=2I^-+S_4O_6^{2-}$$

由此可得

$$w(Cu)=\frac{c(Na_2S_2O_3)\cdot V(Na_2S_2O_3)\cdot M(Cu)}{m}$$

CuI 沉淀表面强烈地吸附 I_2，会导致测定结果偏低，为此测定时常加入 KSCN，使 CuI 沉淀转化为溶解度更小的 CuSCN 沉淀，即

$$CuI+KSCN=\!=\!=CuSCN+KI$$

这样就可将 CuI 吸附的 I_2 释放出来，提高测定的准确度。

还应注意，KSCN 应当在滴定接近终点时加入，否则 SCN^-会还原 I_2，使结果偏低。另外，为了防止 Cu^{2+}水解，反应必须在酸性溶液中进行，一般控制 pH 为 3～4。酸度过低，反应速率慢，终点拖长；酸度过高，I^-则被空气氧化为 I_2，使结果偏高。

【例 9-16】 25.00mL KI 用稀盐酸及 10.00mL 0.050 00mol · L^{-1} KIO_3 溶液处理，煮沸以挥发除去释出的 I_2，冷却后，加入过量的 KI 与剩余的 KIO_3 反应。释出的 I_2 需用 21.14mL 0.1008mol · L^{-1} $Na_2S_2O_3$ 标准溶液滴定，计算 KI 溶液的浓度。

解 加入的 KIO_3 分两个部分分别与待测 KI(1) 和以后加入的 KI(2) 发生反应，即

$$IO_3^-+5I^-+6H^+=\!=\!=3I_2+3H_2O \qquad (1)$$

$$IO_3^-+5I^-+6H^+=\!=\!=3I_2+3H_2O \qquad (2)$$

第二步反应生成的 I_2 又被 $Na_2S_2O_3$ 滴定，即

$$I_2+2S_2O_3^{2-}=\!=\!=2I^-+S_4O_6^{2-}$$

反应(1)消耗的 KIO_3 为总的 KIO_3 量减去反应(2)所消耗的 KIO_3 量，即

$$\begin{aligned}n[KIO_3(1)]&=n[KIO_3(\text{总})]-n[KIO_3(2)]\\&=n[KIO_3(\text{总})]-\frac{1}{3}n[I_2(2)]\\&=n[KIO_3(\text{总})]-\frac{1}{6}n[Na_2S_2O_3]\end{aligned}$$

而

$$n[KI(1)]=5n[KIO_3(1)]=5\left\{n[KIO_3(\text{总})]-\frac{1}{6}n[Na_2S_2O_3]\right\}$$

所以

$$\begin{aligned}c(KI)&=\frac{5\left[c(KIO_3)\cdot V(KIO_3)-\frac{1}{6}c(Na_2S_2O_3)\cdot V(Na_2S_2O_3)\right]}{V(KI)}\\&=\frac{5\times(0.050\,00\times10.00-\frac{1}{6}\times0.1008\times21.14)}{25.00}\\&=0.028\,97(mol\cdot L^{-1})\end{aligned}$$

习　题

9-1　氧化还原电对有哪些类型？举例说明。

9-2　若电对中有氧原子，如何配平其还原半反应中的氧原子？举例说明。

9-3　工业盐外观与食盐相似，味咸，价格低廉。有人误将工业盐当食盐购回食用而中毒。请问食用工业盐为什么易中毒？如果你碰到了这类中毒者，如何帮助他解毒？

9-4　现代城市中很多家庭都备有洁厕剂和消毒剂。曾有报道称有人误将两者混合使用，出现氯气中毒现象。请说明中毒原因。

9-5　水体被污染时，其溶解氧有什么变化？为什么？采用什么方法可以测定溶解氧的含量？

9-6　配平下列反应式。

(1) $HClO_4+H_2SO_3 \longrightarrow HCl+H_2SO_4$

(2) $Cu+H_2SO_4$(浓) $\longrightarrow CuSO_4+SO_2+H_2O$

(3) $Cl_2(g)+NaOH \longrightarrow NaCl+NaClO_3$

(4) $Cr(OH)_3(s)+Br_2(l)+KOH \longrightarrow K_2CrO_4+KBr$

9-7　在酸性溶液中含有 Fe^{3+}、$Cr_2O_7^{2-}$、MnO_4^-，当通入 H_2S 时，还原的顺序如何？写出有关的化学反应方程式。

9-8　298.15K 时，Fe^{3+}、Fe^{2+}的混合溶液中加入 NaOH 时，有 $Fe(OH)_3$ 和 $Fe(OH)_2$ 沉淀生成(假设没有其他的反应发生)。当沉淀反应达到平衡时，保持 $c(OH^-)=1.0mol \cdot L^{-1}$，计算 $\varphi(Fe^{3+}/Fe^{2+})$。

9-9　Diagram primary cell that have the following net reactions.

(1) $Fe+Cu^{2+}═Fe^{2+}+Cu$　　(2) $Ni+Pb^{2+}═Ni^{2+}+Pb$

(3) $Cu+2Ag^+═Cu^{2+}+2Ag$　　(4) $Sn+2H^+═Sn^{2+}+H_2$

9-10　计算 298.15K 时下列各电池的标准电动势，并写出每个电池的自发电池反应。

(1) (−) Pt | I^-，I_2 ‖ Fe^{3+}，Fe^{2+} | Pt (+)

(2) (−) Zn | Zn^{2+} ‖ Fe^{3+}，Fe^{2+} | Pt (+)

(3) (−) Pt | Fe^{3+}，Fe^{2+} ‖ H^+，NO_3^-，HNO_2 | Pt (+)

(4) (−) Pt | Fe^{3+}，Fe^{2+} ‖ MnO_4^-，Mn^{2+}，H^+ | Pt (+)

9-11　计算 298.15K 时下列各电对的电极电势。

(1) Fe^{3+}/Fe^{2+}，$c(Fe^{3+})=0.10mol \cdot L^{-1}$，$c(Fe^{2+})=0.50mol \cdot L^{-1}$

(2) Sn^{4+}/Sn^{2+}，$c(Sn^{4+})=1.0mol \cdot L^{-1}$，$c(Sn^{2+})=0.20mol \cdot L^{-1}$

(3) $Cr_2O_7^{2-}/Cr^{3+}$，$c(Cr_2O_7^{2-})=0.10mol \cdot L^{-1}$，$c(Cr^{3+})=0.20mol \cdot L^{-1}$，$c(H^+)=2.0mol \cdot L^{-1}$

(4) Cl_2/Cl^-，$c(Cl^-)=0.10mol \cdot L^{-1}$，$p(Cl_2)=2.0\times10^5Pa$

9-12　计算 298.15K 时，1.0×10^5Pa 的 H_2 分别在 $0.10mol \cdot L^{-1}$ HAc 溶液和 $1.0mol \cdot L^{-1}$ NaOH 溶液中的电极电势。

9-13　计算 298.15K 时 AgBr/Ag 电对和 AgI/Ag 电对的标准电极电势。

9-14　计算 298.15K 时 $[Zn(NH_3)_4]^{2+}/Zn$ 电对和 $[Zn(CN)_4]^{2-}/Zn$ 电对的标准电极电势。

9-15　在 298.15K 的标准状态下，MnO_2 和盐酸反应能否制得 Cl_2？如果改用 $12mol \cdot L^{-1}$ 的浓盐酸呢？(设其他物质仍处在标准状态)

9-16　根据标准电极电势判断下列反应能否正向自发进行。

(1) $2Br^-+2Fe^{3+}═Br_2+2Fe^{2+}$

(2) $I_2+Sn^{2+}=\!=\!=2I^-+Sn^{4+}$

(3) $2Fe^{3+}+Cu=\!=\!=2Fe^{2+}+Cu^{2+}$

(4) $H_2O_2+2Fe^{2+}+2H^+=\!=\!=2Fe^{3+}+2H_2O$

9-17 Calculate the electromotive force and the equilibrium constant at 298.15K for the primary cell:

(1) (—) Zn | Zn^{2+}(0.10mol · L^{-1}) ‖ Cu^{2+}(0.50mol · L^{-1}) | Cu (+)

(2) (—) Sn | Sn^{2+}(0.050mol · L^{-1}) ‖ H^+(1.0mol · L^{-1}) | H_2(1.0 × 10^5Pa)，Pt (+)

(3) (—) Pt，H_2(1.0 × 10^5Pa) | H^+(1.0mol · L^{-1}) ‖ Sn^{4+}(0.50mol · L^{-1})，Sn^{2+}(0.10mol · L^{-1}) | Pt (+)

(4) (—) Pt，H_2(1.0 × 10^5Pa) | H^+(0.010mol · L^{-1}) ‖ H^+(1.0mol · L^{-1}) | H_2(1.0 × 10^5Pa)，Pt (+)

9-18 将 Cu 片插入 0.10mol · L^{-1} $[Cu(NH_3)_4]^{2+}$和 0.10mol · L^{-1} NH_3 的混合溶液中，298.15K 时测得该电极的电极电势 φ =0.056V，求 $[Cu(NH_3)_4]^{2+}$的稳定常数 $K_f^\ominus$ 值。

9-19 已知 $\varphi^\ominus$ (Fe^{2+}/Fe) =−0.441V，$\varphi^\ominus$ (Fe^{3+}/Fe^{2+}) =0.771V，计算 $\varphi^\ominus$ (Fe^{3+}/Fe) 的值。

9-20 已知 $\varphi^\ominus$ (MnO_4^-/Mn^{2+}) =1.507V，$\varphi^\ominus$ (MnO_2/Mn^{2+}) =1.224V，计算 $\varphi^\ominus$ (MnO_4^-/MnO_2) 的值。

9-21 以 $K_2Cr_2O_7$ 标准溶液滴定 0.4000g 褐铁矿，若消耗 $K_2Cr_2O_7$ 溶液的体积 (以 mL 为单位) 与试样中 Fe_2O_3 的质量分数相等，求 $K_2Cr_2O_7$ 溶液对铁的滴定度。

9-22 称取软锰矿试样 0.4012g，以 0.4488g $Na_2C_2O_4$ 处理，滴定剩余的 $Na_2C_2O_4$ 需消耗 0.010 12mol · L^{-1} $KMnO_4$ 标准溶液 30.20mL，计算试样中 MnO_2 的质量分数。

9-23 仅含有惰性杂质的铅丹 (Pb_3O_4) 试样 3.500g，加一移液管 Fe^{2+}标准溶液和足量的稀 H_2SO_4 溶液于此试样中。溶解作用停止以后，过量的 Fe^{2+} 需 3.05mL 0.040 00 mol · L^{-1} $KMnO_4$ 溶液滴定。同样一移液管的上述 Fe^{2+} 标准溶液，在酸性介质中用 0.040 00 mol · L^{-1} $KMnO_4$ 标准溶液滴定时，需用去 48.05mL。计算铅丹中 Pb_3O_4 的质量分数。

9-24 将 1.000g 钢样中的铬氧化为 $Cr_2O_7^{2-}$，加入 25.00mL 0.1000mol · L^{-1} $FeSO_4$ 标准溶液，返滴过量 $FeSO_4$ 消耗 0.018 00mol · L^{-1} $KMnO_4$ 溶液 7.00mL。计算钢中铬的质量分数。

9-25 对于氧化还原反应 BrO_3^- +$5Br^-$+$6H^+$=\=\=$3Br_2$+$3H_2O$，计算：(1) 此反应的平衡常数；(2) 当溶液的 pH=7.00，c(BrO_3^-)=0.1000mol · L^{-1}，c(Br^-)=0.7000mol · L^{-1}时，游离溴的平衡浓度。

9-26 准确称取铁矿石试样 0.5000g，用酸溶解后加入 $SnCl_2$，使 Fe^{3+}还原为 Fe^{2+}，滴定 Fe^{2+}消耗 24.50mL $KMnO_4$ 标准溶液。已知 1.00mL $KMnO_4$ 相当于 0.012 60g $H_2C_2O_4$ · $2H_2O$。(1) 矿样中 Fe 及 Fe_2O_3 的质量分数各为多少？(2) 取市售双氧水 3.00mL 稀释定容至 250.0mL，从中取出 20.00mL 试液，需用上述 $KMnO_4$ 溶液 21.18mL 滴定至终点。计算每 100.0mL 市售双氧水所含 H_2O_2 的质量。

9-27 抗坏血酸 (摩尔质量为 176.1g · mol^{-1}) 是一种还原剂，它的半反应为 $C_6H_6O_6+2H^++2e^-=\!=\!=C_6H_8O_6$，它能被 I_2 氧化。如果 10.00mL 柠檬水果汁样品用 HAc 酸化，并加 20.00mL 0.025 00mol · L^{-1} I_2 溶液，待反应完全后，返滴过量的 I_2 消耗 10.00mL 0010 00mol · L^{-1} $Na_2S_2O_3$ 溶液，计算每毫升柠檬水果汁中抗坏血酸的质量。

9-28 间接碘量法测定铜：

$$2Cu^{2+}+4I^-=\!=\!=2CuI+I_2$$

$$I_2+2S_2O_3^{2-}=\!=\!=2I^-+S_4O_6^{2-}$$

用此方法分析铜矿样中铜的含量，为了使 1.00mL 0.1050mol · L^{-1} $Na_2S_2O_3$ 标准溶液能准确表示 1.00%的 Cu，应称取铜矿样多少克?

9-29 称取苯酚试样 0.4082g，用 NaOH 溶解后，移入 250.0mL 容量瓶中，加水稀释至刻度，摇匀。吸取 25.00mL，加入溴酸钾标准溶液 ($KBrO_3$+KBr) 25.00mL，再加入 HCl 及 KI。待析出 I_2 后，用

0.1084mol · L^{-1} $Na_2S_2O_3$ 标准溶液滴定，用去 20.04mL。另取 25.00mL 溴酸钾标准溶液做空白实验，消耗同浓度的 $Na_2S_2O_3$ 41.60mL。试计算试样中苯酚的质量分数。

9-30 Calculate the electrode potential for a copper electrode immersed in：(a) 0.0200 mol · L^{-1} Cu^{2+}；(b) 0.0200mol · L^{-1} Cu^{+}；(c) 0.0300mol · L^{-1} KI saturated with CuI；(d) 0.0100mol · L^{-1} NaOH saturated with $Cu(OH)_2$.

9-31 A 0.2236g sample of lime stone was dissolved in dilute HCl. After $(NH_4)_2C_2O_4$ was introduced and the pH of the resulting solution was adjusted to permit the quantitative precipitation of CaC_2O_4，the solid was isolated by filtration，washed free of excess $C_2O_4^{2-}$ and dissolved in dilute H_2SO_4. Titration of the liberated $H_2C_2O_4$ required 26.77mL of 0.023 56mol · L^{-1} $KMnO_4$. Calculate the mass fraction of CaO in the sample.

第 10 章　电势分析法

10.1　电势分析法概述

电化学分析方法是根据物质在溶液中的电化学性质与含量之间的关系作为计量基础而建立起来的仪器分析方法。电势分析法(potential analysis)是一种电化学分析法。它以测定电池电动势或电池电动势的变化为基础。

10.1.1　电势分析法的基本原理

电势分析法是利用电极电势与溶液中某种离子的活度之间的关系来测定被测物质活度的分析方法。电极电势和物质活度的关系遵从能斯特方程

$$\varphi\,(M^{n+}/M)=\varphi^{\ominus}\,(M^{n+}/M)+\frac{RT}{nF}\ln a\,(M^{n+}) \tag{10-1}$$

式中：$a(M^{n+})$为 M^{n+}的活度，溶液浓度很低时，可以用 M^{n+}的浓度代替活度

$$\varphi\,(M^{n+}/M)=\varphi^{\ominus}\,(M^{n+}/M)+\frac{RT}{nF}\ln c\,(M^{n+}) \tag{10-2}$$

如果测得该电极的电极电势，就可以根据能斯特公式求出该离子的活度或浓度。

由于单个电极的电极电势无法测量，因此电势分析法是基于测量原电池的电动势来求被测物质的含量。电势分析中，必须将待测溶液与两支电极组成工作电池。其中一支的电极电势能随溶液中被测离子的活度改变而变化，称为指示电极(indicating electrode)；另一支在一定条件下电极电势恒定，称为参比电极(reference electrode)。因参比电极的电极电势相对恒定，通过测量电池电动势，可计算出待测溶液中离子的活度或浓度。

设电池为

$$参比电极\,\|\,M^{n+}|M$$

参比电极可作正极，也可作负极，视两个电极的电势高低而定，则

$$\begin{aligned}E&=\varphi_{(+)}-\varphi_{(-)}=\varphi\,(M^{n+}/M)-\varphi\,(参比)\\&=\varphi^{\ominus}\,(M^{n+}/M)+\frac{RT}{nF}\ln a\,(M^{n+})-\varphi\,(参比)\\&=K+\frac{RT}{nF}\ln a\,(M^{n+})\end{aligned} \tag{10-3}$$

式中：E 为电池电动势；$\varphi_{(+)}$为电势较高的正极的电极电势；$\varphi_{(-)}$为电势较低的负极的电极电势；φ(参比)为参比电极的电极电势。

温度一定时 $\varphi^{\ominus}\,(M^{n+}/M)$和 φ(参比)都是常数，只要测出电池电动势 E 就可求得

$a(M^{n+})$，这就是直接电势法(direct potentiometry)。

若 M^{n+}是被滴定的离子，在滴定过程中，电极电势 $\varphi(M^{n+}/M)$随 $a(M^{n+})$变化而变化，E 也随之不断变化。在计量点附近，$a(M^{n+})$将发生突变，相应的 E 也有较大变化。通过测量 E 的变化确定滴定终点，这就是电势滴定法(potentiometric titration)。

10.1.2　电势分析法的特点

电化学分析法始于 19 世纪初，近几十年才得到迅速的发展。随着现代电子技术的飞速发展，各种电化学传感器和分析仪器、电子计算机的相互结合，出现了自动化和遥控遥测的新技术，使电化学分析法在流动分析、现场监测等实际应用中发挥日新月异的作用。

电势分析法的基本特点：

(1)所用仪器结构简单、造价低廉、使用方便、便于现场测定、适宜在各行各业中作为常规分析的工具。

(2)分析速度快、灵敏度高。

(3)选择性好、试样用量少、适于微量操作。例如，超微型电极可直接刺入生物体内，测定细胞内原生质的组成，进行活体分析。

(4)待测溶液不需进行复杂处理，可连续测定。

(5)可与计算机联用，易于自动控制，可用于工农业生产流程的远程监测和自动控制，适用于环境保护监测等。

10.1.3　参比电极

参比电极是测量电池电动势、计算电极电势的基准。参比电极的电极电势的稳定性直接影响测定结果的准确性。因此，对参比电极的要求是，电极电势已知且稳定，不受试液组成变化的影响；电极反应的可逆性好，重现性好；容易制备。

标准氢电极是各种参比电极的一级标准。但是标准氢电极制作麻烦，所用铂黑容易中毒，使用很不方便。实际工作中最常用的参比电极是甘汞电极(calomel electrode)和银-氯化银电极。

1. 甘汞电极

甘汞电极是由金属汞和它的饱和难溶汞盐——甘汞(Hg_2Cl_2)以及氯化钾溶液所组成的电极，其构造如图 10-1 所示，由玻璃管封接一根铂丝，铂丝插入纯汞中(厚度为 0.5～1cm)，下置一层甘汞(Hg_2Cl_2)和汞的糊状物，外玻璃管中装入 KCl 溶液，即构成甘汞电极。电极下端与待测溶液接触部分是熔结陶瓷芯或玻璃砂芯等多孔物质，构成与溶液互相连接的通道。

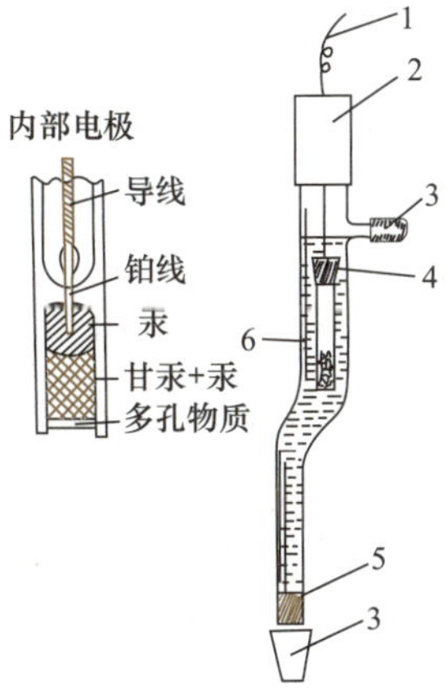

图 10-1　甘汞电极

1. 导线；2. 绝缘体；3. 橡皮套；4. 内部电极；5. 多孔物质；6. KCl 溶液

甘汞电极为

$$Hg, Hg_2Cl_2|KCl(aq)$$

电极反应为

$$Hg_2Cl_2+2e^- \xlongequal{} 2Hg+2Cl^-(aq)$$

电极电势(25℃时)为

$$\varphi(Hg_2Cl_2/Hg)=\varphi^{\ominus}(Hg_2Cl_2/Hg)-0.0592\lg a(Cl^-) \qquad (10\text{-}4)$$

由式(10-4)可见，一定温度下，甘汞电极的电极电势主要取决于 $a(Cl^-)$，当 $a(Cl^-)$一定时，其电极电势是定值。不同浓度的 KCl 溶液组成的甘汞电极，具有不同的恒定的电极电势值(表 10-1)。

表 10-1　25℃时甘汞电极的电极电势 φ

名称	KCl 溶液的浓度/($mol\cdot L^{-1}$)	电极电势 φ /V
0.1$mol\cdot L^{-1}$甘汞电极	0.1	+0.3365
标准甘汞电极(NCE)	1.0	+0.2828
饱和甘汞电极(SCE)	饱和溶液	+0.2438

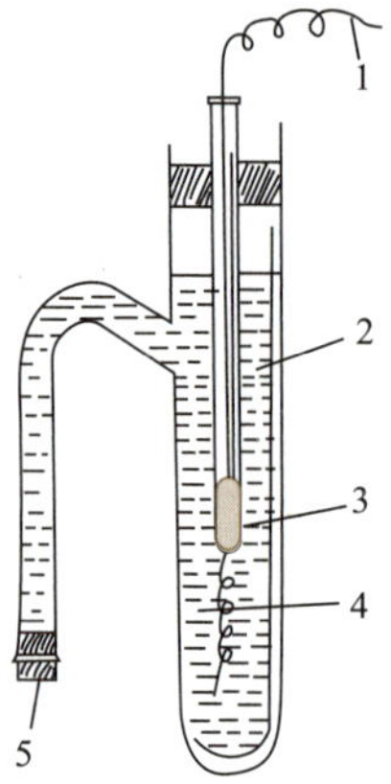

图 10-2　银-氯化银电极

1. 导线；2. 氯化钾溶液；3. 汞；4. 镀氯化银的银丝；5. 多孔物质

2. 银-氯化银电极

银丝表面镀上一薄层 AgCl 后，浸入浓度一定的 KCl 溶液中，即构成银-氯化银电极，如图 10-2 所示。

电极为

$$Ag,\ AgCl\,|\,KCl(aq)$$

电极反应为

$$AgCl+e^-=\!=\!=Ag+Cl^-$$

电极电势为

$$\varphi(AgCl/Ag)=\varphi^{\ominus}(AgCl/Ag)-0.0592\lg a(Cl^-) \qquad (10\text{-}5)$$

由式(10-5)可知，温度一定时，银-氯化银电极电势取决于 Cl^-的活度，其电极电势值见表 10-2。

表 10-2　25℃时银-氯化银电极的电极电势 φ

名称	KCl 溶液的浓度/($mol\cdot L^{-1}$)	电极电势 φ /V
0.1 $mol\cdot L^{-1}$银-氯化银电极	0.1	+0.2880
标准银-氯化银电极	1.0	+0.2223
饱和银-氯化银电极	饱和溶液	+0.2000

10.1.4　指示电极

指示电极是指示被测离子活度的电极，其电极电势随被测离子活度的变化而变化。指示电极应满足的条件：①电极电势与有关离子的活度之间的关系符合能斯特公式；②选择性高，干扰物质少；③电极反应快，响应速度快，达到平衡快；④重现性好，使用方便。

金属–金属离子电极、金属–金属难溶盐电极及惰性金属电极在特定情况下都可以用作指示电极。但它们对测定对象的选择性都不如离子选择性电极（ion selective electrode），应用也受到一定限制。近几十年来，离子选择性电极品种在不断增加。据不完全统计，元素周期表上 50 多种元素都能用离子选择性电极直接或间接测定。近年来，微型离子选择性电极的发展，在生物、生理现象的研究中展现其广阔的应用前景。这些电极在无机分析、有机分析、医学生化研究、临床理化检验、环境监测等方面起着越来越重要的作用。

1. 离子选择性电极的基本构造和工作原理

各种离子选择性电极所用电极材料、内部结构、外部形状各异，但其基本构造如图 10-3 所示。其中敏感膜是离子选择性电极的关键部分。

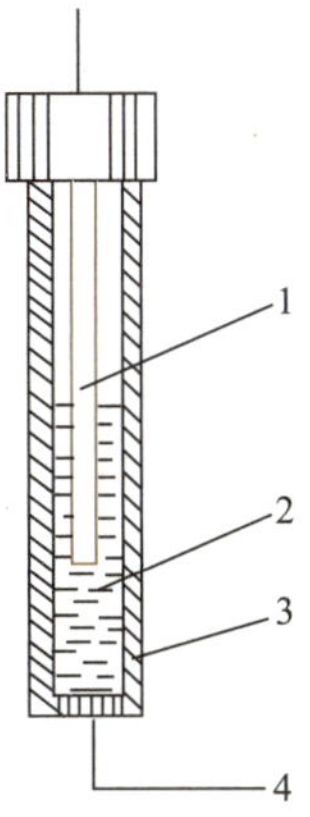

图 10-3　离子选择性电极的基本构造

1. 内参比电极；2. 内参比溶液；3.电极管；4. 敏感膜

各类离子选择性电极的响应机理虽各有其特点，但其膜电势产生的基本原因是相似的。在敏感膜与溶液两相间的界面上，由于离子交换和扩散的结果，破坏了界面附近电荷分布的均匀性而建立双电层结构，产生相间电势。其膜电势为膜内、外两界面的两个相间电势的差值。

若敏感膜对阳离子 M^{n+} 有选择性响应，其膜电势与溶液中 M^{n+} 活度之间的关系符合能斯特公式

$$\varphi(膜)=K+\frac{RT}{nF}\ln a(M^{n+}) \tag{10-6}$$

式中：$a(M^{n+})$ 为膜外溶液中 M^{n+} 的活度。

离子选择性电极的电势［φ(ISE)］为内参比电极的电势 φ(内参比)与膜电势 φ(膜)之和，而内参比溶液的浓度一定时，φ(内参比)为定值，所以

$$\varphi(\mathrm{ISE})=\varphi(内参比)+\varphi(膜)=K'+\frac{RT}{nF}\ln a(M^{n+}) \tag{10-7}$$

若敏感膜对阴离子 M^{n-} 有选择性响应，由于双电层结构中电荷的符号与阳离子敏感膜的情况相反，因此相间电势的方向也相反，其膜电势为

$$\varphi(膜)=K-\frac{RT}{nF}\ln a(M^{n-}) \tag{10-8}$$

阴离子选择性电极的电势则为

$$\varphi(\mathrm{ISE})=\varphi(内参比)+\varphi(膜)=K'-\frac{RT}{nF}\ln a(M^{n-}) \tag{10-9}$$

式(10-7)和式(10-9)表明一定条件下离子选择性电极的电极电势与待测溶液中离子活度的关系，这是该方法定量测定的基础。

2. 离子选择电极的类型

根据敏感膜的性质、材料和形式不同，可将离子选择电极分为多种类型。

1) 固体膜电极

(1) 玻璃电极。主要是指用于测定溶液 pH 的玻璃电极。此外，还有对锂、钠、钾和银等一价离子具有选择性的玻璃电极。由于其干扰因素少、不受氧化性或还原性物质的影响，玻璃电极已成为广泛应用的指示电极。

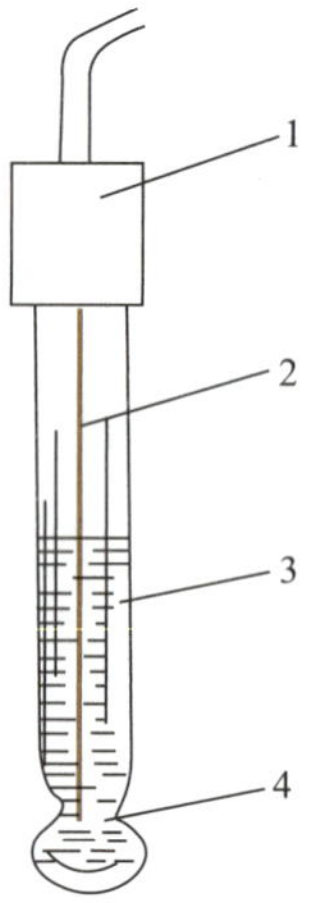

图 10-4 玻璃电极

1. 绝缘套；
2. Ag-AgCl 电极；
3. 内部缓冲液；
4. 玻璃膜

pH 电极是最早使用的离子选择性电极，它对 H^+ 具有高度的选择性，用来测定溶液的 pH。

玻璃电极的结构如图 10-4 所示，它的关键部分是一个玻璃泡，泡的下半部分是由特殊玻璃制成的敏感膜，膜厚 30～100μm。这种玻璃膜的成分及大致含量为 SiO_2 72%、CaO 6%、Na_2O 22%。泡内装有 pH 一定的缓冲溶液（内参比溶液），其中插入一支银-氯化银电极作为参比电极。

特种玻璃膜由固定的、带负电荷的硅酸晶体骨架（Gl^-）和体积较小但活动能力较强的 Na^+ 及其他离子组成，在膜的两侧均发生硅酸盐表面结构中的 Na^+ 与水中 H^+ 的离子交换

$$H^+ + Na^+Gl^- \rightleftharpoons Na^+ + H^+Gl^-$$

反应进行得十分完全，浸泡 24h 后，玻璃膜两侧表面阳离子点位都被 H^+ 占据，形成一薄层水化硅胶，故此过程称为玻璃膜的水化。

把浸泡好的玻璃电极插入待测溶液，膜外侧水化层与试液接触。由于水化层及试液中 H^+ 活度不同，因此 H^+ 必由活度较大一方向活度较小一方迁移，并最终达成平衡

$$H^+(\text{硅胶层}) \rightleftharpoons H^+(\text{试液})$$

实际测定时，玻璃膜两边与内、外溶液的两个相界之间可发生 H^+ 的扩散，破坏了界面附近电荷分布的均匀性，从而建立两个界面双电层，产生两个相间电势。膜电势主要由两个相间电势的差值决定，其大小与试液中 H^+ 活度的关系符合式(10-6)，即

$$\varphi(\text{膜}) = K + \frac{RT}{nF}\ln a(H^+)$$

25℃时

$$\varphi(\text{膜}) = K + 0.0592\lg a(H^+) = K - 0.0592\text{pH} \qquad (10\text{-}10)$$

pH 玻璃电极的电极电势［φ(玻璃)］为

$$\varphi(\text{玻璃}) = \varphi(\text{AgCl/Ag}) + \varphi(\text{膜}) = K' - 0.0592\text{pH} \qquad (10\text{-}11)$$

用 pH 玻璃电极测定 pH 的优点是其对 H^+ 具有高度的选择性，不受溶液中氧化剂或还原剂的影响，不易因杂质的作用而中毒，能在有色的、浑浊的或胶体溶液中使用，也可用作指示电极进行电势滴定。它达到平衡快，操作简便，使用时不沾污溶液。缺点是本身具有很高的电阻，可达数百兆欧［姆］，必须辅以电子放大装置才能测定，且电阻又随温度变

化，所以玻璃电极一般只能在5～60℃使用。在测定酸度过高(pH<1)或碱度过高(pH>9)的溶液时，其电势响应偏离理想曲线，产生pH测定误差。在酸度过高的溶液中测定值偏高，这种误差称为“酸差”，产生原因还不十分清楚。在碱性过高的溶液中，由于H^+活度过低，其他阳离子在溶液和界面间可能进行交换，而使测定值偏低。尤其是Na^+干扰显著，这种误差称为“碱差”或“钠差”。现在已有一种锂玻璃电极，仅在pH>13时才发生碱差。

*(2)单晶膜电极。此类电极的敏感膜由难溶盐的单晶切片经过表面抛光后制成。最典型的是氟离子选择性电极，其敏感膜由LaF_3单晶切片制成，晶体中掺有少量Ca^{2+}、Eu^{3+}，目的是降低电阻。

氟电极的制作比较简单，其结构如图10-5所示。

由于LaF_3晶格有空穴，因此F^-可以移入晶格空穴而导电。当氟电极插入含氟离子的溶液中时，F^-在电极表面进行交换，如果溶液中F^-浓度较高，则溶液中的F^-可以进入单晶空穴；反之，单晶表面的F^-也可进入溶液。由此产生的膜电势与溶液中F^-活度的关系遵守能斯特方程。在25℃时

$$\varphi(\text{膜})=K-0.0592\lg a(F^-)=K+0.0592\text{pF} \qquad (10\text{-}12)$$

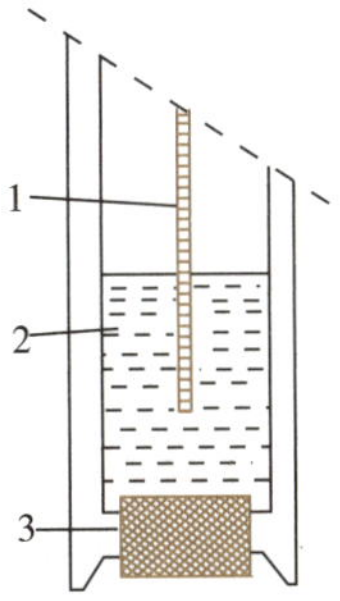

图10-5 氟离子选择性电极

1. Ag-AgCl内参比电极；
2. 内参比溶液(NaF-NaCl溶液)；
3. LaF_3单晶膜

氟离子选择性电极的选择性较高，为F^-量1000倍的Cl^-、Br^-、NO_3^-、SO_4^{2-}、$C_2O_4^{2-}$、PO_4^{2-}等阴离子均不产生干扰，仅有OH^-产生干扰。当pH过高时，在电极表面发生如下交换反应：

$$LaF_3+OH^-=\!=La(OH)_3+3F^-$$

电极表面形成的$La(OH)_3$层干扰F^-的测定，反应生成的F^-为电极本身所响应，引起正误差。当pH较低时，H^+与部分F^-形成HF或HF_2^-，而使F^-活度降低，造成负误差。实验证明，氟电极适宜测定的pH范围为5～7。此外溶液中能与F^-生成稳定配合物或难溶化合物的离子(如Al^{3+}、Fe^{3+}、Ca^{2+}、Mg^{2+}等)也干扰测定，通常加掩蔽剂来消除干扰。

氟离子选择性电极是目前应用较广的电极之一。在有机物、矿物、废气、饮用水、骨头、牙齿、血、唾液、食品、植物和药物中氟的分析以及与F^-生成稳定配合物的金属测定均可应用F^-选择性电极。

2)液体膜电极

液体膜电极与固体膜电极的主要区别是液体膜电极电活性物质为液体，因此它的电荷载体不是像固体膜电极那样位置是固定的。这类电极的薄膜是由待测离子的盐类、螯合物等溶解在不与水混溶的有机溶剂中，再使这种有机溶液渗入惰性多孔性物质而制成。这类电极中应用最广的是Ca^{2+}电极，其构造如图10-6所示。

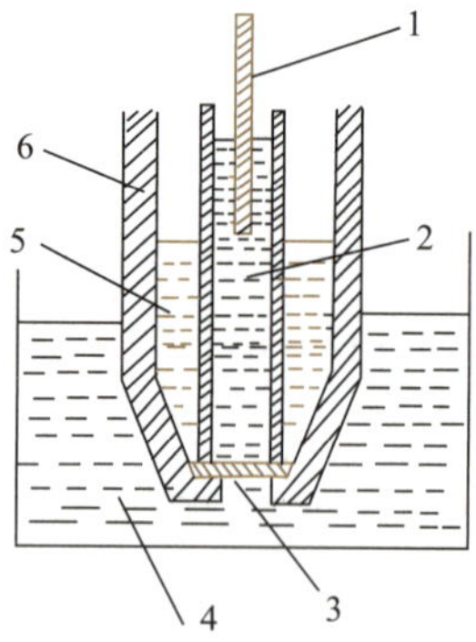

图 10-6 液态膜离子敏感电极

1. 内参比电极；2. 内参比溶液；3. 多孔固态膜；4. 试液；5. 液体离子交换剂；6. 电极壁

电极内装有两种溶液，内管内是内参比溶液（$0.1mol \cdot L^{-1}$ $CaCl_2$ 水溶液），其中插入内参比电极 Ag-AgCl 电极；外管内是液体离子交换剂，它是一种不溶于水的有机溶液。由于 Ca^{2+} 能出入有机相和水相，而 Ca^{2+} 在水相（内参比溶液及试液）中的活度与有机相中的活度存在差异，因此在两相之间产生相界电势，这与玻璃膜产生的电势相似。在 25℃电极的电势为

$$\varphi\text{（膜）}=K+\frac{0.0592}{2}\lg a(Ca^{2+})$$

这种 Ca^{2+} 电极适用的 pH 范围是 5～11，测定 Ca^{2+} 的范围是 1～$10^{-5}mol \cdot L^{-1}$，在 Na^+、K^+ 过量 10^3 倍时不干扰，但 Zn^{2+}、Pb^{2+} 等有干扰。

液体膜电极的选择性在很大程度上取决于液体离子交换剂对阳离子或阴离子的离子交换选择性，一般不如固体膜电极的选择性高。

还有一种 PVC 膜电极，它是借助于挥发性溶剂，将液体离子交换剂（包括电活性物质）分散在高聚物（PVC）中，待有机溶剂挥发后制得有一定强度的透明的均匀薄膜，切成小圆片，用四氢呋喃等溶剂接在聚乙烯管一端，管内盛内参比溶液，插入内参比电极，其结构实质上与玻璃电极或单晶膜电极完全相似。

一般来说，制备液体膜电极的电活性物质都能用来制成 PVC 电极，因此 PVC 膜电极是目前流行的一种离子选择性电极。

还有其他各种类型的离子选择性电极，如气敏电极、酶电极、细菌电极等。

10.1.5 离子选择性电极的选择性

1. 选择性及选择性系数

离子选择性电极的电极电势随被测离子活度的变化而变化称为响应。若这种响应服从能斯特方程，则称为能斯特响应。

对于某特定的待测离子，离子选择电极有敏感响应，但在不同程度上受到干扰离子的影响，即其选择性是相对的。离子选择性电极不仅对待测离子有响应，对共存的其他离子有时也能有响应，产生膜电势。例如，测定 pH 用的玻璃电极，除对 H^+ 有响应外，对 Na^+ 也有响应，只是程度不同而已。

考虑了干扰离子的影响后，对于相同电价的离子选择性电极，膜电势的一般式为

$$\varphi\text{（膜）}=K\pm\frac{2.303RT}{nF}\lg(a_i+K_{ij}a_j) \tag{10-13}$$

式中：a_i 为待测离子的活度；a_j 为干扰离子的活度；K_{ij} 称选择性系数。K_{ij} 的意义为在实验条件相同时，产生相同电势的待测离子活度 a_i 与干扰离子 a_j 的比值，即 $K_{ij}=\frac{a_i}{a_j}$。例如，$K_{ij}=0.01$，就意味着 a_j 等于 a_i 的 100 倍时，j 离子所提供的膜电势才与 i 离子所提供的膜电

势相同。显然，对任何离子选择性电极都是 K_{ij} 越小越好。选择性系数小表明电极对被测离子选择性高，即干扰离子的影响小。

若被测离子 i 的电荷是 n，干扰离子的电荷是 m，则

$$\varphi\text{（膜）}=K \pm \frac{2.303RT}{nF}\lg\left[a_i+K_{ij}(a_j)^{\frac{n}{m}}\right] \tag{10-14}$$

式中：K_{ij} 是一个实验值，并不是一个严格的常数，它随着溶液中离子活度的测量方法的不同而不同，因此不能利用选择性系数来校正因干扰离子的存在而引起的误差，但利用 K_{ij} 可以判断电极对各种离子的选择性能，并可粗略地估算与某种干扰离子 j 共存下测定 i 离子所造成的误差，帮助分析者预先估算出不致产生严重影响的干扰离子的最大允许量。

2. 估算测定的相对误差

利用选择性系数可估算出干扰离子对测定造成的误差。

设 a_i 为待测离子的活度，a_j 为干扰离子的活度，a_i' 为有干扰离子存在下测得的 i 离子的活度，则

$$a_i'=a_i+K_{ij}(a_j)^{\frac{n}{m}}$$

相对误差

$$\text{RE}=\frac{a_i'-a_i}{a_i}=\frac{K_{ij}(a_j)^{\frac{n}{m}}}{a_i} \tag{10-15}$$

【例10-1】 某 NO_3^- 选择性电极的电极选择性系数 $K(NO_3^-, SO_4^{2-})=5.8\times10^{-5}$，用此电极在 1.0mol·L^{-1} H_2SO_4 介质中测定 NO_3^-。当 NO_3^- 为 6.2×10^{-4}mol·L^{-1}时，试估算 SO_4^{2-} 引起的测量误差。

解　已知 $K(NO_3^-, SO_4^{2-})=5.8\times10^{-5}$，$a_i=6.2\times10^{-4}$，$a_j=1.0$

相对误差　$$\text{RE}=5.8\times10^{-5}\times\frac{(1.0)^{\frac{1}{2}}}{6.2\times10^{-4}}=0.094$$

10.2　电势分析法的应用

10.2.1　pH 的测定

1. 基本原理

直接电势法最广泛的应用是测定溶液的 pH，常用玻璃电极作为指示电极，甘汞电极作为参比电极，与待测溶液组成工作电池，如图 10-7 所示。其电池可用下式表示：

(—) Ag，AgCl|HCl|玻璃膜|试液[$a(H^+)$] ‖ KCl(饱和) | Hg_2Cl_2，Hg(+)

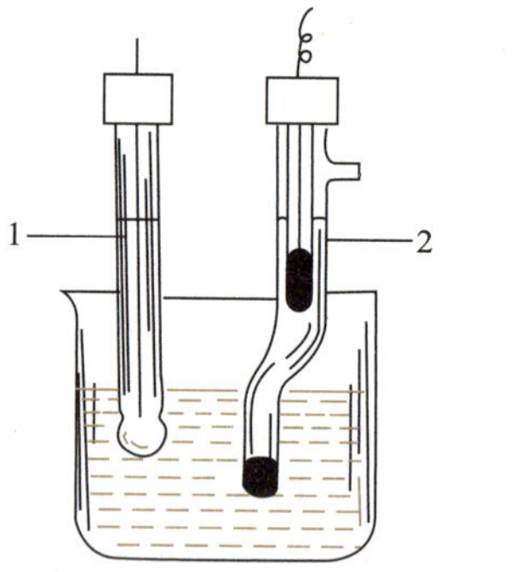

图 10-7 测定 pH 的工作电池

1. 玻璃电极；2. 甘汞电极

25℃时上述电池电动势为

$$E=\varphi\ (Hg_2Cl_2/Hg)-\varphi\ (玻璃)$$
$$=\varphi\ (Hg_2Cl_2/Hg)-(K-0.0592pH_{试})$$
$$=K'+0.0592pH_{试} \qquad (10\text{-}16)$$

由式(10-16)可知，电池电动势与试液的 pH 呈直线关系，这就是测定 pH 的理论依据。

2. pH 的实用定义

式(10-16)中 K' 除包括内、外参比电极的电极电势等常数外，还包括难于测量与计算的液接界电势和不对称电势等，因此在实际测量待测溶液的 pH 时，不可能从测量的电动势值直接计算出 pH。通常用已知 pH 的标准缓冲溶液为基准，比较包括待测溶液和标准缓冲溶液的两个工作电池的电动势来求得待测溶液的 pH。应尽量选用 pH_S 与 pH_X 相近的标准缓冲溶液。

一般地，若测量溶液 pH 的工作电池为

(—)玻璃电极 | 标准溶液 S 或未知液 X | 参比电极(+)

式中：X 为待测溶液；S 为标准溶液，其 pH 分别为 pH_X 和 pH_S，则

$$E_S=K'_S+\frac{2.303RT}{F}pH_S$$

$$E_X=K'_X+\frac{2.303RT}{F}pH_X$$

若测量 E_S 和 E_X 时测量条件不变，则 $K'_X=K'_S$，上列两式相减得

$$pH_X=pH_S+\frac{E_X-E_S}{2.303\dfrac{RT}{F}} \qquad (10\text{-}17)$$

式(10-17)中 pH_S 为已确定的数值，通过测量 E_S 和 E_X 的值就可得出 pH_X。也就是说，以标准缓冲溶液的 pH_S 为基准，通过比较 E_S 和 E_X 的大小就可求出 pH_X。国际纯粹与应用化学联合会(IUPAC)建议将此式作为 pH 的实用定义，通常也称为 pH 标度。

【例 10-2】 下列电池

(—)玻璃电极 | 标准溶液或未知液 | 饱和甘汞电极(+)

在 25℃时，标准缓冲溶液的 Ph=6.87，其电池电动势是 0.386V，当标准缓冲溶液被未知溶液取代时，测得电动势是 0.508V，求未知溶液的 pH。

解 根据 25℃时，用已知 pH_S 的标准缓冲溶液测得电动势 E_S，再测待测溶液的电动势 E_X，可知

$$pH_X=pH_S+\frac{E_X-E_S}{0.0592} \qquad (10\text{-}18)$$

$$pH_X=pH_S+\frac{E_X-E_S}{0.0592}=6.87+\frac{0.508-0.386}{0.0592}$$

则

$$pH_X=8.93$$

3. 电极系数

由式(10-17)可以看出，E_S 和 E_X 的差值与 pH_S 和 pH_X 的差值呈直线关系，直线的斜率 $\frac{2.303RT}{F}$ 是温度的函数。

一般地，令 $S=\frac{2.303RT}{nF}$，通常把 S 称为电极系数，也称电极斜率。

为了检测电极系数理论值与实测值相符的程度，通常用两种或两种以上的标准缓冲溶液，在25℃条件下测定相应的电动势，以求得实测电极斜率 S 的大小。

【例 10-3】 25℃时，用一支玻璃电极测得 pH=6.86 的缓冲溶液(0.025mol·L^{-1} 磷酸二氢钾与 0.025mol·L^{-1} 磷酸氢二钠的混合溶液)E=386mV，pH=4.01 的缓冲溶液(0.05mol·L^{-1} 邻苯二甲酸氢钾)E=220mV，求该电极的实测 S。

解 由题意，所测得电动势的差值为

$$\Delta E=386-220=166(\text{mV})$$

两个缓冲溶液的 pH 差值为

$$\Delta \text{pH}=6.86-4.01=2.85$$

所以，实测电极斜率为

$$S=\frac{\Delta E}{\Delta \text{pH}}=\frac{166}{2.85}=58.2(\text{mV/pH})$$

如果实测电极斜率 S 的数值为 57～61mV/pH，接近能斯特公式的计算值，则该电极性能较好，如果实测电极斜率超出此范围，说明该电极性能差，不宜使用。

10.2.2 离子活(浓)度的测定

1. 测定离子活(浓)度的基本原理

与用 pH 玻璃电极测定溶液 pH 类似，用离子选择性电极测定离子活度时，是将离子选择性电极浸入待测溶液，与参比电极组成工作电池，测量其电动势，以求得待测离子的活度或浓度。

在一定条件下，各类离子选择性电极的膜电势与待测离子活度的对数呈直线关系，即

$$\varphi(\text{膜})=K\pm\frac{2.303RT}{nF}\lg a_i$$

电池电动势与离子活度之间的关系，可推导得出如下一般公式：

$$E=K'\pm\frac{2.303RT}{nF}\lg a_i \tag{10-19}$$

当离子选择性电极作正极时，对阳离子响应的电极，公式取“+”号；对阴离子响应的电极，公式取“-”号。若离子选择性电极作为负极，则正好相反。

一定条件下工作电池的电动势与待测离子活度的对数值呈直线关系，所以通过测量电池电动势，即可测定待测离子的活度。

在化学分析中一般要求测定的是浓度，而根据能斯特公式测量的则是活度。由于活度

与浓度的关系为 $a=\gamma c$，其中 γ 为活度系数，在极稀的溶液中 $\gamma=1$，在较浓的溶液中 $\gamma<1$，而活度系数又取决于溶液中的离子强度。因此可把离子强度较高的溶液（离子强度调节剂）加到标准溶液和待测溶液中，使这些溶液中的离子强度固定且基本相同，从而使离子活度系数不变。此时工作电池的电动势与溶液的浓度呈直线关系，即

$$E=K'\pm\frac{2.303RT}{nF}\lg\gamma(\mathrm{B})c(\mathrm{B})=K\pm\frac{2.303RT}{nF}\lg c(\mathrm{B}) \tag{10-20}$$

2. 测定离子浓度的方法

1）标准曲线法

将一系列已知浓度的标准溶液，用指示电极和参比电极构成工作电池测得其电动势，然后以测得的 E 值对相应的 $\lg c_i$ 值绘制标准曲线（图 10-8）。在同样条件下测出待测溶液的 E 值，即可从标准曲线上查出待测溶液的离子浓度。

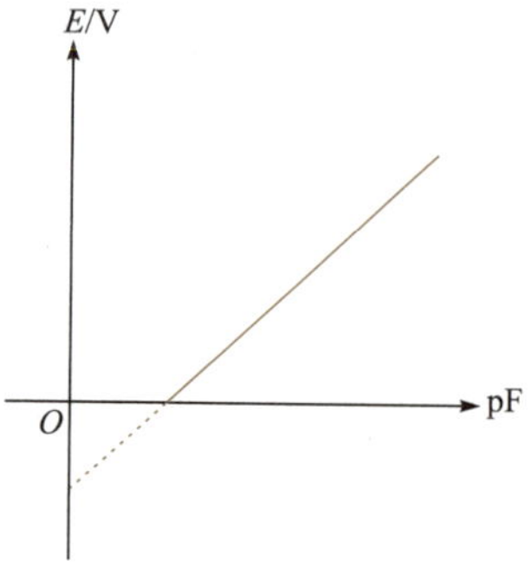

图 10-8 标准曲线

制作标准曲线时，一般测量程序为从稀溶液到浓溶液，以减少电极吸附浓溶液对稀溶液测定带来的影响。

制作标准曲线时，要求标准溶液和待测溶液具有恒定的离子强度，即需要加入离子强度调节剂。离子强度调节剂所用电解质不应对测定有干扰，并需维持在适宜 pH 范围内，还常加入适宜的配位剂或其他试剂以消除干扰离子的影响。

用氟电极测定 F^- 浓度时，使用所谓“总离子强度缓冲调节剂”（TISAB），其组成为 $1\mathrm{mol\cdot L^{-1}}$ NaCl、$0.25\mathrm{mol\cdot L^{-1}}$ HAc、$0.75\mathrm{mol\cdot L^{-1}}$ NaAc 及 $0.001\mathrm{mol\cdot L^{-1}}$ 柠檬酸钠。它的作用除固定离子强度外，还起缓冲溶液的 pH、掩蔽干扰离子的作用。

*2）标准加入法

当待测溶液的成分比较复杂、离子强度比较大时，就难以使它的活度系数同标准溶液一致，采用标准加入法则可在一定程度上减免这一误差。

设某一待测溶液的待测阳离子浓度为 $c(\mathrm{X})$，体积为 $V(\mathrm{X})$，测得工作电池电动势为 E，则

$$E=K'+\frac{2.303RT}{nF}\lg[\gamma(\mathrm{X})c(\mathrm{X})] \tag{10-21}$$

然后在试液中准确加入一体积为 $V(\mathrm{S})\,[V(\mathrm{S})\ll V(\mathrm{X})]$、浓度为 $c(\mathrm{S})\,[c(\mathrm{S})\gg c(\mathrm{X})]$ 的待测离子的标准溶液，其工作电池电动势 E' 为

$$E'=K'+\frac{2.303RT}{nF}\lg\gamma'c' \tag{10-22}$$

式中

$$c'=c(\mathrm{X})+\Delta c \qquad \Delta c=\frac{V(\mathrm{S})c(\mathrm{S})}{V(\mathrm{X})+V(\mathrm{S})}\approx\frac{V(\mathrm{S})c(\mathrm{S})}{V(\mathrm{X})}$$

两次测定的电势差值为

$$\Delta E=E'-E=\frac{2.303RT}{nF}\lg\frac{\gamma'\,[c(\mathrm{X})+\Delta c]}{\gamma(x)c(\mathrm{X})}$$

加入标准溶液后试液成分变化很小，可以认为 $\gamma'=\gamma(\mathrm{X})$，令 $S=\dfrac{2.303RT}{nF}$，则

$$\Delta E=S\lg\frac{c(\mathrm{X})+\Delta c}{c(\mathrm{X})}\qquad \frac{\Delta E}{S}=\lg\frac{c(\mathrm{X})+\Delta c}{c(\mathrm{X})}$$

$$10^{\Delta E/S}=\frac{c(\mathrm{X})+\Delta c}{c(\mathrm{X})}\qquad c(\mathrm{X})=\frac{\Delta c}{10^{\Delta E/S}-1}$$

$$c(\mathrm{X})=\Delta c(10^{\Delta E/S}-1)^{-1} \tag{10-23}$$

对阴离子，可做类似推导。

通常控制 $V(\mathrm{S})$ 在 $V(\mathrm{X})$ 的 1%以内，而加入标准溶液后，应使溶液中增加的浓度 Δc 尽量接近 $c(\mathrm{X})$，以提高方法的准确度。因加入标准溶液浓度太小，电势变化不大，可能引起较大的测量误差；加入浓度太大，可能引起离子强度、电极斜率等变化，同样会造成较大的测量误差。

用标准加入法分析时，电极的 S 值偏离理论值将引起测定误差，必须在测定过程中求出实测电极斜率 S 后进行计算。最好的办法是将测定 E' 之后的试液用试剂空白稀释 1 倍，再测 E''。

$$S=\frac{|E'-E''|}{\lg 2}=\frac{\Delta E}{0.301}$$

【例 10-4】 用 Ca^{2+}选择性电极和饱和甘汞电极置于 100mL Ca^{2+}试液中，测得电动势为 0.415V，加入 2mL 浓度为 0.218mol · L^{-1} Ca^{2+}标准溶液后，测得电动势为 0.430V，计算 Ca^{2+}的浓度(设电极系数符合理论值)。

解　根据

$$c(\mathrm{X})=\frac{\Delta c}{10^{\Delta E/S}-1}$$

$$S=\frac{2.303RT}{nF}=29.5(\mathrm{mV})$$

$$\Delta E=0.430-0.415=0.015(\mathrm{V})=15\mathrm{mV}$$

$$\Delta c=\frac{0.218\times 2.0}{102}=4.27\times 10^{-3}(\mathrm{mol\cdot L^{-1}})$$

$$c(\mathrm{Ca^{2+}})=\frac{4.27\times 10^{-3}}{10^{15/29.5}-1}=1.93\times 10^{-3}(\mathrm{mol\cdot L^{-1}})$$

3)影响测定准确度的因素

应用标准曲线法和标准加入法，虽然可以大部分抵消由于液接界电势、不对称电势和活度系数所带来的不确定性，但直接电势法测定的准确度仍易受多种因素的影响。

(1)温度。温度变化不仅影响电极斜率 S，也影响直线截距。K'包括参比电极电势、液接电势等，这些电势数值都与温度有关，所以在整个测定过程中如保持温度恒定，可以提高测定的准确度。

(2)电动势的测量。电动势测量的准确度直接影响测定的准确度，所用的仪器必须具有很高的灵敏度和相当的准确性。

(3)干扰离子。干扰离子存在，不仅给测定带来误差，而且使电极的响应时间增长。

为了消除干扰离子的影响，可以加入掩蔽剂。只有在必要时才预先分离干扰离子。

(4)溶液的 pH。因为 H^+和 OH^-能影响某些待测离子的存在形式，所以必须控制溶液 pH，必要时应使用缓冲溶液。

(5)电势平衡时间。电势平衡时间是指电极浸入试液后，获得稳定电势所需要的时间，平衡时间越短越好。

总之，直接电势法是用离子选择性电极进行分析测定的最常用方法，该法的主要优点是测量范围宽、简便迅速、易于自动连续监测、不破坏待测液、便于现场测定等。

10.2.3 电势滴定法

在待测溶液中插入指示电极和参比电极组成电池，滴加与待测物质发生反应的滴定剂，在滴定过程中监测指示电极电势变化，反应到达化学计量点时，待测物质浓度的突变引起电极电势“突跃”，以此来确定滴定终点的方法，称为电势滴定法(potentiometric titration)。电势滴定法可以应用于酸碱、沉淀、配位、氧化还原及非水溶液等各种滴定分析。

电势滴定法是借助指示电极电势的变化以确定化学计量点，因此不受溶液颜色、浑浊等限制。当普通滴定反应平衡常数较小，滴定突跃不明显，或试液有色，用指示剂指示终点有困难时，可以采用电势滴定法。

电势滴定法不仅用于确定终点，还可用于确定一些热力学常数，如弱酸弱碱的电离常数、配离子稳定常数等的测定。

电势滴定中终点是以电信号显示的，因此很容易用此电信号来控制滴定系统，达到滴定自动化的目的，测定结果的较复杂计算还可用计算机进行处理。

1. 电势滴定法的仪器装置

电势滴定法所用的基本仪器装置如图 10-9 所示。它包括滴定管、滴定池、指示电极、参比电极、搅拌器和测量电动势的仪器。测量电动势的仪器可用电位计，也可用直流毫伏计。在电势滴定过程中需多次测量电动势，所以使用能直接读数的毫伏计较为方便。

在滴定过程中，每滴加一次滴定剂，测量一次电动势，直到超过化学计量点为止。在滴定开始时每次所加体积可以多些，在化学计量点附近每加 0.1mL 或 0.2mL 就测量一次电势。得到一系列的滴定剂用量(V)和相应电动势(E)的数值。表 10-3 是用 $0.100mol \cdot L^{-1}$ $AgNO_3$ 溶液滴定氯离子溶液时所得到的数据，指示电极是银电极，参比电极是双盐桥参比电极。

2. 电势滴定终点的确定方法

1) E-V 曲线法

利用表 10-3 的数据绘制 E-V 曲线，如图 10-10 所示，纵轴表示电池电动势 E(V 或 mV)，横轴表示所加滴定剂的体积 V(mL)。在 S 形滴定曲线上，作两条与滴定曲线相切的平行线，两平行线的等分线与曲线的交点为曲线的拐点，对应的体积即为滴定至终点时所需滴定剂的体积。

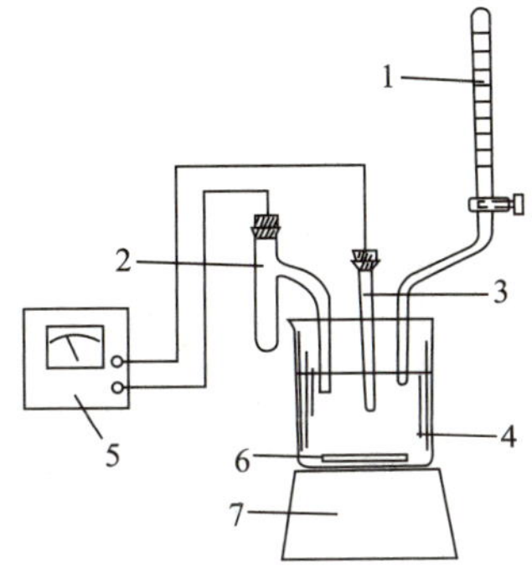

图 10-9　电势滴定装置

1. 滴定管；2. 参比电极；3. 指示电极；4. 滴定池；
5. 电位计；6. 搅拌磁子；7. 电磁搅拌器

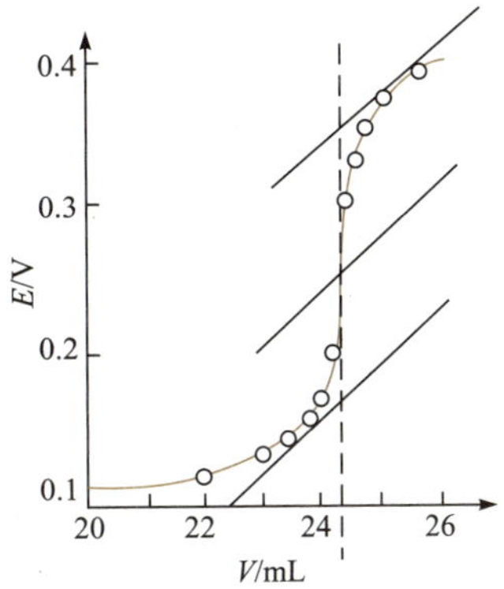

图 10-10　E-V 曲线

表 10-3　用 0.100mol·L^{-1} $AgNO_3$ 溶液滴定 NaCl 溶液

V/mL	E/V	ΔE/V	ΔV/mL	$\frac{\Delta E/\Delta V}{(V\cdot mL^{-1})}$	$\frac{\Delta(\Delta E/\Delta V)}{(V\cdot mL^{-1})}$	$\bar{V}$ /mL	$\Delta\bar{V}$ /mL	$\frac{\Delta^2 E/\Delta V^2}{(V\cdot mL^{-2})}=\Delta(\Delta E/\Delta V)/\Delta\bar{V}$
5.00	0.062							
		0.023	10.00	0.0023				
15.00	0.085							
		0.022	5.00	0.0044				
20.00	0.107							
		0.016	2.00	0.008				
22.00	0.123							
		0.015	1.00	0.015				
23.00	0.138							
		0.008	0.50	0.016				
23.50	0.146							
		0.015	0.30	0.050		23.65		
23.80	0.161				0.015		0.25	0.060
		0.013	0.20	0.065		23.90		
24.00	0.174				0.025		0.15	0.167

续表

V/mL	E/V	ΔE/V	ΔV/mL	$\dfrac{\Delta E/\Delta V}{(\mathrm{V\cdot mL^{-1}})}$	$\dfrac{\Delta(\Delta E/\Delta V)}{(\mathrm{V\cdot mL^{-1}})}$	$\bar{V}$ /mL	$\Delta\bar{V}$ /mL	$\dfrac{\Delta^2 E/\Delta V^2}{(\mathrm{V\cdot mL^{-2}})}=\Delta(\Delta E/\Delta V)/\Delta\bar{V}$
		0.009	0.10	0.090		24.05		
24.10	0.183				0.020		0.10	0.200
		0.011	0.10	0.110		24.15		
24.20	0.194				0.280		0.10	2.800
		0.039	0.10	0.390		24.25		
24.30	0.233				0.440		0.10	4.400
		0.083	0.10	0.830		24.35		
24.40	0.316				-0.590		0.10	-5.900
		0.024	0.10	0.240		24.45		
24.50	0.340				-0.130		0.10	-1.300
		0.011	0.10	0.110		24.55		
24.60	0.351				-0.040		0.10	-0.400
		0.007	0.10	0.070		24.65		
24.70	0.358				-0.020		0.20	-0.100
		0.015	0.30	0.050		24.85		
25.00	0.373							
		0.012	0.50	0.024				
25.50	0.385							

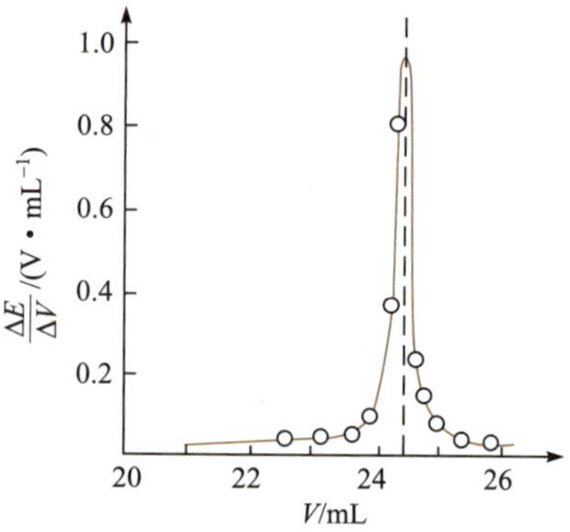

图 10-11 $\Delta E/\Delta V$-V 曲线

2) $\Delta E/\Delta V$-V 曲线法

如果 E-V 曲线比较平坦，突跃不明显，则可绘制一级微商曲线，即 $\Delta E/\Delta V$-V 曲线。$\Delta E/\Delta V$ 表示 E 的变化值与相应加入的滴定剂体积的增量（ΔV）的比，是一级微商 $\mathrm{d}E/\mathrm{d}V$ 的近似值。

用表 10-3 中 $\Delta E/\Delta V$ 值与相应的 V 值绘成 $\Delta E/\Delta V$-V 曲线，如图 10-11 所示。与曲线的最高点相对应的体积即为滴定终点时所消耗的 $AgNO_3$ 的体积。曲线的最高点一般是通过外延法得到。

3) 二级微商法

上面的方法都假定滴定曲线的化学计量点附近是对称的，这样，E-V 法中曲线的拐点对应于滴定终点；$\Delta E/\Delta V$-V 曲线法中最高点常根据实验点的连线外推得出，这样都存在着一定的误差。另一个比较好的方法是二级微商法，这种方法基于 $\Delta E/\Delta V$-V 曲线的最高点二级微商 $\Delta^2E/\Delta V^2$ 等于零，绘制二级微商曲线，如图 10-12 所示。

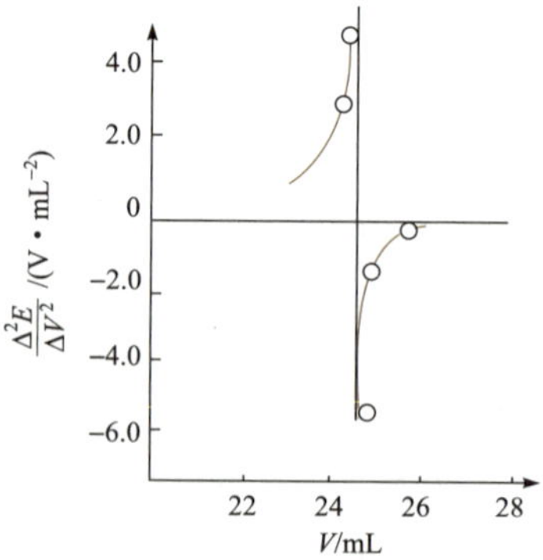

图 10-12 $\Delta^2E/\Delta V^2$-V 曲线

可用计算机处理数据，输入一系列所加滴定剂体积 V 和对应的电动势 E 数值，由计算机处理出 $\Delta E/\Delta V$ 和 $\Delta^2E/\Delta V^2$

数值，求得滴定终点，还可以作出相应的 E–V 图、$\Delta E/\Delta V$ 图和 $\Delta^2E/\Delta V^2$–V 图。

目前已生产出自动电势滴定仪，测定简便快速，适用于大量样品的常规分析。

3. 电势滴定法应用

1）酸碱滴定

一般酸碱滴定都可以使用电势滴定，常用于有色或浑浊的试样溶液，尤其是弱酸弱碱的滴定，使用电势滴定法更有实际意义。滴定中常用玻璃电极作为指示电极，甘汞电极作为参比电极。

太弱的酸和碱或不易溶于水而溶于有机溶剂的酸碱，可在非水溶液中滴定。很多非水滴定都可以用电势法指示终点。例如，在乙醇介质中可以用 HCl 溶液滴定三乙醇胺；在异丙醇和乙二醇的混合介质中可滴定苯胺和生物碱；在丙酮介质中可以滴定高氯酸、盐酸、水杨酸的混合物等。

2）配位滴定法

配位滴定中可根据不同的配位反应，采用不同的指示电极，利用所测电动势的数值可以方便地确定滴定终点。常用离子选择性电极作为指示电极直接滴定相应的金属离子。例如，用 F^- 选择性电极为指示电极，可以用 La^{3+} 滴定 F^-，也可以用 F^- 滴定 Al^{3+}；用 Ca^{2+} 选择性电极作指示电极，可以用 EDTA 滴定 Ca^{2+} 等；利用汞电极为指示电极可用 EDTA 滴定 Cu^{2+}、Zn^{2+}、Ca^{2+}、Mg^{2+} 等多种金属离子。

3）氧化还原滴定

在氧化还原滴定中，一般用惰性金属铂或金作为指示电极，甘汞电极作为参比电极。滴定过程中，在化学计量点附近，氧化态和还原态的活度发生急剧变化，使电极电势发生突跃，以此确定滴定终点。例如，可用 $KMnO_4$ 标准溶液滴定 I^-、NO_2^-、Fe^{2+}、V^{4+}、Sn^{2+}、$C_2O_4^{2-}$ 等；用 $K_2Cr_2O_7$ 标准溶液可滴定 Fe^{2+}、V^{4+}、Sb^{2+}、I^- 等。

4）沉淀滴定

在沉淀滴定中可根据沉淀反应选用不同的指示电极。例如，以 $AgNO_3$ 标准溶液滴定卤离子时，可用银电极作指示电极；以 $K_4Fe(CN)_6$ 标准溶液滴定 Pb^{2+}、Cd^{2+}、Zn^{2+}、Ba^{2+} 等，可用铂电极作指示电极。

习　　题

10-1 什么是指示电极？什么是参比电极？对它们各有哪些要求？

10-2 简述测定 pH 时所使用的玻璃电极的构造和作用原理。

10-3 直接电势法的依据是什么？为什么用此法测定溶液 pH 时，必须使用标准 pH 缓冲溶液？

10-4 直接电势法测定离子活（浓）度的方法有哪些？哪些因素影响测定的准确度？

10-5 试讨论膜电势、电极电势和电池电动势三者之间的关系。

10-6 TISAB 在用氟离子选择性电极测定 F^- 浓度时起什么作用？

10-7 电势滴定法的基本原理是什么？有哪些确定终点的方法？

10-8 下列电池(25℃)

(—)玻璃电极|标准溶液或未知液 ‖ 饱和甘汞电极(+)

当标准缓冲溶液的 pH=4.00 时，电动势为 0.209V，当缓冲溶液由未知溶液代替时，测得下列电动势值(1)0.088V，(2)0.312V，求未知溶液的 pH。

10-9 25℃时下列电池的电动势为 0.518V，(忽略液接电势)

(—)Pt | H_2(10^5Pa)，HA(0.01mol · L^{-1})，A^-(0.01mol · L^{-1})||SCE(+)

计算弱酸 HA 的 K_a 值。

10-10 某种钠敏感电极的选择性系数 $K(Na^+, H^+)$ 约为 30。如用这种电极测定 pNa=3 的 Na^+溶液，并要求测定误差小于 3%，则试液 pH 必须大于多少？

10-11 测定 3.3×10^{-4}mol · L^{-1} $CaCl_2$ 溶液的活度，若溶液中存在 0.20mol · L^{-1} NaCl，计算：

(1)由于 NaCl 的存在所引起的相对误差是多少？[已知 $K(Ca^{2+}, Na^+)=1.6\times10^{-3}$]

(2)若要使误差减少到 2%，允许 NaCl 的最高浓度是多少？

10-12 以 SCE 作正极，氟离子选择性电极作负极放入 0.001mol · L^{-1} 氟离子溶液中，测得 E=−0.159V。换用含氟离子试液，测得 E=−0.212V。计算溶液中氟离子浓度。

10-13 在 25℃时用标准加入法测定 Cu^{2+}浓度，于 100mL 铜盐溶液中添加 0.1mol · L^{-1} $Cu(NO_3)_2$ 溶液 1.0mL，电动势增加 10mV，求原溶液的 Cu^{2+}浓度。(设电极系数符合理论值)

10-14 称取土壤样品 6.00g，用 pH=7 的 1mol · L^{-1} 乙酸铵提取，离心，转移含钙的澄清液于 100mL 容量瓶中，并稀释至刻度。取 50.00mL 该溶液在 25℃时用钙离子选择性电极和 SCE 电极测得电动势为 20.0mV，加入 0.0100mol · L^{-1} 标准钙溶液 1.0mL，测得电动势为 32.0mV，实测电极斜率为 29.0mV，计算每克土壤样品中 Ca 的质量(mg)。

10-15 以 0.1052mol · L^{-1} NaOH 标准溶液电势滴定 25.00mL HCl 溶液，用玻璃电极和 SCE 电极组成电池，测得以下数据：

V(NaOH)/mL	pH	V(NaOH)/mL	pH	V(NaOH)/mL	pH
0.55	1.70	25.80	3.60	26.30	10.47
24.50	3.00	25.90	3.75	26.40	10.52
25.50	3.37	26.00	7.50	26.50	10.56
25.60	3.41	26.10	10.20	27.00	10.74
25.70	3.45	26.20	10.35	27.50	10.92

(1)绘制 pH-V(NaOH)的曲线，从曲线的拐点确定滴定终点。

(2)绘制 ΔpH-V(NaOH)的曲线，从曲线的最高点确定滴定终点。

(3)用二级微商计算法，从曲线的最高点确定滴定终点。

(4)根据(3)的值计算 HCl 的浓度。

10-16 在电势滴定中接近滴定终点时测得电动势数据如下：

滴定剂体积 V/mL	29.90	30.00	30.10	30.20	30.30	30.40	30.50
E/mV	240	250	266	526	666	740	750

计算滴定终点时滴定剂的体积。

10-17 The cell

$$(-)\,\text{SCE}\parallel Ag_2CrO_4(\text{sat.}),\quad CrO_4^{2-}\mid Ag(+)$$

is employed for the determination of $pCrO_4^{2-}$. Calculate $pCrO_4^{2-}$ when the cell potential is 0.402V.

10-18 The concentration of Ca in a sample of sea water is determined using a Ca ion selective electrode and a one-point standard addition. A 10.00mL sample is transferred to a 100mL volumetric flask and diluted to scale. A 50.00mL aliquot of sample is placed in a beaker with the Ca ion selective electrode and a reference electrode, and the potential is measured as −0.05290V. A 1.00mL aliquot of a 5.00×10^{-2}mol · L^{-1} standard solution of Ca^{2+} is added, and a potential of −0.04417V is measured. What is the concentration of Ca^{2+} in the sample of sea water?

第 11 章　分光光度法

基于物质对光的选择性吸收而建立起来的分析方法称为分光光度法(spectrophotometry)。根据物质对不同波长范围的光的吸收，可分为可见分光光度法、紫外分光光度法及红外光谱法等。

11.1　概　　述

11.1.1　光的基本性质

光是电磁波，具有波粒二象性，即波动性和粒子性。其波动性表现为光按波动形式传播，并能产生折射、反射、衍射和干涉等现象。光的波长 λ、频率 v(Hz)与速度 c 之间的关系为

$$\lambda=\frac{c}{v} \tag{11-1}$$

式中：c 为光速，$c=2.9979\times10^{8}\text{m}\cdot\text{s}^{-1}$。

其粒子性表现为可以产生光电效应，这表明光是由大量以光速运动的粒子(称为光子)流所组成。每个光子具有一定的能量，其能量与波长 λ 之间的关系为

$$E=hv=h\frac{c}{\lambda} \tag{11-2}$$

式中：h 为普朗克常量，$h=6.626\times10^{-34}\text{J}\cdot\text{s}$。

从式(11-2)可知，不同波长(或频率)的光，其能量不同，波长短的光能量大，波长较长的光能量小。如按频率或波长大小顺序排列，即得表 11-1 所示的电磁波谱。

表 11-1　电磁波谱

区域	频率/Hz	波长	跃迁类型	光谱类型
X 射线	10^{20}～10^{16}	10^{-3}～10nm	内层电子跃迁	X 射线吸收、发射、衍射，荧光光谱、光电子能谱
远紫外	10^{16}～10^{15}	10～200nm	价电子和非键电子跃迁	远紫外吸收光谱，光电子能谱
紫外	10^{15}～7.5×10^{14}	200～400nm		紫外-可见吸收和发射光谱
可见	7.5×10^{14}～4.0×10^{14}	400～760nm		
近红外	4.0×10^{14}～1.2×10^{14}	0.76～2.5μm	分子振动	近红外吸收光谱
红外	1.2×10^{14}～10^{11}	2.5～1000μm	分子振动	红外吸收光谱
微波	10^{11}～10^{8}	0.1～100cm	分子转动、电子自旋	微波光谱，电子顺磁共振

11.1.2 物质对光的选择性吸收

肉眼可感觉到的光称为可见光。可见光是电磁波中一个很小的波段，其波长范围为400～760nm。具有同一波长的光称为单色光，由不同波长的光组成复合光，如白光(日光、白炽电灯光)是由各种颜色的光按一定强度比例混合而成。白光通过棱镜，由于折射作用可分为红、橙、黄、绿、青、蓝、紫几种单色光。

不同物质对各种波长的光的吸收具有选择性。当复合光通过某溶液时，某些波长的光被溶液吸收，而另一些波长的光则透过，溶液的颜色由透射光的波长决定。透射光与吸收光称为互补色光，两种颜色称为互补色。例如，白光通过 NaCl 溶液时，全部透过，NaCl 溶液无色透明，而 $CuSO_4$ 溶液则吸收白光中的黄光而呈蓝色，$KMnO_4$ 溶液吸收绿光而呈紫红色。物质呈现颜色与吸收光颜色的互补关系如表 11-2 所示。

表 11-2 物质颜色与吸收光颜色的互补关系

物质颜色	吸收光		物质颜色	吸收光	
	颜色	波长/nm		颜色	波长/nm
黄绿	紫	400～450	紫	黄绿	560～580
黄	蓝	450～480	蓝	黄	580～600
橙	绿蓝	480～490	绿蓝	橙	600～650
红	蓝绿	490～500	蓝绿	红	650～760
紫红	绿	500～560			

11.1.3 吸收曲线

当一束平行单色光照射均匀的有色溶液时，光的一部分被吸收，一部分透过，一部分被反射。设入射光强度为 I_0，透射光强度为 I，吸收光强度为 I_a，反射光强度为 I_r，则

$$I_0=I+I_a+I_r \tag{11-3}$$

在分光光度法中采用同质同型的比色皿，反射光强度一致，可以相互抵消。式(11-3)可简化为

$$I_0=I+I_a \tag{11-4}$$

$$T=\frac{I}{I_0} \tag{11-5}$$

I/I_0 称为透射比(transmittance，也称透光率)，用 T 表示。

入射光强 I_0 的减弱仅与溶液的吸收程度有关。物质对光的吸收程度可以用吸光度(absorbance) A 表示，即

$$A=\lg\frac{1}{T} \tag{11-6}$$

T 值越小，即透光率越小，说明物质对光的吸收越多，A 值越大。当 T=1 时，$I=I_0$，物质对光无吸收，A=0。

若将不同波长的单色光依次通过某浓度一定的有色溶液，测出相应波长下物质对光的吸光度 A。以波长 λ 为横坐标，吸光度 A 为纵坐标作图即为 A-λ 吸收曲线（absorption curve）。图 11-1 是 $KMnO_4$ 溶液的吸收曲线。

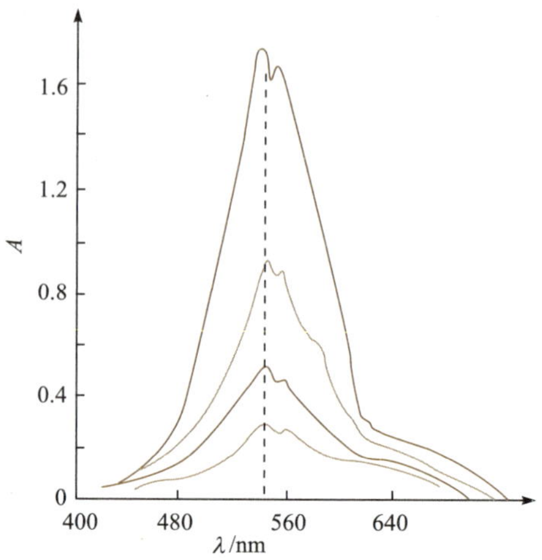

图 11-1 不同浓度的 $KMnO_4$ 溶液的吸收曲线

从吸收曲线可以看出：

（1）$KMnO_4$ 溶液对不同波长的光的吸收具有选择性。对 525nm 的绿光吸收最多，此光的波长称为最大吸收波长，用 λ_{max} 表示，对红光和紫光吸收很少。

（2）不同浓度的 $KMnO_4$ 溶液的吸收曲线，形状相似，最大吸收波长不变，说明物质的吸收曲线是一种特征曲线。

（3）在最大吸收峰附近，吸光度测量的灵敏度最高。这一特性可作为物质定量分析选择入射光波长的依据。

11.1.4 分光光度法的特点

1. 灵敏度高

一般分光光度法的检出限可达 10^{-5}～$10^{-6}mol \cdot L^{-1}$，因而有较高的灵敏度，适用于微量组分的分析。

2. 准确度较高

分光光度法的相对误差为 2%～5%，采用精密的分光光度计测量，相对误差为 1%～2%，其准确度虽不如滴定分析法高，但已满足微量组分测定的准确度要求，而对微量组分的测定，滴定分析法是难以进行的。

3. 简便、快速

分光光度法所使用的仪器——分光光度计，操作简单，易于掌握。近年来，由于一些灵敏度高、选择性好的显色剂和各种掩蔽剂不断出现，常可不经分离直接进行吸光度分析，有效地简化了测量步骤，提高了分析速度。

4. 应用广泛

几乎所有的无机物和许多有机化合物都可直接或间接地用分光光度法进行测定。此外，该法还可用来研究化学反应的机理以及溶液的化学平衡等理论。例如，测定配合物的组成，弱酸、弱碱的离解常数等。由于有机试剂和配位化学的迅速发展以及分光光度计性能的提高，分光光度法已广泛用于生产和科研部门。

11.2　光吸收定律

11.2.1　光吸收定律——朗伯-比尔定律

朗伯-比尔定律(Lambert-Beer)是分光光度法定量分析的理论依据，是由朗伯(Lambert)和比尔(Beer)分别于1760年和1852年提出的，用来说明物质对光的吸收程度与溶液的浓度及液层厚度间的定量关系。

*1. 朗伯-比尔定律

当一束平行单色光垂直照射某一均匀溶液时(图11-2)，设溶液浓度为c，液层厚度为b，入射光强度为I_0，透射光强度为I，吸收光强度为I_a。由于分光光度法中采用比色皿的质料、厚度均相同，反射光强可相互抵消，则遵从式(11-4)。

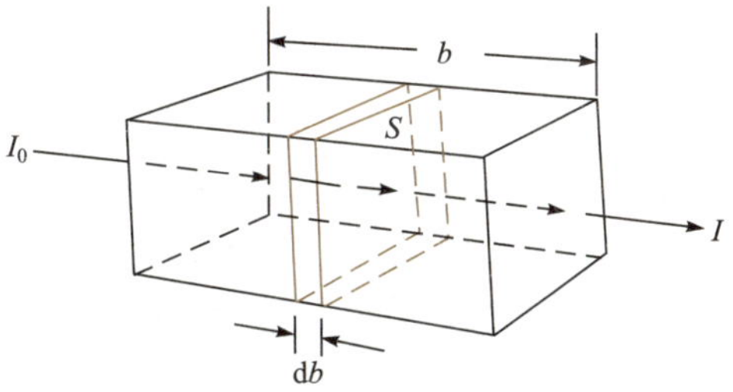

图11-2　光通过溶液示意图

假设将液层厚度b分为很多小薄层，每一薄层厚度为db，截面积为S，其体积为Sdb，其中所含吸光物质的质点数为dN个。若照射到该薄层上的光强度为I_b，通过薄层后，由于物质的吸收，光强改变了dI_b。由光学理论，它与入射光强、吸光质点数dN成正比，即

$$-\mathrm{d}I_b=K_1I_b\mathrm{d}N \tag{11-7}$$

式中：负号为光强因吸收而减弱。由于溶液是均匀的，薄层中吸光物质的总数为

$$\mathrm{d}N=6.02\times10^{23}cS\,\mathrm{d}b \tag{11-8}$$

代入式(11-7)，有

$$-\mathrm{d}I_b=6.02\times10^{23}K_1SI_bc\,\mathrm{d}b$$

令$K_2=6.02\times10^{23}K_1S$，则

$$-\frac{\mathrm{d}I_b}{I_b}=K_2c\,\mathrm{d}b \tag{11-9}$$

将式(11-9)积分，得

$$\int_{I_0}^{I} -\frac{dI_b}{I_b} = \int_0^b K_2 c\, db$$

$$\ln I = \ln I_0 - K_2 bc \tag{11-10}$$

将自然对数换成常用对数，并令 $K = \frac{K_2}{2.303}$，则

$$\lg \frac{I_0}{I} = Kbc \tag{11-11}$$

由式(11-6)，即

$$A = Kbc \tag{11-12}$$

式(11-12)称为光吸收定律或朗伯-比尔定律。它表明：当一束平行单色光通过某有色溶液时，溶液的吸光度 A 与液层厚度 b 和溶液浓度 c 的乘积成正比。

2. 吸光系数和摩尔吸光系数

式(11-12)中 K 为常数，它表示物质对光的吸收能力，与吸光物质的性质、入射光的波长及温度等因素有关，并随浓度 c 所用单位不同而不同。

当浓度 c 以 $g \cdot L^{-1}$ 表示，液层厚度为 b 以 cm 表示时，常数 K 用 a 表示，称为吸光系数(absorptivity)，单位为 $L \cdot g^{-1} \cdot cm^{-1}$。此时朗伯-比尔定律表示为

$$A = abc \tag{11-13}$$

当浓度 c 用 $mol \cdot L^{-1}$ 表示，液层厚度 b 用 cm 表示时，常数 K 用 ε 表示，称为摩尔吸光系数(molar absorptivity)，单位 $L \cdot mol^{-1} \cdot cm^{-1}$。此时朗伯-比尔定律表示为

$$A = \varepsilon bc \tag{11-14}$$

式中：ε 为吸光物质在特定波长下的特征常数，是表征显色反应灵敏度的重要参数。ε 越大，表示吸光物质对此波长光的吸收程度越大，显色反应越灵敏。通常所说某物质的摩尔吸光系数是指该物质最大吸收波长处的摩尔吸光系数，以 ε_{max} 表示。一般认为

$\varepsilon < 10^4$	显色反应灵敏度低
$10^4 < \varepsilon < 5 \times 10^4$	属中等灵敏度
$5 \times 10^4 < \varepsilon < 10^5$	属高等灵敏度
$\varepsilon > 10^5$	属超高灵敏度

对于微量组分的测定，一般选 ε 较大的显色反应，以提高测定的灵敏度。

【例 11-1】 有一浓度为 $1.0 mg \cdot L^{-1}$ 的 Fe^{2+} 溶液，以邻二氮菲显色后，在比色皿厚度为 2cm、波长 510nm 处测得吸光度 A=0.380，计算：(1)透光率 T；(2)吸光系数 a；(3)摩尔吸光系数 ε。

解 (1)

$$A = \lg \frac{1}{T}$$

$$0.380 = \lg \frac{1}{T} \qquad T = 41.7\%$$

(2)

$$A = abc$$

$$0.380 = a \times 2 \times 1.0 \times 10^{-3} \qquad a = 190 L \cdot g^{-1} \cdot cm^{-1}$$

(3)

$$A = \varepsilon bc$$

$$0.380 = \varepsilon \times 2 \times 1.0 \times 10^{-3} \div 55.84$$

$$\varepsilon = 1.06 \times 10^{4} \text{L} \cdot \text{mol}^{-1} \cdot \text{cm}^{-1}$$

分光光度法也适用于多组分分析。在多组分体系中，如果各种吸光物质之间没有相互作用，这时体系总的吸光度等于各组分吸光度之和，即吸光度具有加和性。

$$A_{总}=A_1+A_2+\cdots+A_n=\varepsilon_1 bc_1+\varepsilon_2 bc_2+\cdots+\varepsilon_n bc_n \quad (11\text{-}15)$$

式中：下标为各吸收组分 1，2，…，n。

11.2.2 对朗伯-比尔定律的偏离

根据朗伯-比尔定律，当比色皿厚度保持不变时，$A=\varepsilon bc=K'c$，以浓度 c 对吸光度 A 作图，应得到一条通过坐标原点的直线。但在实际工作中，特别是浓度较高时，常出现偏离线性关系的现象，即曲线向上或向下弯曲，产生正偏离或负偏离，如图 11-3 所示，这种现象称为对朗伯-比尔定律的偏离。引起偏离的因素有以下几点。

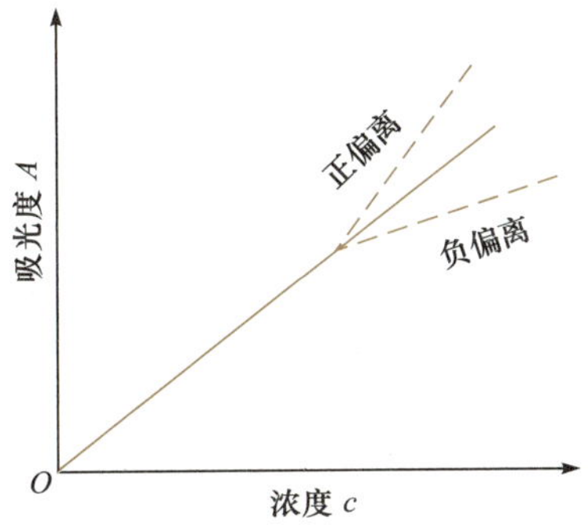

图 11-3 光度分析工作曲线的偏离

1. 由非单色光引起的偏离

朗伯-比尔定律是建立在单色光基础上，但通过棱镜或光栅得到的单色光实质上是一个有限宽度的光谱带，而不是真正的单色光，因而导致对朗伯-比尔定律的偏离。

2. 由溶液本身的物理或化学因素引起的偏离

(1) 介质不均匀引起的偏离。朗伯-比尔定律只适用于均匀溶液，若被测试液是胶体溶液、乳浊液或悬浮液，入射光通过溶液后，除了被溶液吸收外，还有部分因散射而损失，使透光率减小，实测吸光度增加，导致偏离朗伯-比尔定律。

(2) 化学因素引起的偏离。当被测试液浓度较高时，由于吸光质点间平均距离减小，以致每个粒子都可能影响其邻近粒子的电荷分布，这种相互作用直接影响它们的吸光能力。浓度越高，相互作用越大，偏离朗伯-比尔定律越多。所以朗伯-比尔定律仅适用于稀溶液。

另外，溶液中的吸光物质常因条件变化而发生离解、缔合、互变异构等反应，改变吸光物质的浓度，导致偏离朗伯-比尔定律。

例如，$K_2Cr_2O_7$ 在弱酸性溶液中存在下列平衡

$$Cr_2O_7^{2-} + H_2O \rightleftharpoons 2HCrO_4^- \rightleftharpoons 2H^+ + 2CrO_4^{2-}$$

橙色　　　　　　　　　　　　　黄色

溶液中 $Cr_2O_7^{2-}$ 及 $2CrO_4^{2-}$（或 $HCrO_4^-$）的相对浓度与溶液的稀释程度及酸度有关。一旦条件改变，上述平衡发生移动，引起偏离朗伯-比尔定律。例如，在高酸度条件下测定，主要以 $Cr_2O_7^{2-}$ 形式存在，就不会引起偏离。因此，应根据吸光物质的性质，严格控制显色反应的条件，即可以减小和防止发生对朗伯-比尔定律的偏离。

*11.3　分光光度计

分光光度计的种类、型号繁多，但就其结构来讲，都是由光源、单色器(分光系统)、吸收池、检测系统四大部分组成。

目前普遍使用的是国产 721 和 722 等型号的分光光度计。

721 型分光光度计工作波段为 360～800nm，采用光电管作检测器，灵敏度较高，其结构如图 11-4 所示。

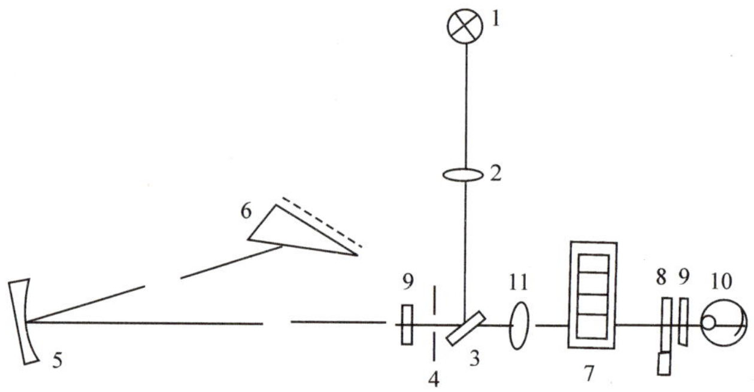

图 11-4　721 型分光光度计结构示意图

1.光源；2，11.透镜；3.反射镜；4.狭缝；5.准光镜；

6.棱镜；7.比色皿；8.光门；9.保护玻璃；10.光电管

由光源 1 发出的白光，由透镜 2 聚光，经过平面反射镜 3 转角 90°，反射至入射狭缝 4，狭缝正好位于球面准光镜 5 的焦面上，当入射光经准光镜反射后，以一平行光束射向棱镜 6，色散光经棱镜背面镀铝面反射又依原路线稍偏转一个角度反射回来。再经准光镜反射，通过出光狭缝，经透镜 11 聚光而投射到比色皿 7 上，透射光经光门 8 射到光电管 10 上，所产生光电流经放大后输入微安表，可得出吸光度或透光率的读数。

其他品牌或型号的分光光度计很多，其工作原理与 721 型分光光度计基本一致。

随着科学技术的进步，越来越先进的分光光度计不断问世，具有更强的功能、更高的灵敏度，并且操作更简单、更方便。有的分光光度计用光栅作单色器；有的分光光度计用数字显示直接给出测定结果；有的分光光度计附有紫外光源，波长范围可达 100～280nm；有的分光光度计光路为双光束，可以消除光源强度变化产生的影响；还有双波长分光光度计，误差小，灵敏度高，可测多组分混合试样、浑浊试样，还可以得到导数光谱；流动注射技术、计算机技术等与分光光度计联用，可以自动进行批量测定。

11.4　显色反应和显色条件的选择

在分光光度分析中，将待测组分转变为有色化合物的反应称为显色反应。与待测组分形成有色化合物的试剂称为显色剂。显色反应一般有两大类，即配位反应和氧化还原反应，其中多数显色反应是配位反应。在分析工作中，选择合适的显色反应，严格控制显色反应条件，是提高分析灵敏度、准确度和重现性的前提。

11.4.1　显色反应的选择

同一被测组分可与许多显色剂作用生成不同的有色物质，但不一定都能用于分光光度测定。应用于光度分析的显色反应必须符合下列要求。

(1) 灵敏度高。灵敏度高有利于微量组分的测定。从摩尔吸光系数 ε 可以判断显色反应灵敏度的高低，一般要求 ε 值为 10^4～10^5，但对于高含量组分的测定，有时可选用灵敏度较低的显色反应。

(2) 选择性好。选择性好是指显色剂仅与一个组分或少数几个组分发生显色反应。仅与一种物质发生显色反应的显色剂称为特效(或专属)显色剂。这种显色剂很难找到，因此应根据实际情况，选用干扰少或干扰易消除的显色剂。

(3) 有色化合物的组成恒定、性质稳定。至少保证在测量过程中吸光度基本不变，否则将影响吸光度测定的准确度及重现性。

(4) 有色化合物与显色剂之间色差要大，这样试剂空白小，一般要求有色化合物(MR)的最大吸收波长与显色剂(R)的最大吸收波长之差在 60nm 以上，即

$$\Delta\lambda=\left|\lambda_{max}^{MR}-\lambda_{max}^{R}\right|>60nm$$

式中：$\Delta\lambda$ 通常称为对比度(或反衬度)。

*11.4.2　显色条件的选择

分光光度法是通过测定显色反应达到平衡时溶液吸光度的一种分析方法，因此应用化学平衡原理，严格控制反应条件，使显色反应趋于完全和稳定，以提高测定的准确度。

1. 显色剂的用量

显色反应一般可表示如下：

$$\underset{被测组分}{M} + \underset{显色剂}{R} = \underset{有色化合物}{MR}$$

根据化学平衡原理，有色化合物的稳定常数越大，显色剂过量越多，越有利于显色反应的进行，即有利于待测组分转化为有色化合物。但有时过多的显色剂反而对测定不利。实际工作中，显色剂的适宜用量是通过实验求得的。其方法是固定待测组分的浓度及其他条件，加入不同量的显色剂，分别测定其吸光度，绘制 A-c(R) 关系曲线。一般可得到如图 11-5 所示的三种情形。

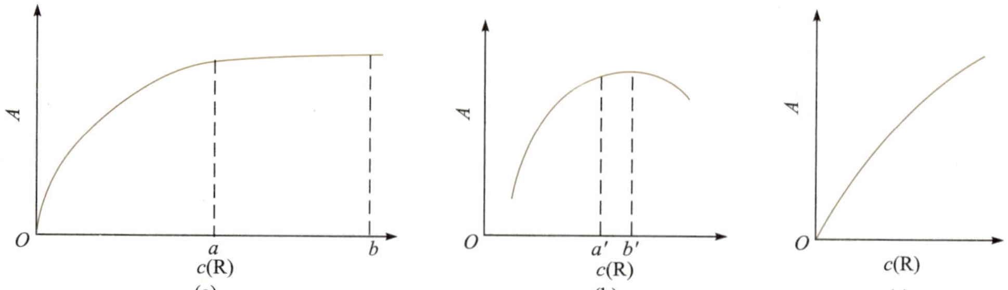

图 11-5 吸光度与显色剂浓度关系图

曲线 a 较常见，随着 $c(R)$ 的增大，吸光度逐渐增大。当 $c(R)$ 达到某一数值时，吸光度趋于稳定，出现 ab 平坦部分，这就意味着 $c(R)$ 已足够，因此可在 ab 之间选择合适的显色剂用量。

曲线 b 与 a 不同的是曲线的平坦区域较窄，只有在 a' 到 b' 这一段较窄的范围内，吸光度 A 才较稳定。当 $c(R)$ 继续增大时，吸光度反而下降。例如，硫氰酸盐与钼(Ⅴ)反应

$$[Mo(SCN)_3]^{2+} = Mo(SCN)_5 = [Mo(SCN)_6]^-$$

浅红　　　　　橙红　　　　浅红

显色反应测得的是 $Mo(SCN)_5$ 的吸光度，如果 SCN^- 浓度过高，生成浅红色的 $[Mo(SCN)_6]^-$，吸光度反而降低。

曲线 c 与 a、b 完全不同，当 $c(R)$ 增加时，吸光度也不断增加。例如，SCN^- 测定 Fe^{3+}，随着 SCN^- 浓度的增大，生成配位数逐渐增大的配合物 $[Fe(CNS)_n]^{3-n}$ (n=1，2，⋯，6)，其颜色由橙黄色变为色调逐渐加深的血红色。遇此情况，必须严格控制显色剂用量，才能得到准确结果。

2. 溶液的酸度

酸度对显色反应的影响是多方面的。由于大多数显色剂都是有机弱酸或弱碱，因此溶液酸度的改变直接影响显色剂的离解平衡，从而影响显色反应的完全程度，反应如下：

$$HR = H^+ + R^-$$

显色剂

$$nR^- + M^{n+} = MR_n$$

有色化合物

显然，酸度增加不利于上述显色反应的进行。另外，有些显色剂本身在不同的酸度条件下，呈现不同的颜色。例如，二甲酚橙(XO)在 pH>6.3 时呈红色，pH<6.3 时呈黄色，而它与金属离子形成的配合物呈红色，因此它只适用于 pH<6 的酸性溶液。

大多数高价金属离子都易水解，当溶液酸度降低时，会产生一系列羟基配离子或多核羟基配离子，不利于显色反应的进行，故溶液的酸度不能太低。

对于某些能形成逐级配合物的显色反应，产物的组成也会随介质酸度而改变。例如，Fe^{3+} 与磺基水杨酸的显色反应

pH=2～3	$[Fe(ssal)]^+$	紫红色
pH=4～7	$[Fe(ssal)_2]^-$	橙黄色
pH=8～10	$[Fe(ssal)_3]^{3-}$	黄色
pH>12	$Fe(OH)_3$	沉淀

可见酸度对显色反应影响很大，某一显色反应最适宜的酸度范围应通过实验来确定。

3. 温度

显色反应一般在室温下进行，但有些反应需要加热至一定的温度才能完成，还有些有色物质高温时易分解，因此对不同的反应，应通过实验找出合适的温度范围。

4. 显色反应的时间

显色反应的速率有快有慢，生成有色化合物的稳定性也各不相同。有些有色物质放置一段时间，会因空气中的氧气、光照、试剂的分解或挥发等因素，颜色逐渐褪去，这就要求吸光度的测定在一定的时间内完成。适宜的显示时间也是通过实验确定的。

11.5　吸光度测量条件的选择

在光度分析中，为了使光度法有较高的灵敏度和准确度，还必须选择适当的测量条件。

11.5.1　入射光波长的选择

入射光波长选择的依据是吸收曲线，一般以最大吸收波长 λ_{max} 为测量的入射光波长。这不仅因为在此波长处，摩尔吸光系数 ε 最大，测定的灵敏度高，而且在此波长处吸光度有一较小的平坦区，能够减小或消除由于单色光的不纯而引起的对朗伯-比尔定律的偏离，提高测定的准确度。

若干扰物质在 λ_{max} 处也有吸收，则根据干扰最小、吸光度尽可能大的原则选择测量波长。

例如，由 $KMnO_4$-$K_2Cr_2O_7$ 的吸收曲线(图 11-6)可知，$KMnO_4$ 的最大吸收波长 λ_{max}=525nm，而此时 $K_2Cr_2O_7$ 对此波长也有吸收，如要在 $K_2Cr_2O_7$ 存在下测定 $KMnO_4$，就应选 λ_{max}=545nm 的光作为入射光，尽管这样灵敏度有所降低，但消除了 $K_2Cr_2O_7$ 的干扰，提高了测定的选择性和准确度。

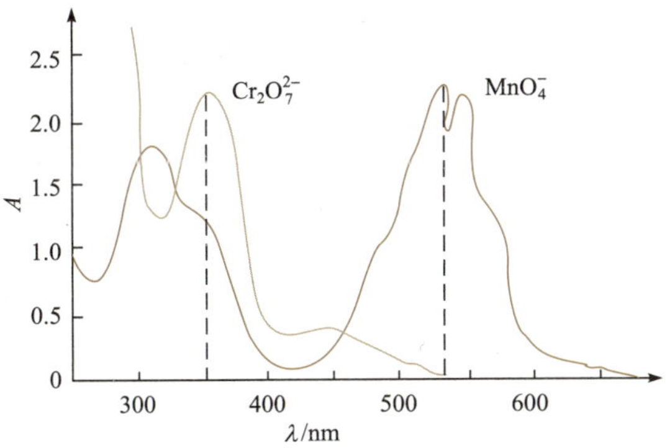

图 11-6　$K_2Cr_2O_7$-$KMnO_4$ 吸收曲线

11.5.2　参比溶液的选择

在吸光度测量中，作为比较的溶液或溶剂称为参比溶液或空白溶液。

在测量吸光度时，利用参比溶液调节仪器的吸光度，使之为零，测得溶液吸光度为

$$A=\lg\frac{I_0}{I}=\lg\frac{I(参比)}{I(试液)} \tag{11-16}$$

即实际上是以通过参比比色皿的光强作为入射光强度，这样测得的吸光度消除了吸收比色皿壁反射以及溶剂、试剂等对光的吸收而产生的误差，较真实地反映了待测物质对光的吸收，也就较真实地反映了待测物质的浓度。因此应根据实际情况，选择合适的参比溶液。

(1)纯溶剂空白。当试液、试剂、显色剂均无色，可直接用纯溶剂(或去离子水)作参比溶液。

(2)试剂空白。试液无色，而试剂或显色剂有色时，应选试剂空白。即在同一显色反应条件，加入相同量的显色剂和试剂(不加试样溶液)，并稀释至同一体积，以此溶液作参比溶液。

(3)试液空白。如试液中其他组分有色，而试剂和显色剂均无色，应采用不加显色剂的试液作参比溶液。

选择参比溶液的总原则是，使试液的吸光度能真正反映待测物的浓度。

11.5.3 吸光读数范围的选择

在光度分析中，除了各种化学因素引起的误差以外，仪器测量的不准确也是误差的主要来源。任何型号的分光光度计都有一定的测量误差，这是由于光源不稳定、读数不准确等因素造成的。对 721 型分光光度计，透光率读数误差 ΔT 是一个定值，为 ±0.2%～±2%。但在不同的读数范围内所引起的浓度测定相对误差是不同的。

由朗伯-比尔定律

$$A=-\lg T=\varepsilon bc \tag{11-17}$$

微分，得

$$-\mathrm{d}\lg T=-0.434\mathrm{d}\ln T=-\frac{0.434}{T}\mathrm{d}T=\varepsilon b\mathrm{d}c \tag{11-18}$$

由式(11-17)和式(11-18)整理，得

$$\frac{\mathrm{d}c}{c}=\frac{0.434}{T\lg T}\mathrm{d}T$$

积分，得

$$\frac{\Delta c}{c}=\frac{0.434}{T\lg T}\Delta T \tag{11-19}$$

式中：$\Delta c/c$ 为浓度的相对误差；ΔT 为透光率绝对误差。

若 ΔT=1%，可计算出在不同透光率(或吸光度)时浓度的相对误差，如表 11-3 所示。

表 11-3　不同 T%（或 A）时的浓度相对误差（假定 $\Delta T=\pm1\%$）

透光率（$T\times100$）	吸光度 A	浓度相对误差 $\Delta c/c\times100$	透光率（$T\times100$）	吸光度 A	浓度相对误差 $\Delta c/c\times100$
95	0.022	20.51	40	0.399	2.73
90	0.046	10.54	30	0.523	2.77
80	0.097	5.60	20	0.699	3.10
70	0.155	4.00	10	1.00	4.34
60	0.222	3.26	3	1.52	9.50
50	0.301	2.88	2	1.70	12.77

以 $\frac{\Delta c}{c}$-T 作其关系曲线，见图 11-7。

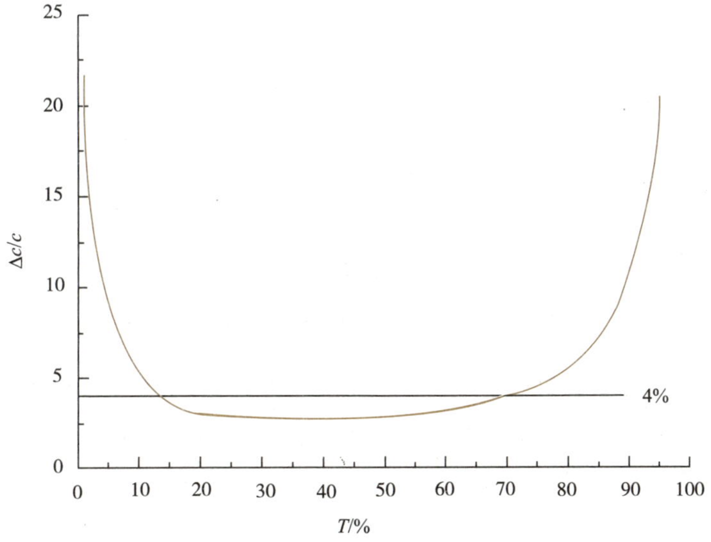

图 11-7　浓度测量的相对误差与透光率的关系

从表 11-3 和图 11-7 关系曲线可以看出，浓度的相对误差 $\Delta c/c$ 的大小与透光率（或吸光度）读数范围有关。

$$T=65\%\sim20\%\ (A=0.20\sim0.70)\qquad \frac{\Delta c}{c}<4\%$$

当读数误差要求小于 4%时，对应的透光率 T 为 20%～65%，相应的吸光度 A 为 0.7～0.2。

为了减小浓度的相对误差，提高测量的准确度，一般应控制溶液吸光度 A 在最适读数范围 0.2～0.7。

【例 11-2】 某一有色溶液在 2.0cm 比色皿中，测得透光率 T=1%，若仪器透光率绝对误差ΔT=0.5%。

(1) 测定浓度的相对误差 $\Delta c/c$。

(2) 为使测得吸光度在最适读数范围内，溶液应稀释或浓缩多少倍？

(3)若浓度不变，而改变比色皿厚度(0.5cm、1.0cm、3.0cm)，则应选用哪种厚度的比色皿最为合适？此时$\Delta c/c$为多少？

解 (1)
$$\frac{\Delta c}{c}=\frac{0.434}{T\lg T}\Delta T=\frac{0.434}{0.01\times\lg 0.01}\times 0.5\%=-11\%$$

(2)
$$A=-\lg T=-\lg 1\%=2$$

设有色溶液原始浓度为c_0，当b一定时，$A=\varepsilon bc=K'c$，要使$A=0.2\sim0.7$，则

$$\frac{0.2}{2}\leqslant\frac{c}{c_0}\leqslant\frac{0.7}{2}\qquad \frac{c_0}{10}\leqslant c\leqslant\frac{7}{20}c_0$$

即稀释3～10倍。

(3)当c一定时，则$A=\varepsilon bc=K'b$。

同理要使$A=0.2\sim0.7$，则

$$\frac{0.2}{2}\leqslant\frac{b}{b_0}\leqslant\frac{0.7}{2}$$

而b_0=2cm，所以

$$0.2\leqslant b\leqslant 0.7$$

故应选b=0.5cm的比色皿。

此时$A=\frac{0.5}{2.0}\times 2=0.5$，$T=10^{-0.5}=0.316$，则

$$\frac{\Delta c}{c}=\frac{0.434}{T\lg T}\Delta T=\frac{0.434}{0.316\lg 0.316}\times 0.5\%=-1.4\%$$

显然，浓度相对误差由11%降至1.4%，测量准确度提高了8倍。

在分光光度法测量中，可以适当改变试样称取量，或改变试液的浓度(稀释或用有机溶剂萃取富集)，或选用不同厚度的比色皿(仪器备有 0.5cm、1cm、2cm、3cm 等不同规格的比色皿)，以使试液的吸光度为0.2～0.7，提高测量的准确度。

11.6 分光光度法的应用

分光光度法的应用十分广泛。不仅用于微量组分的测定，也可用于高含量组分、多组分的测定及有关化学平衡的研究。

11.6.1 单一组分的测定

一般采用标准曲线法和标准比较法。

1. 标准曲线法

将一系列不同浓度的标准溶液、试液在相同条件下显色、定容。在选定的实验条件下用分光光度计分别测出其吸光度，作A-c标准曲线，如图11-8所示，由试液的吸光度$A(x)$从标准曲线上查出其对应的浓度 $c(x)$，即可求出待测物质的浓度

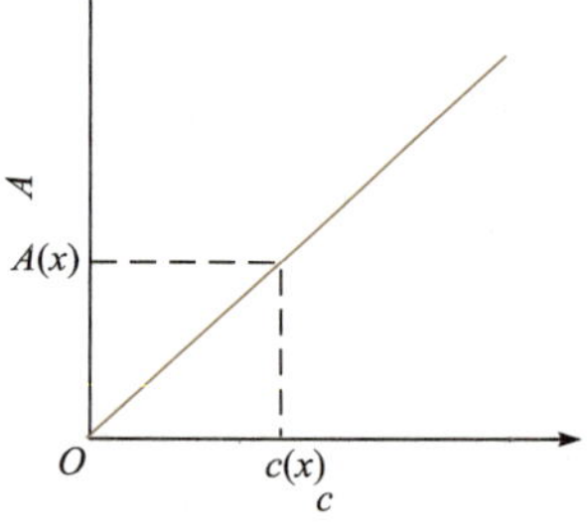

图 11-8 标准曲线

或百分含量。

【例 11-3】 磷是重要的生命元素，在农业科学和生物科学研究中常需测定磷。一种常用的方法是将样品消化后用钼蓝法测定。说明土壤中的速效磷的测定方法。

解 (1)绘制标准曲线。量取一系列不同体积的 10mg · L^{-1} P_2O_5 标准溶液，分别加入 10.0mL 0.50mol · L^{-1} $NaHCO_3$ 溶液，再加入 10.0mL 0.25mol · L^{-1} H_2SO_4 溶液，除去 CO_2 后加入 10.0～15.0mL 水，再分别加入 2.0mL 钼酸铵试剂和 4 滴 $SnCl_2$ 甘油溶液，稀释至 50.00mL。在 λ=690nm 处测其吸光度，结果见表 11-4。

表 11-4 P_2O_5 标准溶液的吸光度

序号	参比	1	2	3	4	5
P_2O_5 标准溶液体积/mL	0	1.00	2.00	3.00	4.00	5.00
$c(P_2O_5)/(mg \cdot L^{-1})$	0	0.200	0.400	0.600	0.800	1.00
吸光度 A	0	0.12	0.25	0.36	0.47	0.59

作 A-c 标准曲线，如图 11-8 所示。

(2)称取 1.00g 待测土壤样品一份，加入 25.00mL 0.50mol · L^{-1} $NaHCO_3$ 溶液提取速效磷，振荡 20min 后各取滤液 2.50mL，同上所述依次加入 H_2SO_4 溶液、纯水、钼酸铵试剂和 $SnCl_2$ 甘油溶液，定容至 50.00mL，在 λ=690nm 处测其吸光度为 $A(x)$=0.34。

(3)在 A-c 标准曲线上查得 $A(x)$=0.34 相应的 $c(x)$ 为 0.569 mg · L^{-1}，则

$$w(P_2O_5)=\frac{c(x)\times V}{m\times\dfrac{2.50}{25.00}}\times 100\% = \frac{0.569\times 10^{-3}\times 50.00}{1.00\times\dfrac{2.50}{25.00}}\times 100\% = 0.0285\%$$

故该土壤样品 P_2O_5 质量分数为 0.0285%。

2. 标准比较法

将浓度相近的标准溶液 $c(s)$ 和试液 $c(x)$，在相同条件下显色、定容，分别测其吸光度 $A(s)$ 和 $A(x)$，由朗伯-比尔定律得

$$A(s)=\varepsilon bc(s)$$

$$A(x)=\varepsilon bc(x)$$

两次比较可以求出待测试液的含量：

$$c(x)=\frac{A(x)}{A(s)}\cdot c(s) \tag{11-20}$$

即求出待测试液的含量

【例 11-4】 $2.5\times10^{-5}mol\cdot L^{-1}$ Cd(Ⅱ)标准溶液在 λ=610nm 处测得 $A(s)$=0.53，某未知 Cd(Ⅱ)溶液在同样条件下测得 $A(x)$=0.56。求该未知 Cd(Ⅱ)溶液的浓度。

解
$$\begin{cases}A(s)=\varepsilon bc(s)\\A(x)=\varepsilon bc(x)\end{cases}\qquad\begin{cases}0.53=\varepsilon b\cdot2.5\times10^{-5}\\0.56=\varepsilon bc(x)\end{cases}$$

$$c(x)=2.6\times10^{-5}mol\cdot L^{-1}$$

该未知 Cd(Ⅱ)溶液的浓度为 $2.6\times10^{-5}mol\cdot L^{-1}$。

*11.6.2 高含量组分的测定——示差法

普通分光光度法一般只适用于微量组分的测定，当待测组分含量高时，测得的吸光度值常超出吸光度适宜读数范围和偏离朗伯-比尔定律而引入较大的误差。示差法可以克服这些缺点。

示差法是采用比试液浓度 $c(x)$ 稍低的标准溶液 $c(s)$ 作参比溶液，即 $c(x)>c(s)$，调节仪器透光率 T 为 100%，然后测定试液吸光度的方法。该吸光度为试液与参比溶液吸光度之差 ΔA，称为相对吸光度 A_r，对应的透光率为相对透光率 T_r。

若用普通光度法，以空白溶液作参比，测得试液和标准溶液吸光度分别为 $A(x)$、$A(s)$，由朗伯-比尔定律

$$A(x)=\varepsilon bc(x)\qquad A(s)=\varepsilon bc(s)$$

$$A_r=\Delta A=A(x)-A(s)=\varepsilon b[c(x)-c(s)]=\varepsilon b\Delta c$$

当 b 一定时

$$A_r=\Delta A=K'\Delta c \tag{11-21}$$

式(11-21)表明，相对吸光度 A_r，即待测试液吸光度 $A(x)$ 与参比标准溶液吸光度 $A(s)$ 之差 ΔA，与它们的浓度差 Δc 成正比，这是示差法的基本原理。

若用上述浓度为 $c(s)$ 的标准溶液作参比，测得一系列标准溶液的相对吸光度 A_r，绘制 A_r-Δc 工作曲线，再测得试样溶液的相对吸光度 A_r，即可从工作曲线上查得相应的 $\Delta c(x)$，根据 $c(x)=c(s)+\Delta c$，计算出试样中待测组分的浓度。

*11.6.3 多组分的分析

由于吸光度具有加和性，应用分光光度法常有可能在同一溶液中不经分离而测定两个或两个以上的组分。

假定溶液中同时存在两种组分 A 和 B，根据吸收峰相互干扰情况，可按下列两种情况进行定量测定。

1. 吸收曲线不重叠

在 A 的吸收峰 λ_{max}^A 处 B 没有吸收，而在 B 的吸收峰 λ_{max}^B 处 A 没有吸收，见图 11-9(a)，则可分别在 λ_{max}^A、λ_{max}^B 处用单一物质的定量方法测定组分 A 和 B，而相互无干扰。

2. 吸收曲线相重叠

如图 11-9(b)所示，溶液中的 A、B 两组分彼此相互干扰。这时，可在波长 λ_{max}^A 和 λ_{max}^B 处分别测出 A、B 两组分的总的吸光度 A_1 和 A_2，然后根据吸光度的加和性列联立方程

$$A_1=\varepsilon_1^A bc(A)+\varepsilon_1^B bc(B)$$

$$A_2 = \varepsilon_2^{A} bc\ (A) + \varepsilon_2^{B} bc\ (B)$$

式中：c(A)和c(B)分别为A和B的浓度；ε_1^{A} 和 ε_1^{B} 分别为A和B的波长 λ_{max}^{A} 处的摩尔吸光系数；ε_2^{A} 和 ε_2^{B} 分别为A和B的波长 λ_{max}^{B} 处的摩尔吸光系数。

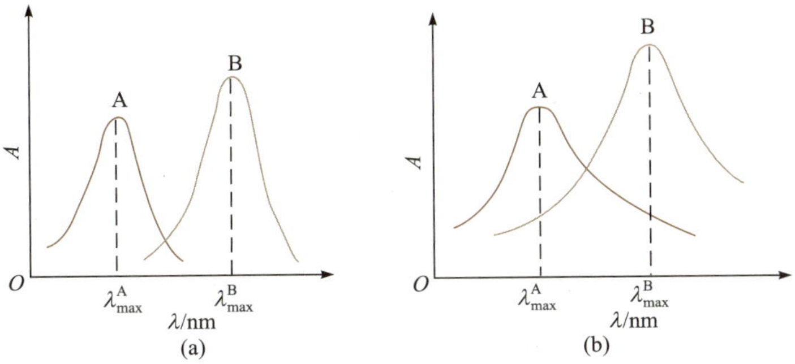

图 11-9 多组分的吸收曲线

ε_1^{A}、ε_1^{B}、ε_2^{A}、ε_2^{B} 可由已知准确浓度的纯组分A和纯组分B在 λ_{max}^{A}、λ_{max}^{B} 处测得，代入上式解联立方程，即可求出A、B两组分的含量。

在实际应用中，常限于2～3个组分体系，对于更多复杂的多组分体系，可用计算机处理测定结果。

习 题

11-1 朗伯-比尔定律的物理意义是什么？

11-2 摩尔吸光系数ε的物理意义是什么？它与哪些因素有关？

11-3 将下列透光率换算成吸光度。

①10% ②60% ③100%

11-4 某试液用2cm比色皿测量时，T=60%，若改用1cm或3cm比色皿，T及A等于多少？

11-5 5.0×10^{-5}mol·L^{-1} $KMnO_4$溶液，在λ_{max}=525nm处用3.0cm吸收皿测得吸光度A=0.336。

(1)计算吸光系数a和摩尔吸光系数ε。

(2)若仪器透光率绝对误差ΔT=0.4%，计算浓度的相对误差$\Delta c/c$。

11-6 某钢样含镍约0.12%，用丁二酮肟比色法（$\varepsilon=1.3\times10^4$）进行测定。试样溶解后，显色、定容至100.00mL。取部分试液于波长470nm处用1cm比色皿进行测量，如希望此时测量误差最小，应称取试样多少克？

11-7 5.00×10^{-5}mol·L^{-1} $KMnO_4$溶液在520nm波长处用2cm比色皿测得吸光度A=0.224。称取钢样1.00g溶于酸后，将其中的Mn氧化成MnO_4^-，定容100.00mL后，在上述相同条件下测得吸光度为0.314。求钢样中锰的含量。

11-8 准确称取0.4317g $NH_4Fe(SO_4)_2\cdot12H_2O$，溶于水后定容至500.00mL，从中移取25.00mL定容至250.00mL，得标准溶液。再取不同体积标准溶液在25mL容量瓶内用邻二氮菲显色，定容后在510nm处测得吸光度如下：

$V(Fe^{2+})$/mL	0	1.00	2.00	3.00	4.00	5.00
A	0	0.12	0.25	0.38	0.51	0.63

取 1.00mL 未知含 Fe^{2+}溶液稀释到 100.00mL，再取稀释液 5.00mL，在 50mL 容量瓶内用同样方法显色定容后测得吸光度 A=0.47。求未知溶液中 Fe^{2+}的浓度。

11-9 普通光度法分别测定 0.50×10^{-4}mol · L^{-1}、1.0×10^{-4}mol · L^{-1} Zn^{2+}标准溶液和待测试液的吸光度 A 为 0.600、1.200、0.800。

(1) 若以 0.50×10^{-4}mol · L^{-1} Zn^{2+}标准溶液作参比溶液，调节 T 为 100%，用示差法测定第二标准溶液和待测试液的吸光度各为多少？

(2) 两种方法中标准溶液和待测试液的透光率各为多少？

(3) 示差法与普通光度法比较，标尺扩展了多少倍？

(4) 根据(1)中所得有关数据，用示差法计算试液中 Zn 的含量(mg · L^{-1})。

11-10 用分光光度法测定含有两种配合物 x 和 y 的溶液的吸光度(b=1.0cm)，获得下列数据：

溶液	浓度 c/(mol · L^{-1})	吸光度 A_1 (λ=285nm)	吸光度 A_2 (λ=365nm)
x	5.0×10^{-4}	0.053	0.430
y	1.0×10^{-3}	0.950	0.050
$x+y$	未知	0.640	0.370

计算未知液中 x 和 y 的浓度。

11-11 A solution containing iron (as the thiocyanate complex) was observed to transmit 74.2% of the incident light with λ=510nm compared with an appropriate blank. (1) What is the absorbance of this solution? (2) What is the transmittance of a solution of iron with four times as concentrated?

11-12 Zinc(Ⅱ) and the ligand L form a product cation that absorbs strongly at 600nm. As long as the concentration of L excess that of zinc (Ⅱ) by a factor of 5, the absorbance of the solution is only lined on the cation concentration. Neither zinc (Ⅱ) nor L absorbs at 600nm. A solution that is 1.60×10^{-6}mol · L^{-1} in zinc (Ⅱ) 1.00 mol · L^{-1} in L has an absorbance of 0.164 in a 1.00cm cell at 600nm. Calculate

(1) the transmittance of this solution.

(2) the transmittance of this solution in a 3cm cell.

(3) the molar absorptivity of the complex at 600nm.

*第 12 章　元 素 选 述

迄今为止，在人类可能探测的宇宙范围，共有 118 种元素。其中，地球上天然存在的元素 92 种，其余为人工合成元素。已知非金属元素有 22 种，除氢以外，都位于周期表中 p 区，占据表的右上角位置，若以 B−Si−As−Te−At 画一条对角线，这条对角线实际上是金属元素与非金属元素的交界线。交界线的右上方为非金属元素，左下方为金属元素。

ⅢA	ⅣA	ⅤA	ⅥA	ⅦA	ⅧA
				H	He
B	C	N	O	F	Ne
Al	Si	P	S	Cl	Ar
Ga	Ge	As	Se	Br	Kr
In	Sn	Sb	Te	I	Xe
Tl	Pb	Bi	Po	At	Rn

非金属元素的原子结构特征是(除氢和氦以外)最后一个电子填在 np 轨道($ns^2np^{1\sim6}$)。同一周期从左到右，非金属性增强。同一主族从上到下，非金属性减弱。

生物体中已发现 70 多种元素，其中 60 余种含量极微。在含量较多的 10 余种元素中，多数为非金属元素，如 O、H、C、N、P、S、Cl 等。

金属元素有 85 种，约占元素总数的 4/5，自然界中存在最多的金属元素有铝、铁、钠、钾、钙、镁等。这些元素对生物的生长和发育起着重要的作用，称为生命必需的宏量金属元素。还有锰、锌、铜、钼、钴、铬等是生命过程中所必需的微量金属元素。

12.1　卤素及其化合物

12.1.1　卤素概述

卤素是周期系中ⅦA 族元素，包括 F、Cl、Br、I、At、Ts 六种元素。其中 At 是放射性元素，它不稳定，在自然界存在量极微。Ts 为人工合成元素。以下所述卤素指 F、Cl、Br、I 四种元素。

卤素的物理性质随原子序数的增加呈现规律性变化，熔点、沸点逐渐升高，这是分子间色散力逐渐增大的缘故。单质的颜色逐渐加深，这是不同的卤素单质对光线的选择吸收所致。

卤素单质均有刺激性气味，能刺激眼、鼻、气管的黏膜。毒性按 $F_2 \rightarrow I_2$ 顺序逐渐减轻，吸入较多的蒸气会中毒，甚至引起死亡，故使用卤素时要特别小心。

卤素单质皆为双原子分子。由于卤素原子极易获得一个电子形成阴离子，故卤素单质都具有氧化性。

卤素的氧化性也可以从它们和水反应的特性比较出来。F_2能与H_2O剧烈反应，并有燃烧现象，不仅放出O_2，而且会产生OF_2、H_2O_2副产物，即

$$F_2 + H_2O \xlongequal{} 2HF + \frac{1}{2}O_2$$

Cl_2和Br_2与H_2O反应活化能很高，实际上发生歧化反应，即

$$Cl_2 + H_2O \xlongequal{} H^+ + Cl^- + HClO$$

$$Br_2 + H_2O \xlongequal{} H^+ + Br^- + HBrO$$

I_2与H_2O不发生反应。

12.1.2 卤化氢和氢卤酸

卤素都能与氢气反应生成卤化氢。氟化氢和氯化氢通常在实验室都用浓H_2SO_4与相应的盐作用制得，其反应如下：

$$CaF_2(s) + H_2SO_4(浓) \xlongequal{} CaSO_4 + 2HF(g)$$

$$NaCl(s) + H_2SO_4(浓) \xlongequal{} NaHSO_4 + HCl(g)$$

由于浓H_2SO_4可将溴化氢和碘化氢进一步氧化成Br_2和I_2，故溴化氢和碘化氢不能用此法制取，其反应为

$$2HBr + H_2SO_4(浓) \xlongequal{} Br_2 + SO_2(g) + 2H_2O$$

$$8HI + H_2SO_4(浓) \xlongequal{} 4I_2 + H_2S(g) + 4H_2O$$

卤化氢都是无色有刺激性的气体，是共价型分子，易液化，易溶于水。由于卤化氢易与空气中的水蒸气形成细小雾滴，因此能在空气中发烟。卤化氢的水溶液称氢卤酸，酸的强度顺序为HI>HBr>HCl>HF。

卤化氢的性质变化是有规律的。从HCl到HI，熔点、沸点随相对分子质量的增大依次升高。但HF的熔点、沸点特别高，其原因是HF分子间形成氢键。实验证明，HF在气态、液态和固态时都有不同程度的缔合作用。

氢卤酸蒸馏时都有恒沸现象。例如，蒸馏浓盐酸时，首先蒸发出含有少量水的HCl气体，在101.3kPa下，当溶液浓度降低到20.24%时，蒸馏出来的水分和HCl气体保持这个浓度比例，而溶液浓度不变，这时溶液沸点为383K。只要压力不变，盐酸溶液的浓度和沸点都不会改变，这种盐酸称为恒沸盐酸。

氢卤酸中以氢氯酸(盐酸)最重要，它是最常用的无机酸之一。市售浓盐酸约含37%氯化氢，密度为$1.19g \cdot mL^{-1}$，浓度约为$12mol \cdot L^{-1}$。它有如下特点：①酸性强；②可以完全挥发；③氯化物易溶，用盐酸进行中和、溶解时一般不产生不溶物(Ag^+、Pb^{2+}除外)；④阴离子Cl^-没有氧化性；⑤Cl^-可作配体与中心离子形成配离子，故盐酸具有特殊的溶解能力。例如，王水(由浓硝酸和浓盐酸按体积比为1∶3组成)能溶解Au和Pt就是因为Cl^-易与Au和Pt形成配离子，其反应为

$$Au + HNO_3 + 4HCl \xlongequal{} H[AuCl_4] + NO(g) + 2H_2O$$

$$3Pt + 4HNO_3 + 18HCl \xlongequal{} 3H_2[PtCl_6] + 4NO(g) + 8H_2O$$

氢氟酸能和玻璃、陶瓷中的主要成分二氧化硅和硅酸盐反应，即

$$SiO_2 + 4HF \xlongequal{} SiF_4(g) + 2H_2O$$

$$CaSiO_3 + 6HF \xlongequal{} CaF_2 + SiF_4(g) + 3H_2O$$

因此氢氟酸一般装在聚乙烯塑料瓶中。

12.1.3 卤素的含氧酸及其盐

Cl、Br、I 可形成通式为 HXO、HXO_2、HXO_3、HXO_4 的四类含氧酸。到目前为止，只在低温下得到 HFO，但极不稳定。

在卤素的含氧酸根离子中，卤素原子均以 sp^3 杂化轨道与氧原子成键，各种卤酸根离子结构如图 12-1 所示。

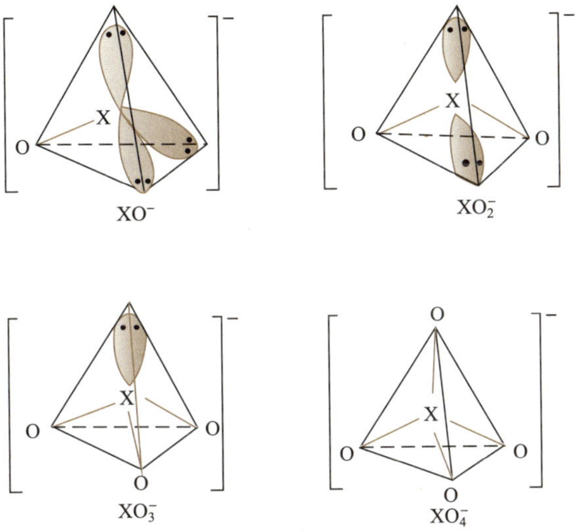

图 12-1 卤素含氧酸根离子的结构

1. 次卤酸及其盐

次卤酸都是很弱的酸，酸性按 HClO→HBrO→HIO 次序减弱。它们都是强氧化剂，次氯酸具有杀菌和漂白能力。

最常见的次氯酸盐是次氯酸钙，它是将 Cl_2 通入消石灰而制得，是漂白粉的有效成分，其反应式如下：

$$2Cl_2 + 3Ca(OH)_2 \xlongequal{} Ca(ClO)_2 + CaCl_2 \cdot Ca(OH)_2 \cdot H_2O + H_2O$$

漂白粉遇酸放出氯气，反应式如下：

$$Ca(ClO)_2 + 4HCl \xlongequal{} CaCl_2 + 2Cl_2 + 2H_2O$$

2. 卤酸及其盐

卤酸是强酸、强氧化剂。卤酸盐中最常见的是 $KClO_3$，将 Cl_2 通入 KOH 溶液即可制备，其反应式为

$$3Cl_2 + 6KOH \xlongequal{} KClO_3 + 5KCl + 3H_2O$$

$KClO_3$ 与易燃烧物（如 C、S、P 及有机物）混合，受撞击时会猛烈爆炸，因此常用它制造焰火、火柴、信号弹等。

3. 高卤酸及其盐

高卤酸中最重要的酸是 $HClO_4$，它是无机含氧酸中最强的酸，即使在 H_2SO_4、HNO_3 等强酸溶液中也能给出质子。例如，$HClO_4$ 和 H_2SO_4 混合，发生反应

$$HClO_4 + H_2SO_4 \xlongequal{\quad} ClO_4^- + H_3SO_4^+ \quad (H^+)$$

纯 $HClO_4$ 是无色黏稠液体，是强氧化剂，不稳定，易爆炸。

高卤酸盐都易溶于水，但 $KClO_4$ 难溶。$Ba(ClO_4)_2$ 和 $Mg(ClO_4)_2$ 吸水性很强，是优良的干燥剂、脱水剂。

卤素含氧酸及其盐的重要性质(如酸性、氧化性、热稳定性)都随分子中氧分子数的改变呈规律性变化。

12.2 氧、硫、硒及其化合物

12.2.1 氧、硫、硒单质

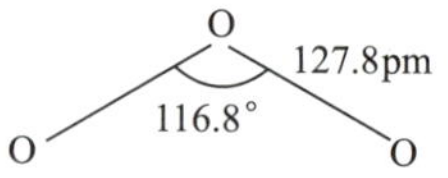

图 12-2 臭氧分子结构

氧、硫、硒是周期系ⅥA 族元素，是典型的非金属元素。其原子的价电子层构型为 ns^2np^4，与其他原子结合时可形成离子化合物或共价化合物。自然界中，氧除以单质 O_2 和 O_3 出现外，更大量存在于含氧化合物中。O_3 是浅蓝色的气体，它在 161K 时凝结为深蓝色液体，80K 时凝固为暗紫色的固体，因它有一种鱼腥臭味而得名。在氧气中进行无声放电，可以制得 O_3。O_3 分子结构如图 12-2 所示。

$$\frac{3}{2}O_2 \xlongequal{\quad} O_3 \qquad \Delta_r H_m^\ominus = 142 kJ \cdot mol^{-1}$$

地球表面上空约 25km 处有一层臭氧层，臭氧的浓度为 $10mg \cdot kg^{-1}$，可把日光辐射的大部分紫外线吸收，保护地球上的生物。汽车及高空飞机排出的废气中含有 NO、NO_2 及人类使用的氟利昂制冷剂和矿物燃料，这些污染物质引起臭氧的分解，导致臭氧层被破坏，在南极上空已发现臭氧“空洞”。

O_3 的氧化能力比 O_2 强。例如，下列反应

$$O_3 + 2KI + H_2O \xlongequal{\quad} I_2 + 2KOH + O_2$$

在常温下即可进行，测定所产生 I_2 的浓度便可以确定气体 O_3 的含量。

硫以游离态和化合物存在于自然界中。硫有几种同素异形体，如斜方硫(或菱形硫)和单斜硫等，它们都是由 S_8 环状分子组成的。其结构如图 12-3 所示。

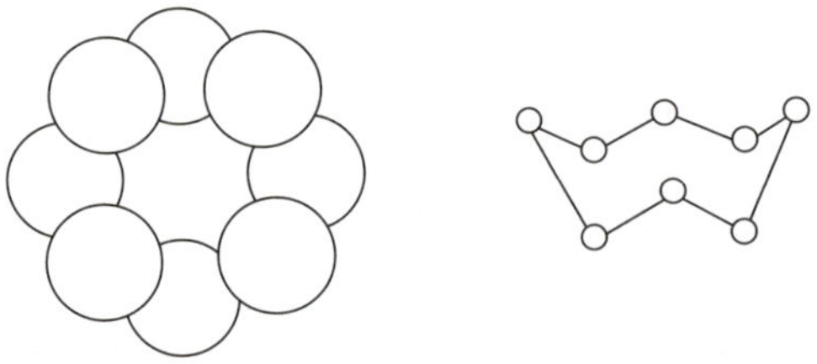

图 12-3 S_8 分子结构示意图

硫的化学性质很活泼，能与许多元素直接反应生成硫化物。例如

$$S + Hg \xlongequal{\quad} HgS$$

硫溶于热碱溶液，反应为

$$3S + 6NaOH \xlongequal{\triangle} 2Na_2S + Na_2SO_3 + 3H_2O$$

硒(Se)是分散的稀有元素。自然界中无单独的硒矿，通常少量硒存在于一些硫化矿内。硒的同素异形体为单斜硒和斜方硒，这些变体具有 Se_8 环状结构。单质硒的化学性质与硫相似，能与非金属 F_2、Cl_2 发生激烈作用；在加热情况下能与 O_2 化合形成氧化数为+4 和+6 的化合物。

12.2.2 过氧化氢

纯 H_2O_2 为无色液体，俗称双氧水。H_2O_2 分子中有一个过氧键(—O—O—)，其分子结构如图 12-4 所示。

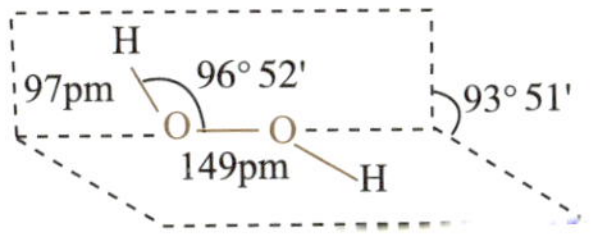

图 12-4　H_2O_2 分子结构示意图

H_2O_2 的重要性质是它的氧化还原性。由于 H_2O_2 中氧的氧化数为 -1，它可以得 1 个电子，也可以失去 1 个电子，因此 H_2O_2 既显氧化性，又显还原性。H_2O_2 在酸性溶液中表现为强氧化性。

H_2O_2 作氧化剂，其优点是它被还原的产物为 H_2O，不会给反应体系引入其他杂质。常用 H_2O_2 修复旧画，使黑色 PbS 变为白色 $PbSO_4$，即

$$PbS + 4H_2O_2 = PbSO_4 + 4H_2O$$

当 H_2O_2 遇强氧化剂时又表现出还原性。例如，$KMnO_4$ 在酸性条件下与 H_2O_2 的反应

$$2KMnO_4 + 5H_2O_2 + 3H_2SO_4 = 2MnSO_4 + K_2SO_4 + 5O_2(g) + 8H_2O$$

12.2.3 硫化氢和硫化物

硫化氢是无色有腐蛋臭味的气体，有相当大的毒性，是大气污染物之一。H_2S 的水溶液称为氢硫酸。室温下饱和 H_2S 水溶液的浓度约为 $0.1mol \cdot L^{-1}$。H_2S 或 S^{2-} 能与很多金属离子作用，生成具有特征颜色的难溶硫化物。

硫化氢和硫化物都有还原性，氧化数为-2 的硫可被氧化成单质或更高氧化态。碘可将 H_2S 氧化成 S，更强的氧化剂如 Cl_2 可将 H_2S 氧化成 H_2SO_4，反应为

$$I_2 + H_2S = 2HI + S(s)$$

$$4Cl_2 + H_2S + 4H_2O = H_2SO_4 + 8HCl$$

H_2S 水溶液在空气中放置，被氧化成硫而逐渐浑浊，反应为

$$2H_2S + O_2 = 2S(s) + 2H_2O$$

碱金属或碱土金属硫化物与硫作用生成多硫化物。例如

$$Na_2S + (x-1)S = Na_2S_x$$

石灰硫磺合剂农药就是用硫磺、石灰和水共煮制得黄色溶液，反应为

$$3Ca(OH)_2 + 12S = CaS_2O_3 + 2CaS_5 + 3H_2O$$

石灰硫磺合剂有杀虫灭菌作用，如用它来防治棉花红蜘蛛和果木病虫害。石灰硫磺合剂喷洒在植物体上，遇 CO_2 即分解出 H_2S 和 S，起到杀虫灭菌效果，其反应如下：

$$CaS_5 + 2H_2O + 2CO_2 = Ca(HCO_3)_2 + H_2S(g) + 4S$$

12.2.4 硫的氧化物、含氧酸及其盐

硫比氧的电负性小，因此在硫的氧化物和含氧酸中，硫的氧化数为正值，硫原子外层存在可利用的 d 轨道，可形成氧化数为+4 和+6 的多种化合物。

SO_2分子是“V”形构型，O—S—O 键角为 120°，S 原子采用 sp^2杂化，两个 sp^2杂化轨道与两个氧原子的 p 轨道成键，另一个杂化轨道上有一对孤对电子。其构型如图 12-5 所示。

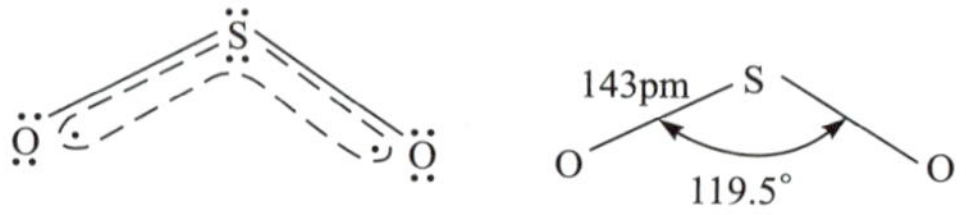

图 12-5　SO_2分子结构示意图

SO_2是无色有刺激气味的有毒气体，易液化，熔点 197.6K，沸点 263K，液态 SO_2气化热为 24.9kJ · mol^{-1}，故可作制冷剂。SO_2易溶于水，室温时 1 体积水能溶解 40 体积 SO_2。SO_2的水溶液称为亚硫酸。在亚硫酸中，大量存在 SO_2的水合物 $SO_2 \cdot xH_2O$，而不是 H_2SO_3。H_2SO_3为中强二元酸，不稳定，游离的 H_2SO_3尚未被离析出来。

亚硫酸的盐有正盐和酸式盐两种，亚硫酸及其盐中硫的氧化数为+4，因此它们既可作氧化剂，又可作还原剂。

SO_2和 H_2SO_3能和许多有机物，特别是染料和有色化合物发生加成反应，生成无色化合物，因此可作漂白剂，用于纸张、草帽等物品的漂白。

室温下，纯 SO_3是无色易挥发的液体。气态 SO_3分子是平面三角形。硫原子以 sp^2杂化轨道形成三个 σ 键外，其余电子与三个氧原子的 p 电子形成离域 π 键，其分子结构如图 12-6 所示。

SO_3是一种强氧化剂，有强烈的吸水性，它与水作用生成 H_2SO_4。纯 H_2SO_4是无色油状液体，有强烈的吸水性和脱水性，能从糖、纤维等有机物中夺取水分子而发生炭化作用。浓 H_2SO_4具有强氧化性，加热时氧化性更显著，它可以氧化许多金属和非金属，本身被还原为 SO_2、S 或 H_2S。

H_2SO_4为二元强酸，可形成正盐和酸式盐。酸式盐仅钠、钾形成稳定固态盐，且都易溶于水。正盐（Pb^{2+}、Ag^+、Ca^{2+}、Ba^{2+}盐除外）大多数易溶于水。含结晶水的可溶性硫酸盐俗称为矾，如绿矾 $FeSO_4 \cdot 7H_2O$ 等。硫酸盐用途很广，用于制备化肥、农药、医药等。

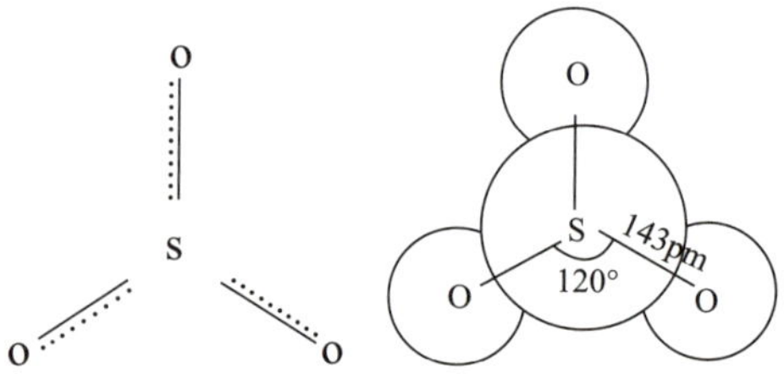

图 12-6　SO_3分子结构示意图

$Na_2S_2O_3$是无色透明晶体，商品名海波，俗名大苏打，由 Na_2SO_3与硫磺粉共煮制得，即

$$Na_2SO_3 + S \xlongequal{} Na_2S_2O_3$$

$Na_2S_2O_3$易溶于水，水溶液呈弱碱性。它在碱性、中性溶液中稳定，在酸性溶液中不稳定。它是中等强度的还原剂。$S_2O_3^{2-}$具有很强的配位能力。例如

$$AgBr + 2S_2O_3^{2-} \xlongequal{} [Ag(S_2O_3)_2]^{3-} + Br^-$$

在摄影中，$Na_2S_2O_3$作定影剂，以除去照相底片上未感光的 AgBr。$Na_2S_2O_3$遇酸分解，其反应为

$$Na_2S_2O_3 + 2HCl \xlongequal{} 2NaCl + S(s) + SO_2(g) + H_2O$$

12.2.5　硒的化合物简介

H_2Se 是无色有刺激气味的有毒气体，它在水中的溶解度与 H_2S 相似，生成氢硒酸，其酸性比 H_2S 强，其 $K_1^{\ominus}=1.3\times10^{-4}$、$K_2^{\ominus}=10^{-11}$。它具有很强的还原性，空气中易被氧化析出 Se。$H_2SeO_3$是弱酸，其酸性比 H_2SO_3弱，亚硒酸及其盐稳定性比亚硫酸及其盐的稳定性好。H_2SeO_3可将 H_2SO_3氧化成 H_2SO_4，本身被还原成单质 Se，反应如下：

$$H_2SeO_3 + 2SO_2 + H_2O \xlongequal{} Se + 2H_2SO_4$$

这个反应用来从烟道灰尘和某些工业淤泥中回收硒。

硒有光电活性，用于电影、传真和制造光电管，制无色玻璃(玻璃中有 Fe^{2+}呈浅绿色，加入 Se 呈红色，红色与绿色互补呈无色)。

硒是一种重要的营养元素，是某些营养食品和功能食品的重要组分。有些地方病，如克山病、大骨节病等，就是由于缺硒引起的，补充硒是治疗和预防这些疾病的有效手段。研究表明，硒对某些癌症也有一定的抑制和治疗效果。

12.3 氮、磷、砷及其化合物

氮、磷、砷是ⅤA 族元素，价电子构型为 ns^2np^3。生物体内部含有大量的氮、磷，它们对生命具有重要的意义。氮在大气中以单质 N_2存在，占总体积 78%；土壤中少量的氮以铵盐和硝酸盐的形式存在。N_2分子中有一个 σ 键和两个 π 键，键能很大(945.6kJ · mol^{-1})，因此 N_2很稳定。

磷在自然界以磷酸盐形式存在，如磷矿石 $Ca_3(PO_4)_2$、磷灰石 $Ca_5F(PO_4)_3$。生物体的细胞、蛋白质、骨骼中也含有磷。磷的单质同素异形体常见为白磷和红磷。白磷化学性质比红磷活泼，且有毒。通常单质磷以 P_4形式存在。

砷为准金属元素。它在自然界主要是以硫化物矿存在，如雌黄 As_2S_3、雄黄 As_2S_5和砷黄铁矿 FeAsS。

12.3.1 氮的重要化合物

1. 氨与铵盐

氨在常温下是无色有特殊刺激性的气体，由于氨分子间易产生氢键，因此在常温下极易液化。氨具有较大的蒸发热(约为 23.36kJ · mol^{-1})，故可作制冷剂。氨极易溶于水，293K 时，1 体积水可溶解 700 体积的氨，其水溶液称为氨水。

NH_3的 N 原子有孤对电子，能与许多金属离子形成配离子，如$[Ag(NH_3)_2]^+$、$[Cu(NH_3)_4]^{2+}$等。因此某些难溶化合物如 AgCl、$Cu(OH)_2$等可溶于 $NH_3 \cdot H_2O$。

铵盐的水溶液可水解，弱酸铵盐水解尤为显著，因此使用 NH_4HCO_3化肥时要注意防潮。NH_3和 CO_2作用生成尿素，是目前含氮量最高的化肥。

在分析化学上检验 NH_4^+ 常用奈斯勒(Nessler)试剂(KOH 液+$K_2[HgI_2]$液)与铵盐作用生成红棕色碘化氨基氧汞沉淀，反应如下：

$NH_4^+ + 2[HgI_4]^{2-} + 4OH^- =$ 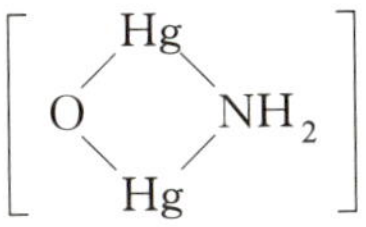 $I(s) + 7I^- + 3H_2O$

若铵盐量少，则得到黄色溶液。

2. 氮的氧化物、含氧酸及其盐

氮的氧化物中较为重要的是 NO 和 NO_2。NO 为无色气体，难溶于水，在空气中易被氧化为红棕色窒息性气体 NO_2。

NO_2溶于水生成 HNO_3和 NO，NO 被空气氧化成 NO_2。只要空气充足，NO_2溶于水可全部转为 HNO_3，反应为

$$4NO_2 + 2H_2O + O_2 \xlongequal{} 4HNO_3$$

纯 HNO_3 为无色液体，易挥发，可与水以任意比例互溶。HNO_3 受热或见光分解。

浓 HNO_3 具有强氧化性，除 Au 和 Pt 外，其他金属都能被浓 HNO_3 氧化成硝酸盐。冷浓 HNO_3 与冷浓 H_2SO_4 一样能使 Fe、Cr、Al 等金属钝化。浓 HNO_3 和 HF 的混合物也具有强氧化性和配位性，它能溶解连王水也不能溶解的铌、钽，反应为

$$M + 5HNO_3 + 7HF \xlongequal{} H_2MF_7 + 5NO_2(g) + 5H_2O \quad (M\text{ 为 Nb 或 Ta})$$

浓 HNO_3 与金属反应，不论金属是否活泼，主要还原产物为 NO_2。稀 HNO_3 $(6mol \cdot L^{-1})$ 与不活泼金属如 Cu、Ag、Hg 等反应，反应产物主要为 NO，与活泼金属（如 Zn、Mg 等）反应，产物主要为 N_2O。极稀 HNO_3 与活泼金属 Zn 反应，其还原产物为 NH_4^+。反应如下：

$$Cu + 4HNO_3(\text{浓}) \xlongequal{} Cu(NO_3)_2 + 2NO_2(g) + 2H_2O$$

$$3Cu + 8HNO_3(\text{稀}) \xlongequal{} 3Cu(NO_3)_2 + 2NO(g) + 4H_2O$$

$$4Zn + 10HNO_3(\text{极稀}) \xlongequal{} 4Zn(NO_3)_2 + NH_4NO_3 + 3H_2O$$

多数硝酸盐都是易溶于水的晶体，其水溶液无氧化性，硝酸盐在常温下稳定，但在高温下固体硝酸盐会分解。亚硝酸盐在碱性溶液中比较稳定，它们均溶于水，有毒，是致癌物质。在酸性溶液中，I^- 可被亚硝酸盐氧化成 I_2，I_2 使淀粉液变蓝，可用此法检验 NO_2^-。

12.3.2 磷的重要化合物

磷在空气中燃烧生成 P_2O_5，如果 O_2 不充足，只生成 P_2O_3。P_2O_5 是白色粉末状固体，根据相对分子质量测定它是双聚体 P_4O_{10}，如图 12-7 所示。

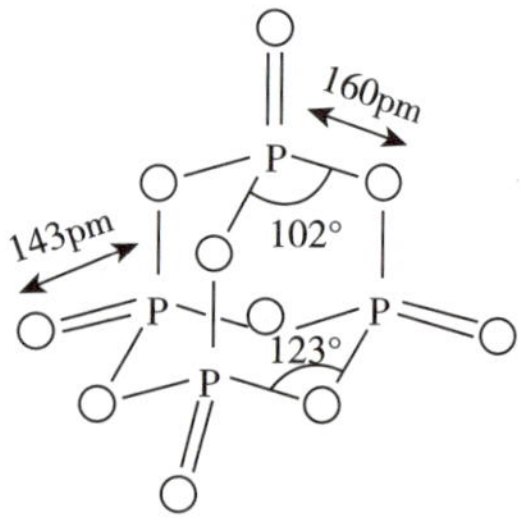

图 12-7 P_4O_{10} 的结构

P_2O_5 吸水性很强，在空气中易潮解，常作干燥剂。P_2O_5 溶于沸水生成正磷酸，溶于冷水生成偏磷酸

$$P_4O_{10} + 6H_2O(\text{沸水}) \xlongequal{} 4H_3PO_4$$

$$P_4O_{10} + 2H_2O(\text{冷水}) \xlongequal{} 4HPO_3$$

H_3PO_4 是无色透明的晶体，极易溶于水，能与水以任意比例混合，是一种无氧化性的中强酸。市售 H_3PO_4 约含 85%H_3PO_4，呈黏稠性。H_3PO_4 为三元酸，能形成三种盐：磷酸二氢盐、磷酸一氢盐和正盐。碱土金属的三种磷酸盐的溶解度为二氢盐>一氢盐>正盐，其他较重金属的三种磷酸盐均难溶于水。

磷酸盐是各种磷肥的主要组成部分，一些重要磷肥见表 12-1。

表 12-1 一些重要磷肥

磷肥名称	主要组成	P_2O_5 含量/%
过磷酸钙	$Ca(H_2PO_4)_2 + CaSO_4 \cdot 2H_2O$	16～18
重过磷酸钙	$Ca(H_2PO_4)_2$	40～50
钙镁磷肥	复杂的钙镁硅酸盐磷酸盐	12～18
脱氟磷肥	$Ca_5(OH)(PO_4)_3$	18～30
硝酸磷肥	$CaHPO_4 + NH_4NO_3 + Ca(NO_3)_2$	P_2O_5 10 N 16

续表

磷肥名称	主要组成	P_2O_5含量/%
安福粉	$(NH_4)_2HPO_4+(NH_4)H_2PO_4$	P_2O_5 18 N 30
磷酸二氢钾	KH_2PO_4	P_2O_5 52 K 30

钾、钠的各种磷酸盐常用于制缓冲溶液。高聚磷酸钠是由 30～90 个 PO_3^- 联结成长链的化合物，其通式为 $Na_{n+2}P_nO_{3n+1}$。它具有显著吸附 Ca^{2+}、Mg^{2+}的能力，是锅炉用水的常用软化剂。焦磷酸根离子（$P_2O_7^{4-}$）有很强的配位能力，可与 Zn^{2+}、Pb^{2+}、Cu^{2+}、Al^{3+}、Fe^{3+}等形成配位离子，常用于电镀工业。三磷酸钠($Na_5P_3O_{10}$)大量用于制洗涤剂，是造成水体富营养化的污染物重要来源。

化学分析中为了掩蔽 Fe^{3+}的干扰，常用 H_3PO_4 作掩蔽剂，生成无色可溶性配合物，如 $H_3[Fe(PO_4)_2]$、$H[Fe(HPO_4)_2]$等；也常用钼酸铵试剂或镁混合试剂鉴定 PO_4^{3-}，其反应为

$$PO_4^{3-}+3NH_4^+ +12MoO_4^{2-}+24H^+ = (NH_4)_3PO_4\cdot 12MoO_3\cdot 6H_2O\downarrow（黄色）+6H_2O$$

$$Mg^{2+}+NH_4^+ +PO_4^{3-} = MgNH_4PO_4\downarrow（白色晶体）$$

磷化合物在生物体内的作用极为重要，它存在于核糖核酸(RNA)和脱氧核糖核酸(DNA)中。这些分子具有储存和传递遗传信息的生理功能，以保证物种的延续和发展。磷还存在于三磷酸腺苷(ATP)等物质中，以储藏生物的能量。

12.3.3 砷的重要化合物

砷的氧化物 As_2O_3 俗称砒霜，是一种剧毒物质。As_2O_3 为白色晶体，微溶于水，其水溶液为亚砷酸。H_3AsO_3 是一种以酸性为主的两性化合物。

H_3AsO_3 在中性或微碱性溶液中是强还原剂，发生如下反应：

$$AsO_4^{3-}+2H_2O+2e^- = AsO_2^-+4OH^- \qquad \varphi^\ominus=-0.71V$$

砷的硫化物 As_2S_3、As_2S_5 都是黄色难溶于水和酸的固体物质，但可溶于 Na_2S 溶液而生成硫代砷酸盐，即

$$As_2S_3+3Na_2S = 2Na_3AsS_3$$

$$As_2S_5+3Na_2S = 2Na_3AsS_4$$

三价砷化合物剧毒，能和生物体内巯基(RSH)反应，阻碍酶的正常作用。五价砷在十分大量时才有毒。砷环境中的毒性与重金属相似，故在环境科学中砷被视为有毒的重金属。

12.4 碳、硅、硼及其化合物

碳、硅是ⅣA 族元素，价电子层构型为 ns^2np^2，它们不易得到或失去电子，主要形成共价化合物。碳元素存在于含碳酸盐的各种矿石中，金刚石、石墨、煤、石油、天然气及大气中的 CO_2 等都含有碳。碳也是组成有机物和动植物体的主要元素之一。碳链是一切有机物的骨架。硅则是组成岩石矿物的主要

元素，如石英、砂及各种硅酸盐。硼是ⅢA 族元素，硼原子的价电子构型为 $2s^2 2p^1$。它在自然界分布很少，在地壳中含量为 0.001%。除以百万分之几的含量在海水中存在外，硼在大多数的土壤中以痕量元素存在。自然界没有游离硼，它存在于硼镁矿（$Mg_2B_2O_5 \cdot H_2O$）和硼砂矿（$Na_2B_4O_7 \cdot 10H_2O$）等矿物中。

12.4.1 碳及其重要化合物

单质碳有石墨、金刚石和碳原子簇（最重要的是 C_{60}）三种同素异形体。

1985 年，克鲁托（Kroto）和斯莫利（Smalley）等发现碳的第三种晶体形态，称为球碳。它是由碳元素结合形成的稳定分子，其分子式为 C_{60}。C_{60} 是由 20 个正六边形和 12 个正五边形镶嵌而成 32 个面和 60 个连接点的球形分子，如图 12-8 所示。

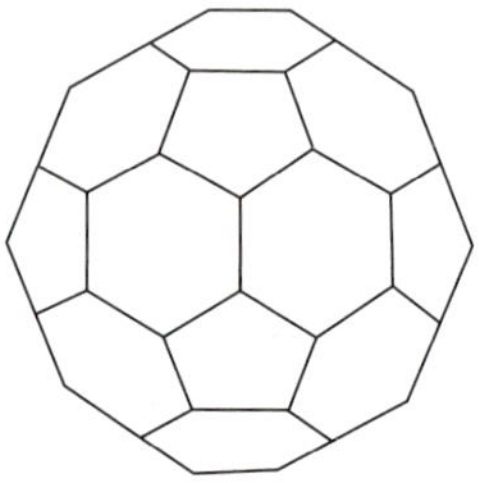

图 12-8 C_{60} 分子的球形结构

在 C_{60} 分子中，每个碳原子以 sp^2 杂化轨道形成三个 σ 键，剩余的 p 轨道相互重叠形成含有 60 个 π 电子的离域 π 键。它是一个稳定的体系。C_{60} 可以合成各种化合物，可以制成掺 K、Rb、Ti 和 Ga 的超导体。C_{60} 可以加 H_2 生成 $C_{60}H_{36}$ 和 $C_{60}H_{18}$ 等物质，这些物质可作润滑剂和耐热、防水材料。C_{60} 还可以和过渡金属形成笼形配合物，这种配合物可作催化剂、药剂等。C_{60} 分子的发现开辟了碳素材料新纪元。除 C_{60} 外，还发现有 C_{24}、C_{70} 等多种球碳类物质。

碳在充足的空气中燃烧生成 CO_2，放出大量的热。但碳在空气不足时，生成 CO 气体。CO 与血液中的血红素结合成一种很稳定的配合物，从而破坏血液的输氧能力，造成 CO 中毒。

CO 具有还原性，微量的 CO 可使 $PdCl_2$ 还原为 Pd 而呈黑色。此反应很灵敏，常用于 CO 的检验，其反应为

$$CO + PdCl_2 + H_2O = Pd + CO_2(g) + 2HCl$$

CO 分子结构为 $:C \overset{\leftarrow}{=} O:$，它的分子中有孤对电子，是很强的配体，能与某些金属原子形成羰基配合物如 $Fe(CO)_5$、$Ni(CO)_4$ 等。

CO_2 是无色无嗅无味的气体，不助燃。它的分子构型为直线形。CO_2 不活泼，常用它作为惰性气体代替空气防止反应物与空气作用。但活泼金属如碱金属和镁在充分加热时能在 CO_2 中燃烧，反应如下：

$$4K + 3CO_2 = 2K_2CO_3 + C$$

CO_2 同金属氧化物的溶液反应生成碳酸盐，再通入过量的 CO_2 则产生可溶性的酸式碳酸盐。

CO_2 的临界温度为 304.25K，加压容易液化。以 CO_2 为主要介质的超临界状态化学是近几年发展起来的新兴学科。

12.4.2 硅的重要化合物

二氧化硅有晶形和无定形两类。晶形称为石英，无色透明的棱柱状石英为水晶。砂粒是混有杂质的石英细粒。硅藻土是无定形二氧化硅。

SiO_2 为原子晶体，这一点与 CO_2 不同，固态 CO_2 为分子晶体。SiO_2 不溶于水，除氢氟酸外，在其他

酸中不溶。SiO_2 的标准摩尔生成焓很大（$\Delta_f H_m^{\ominus}=-910.4kJ\cdot mol^{-1}$），稳定性很好。

SiO_2 为酸性氧化物，能与热的浓碱溶液或熔融的 Na_2CO_3 作用

$$SiO_2 + 2NaOH = Na_2SiO_3 + H_2O$$

$$SiO_2 + Na_2CO_3 \xlongequal{熔融} Na_2SiO_3 + CO_2$$

玻璃内含有 SiO_2，故能被碱腐蚀。Na_2SiO_3 俗称水玻璃。在硅酸盐水溶液中加入酸即会析出硅酸。硅酸应该是 H_4SiO_4，H_2SiO_3 为偏硅酸，习惯上把 H_2SiO_3 称为硅酸。硅酸在水中的溶解度很小，且不稳定，很快凝聚成胶状沉淀硅酸凝胶（$mSiO_2\cdot nH_2O$）。将此凝胶脱水干燥后，即得多孔性固体硅胶。硅胶是很好的干燥剂和吸附剂。实验室精密仪器中常用的干燥剂为含水合 $CoCl_2$ 的变色硅胶。干燥时为蓝色，吸水后为粉红色。

天然硅酸盐是多种多样的，它是构成地壳岩石的最主要成分，其基本结构单元是 SiO_4 四面体（图 12-9）。这些基本单元可以相互联结，组成多种线形、片形或体形结构，构成各种岩石和矿石，如石棉（线形结构）、云母（片形结构）和花岗岩（体形结构）等。土壤黏土矿物和人工合成的分子筛是各种由 SiO_4 和 AlO_4 四面体结构单元组成的复杂铝硅酸盐。它们的通式为 $M_{x/n}(AlO_2)_x(SiO_2)_y\cdot mH_2O$。式中：M 为金属离子，如 K^+、Na^+、Ca^{2+}等。分子筛的比表面积（500～1000$m^2\cdot g^{-1}$）很大，孔径均匀，具有较高机械强度和热稳定性，常用作干燥剂和催化剂。

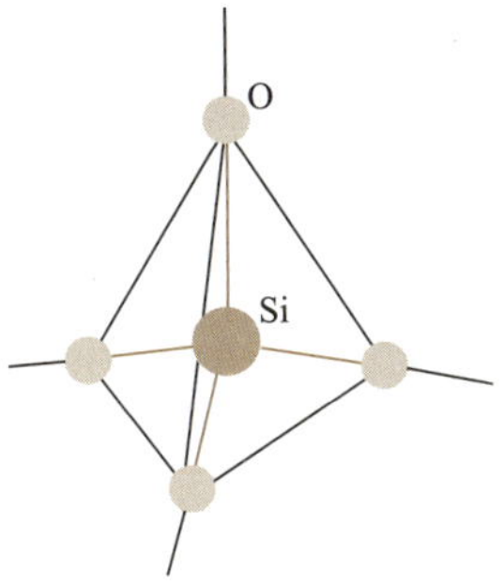

图 12-9 硅氧四面体结构

12.4.3 硼酸及其盐

硼酸为白色片状晶体，微溶于冷水，在热水中溶解度增大。在 H_3BO_3 分子中，B 原子以 sp^2 杂化与 3 个 OH^- 中氧原子形成 σ 键，空间构型为平面三角形。在硼酸晶体中，每个氧原子除以共价键与硼原子和氢原子结合外，还通过氢键与另一个 H_3BO_3 分子结合而联成片状结构（图 12-10）。层与层之间借助范德华力联系在一起，故 H_3BO_3 晶体为鳞片状，具有离解性，可作润滑剂。H_3BO_3 是一元弱酸（$K_a^{\ominus}=7.3\times10^{-10}$），其水溶液呈弱酸性，不是由于它本身离解出 H^+，而是与水分子的 OH^- 结合形成了 $[B(OH)_4]^-$，其反应为

$$B(OH)_3 + H_2O = [B(OH)_4]^- + H^+$$

这种离解方式表现了硼化合物“缺电子”的独特性质。OH^- 的孤对电子填入 B 原子 2p 空轨道形成 $[B(OH)_4]^-$。

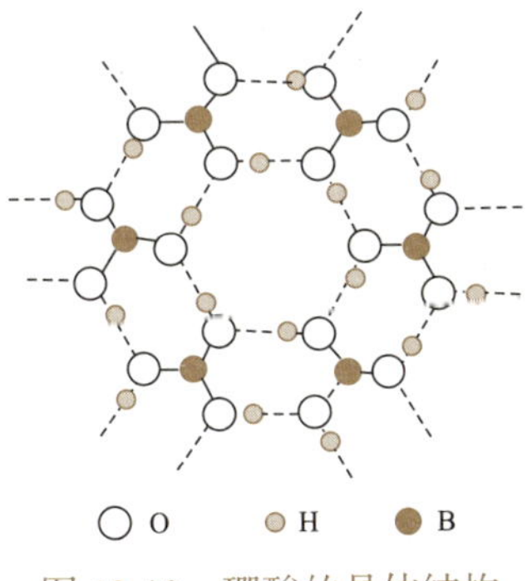

图 12-10 硼酸的晶体结构

硼酸盐中，最重要的是含结晶水的四硼酸钠，俗称硼砂。其化学式习惯写成 $Na_2B_4O_7\cdot 10H_2O$，实际上应为 $Na_2B_4O_5(OH)_4\cdot 8H_2O$。硼砂水溶液呈强碱性。硼砂可以配制缓冲溶液或作基准物质。它也是搪瓷、陶瓷、玻璃工业的重要原料。硼元素在农业上有重要作用，微量硼能促进植物体内碳水化合物的合成和运转，促进生殖器官的正常发育，影响根、穗、叶中 RNA 的形成等。

12.5 稀有气体

氦、氖、氩、氪、氙和氡属于ⅧA族元素，统称稀有气体。它们是单原子分子，分子间存在色散力。除 He 外，其余原子外层都为 8 电子的稳定结构。它们的电子亲和能都接近于零，但离解能都很高，因此在一般情况下化学性质不活泼，也称为“惰性气体”。其部分物理性质如表 12-2 所示。

表 12-2 稀有气体物理性质

性质	He	Ne	Ar	Kr	Xe	Rn
原子半径/pm	122	160	191	198	218	220
I_1/(kJ · mol^{-1})	2372	2081	1521	1351	1170	1037
熔点/K	0.95	24.48	83.95	116.55	161.15	202
沸点/K	4.25	27.25	87.45	120.25	166.05	208
气化热/(kJ · mol^{-1})	0.09	1.8	6.3	9.7	13.7	18

由表 12-2 可知，稀有气体的熔点、沸点及气化热都很低，且随原子序数增大而升高。这是因为它们分子间色散力很小，而且随原子序数增大而增大。稀有气体在空气中含量极微。稀有气体很不活泼，电阻小，易于激发和发光，因此在光学上有广泛应用，并逐步应用到冶炼和医学等领域。

氦(He)是除 H_2 外最轻的气体，又具有不燃性，使用安全，因此常用 He 填充气球和飞艇。He 还是所有已知物中沸点最低的，因此，它常用于超低温技术中，还用于制 He-Ne 激光器。

氖(Ne)在电场激发下产生美丽的红光，故用于制造氖灯和霓虹灯。

氩(Ar)在空气中含量比其他稀有气体都高，热导系数小，又具有惰性，被广泛用于填充电灯泡。

氪(Kr)常用于填充电离室及测量宇宙辐射，Kr 和 Xe 的同位素在医学上用于测定脑血量和研究肺功能以及计算胰岛素分泌量等方面。

氙(Xe)比 Ar 的热导系数还小，在电场激发下发出强烈的白光，“高压长弧灯”就是利用该特性制造的。氙灯能发出紫外线，因而用于医学上。

氡(Rn)常用于辐射治疗。测量地下水中氡的含量可能用于预报地震。

稀有气体化合物中主要是氙化物。1962 年，首先合成了 Xe[PtF_6]，随后又合成了 XeF_2、XeF_4、XeF_6 及 XeO_3、XeO_4 等。这些化合物都具有很强的氧化性。

12.6 碱金属与碱土金属

12.6.1 概述

元素周期表中ⅠA 族金属元素称为碱金属，包括 Li、Na、K、Rb、Cs、Fr 六种元素，其中 Fr 为放射性元素。ⅡA 族包括 Be、Mg、Ca、Sr、Ba、Ra 六种元素，统称碱土金属，其中 Ra 也是放射性元素。

碱金属及碱土金属元素原子的价电子层结构分别为 ns^1 和 ns^2，分别易失去 1 个电子和 2 个电子形成离子化合物。这两族元素的许多性质变化都很有规律(参阅第 4 章)。

碱金属和钙、锶、钡或它们的挥发性盐在无色火焰中灼烧时，会产生特征的焰色。

离子	Li^+	Na^+	K^+	Rb^+	Cs^+	Ca^{2+}	Sr^{2+}	Ba^{2+}
颜色	红	黄	紫	紫红	紫红	橙红	红	黄绿

焰色反应可以作为离子鉴定的方法之一。

12.6.2 氧化物和氢氧化物

碱金属在过量空气中燃烧时，可以生成三种类型氧化物。

(1)普通氧化物。通式为 M_2O，如 Li_2O、Na_2O、K_2O 等。

(2)过氧化物。通式为 M_2O_2，如 Na_2O_2、K_2O_2 等。

(3)超氧化物。通式为 MO_2，如 KO_2、RbO_2、CsO_2 等。

过氧化物以 Na_2O_2 最有实用意义。Na_2O_2 为黄色粉末，它与水或稀酸作用生成 H_2O_2，H_2O_2 进而分解放出 O_2。

Na_2O_2 可广泛用作氧气发生剂和漂白剂，也可作为高空飞行和潜水时的供氧剂。

超氧化物以 KO_2 最重要，是很好的供氧剂，常用于急救中。

碱土金属在常温和加热时可直接与氧化合成氧化物。碱土金属在过量的氧气中不形成过氧化物。镁在空气中易与氧气作用，在金属表面生成坚固而致密的 MgO 薄膜，可以阻止 Mg 的继续氧化。当加热时，镁与空气中的氧气剧烈反应而燃烧，并放出含紫外线的耀眼白光，可用于制造照明弹和照相镁灯，MgO 在水中难溶。Ca、Sr、Ba 的氧化物都是白色固体，它们与水反应生成氢氧化物，并放出大量的热。

碱金属氢氧化物都是白色固体，易溶于水且完全离解，呈强碱性。从 Li 到 Cs 碱性逐渐增强。除 LiOH 外，其余氢氧化物热稳定性好。它们对皮肤有腐蚀性，称为苛性碱。NaOH 又称烧碱，是实验室常用重要试剂，也是重要的工业原料。它能除去气体中酸性物质，具有溶解某些金属氧化物和非金属氧化物的能力，并能溶解某些单质，如两性金属铝和锌。它也能与许多金属离子作用生成难溶的氢氧化物或氧化物沉淀。

工业分析中常将 NaOH 作熔解矿石原料的试剂。化学分析中常用它作金属离子的沉淀剂或用来分离金属离子。

碱土金属氢氧化物中，最重要的是 $Ca(OH)_2$。它的溶解度不大，且随温度升高而减小。因其价廉，在工业及建筑上被广泛使用。较重要的碱土金属氢氧化物还有 $Mg(OH)_2$、$Mg(OH)_2$ 悬浊液，它们在兽医临床上作为调节胃酸过多的药剂。碱金属和碱土金属氢氧化物均易潮解，在空气中吸收 CO_2 生成碳酸盐。

12.6.3 盐类

在碱金属盐类中较重要的是钠盐和钾盐。绝大多数钠盐和钾盐都是离子型晶体。无论是在晶体还是在水溶液中，它们的离子都是无色的。其共同特征是易溶于水，且在水中完全离解。只有少数钠和钾的盐是难溶的，这些难溶盐一般都是由大阴离子组成。例如，乙酸铀酰锌钠 $NaAc \cdot ZnAc_2 \cdot 3UO_2(Ac)_2 \cdot 9H_2O$(淡黄)、亚硝酸钴钠钾 $K_2Na[Co(NO_2)_6]$(亮黄色)、酒石酸氢钾 $KHC_4H_4O_6$(白色结晶状)、四苯硼酸钾 $K[B(C_6H_5)_4]$(白色)。可利用这些难溶盐的生成来鉴定 Na^+、K^+。

大多数钠盐、钾盐具有较高的热稳定性。卤化物在高温时只挥发不分解。硫酸盐在高温时难挥发难分解，只有硝酸盐的热稳定性较差。

碱土金属盐比碱金属盐的溶解度小，铍盐多数都是易溶的，镁盐有部分易溶。而钙、锶、钡的盐则多为难溶，依 Ca→Sr→Ba 的顺序，硫酸盐和铬酸盐的 $K_{sp}^{\ominus}$ 值递减。

碱土金属碳酸盐在常温下是稳定的(除 $BeCO_3$ 外)，只有在强热的情况下，才能分解为相应的氧化物并放出 CO_2。

碱土金属的碳酸盐、草酸盐、铬酸盐、磷酸盐均能溶于稀的强酸(如盐酸)中，碳酸盐甚至溶于乙酸。铍盐和可溶性钡盐均有毒。

12.7 过渡金属元素

12.7.1 过渡元素的通性

过渡元素包括ⅠB～ⅦB 和Ⅷ族元素。它们在周期表中位于 s 区元素与 p 区元素之间。过渡元素原子的共同特点是价电子一般依次分布在次外层的 d 轨道上，最外层只有 1～2 个电子(Pd 例外)，较易失去，其价层电子构型为 $(n-1)d^{1\sim10}ns^{1\sim2}$[Pd 为 $(n-1)d^{10}ns^{0}$]。

1. 可变的氧化数

过渡元素在形成化合物时，不仅最外层 s 电子可以失去，而且次外层 d 电子也可以部分或全部失去，除 Zn 外，过渡元素都表现出可变的氧化数，且大多数连续变化。例如，Mn 的氧化数可以从+2 连续变化到+7。高氧化数的金属元素多以酸根阴离子的形式存在，如 MnO_4^-、$Cr_2O_7^{2-}$。表 12-3 列出了第四周期过渡元素的主要氧化数。

表 12-3 第四周期过渡元素的主要氧化数

元素	Sc	Ti	V	Cr	Mn	Fe	Co	Ni	Cu	Zn
氧化数		+2	+2	+2	<u>+2</u>	<u>+2</u>	<u>+2</u>	<u>+2</u>	+1	<u>+2</u>
	<u>+3</u>	+3	+3	<u>+3</u>	+3	<u>+3</u>	+3	+3	<u>+2</u>	
		<u>+4</u>	<u>+4</u>		<u>+4</u>					
			<u>+5</u>							
				<u>+6</u>	<u>+6</u>	<u>+6</u>				
					<u>+7</u>					

注：表中数字加下划线者为稳定氧化数。

周期表中，从上往下，高氧化态化合物趋向稳定。例如，ⅥB 族中第四周期的 $Cr_2O_4^{2-}$ (或 $Cr_2O_7^{2-}$)是强氧化剂，而第五、六周期的 MoO_4^{2-} 和 WO_4^{2-} 的稳定性较好，氧化能力较弱。

2. 水合离子多带有颜色

大多数过渡金属元素的离子在(n-1)轨道上都具有成单的电子，这些电子在可见光范围内容易发生 d-d 跃迁，在形成水合离子时呈现出不同的颜色。第四周期过渡元素低氧化态水合离子的颜色见表 12-4。

表 12-4 第四周期过渡元素低氧化态水合离子的颜色

离子	Sc^{3+}	Ti^{3+}	Ti^{4+}	V^{2+}	V^{3+}	Cr^{3+}	Mn^{2+}	Fe^{2+}	Fe^{3+}	Co^{2+}	Ni^{2+}	Cu^{2+}	Zn^{2+}
d 电子数	d^0	d^1	d^0	d^3	d^2	d^3	d^5	d^6	d^5	d^7	d^8	d^9	d^{10}
成单 d 电子数	0	1	0	3	2	3	5	4	5	3	2	1	0
颜色	无	紫红	无	紫	绿	绿	肉色	浅绿	黄棕	粉红	绿	浅蓝	无

3. 容易形成配合物

过渡元素的原子或离子具有同一能级组成的空的价电子轨道，即$(n-1)$d、ns、np 轨道，它们的能量相近，可以杂化接受配体的孤对电子成键。加上它们的原子半径较小且有效核电荷较大，对配体有较强的吸引力，所以过渡元素有很强的形成配合物的倾向，如氟配合物、氨配合物、羟基配合物等。

过渡元素在性质上有别于其他类型元素，是由于它们具有未充满的 d 轨道。

12.7.2 铜、银和锌、汞

1. 铜、银及其重要化合物

铜和银是周期表中ⅠB 族元素。铜为紫红色金属，富有延展性，是导热、导电性能良好的金属。铜在干燥空气中很稳定，有 CO_2 及潮湿的空气时，则在表面生成绿色碱式碳酸铜(俗称“铜绿”)，反应为

$$2Cu + O_2 + H_2O + CO_2 = Cu_2(OH)_2CO_3$$

铜不溶于非氧化性稀酸，能与 HNO_3 及热浓 H_2SO_4 作用。

铜主要用于制造合金，如黄铜、白铜、青铜等，还用于作导电材料。铜是生物体必需的微量元素之一，称为“生命元素”。

银在空气中稳定，其表面具有极强的反光能力。但是银与含有硫化氢的空气接触时，表面因蒙上一层 Ag_2S 而发暗，这是银币和银首饰变暗的原因。反应如下：

$$4Ag + 2H_2S + O_2 = 2Ag_2S + 2H_2O$$

与铜相似，银可溶解于硝酸和热的浓 H_2SO_4 中。

无水 $CuSO_4$ 为白色粉末，易溶于水，吸水性强，吸水后显示特征的蓝色，通常利用这一性质检验乙醇或乙醚中是否含水，并可借此除去微量的水。

$CuSO_4 \cdot 5H_2O$ 俗称胆矾，其结构式为$[Cu(H_2O)_4]SO_4 \cdot H_2O$，其结构式如图 12-11 所示。

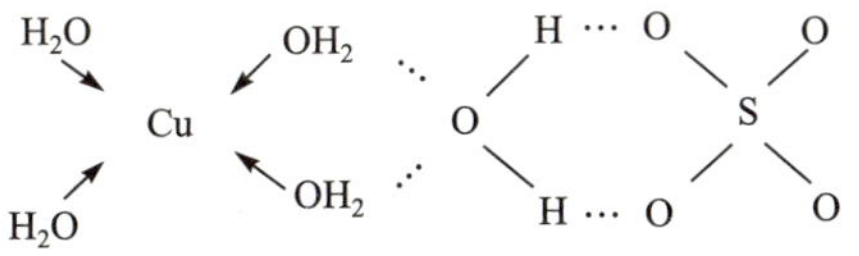

图 12-11 $CuSO_4 \cdot 5H_2O$ 结构式

银的化合物中，$AgNO_3$ 是常用的可溶性银盐，为无色晶体。在日光照射下逐步分解出金属银，反应如下：

$$2AgNO_3 \xlongequal{\text{光}} 2Ag + 2NO_2(g) + O_2(g)$$

故 $AgNO_3$ 应保存在棕色瓶中。$AgNO_3$ 具有氧化性，遇微量的有机物即被还原为黑色单质银。一旦皮肤沾上 $AgNO_3$ 溶液，就会出现黑色斑点。

硫酸铜是制备其他铜化合物的重要原料，在电解和电镀中作电镀液和电解液，纺织工业用作媒染剂。$CuSO_4$ 具有杀菌能力，用于蓄水池、游泳池中防止藻类生长，农业上用 $CuSO_4$ 和石灰乳混合配制的混合液消灭植物病害。

$AgNO_3$ 是一种重要的分析试剂，用来测定 Cl^-、Br^-、I^-、CN^-、SCN^- 等。$AgNO_3$ 在医学上常用作消毒剂和腐蚀剂，也用于制造照相底片上的卤化银。

2. 锌、汞及其重要化合物

锌、汞是周期表ⅡB 族元素。锌呈浅蓝白色，汞是银白色的液态金属，有“水银”之称。锌在潮湿空气中，表面生成一层致密碱式碳酸盐 $Zn(OH)_2 \cdot ZnCO_3$，起保护作用，使锌有防腐蚀的性能，故铜、铁等制品表面常镀锌防腐。

汞受热均匀膨胀，不润湿玻璃，用于制造温度计。汞在空气中比较稳定，只有加热至沸腾时才慢慢生成氧化汞（HgO）。汞溶于硝酸和浓硫酸，即

$$Hg + 2H_2SO_4(浓) \xlongequal{\triangle} HgSO_4 + SO_2(g) + 2H_2O$$

$$3Hg + 8HNO_3(稀) = 3Hg(NO_3)_2 + 2NO(g) + 4H_2O$$

汞能溶解许多金属形成汞齐，汞齐是汞的合金。钠汞齐与水反应放出氢气，在有机合成中常用作还原剂。在冶金工业中用汞齐法回收贵重金属。

$Zn(OH)_2$ 同 Zn 一样，显两性。$Zn(OH)_2$ 溶于酸和过量的强碱反应式为

$$Zn(OH)_2 + 2H^+ = Zn^{2+} + 2H_2O$$

$$Zn(OH)_2 + 2OH^- = [Zn(OH)_4]^{2-}$$

$Zn(OH)_2$ 能溶于 $NH_3 \cdot H_2O$ 中形成 $[Zn(NH_3)_4]^{2+}$ 配离子，反应式为

$$Zn(OH)_2 + 4NH_3 = [Zn(NH_3)_4]^{2+} + 2OH^-$$

无水 $ZnCl_2$ 为白色固体，它的吸水性很强，极易溶于水。在 $ZnCl_2$ 浓溶液中，由于形成配位酸 $H[ZnCl_2(OH)]$ 而使溶液呈酸性，能溶解金属氧化物，反应如下：

$$ZnCl_2 + H_2O = H[ZnCl_2(OH)]$$

$$Fe_2O_3 + 6H[ZnCl_2(OH)] = 2Fe[ZnCl_2(OH)]_3 + 3H_2O$$

在用焊锡焊接金属之前，常用浓 $ZnCl_2$ 溶液除金属表面的氧化物。$ZnCl_2$ 还可用作有机合成的脱水剂、缩合剂、催化剂、染料工业的媒染剂、农药及木材防腐剂。

$HgCl_2$ 俗称升汞，为无色晶体，溶于水，有剧毒。$HgCl_2$ 的致死量为 0.3g。由于 $HgCl_2$ 杀菌力很强，其稀溶液常用作消毒剂。

$HgCl_2$ 不与酸反应，但与碱反应生成黄色的 HgO，反应如下：

$$HgCl_2 + 2NaOH = HgO(s) + 2NaCl + H_2O$$

在 $HgCl_2$ 稀溶液中加入稀氨水，可生成白色氨基氯化汞沉淀，其反应式为

$$HgCl_2 + 2NH_3 = HgNH_2Cl(s) + NH_4Cl$$

酸性溶液中，$HgCl_2$ 是较强的氧化剂，能还原 $SnCl_2$。

Hg_2Cl_2 俗称甘汞，为白色粉末，微溶于水，少量服用对人、畜无害，常作轻泻剂和利尿剂。甘汞是制甘汞电极的主要材料。Hg_2Cl_2 在光照射下易分解，反应为

$$Hg_2Cl_2 \xlongequal{\text{光和热}} Hg + HgCl_2$$

$HgCl_2$分子结构为直线形，亚汞离子应为Hg_2^{2+}。Hg_2Cl_2与$NH_3 \cdot H_2O$反应生成氨基氯化汞和汞，使沉淀显灰色，反应为

$$\underset{\text{白色}}{Hg_2Cl_2 + 2NH_3 = HgNH_2Cl(s)} + \underset{\text{黑色}}{Hg(s)} + NH_4Cl$$

在$Hg(NO_3)_2$溶液中加入KI可产生橘红色HgI_2沉淀，HgI_2溶于过量KI中，形成无色的$[HgI_4]^{2-}$配离子，反应如下：

$$Hg^{2+} + 2I^- = HgI_2(s)$$

$$HgI_2 + 2I^- = [HgI_4]^{2-}$$

$[HgI_4]^{2-}$的碱性溶液称为奈斯勒试剂，在实验室中用于检测NH_4^+。

12.7.3 铬、钼和锰

1. 铬、钼及其重要化合物

铬和钼是周期表ⅥB族元素。金属铬具有银白色光泽，熔点高。在所有的金属中，铬的硬度最大。铬有高硬度、耐磨、耐腐蚀等优良性能，用于制造合金和不锈钢。铬是人体必需的微量元素之一，但铬的化合物是有毒的，尤以Cr(Ⅵ)最为严重，且有致癌作用。在处理含铬的废液时不得任意排放，以免污染环境。

铬的价层电子构型为$3d^54s^1$，有多种氧化数的型态，其中以氧化数为+3、+6的化合物最重要。

Cr_2O_3是两性物质，溶于酸生成铬盐，溶于强碱形成亚铬酸盐：

$$Cr_2O_3 + 3H_2SO_4 = Cr_2(SO_4)_3 + 3H_2O$$

$$Cr_2O_3 + 2NaOH + 3H_2O = 2Na[Cr(OH)_4]$$

Cr_2O_3是冶炼铬的原料，还是一种绿色颜料(俗称铬绿)，广泛用于陶瓷、玻璃制品的着色。

钾、钠的铬酸盐和重铬酸盐是最重要的铬盐。K_2CrO_4为黄色晶体，$K_2Cr_2O_7$为橙红色晶体，均易溶于水， 在水溶液中存在下列平衡：

$$\underset{\text{黄色}}{2CrO_4^{2-}} + 2H^+ \underset{OH^-}{\overset{H^+}{\rightleftharpoons}} \underset{\text{橙红色}}{Cr_2O_7^{2-}} + H_2O$$

实验证明，当pH=11时，Cr(Ⅵ)几乎100%以CrO_4^{2-}形式存在；当pH=1.2时，则完全以$Cr_2O_7^{2-}$形式存在。

重铬酸盐(如$K_2Cr_2O_7$)在酸性溶液中有强氧化性，能氧化H_2S、H_2SO_3、KI、$FeSO_4$等许多物质，本身被还原为Cr^{3+}。例如

$$Cr_2O_7^{2-} + 6Fe^{2+} + 14H^+ = 2Cr^{3+} + 6Fe^{3+} + 7H_2O$$

三氧化钼为白色晶体，难溶于水，但能溶于碱液生成含氧酸盐。反应如下：

$$MoO_3 + 2NH_3 \cdot H_2O = (NH_4)_2MoO_4 + H_2O$$

可溶性钼酸盐用强酸酸化时，可析出水合钼酸$H_2MoO_4 \cdot H_2O$，它受热脱水变成白色无水钼酸。

钼酸盐在酸性溶液中易脱水缩合，形成复杂的多钼酸根离子，酸性越强，缩合程度越大，最后析出MoO_3沉淀。

$$[MoO_4]^{2-} \xrightarrow{pH=6} [Mo_7O_{24}]^{6-} \xrightarrow{pH=1.5\sim2.9} [Mo_8O_{26}]^{4-} \xrightarrow{pH<1} [MoO_3 \cdot 2H_2O]$$

钼酸根　　　　七钼酸根　　　　八钼酸根　　　　水合三氧化钼

多钼酸根离子组成的酸为同多酸，即可看成由若干个水分子和两个或两个以上的酸酐所组成，如 $H_2Mo_4O_{13}$ 可看作 $4MoO_3 \cdot H_2O$。由两个不同成酸元素的含氧酸分子缩水而成的多酸称为杂多酸。例如，12-磷钼酸铵 $(NH_4)_3[P(Mo_{12}O_{40})] \cdot 6H_2O$ 是杂多酸盐，俗称磷钼黄。通常利用此盐呈难溶于水的黄色晶状沉淀来定性或定量测定 MoO_4^{2-} 或 PO_4^{3-}。

$$12\,MoO_4^{2-} + 3NH_4^+ + HPO_4^{2-} + 23H^+ = 6H_2O + (NH_4)_3[P(Mo_{12}O_{40})] \cdot 6H_2O \downarrow$$

或写成 $(NH_4)_3PO_4 \cdot 12MoO_3 \cdot 6H_2O$

钼是生物体内黄嘌呤氧化酶和硝酸还原酶的组成成分，固氮酶中也含有钼，它是植物生长的一种关键元素。

七钼酸根 $[Mo_7O_{24}]^{6-}$ 的基本结构单元是 MoO_6 八面体。Mo 位于八面体中心，6 个 O 原子位于八面体 6 个顶角，如图 12-12(a)。整个离子由 7 个八面体构成，每个八面体通过氧原子（八面体的一条棱边）与相邻的八面体连接，如图 12-12(b) 所示。

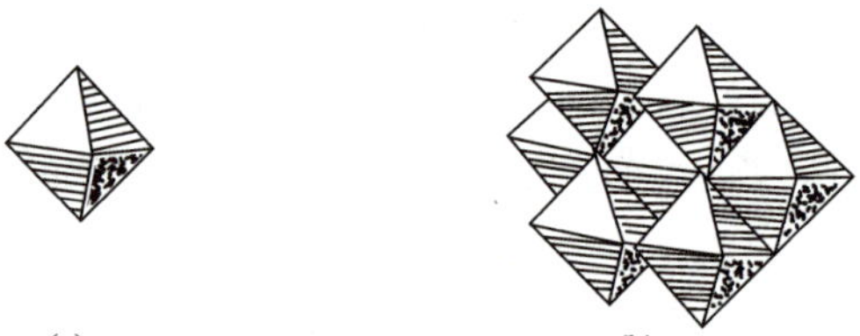

(a)　　　　(b)

图 12-12　MoO_6 八面体结构(a)和七钼酸根 $[Mo_7O_{24}]^{6-}$(b)的结构

2. 锰的重要化合物

锰的价电子构型为 $3d^54s^2$，有多种氧化数，以氧化数为+2、+4 和+7 的化合物较重要。

锰的氧化数及其水合物的酸碱性递变规律是过渡元素中最典型的。随锰的氧化数升高，碱性逐渐减弱，酸性逐渐增强。

碱性增强 ←

MnO	Mn_2O_3	MnO_2	MnO_3	Mn_2O_7
$Mn(OH)_2$	$Mn(OH)_3$	$Mn(OH)_4$	H_2MnO_4	$HMnO_4$

→

在酸性介质中 Mn^{3+} 和 MnO_4^{2-} 容易发生歧化反应

$$2Mn^{3+} + 2H_2O = Mn^{2+} + MnO_2(s) + 4H^+$$

$$3MnO_4^{2-} + 4H^+ = 2MnO_4^- + MnO_2(s) + 2H_2O$$

再可以通过锰的元素电势图（$\varphi^\ominus$/V）看出

酸性介质

$$MnO_4^- \xrightarrow{0.564} MnO_4^{2-} \xrightarrow{2.26} MnO_2 \xrightarrow{0.95} Mn^{3+} \xrightarrow{1.5} Mn^{2+} \xrightarrow{-1.182} Mn$$

碱性介质

$$MnO_4^- \xrightarrow{0.564} MnO_4^{2-} \xrightarrow{0.60} MnO_2 \xrightarrow{-0.10} Mn(OH)_3 \xrightarrow{-0.40} Mn(OH)_2 \xrightarrow{-1.47} Mn$$

$$MnO_4^- \xrightarrow{0.588} MnO_2$$

Mn^{2+} 较稳定，不易被氧化，也不易被还原。MnO_4^- 和 MnO_2 具有强氧化性。$KMnO_4$ 是紫黑色晶体，易溶于水，呈现MnO_4^-特征颜色。$KMnO_4$在酸性溶液中及光的作用下会分解析出MnO_2，故$KMnO_4$必须保存在棕色瓶中。

$KMnO_4$在化学工业中用于生产维生素C、糖精等，在轻化工业中用作纤维、油脂的漂白剂和脱色剂，医疗上用作杀菌毒剂，在日常生活中可用于饮食用具、器皿、蔬菜、水果等消毒。锰对植物的呼吸和光合作用有意义，能促进种子发芽和幼菌早期生长。锰肥是一种微量元素肥料。

12.7.4 铁和钴

铁和钴是Ⅷ族第一列元素，铁和钴原子的价电子层构型分别是$3d^64s^2$和$3d^74s^2$。铁在化合物中的氧化数主要为+2和+3，其中以氧化数为+3的化合物较稳定，此时铁(Ⅲ)的外电子层为$3d^5$半满稳定结构。钴在化合物中的氧化数为+2、+3，以氧化数为+2的化合物较稳定。铁和钴的元素电势图如下：

酸性介质 $FeO_4^{2-}\xrightarrow{+2.20}Fe^{3+}\xrightarrow{+0.771}Fe^{2+}\xrightarrow{-0.447}Fe$

($\varphi^\ominus$/V) $Co^{3+}\xrightarrow{+1.83}Co^{2+}\xrightarrow{-0.28}Co$

碱性介质 $FeO_4^{2-}\xrightarrow{+0.72}Fe(OH)_3\xrightarrow{-0.56}Fe(OH)_2\xrightarrow{-0.877}Fe$

($\varphi^\ominus$/V) $Co(OH)_3\xrightarrow{+0.17}Co(OH)_2\xrightarrow{-0.73}Co$

由元素电势图可知，Fe、Co能从非氧化性酸中置换出H_2(Co的反应较慢)。冷浓H_2SO_4、浓HNO_3可使Fe、Co钝化。

氧化数为+2的Fe^{2+}和Co^{2+}通常以水合离子形式存在，$[Fe(H_2O)_6]^{2+}$呈浅绿色，$[Co(H_2O)_6]^{2+}$呈粉红色，它们在水溶液中都有微弱的水解，使溶液呈酸性，其反应为

$$[Fe(H_2O)_6]^{2+}+H_2O \rightleftharpoons [Fe(H_2O)_5(OH)]^{+}+H_3O^{+}$$

$$[Co(H_2O)_6]^{2+}+H_2O \rightleftharpoons [Co(H_2O)_5(OH)]^{+}+H_3O^{+}$$

铁和钴的盐溶液与碱反应，能形成相应的氢氧化物。$Fe(OH)_2$易被空气中的氧气氧化成红棕色的$Fe(OH)_3$。$Co(OH)_2$在空气中与$Fe(OH)_2$一样被氧化，生成黑色的$Co(OH)_3$。

常用铁盐有 $FeSO_4\cdot 7H_2O$(俗称绿矾)、$FeCl_3\cdot 6H_2O$ 及硫酸亚铁铵$(NH_4)_2SO_4\cdot FeSO_4\cdot 6H_2O$。$FeSO_4\cdot 7H_2O$在空气中逐渐风化失去一部分水，且表面易氧化生成碱式硫酸铁，反应式为

$$4FeSO_4+2H_2O+O_2 = 4Fe(OH)SO_4$$

$(NH_4)_2SO_4\cdot FeSO_4\cdot 6H_2O$俗称莫尔(Mohr)盐，它比相应的亚铁盐稳定，不易被氧化，是分析化学中常用的还原剂，用于标定$Cr_2O_7^{2-}$或MnO_4^-。

$FeSO_4\cdot 7H_2O$在农业上用作杀菌剂，可防治小麦病害；医药上作内服药剂治疗缺铁性贫血；工业上用于制造蓝墨水和防腐剂、媒染剂。

$[Fe(H_2O)]^{3+}$呈黄色，它的水溶液呈酸性。Fe^{3+}具有氧化性，能被$SnCl_2$、H_2S、I^-、SO_2、Fe等还原。

$FeCl_3\cdot 6H_2O$为深黄色固体，易潮解，易溶于水。$FeCl_3$是共价键占优势的化合物，它的蒸气中含有双聚分子Fe_2Cl_6(其结构与Al_2Cl_6相似)。在酸性溶液中，$FeCl_3$为中等强度的氧化剂，它能氧化Cu成Cu^{2+}，氧化Fe成Fe^{2+}。工业上常用$FeCl_3$溶液在铁制品上刻蚀字样，在铜制品上制造印刷电路。

$K_4[Fe(CN)_6]\cdot 3H_2O$是黄色晶体，俗称黄血盐。在化学分析上用来检验Fe^{3+}，发生如下反应：

$$K^{+}+Fe^{3+}+[Fe(CN)_6]^{4-} = \underset{\text{蓝色}}{KFe[Fe(CN)_6](s)}$$

$K_3[Fe(CN)_6]$俗称赤血盐，为深红色的晶体，可作油漆、油墨的颜料。它遇 Fe^{2+}也生成蓝色沉淀。经 X 射线衍射实验证明，上两种蓝色沉淀物均为[KFe(Ⅲ)$(CN)_6$Fe(Ⅱ)]的晶体。

$CoCl_2 \cdot 6H_2O$ 是常用的钴盐，在受热脱水过程中伴有颜色的变化：

$$\underset{\text{粉红色}}{CoCl_2 \cdot 6H_2O} \xlongequal{325.3K} \underset{\text{紫红色}}{CoCl_2 \cdot 2H_2O} \xlongequal{363K} \underset{\text{紫蓝色}}{CoCl_2 \cdot H_2O} \xlongequal{393K} \underset{\text{蓝色}}{CoCl_2}$$

应用上述性质可制造温度计。另外，常将 $CoCl_2$ 掺入硅胶中制得变色硅胶，作为精密仪器的干燥剂。

Co^{3+}不稳定，有很强的氧化性，但它在氨水中相当稳定，不易被还原。事实上，配离子$[Co(NH_3)_6]^{2+}$在空气中不稳定，会慢慢被氧化为红棕色的配离子$[Co(NH_3)_6]^{3+}$，反应式为

$$4[Co(NH_3)_6]^{2+}+O_2+2H_2O = 4[Co(NH_3)_6]^{3+}+4OH^-$$

12.8 稀土元素及其应用

稀土金属包括原子序数从 57～71 的 15 个镧系元素及与之性质相似的钪、钇，共 17 种元素，统称为稀土元素。常用符号“RE”表示。

12.8.1 稀土金属的性质

稀土元素的性质列于表 12-5。除 Sc 和 Y 外，稀土元素位于周期表的 f 区，其价电子层结构为 $(n-2)f^{0\sim14}_{(n-1)}d^{0\sim2}6s^2$，它们与其他元素化合时，通常失去最外层的 2 个 s 电子和次外层的 1 个 d 电子，所以正常的氧化数为+3。稀土的金属活泼性仅次于ⅠA、ⅡA 族元素，其中镧(La)最活泼。稀土金属都是强还原剂，且氧化数为+3 的离子无论是晶体还是在水溶液中大多数都有颜色。

表 12-5 稀土元素主要性质

原子序数	元素名称	元素符号	原子半径/pm	+3 价离子半径/pm	主要氧化数	+3 价离子的颜色	$\varphi^\ominus$ (M^{3+}/M)/V
21	钪	Sc	160.6	73.2	+3	无色	-2.08
39	钇	Y	181.0	89.3	+3	无色	-2.37
57	镧	La	187.7	101.6	+3	无色	-2.52
58	铈	Ce	182.5	103.4	+3，+4	无色	-2.48
59	镨	Pr	182.8	101.3	+3，+4	绿	-2.46
60	钕	Nd	182.1	99.5	+3	浅紫	-2.43
61	钷	Pm	(181.0)	(97.9)	+3	桃红	-2.42
62	钐	Sm	180.2	96.4	+2，+3	黄	-2.41
63	铕	Eu	204.2	95.0	+2，+3	很浅桃红	-2.41
64	钆	Gd	180.2	93.8	+3	无色	-2.40
65	铽	Tb	170.2	92.3	+3，+4	浅桃红	-2.39

续表

原子序数	元素名称	元素符号	原子半径/pm	+3价离子半径/pm	主要氧化数	+3价离子的颜色	$\varphi^{\ominus}(M^{3+}/M)/V$
66	镝	Dy	177.3	90.8	+3，+4	黄	-2.35
67	钬	Ho	176.6	89.4	+3	黄	-2.32
68	铒	Er	175.7	88.1	+3	玫瑰红	-2.30
69	铥	Tm	174.6	87.0	+2，+3	浅绿	-2.28
70	镱	Yb	194.0	85.8	+2，+3	无色	-2.27
71	镥	Lu	173.4	85.0	+3	无色	-2.26

稀土元素的原子半径从Sc到La依次增大，这是由于电子层数增多。从La到Lu原子半径和离子半径逐渐减小(表12-5)。这种镧系元素的原子半径和离子半径随着原子序数的增加而逐渐减小的现象称为“镧系收缩”。它是无机化学中的一个重要现象。镧系收缩使锆(Zr)和铪(Hf)、铌(Nh)和钽(Ta)、钼(Mo)和钨(W)原子半径和离子半径非常接近，物理性质、化学性质也极为相似，从而造成这三对元素在分离上的困难。

稀土元素的化学性质很活泼，与水作用放出H_2，与O_2燃烧时放出大量的热，生成不溶性氧化物。氧化稀土和稀土金属都能与酸作用生成相应的盐。稀土氯化物与硝酸盐的吸湿性很强，容易潮解。稀土硫酸盐的溶解度小且有与碱金属硫酸盐作用生成硫酸复盐的特性。其化学式为

$$M[RE(SO_4)_2]\cdot xH_2O$$

式中：M为碱金属；RE为稀土元素。

镧系元素的盐类多数都含有结晶水，草酸盐$[RE_2(C_2O_4)_3]$是最重要的镧系盐类之一。

12.8.2 稀土元素的应用

稀土元素用途非常广泛，且由早期用“混合稀土”发展到目前利用单一稀土，并渗透到现代科学技术的各个领域，成为发展高新技术所必需的物质。

稀土元素在一定条件下可促进作物生根、发芽、增加作物叶绿素含量和增强光合速率，提高作物对氮、磷等元素的吸收和运输。稀土微肥的施用还可增强作物的抗逆性和影响一些生物酶的活性，提高作物的产量，加速作物成熟和改良某些作物品质。

稀土元素在环境保护方面也得到应用。工农业生产及城市居民生活中排放的含磷污水，可造成水体富营养化。经研究，在污水中加入$La(NO_3)_3$可除去磷酸盐。为了减少燃烧废气对环境的污染，目前认为H_2是理想的燃料。如果用H_2作燃料，必须解决H_2的制备价廉和储存方便的问题。稀土合金LaNi具有良好的吸氢和析氢性能，是极好的储氢材料。

稀土元素具有特殊的催化作用。稀土催化剂已广泛用于化学工业和石油化学工业中。稀土分子筛催化剂可使石油裂化反应的催化效率和寿命大为提高。

稀土金属在电子材料、电磁材料、陶瓷的颜色及耐高温性能、发光材料、原子能材料及超导体技术等新技术中的应用日益广泛。

目前人们对稀土元素在生命科学中的作用实质了解仍是不够的。稀土元素开发和应用潜力很大，发展前景十分广阔。

习　题

12-1 选择题(只有一个正确答案，请选出正确的选项)

1. 下列物质中与 Cl_2 作用能生成漂白粉的是(　　)。

A.$CaCO_3$　　B.$CaSO_4$　　C.$Mg(OH)_2$　　D.$Ca(OH)_2$

2. 铝在地壳中含量高，它在自然界的主要存在形式是(　　)。

A.铝单质　　B.$Al_2O_3 \cdot 2H_2O$　　C.$NaAlO_2$　　D.明矾

3. 氯气中毒时，可以吸入何种物质作解毒剂(　　)。

A.乙醚蒸气　　B.氧气和乙醚的混合气体

C.水蒸气和酒精蒸气的混合气体　　D.酒精和乙醚的混合蒸气

4. 高层大气中的臭氧层保护了人类生存的环境，其作用是(　　)。

A.消毒　　B.漂白　　C.保温　　D.吸收紫外线

5. $K_2Cr_2O_7$ 可用于检测司机酒后开车，是因为(　　)。

A.生成乙醇合物　　B.乙醇将重铬酸钾分解

C.乙醇将重铬酸钾还原　　D.变成黄色的铬酸钾

12-2 从 H_2O_2 的结构及元素电势图说明它既可作氧化剂又可作还原剂，举例写出有关的化学反应式。

12-3 Cl_2 能从 KI 中置换出 I_2，但 I_2 又能从 $KClO_3$ 中置换出 Cl_2，而生成 KIO_3，这是否矛盾？为什么？试用反应式说明。

12-4 实验室中为什么不能长久保存 H_2S、Na_2S 及 Na_2SO_3 溶液？

12-5 硼酸在水溶液中是如何显酸性的？为什么硼酸是一元酸而不是三元酸？

12-6 (1)计算通入 H_2S 达饱和，使溶液中 Zn^{2+} 以 ZnS 形式完全沉淀，pH 应为多少？[$K_{sp}^{\ominus}(ZnS)=2.5\times10^{-22}$]

(2)若用 MnO_2 与盐酸反应，能顺利地生成 Cl_2，盐酸的最低浓度是多少？

(3)已知 $\varphi^{\ominus}(AsO_4^{3-}/AsO_3^{3-})=0.58V$，$\varphi^{\ominus}(I_2/I^-)=0.54V$。当 $c(AsO_4^{3-})=c(AsO_3^{3-})=c(I^-)=1mol\cdot L^{-1}$ 时，对下面反应

$$AsO_4^{3-}+2I^-+2H^+ = AsO_3^{3-}+I_2+H_2O$$

求：①该反应的平衡常数；②pH=5 时，该反应的电池电动势 E 和 Δ_rG_m。

12-7 有一能溶于水的白色固体，其水溶液有下述实验现象：

(1)焰色反应为黄色。

(2)能使酸化的 $KMnO_4$ 溶液褪色，再加入 $BaCl_2$ 溶液时产生不溶于稀 HNO_3 的白色沉淀。

(3)加入硫磺粉并加热，硫溶解成无色溶液。该溶液能使碘水褪色，并能溶解 AgCl 或 AgBr，酸化该溶液时产生乳白色或黄色沉淀。

白色固体为何物？写出有关反应式。

12-8 用反应式说明下列实验现象。

(1)向含有 Fe^{2+}的溶液中加入 NaOH 溶液后生成灰绿色沉淀，逐渐变成棕红色。

(2)过滤后，沉淀用盐酸溶解，溶液呈黄色。

(3) 向黄色溶液中加几滴 KSCN 溶液，立即变成血红色，再通入 SO_2，则红色消失。

(4) 向红色消失的溶液中滴加 $KMnO_4$ 溶液，其紫色会褪去。

(5) 最后加入黄血盐溶液时，生成蓝色沉淀。

12-9 在 $AgNO_3$ 溶液中加入 NaCl，生成白色沉淀 A，A 溶于过量氨水生成 B。在 B 的溶液中加入 KBr，生成淡黄色沉淀 C，C 溶于 $Na_2S_2O_3$ 溶液生成 D。D 与 KI 反应生成黄色沉淀 E，E 溶于 KCN 溶液生成 F，在 F 溶液中通入 H_2S 生成黑色沉淀 G。说明 A～G 各是什么物质，并写出各步的离子反应式。

12-10 铬的某化合物 A 是橙红色溶于水的固体，将 A 用浓盐酸处理，产生黄绿色有刺激性的气体 B 和暗绿色溶液 C。在 C 中加入 KOH 溶液，先生成灰绿色沉淀 D，继续加入过量 KOH，则沉淀消失，变成绿色溶液 E，在 E 中加入 H_2O_2，加热则生成黄色溶液 F，F 用稀酸酸化，又变成原来的化合物 A。A～F 各是什么物质？并写出每步变化的反应式。

12-11 根据测定，血液中所含的血红素其组成为 5.20%氢、12.6%氧、8.80%氮、8.80%铁和 64.6%碳，并已知其相对分子质量为 633，求其分子式。

12-12 解释下列问题：

(1) Co^{3+}盐没有 Co^{2+}盐稳定，而配离子的稳定性恰相反，为什么？

(2) 当 Na_2CO_3 溶液作用于 $FeCl_3$ 溶液时，为什么得到的是 $Fe(OH)_3$，而不是 $Fe_2(CO_3)_3$?

(3) 蓝色硅胶受潮后变红色，在烘箱加热后又会变为蓝色。

12-13 The precipitate was produced when NH_4Cl solution was added into solution of sodium silicate. Write the reaction equation.

12-14 $BaCrO_4$ precipitate was produced when $BaCl_2$ solution was added into acid $K_2Cr_2O_7$ solution. Write the reaction equation.

主要参考文献

陈虹锦. 2008. 无机与分析化学. 2 版. 北京：科学出版社

陈若愚，朱建飞. 2007. 无机与分析化学. 大连：大连理工大学出版社

呼世斌，黄蔷蕾. 2005. 无机及分析化学. 2 版. 北京：高等教育出版社

贾之慎. 2008. 无机及分析化学. 2 版. 北京：高等教育出版社

贾之慎. 2010. 无机及分析化学. 北京：中国农业大学出版社

南京大学. 2006. 无机及分析化学. 4 版. 北京：高等教育出版社

王日为. 2008. 无机及分析化学Ⅰ. 北京：科学出版社

徐勉懿. 2008. 无机及分析化学. 武汉：武汉大学出版社

颜秀茹，肖新亮. 2004. 无机及分析化学. 天津：天津大学出版社

张仕勇. 2000. 无机及分析化学. 杭州：浙江大学出版社

钟国清，朱云云. 2006. 无机及分析化学. 北京：科学出版社

Li N，Hefferren J J，Li K A. 2009. Quantitative Chemical Analysis. Beijing：Beijing University Press

Miessler G L，Tarr D A. 2010. Inorganic Chemistry. 4th ed. New Jersey：Prentice Hall

Robinson W R. 1997. General Chemistry With Qualitative Analysis. Boston：Houghton Mifflin Harcourt

Skoog D A，West D M，Holler F J，et al. 2003. Fundamentals of Analytical Chemistry. Pacific Grove：Brooks Cole

附　　录

附录 I　常见物质的 $\Delta_f H_m^{\ominus}$、$\Delta_f G_m^{\ominus}$、$S_m^{\ominus}$ (298.15K，100kPa)

物质	$\Delta_f H_m^{\ominus}$ /(kJ · mol^{-1})	$\Delta_f G_m^{\ominus}$ /(kJ · mol^{-1})	$S_m^{\ominus}$ /(J · mol^{-1} · K^{-1})
Ag(s)	0	0	42.55
AgCl(s)	−127.07	−109.80	96.2
AgBr(s)	−100.4	−96.9	107.1
Ag_2CrO_4(s)	−731.74	−641.83	218
AgI(s)	−61.84	−66.19	115
Ag_2O(s)	−31.1	−11.2	121
$AgNO_3$(s)	−124.4	−33. 47	140.9
Al(s)	0.0	0.0	28.33
$AlCl_3$(s)	−704.2	−628.9	110.7
α-Al_2O_3(s)	−1676	−1582	50.92
B(s，β)	0	0	5.86
B_2O_3(s)	−1272.8	−1193.7	53.97
Ba(s)	0	0	62.8
$BaCl_2$(s)	−858.6	−810.4	123.7
BaO(s)	−548.10	−520.41	72.09
$Ba(OH)_2$(s)	−944.7	—	—
$BaCO_3$(s)	−1216	−1138	112
$BaSO_4$(s)	−1473	−1362	132
Br_2(l)	0	0	152.23
Br_2(g)	30.91	3.14	245.35
Ca(s)	0	0	41.2
CaF_2(s)	−1220	−1167	68.87
$CaCl_2$(s)	−795.8	−748.1	105
CaO(s)	−635.09	−604.04	39.75

续表

物质	$\Delta_f H_m^\ominus$ /(kJ · mol^{-1})	$\Delta_f G_m^\ominus$ /(kJ · mol^{-1})	$S_m^\ominus$ /(J · mol^{-1} · K^{-1})
$Ca(OH)_2$(s)	−986.09	−898.56	83.39
$CaCO_3$(s，方解石)	−1206.92	−1128.8	92.88
$CaSO_4$(s，无水石膏)	−1434.1	−1321.9	107
C(石墨)	0	0	5.74
C(金刚石)	1.987	2.900	2.38
CO(g)	−110.53	−137.15	197.56
CO_2(g)	−393.51	−394.36	213.64
CO_2(aq)	−413.8	−386.0	118
CCl_4(l)	−135.4	−65.2	216.4
CH_3OH(l)	−238.7	−166.4	127
C_2H_5OH(l)	−277.7	−174.9	161
HCOOH(l)	−424.7	−361.4	129.0
CH_3COOH(l)	−484.5	−390	160
CH_3CHO(l)	−192.3	−128.2	160
CH_4(g)	−74.81	−50.75	186.15
C_2H_2(g)	226.75	209.20	200.82
C_2H_4(g)	52.26	68.12	219.5
C_2H_6(g)	−84.68	−32.89	229.5
C_3H_8(g)	−103.85	−23.49	269.9
C_6H_6(g)	82.93	129.66	269.2
C_6H_6(l)	49.03	124.50	172.8
Cl_2(g)	0	0	222.96
Co(s)(a，六方)	0	0	30.04
$Co(OH)_2$(s，桃红)	−539.7	−454.4	79
Cr(s)	0	0	23.8
Cr_2O_3(s)	−1140	−1058	81.2
Cu (s)	0	0	33.15
Cu_2O(s)	−169	−146	93.14
CuO(s)	−157	−130	42.63
Cu_2S(s，α)	−79.5	−86.2	121
CuS(s)	−53.1	−53.6	66.5
$CuSO_4$(s)	−771.36	−661.9	109

续表

物质	$\Delta_f H_m^\ominus$ /(kJ · mol^{-1})	$\Delta_f G_m^\ominus$ /(kJ · mol^{-1})	$S_m^\ominus$ /(J · mol^{-1} · K^{-1})
$CuSO_4 \cdot 5H_2O$(s)	−2279.7	−1880.06	300
F_2(g)	0	0	202.7
Fe(s)	0	0	27.3
Fe_2O_3(s，赤铁矿)	−824.2	−742.2	87.40
Fe_3O_4(s，磁铁矿)	−1120.9	−1015.46	146.44
H_2(g)	0	0	130.57
HCl(g)	−92.31	−95.30	186.80
HBr(g)	−36.40	−53.43	198.70
HI(g)	25.9	1.30	206.48
HNO_3(l)	−174.1	−80.79	155.6
H_2O(l)	−285.84	−237.19	69.94
H_2O(g)	−241.82	−228.59	188.72
H_2O_2(l)	−187.8	−120.4	-
H_2O_2(aq)	−191.2	−134.1	144
H_2S(g)	−20.6	−33.6	205.7
H_2S(aq)	−40	−27.9	121
H_2SO_4(l)	−813.99	−690.10	156.90
Hg(l)	0	0	77.4
Hg(g)	61.32	31.85	174.8
HgO(s，红)	−90.83	−58.56	70.29
HgS(s，红)	−58.2	−50.6	82.4
$HgCl_2$(s)	−224	−179	146
Hg_2Cl_2(s)	−265.2	−210.78	192
I_2(s)	0	0	116.14
I_2(g)	62.438	19.36	260.6
K(s)	0	0	64.18
KCl(s)	−436.75	−409.2	82.59
KI(s)	−327.90	−324.89	106.32
KOH(s)	−424.76	−379.1	78.87
$KClO_3$(s)	−397.7	−296.3	143
$KMnO_4$(s)	−837.2	−737.6	171.7
Mg(s)	0	0	32.68

续表

物质	$\Delta_f H_m^\ominus$ /(kJ · mol^{-1})	$\Delta_f G_m^\ominus$ /(kJ · mol^{-1})	$S_m^\ominus$ /(J · mol^{-1} · K^{-1})
$MgCl_2$(s)	−641.32	−591.83	89.62
MgO(s，方镁石)	−601.70	−569.44	26.9
$Mg(OH)_2$(s)	−924.54	−833.58	63.18
$MgCO_3$(s，菱美石)	−1096	−1012	65.7
$MgSO_4$(s)	−1258	−1171	91.6
Mn(s，α)	0	0	32.0
MnO_2(s)	−520.03	−465.18	53.05
$MnCl_2$(s)	−481.29	−440.53	118.2
Na(s)	0	0	51.21
NaCl(s)	−411.15	−384.15	72.13
NaOH(s)	−425.61	−379.53	64.45
Na_2CO_3(s)	−1130.7	−1044.5	135.0
NaI(s)	−287.8	−286.1	98.53
Na_2O_2(s)	−510.87	−447.69	94.98
NH_3(g)	−46.11	−16.5	192.3
NH_4Cl(s)	−314.4	−203.0	94.56
NH_4NO_3(s)	−365.6	−184.0	151.1
$(NH_4)_2SO_4$(s)	−901.90	–	187.5
N_2(g)	0	0	191.5
NO(g)	90.25	86.57	210.65
NO_2(g)	33.2	51.30	240.0
N_2O(g)	82.05	104.2	219.7
N_2O_4(g)	9.16	97.82	304.2
O_3(g)	143	163	238.8
O_2(g)	0	0	205.03
P(s，白)	0	0	41.09
P(s，红，三斜)	−17.6	−12.1	22.8
PCl_3(g)	−287	−268.0	311.7
PCl_5(s)	−443.5	–	–
Pb(s)	0	0	64.81
PbO(s，黄)	−215.33	−187.90	68.70
PbO_2(s)	−277.40	−217.36	68.62

续表

物质	$\Delta_f H_m^\ominus$ / (kJ · mol^{-1})	$\Delta_f G_m^\ominus$ / (kJ · mol^{-1})	$S_m^\ominus$ / (J · mol^{-1} · K^{-1})
S(s，斜方)	0	0	31.8
S(s，单斜)	0.33	–	–
SO_2(g)	–296.83	–300.19	248.1
SO_3(g)	–395.7	–371.1	256.6
Si(s)	0	0	18.8
SiO_2(s，石英)	–910.94	–856.67	41.84
SiF_4(g)	–1614.9	–1572.7	282.4
Sn(s，白)	0	0	51.55
Sn(s，灰)	–2.1	0.13	44.14
$SnCl_2$(s)	–325	–	–
$SnCl_4$(s)	–511.3	–440.2	259
Zn(s)	0	0	41.6
ZnO(s)	–348.3	–318.3	43.64
$ZnCl_2$(aq)	–488.19	–409.5	0.8
ZnS(s，闪锌矿)	–206.0	–201.3	57.7

附录Ⅱ　弱酸、弱碱的离解平衡常数 $K^\ominus$

弱电解质	t/℃	离解常数	弱电解质	t/℃	离解常数
AgOH	25	$K_b^\ominus = 1\times10^{-2}$	C_6H_5COOH	25	$K_a^\ominus = 6.28\times10^{-5}$
$Al(OH)_3$	25	$K_{b_1}^\ominus = 5\times10^{-9}$	$C_6H_4OHCOOH$	25	$K_{a_1}^\ominus = 1.0\times10^{-3}$
	25	$K_{b_2}^\ominus = 2.0\times10^{-10}$	CH_3COOH	25	$K_a^\ominus = 1.76\times10^{-5}$
$Be(OH)_2$	25	$K_{b_1}^\ominus = 1.78\times10^{-6}$	$CH_2ClCOOH$	25	$K_a^\ominus = 1.4\times10^{-3}$
	25	$K_{b_2}^\ominus = 2.5\times10^{-9}$	$CHCl_2COOH$	25	$K_a^\ominus = 3.32\times10^{-2}$
CCl_3COOH	25	$K_a^\ominus = 0.23$	$(CH_2NH_2)_2$	25	$K_{b_1}^\ominus = 8.5\times10^{-5}$
$CH_2(COOH)_2$ (琥珀酸)	25	$K_{a_1}^\ominus = 6.21\times10^{-5}$		25	$K_{b_2}^\ominus = 7.1\times10^{-8}$
	25	$K_{a_2}^\ominus = 2.31\times10^{-6}$	C_5H_5N(乙二胺)	25	$K_b^\ominus = 1.7\times10^{-9}$
C_6H_5OH	20	$K_a^\ominus = 1.0\times10^{-10}$	$(CH_2)_6N_4$ (六次甲基四胺)	25	$K_b^\ominus = 1.4\times10^{-9}$

续表

弱电解质	t/℃	离解常数	弱电解质	t/℃	离解常数
$C_7H_6O_3$（水杨酸）	25	$K_a^\ominus=2.2\times10^{-14}$	H_2S	18	$K_{a_1}^\ominus=9.1\times10^{-8}$
$C_8H_6O_4$（邻苯二甲酸）	25	$K_{a_1}^\ominus=1.1\times10^{-3}$		18	$K_{a_2}^\ominus=1.1\times10^{-12}$
		$K_{a_2}^\ominus=3.91\times10^{-6}$	H_2SO_4	25	$K_{a_2}^\ominus=1.2\times10^{-2}$
$C_6H_5NH_2$	25	$K_b^\ominus=3.98\times10^{-10}$	H_2SO_3	18	$K_{a_1}^\ominus=1.54\times10^{-2}$
$Ca(OH)_2$	25	$K_{b_2}^\ominus=6\times10^{-2}$		18	$K_{a_2}^\ominus=1.02\times10^{-7}$
HBrO	25	$K_a^\ominus=2.06\times10^{-9}$	H_2SiO_3	30	$K_{a_1}^\ominus=2.2\times10^{-10}$
HCOOH	25	$K_a^\ominus=1.77\times10^{-4}$		30	$K_{a_2}^\ominus=2\times10^{-12}$
$[CH(OH)COOH]_2$（酒石酸）	25	$K_{a_1}^\ominus=9.20\times10^{-4}$	H_3AsO_4	18	$K_{a_1}^\ominus=5.62\times10^{-3}$
	25	$K_{a_2}^\ominus=4.31\times10^{-5}$		18	$K_{a_2}^\ominus=1.70\times10^{-7}$
HCN	25	$K_a^\ominus=4.93\times10^{-10}$		18	$K_{a_3}^\ominus=3.95\times10^{-12}$
HClO	18	$K_a^\ominus=2.95\times10^{-5}$	H_3BO_3	20	$K_a^\ominus=7.3\times10^{-10}$
HF	25	$K_a^\ominus=3.53\times10^{-4}$	$H_3C_6H_5O_7$（柠檬酸）	20	$K_{a_1}^\ominus=7.1\times10^{-4}$
HIO_3	25	$K_a^\ominus=1.69\times10^{-1}$		20	$K_{a_2}^\ominus=1.68\times10^{-5}$
HIO	25	$K_a^\ominus=2.3\times10^{-11}$		20	$K_{a_3}^\ominus=4.1\times10^{-7}$
HNO_2	12.5	$K_a^\ominus=4.6\times10^{-4}$	H_3PO_4	25	$K_{a_1}^\ominus=7.52\times10^{-3}$
H_2CO_3	25	$K_{a_1}^\ominus=4.30\times10^{-7}$		25	$K_{a_2}^\ominus=6.23\times10^{-8}$
	25	$K_{a_2}^\ominus=5.61\times10^{-11}$		25	$K_{a_3}^\ominus=4.4\times10^{-13}$
$H_2C_2O_4$	25	$K_{a_1}^\ominus=5.9\times10^{-2}$	NH_4^+	25	$K_a^\ominus=5.64\times10^{-10}$
	25	$K_{a_2}^\ominus=6.4\times10^{-5}$	$NH_3\cdot H_2O$	25	$K_b^\ominus=1.77\times10^{-5}$
H_2CrO_4	25	$K_{a_1}^\ominus=1.8\times10^{-1}$	NH_2OH	25	$K_b^\ominus=9.1\times10^{-9}$
	25	$K_{a_2}^\ominus=3.20\times10^{-7}$	$Zn(OH)_2$	25	$K_{b_1}^\ominus=8\times10^{-7}$
H_2O_2	25	$K_a^\ominus=2.4\times10^{-12}$			

附录Ⅲ 常见难溶电解质的溶度积$K_{sp}^{\ominus}$(298.15K)

化合物	$K_{sp}^{\ominus}$	化合物	$K_{sp}^{\ominus}$	化合物	$K_{sp}^{\ominus}$
AgBr	5.35×10^{-13}	CdS	1.40×10^{-29}	$Mn(OH)_2$	2.06×10^{-13}
AgCN	5.97×10^{-17}	$Co(OH)_2$(粉红)	1.09×10^{-15}	MnS	4.65×10^{-14}
AgCl	1.77×10^{-10}	$Co(OH)_2$(蓝)	5.92×10^{-15}	$NiCO_3$	1.42×10^{-7}
AgI	8.51×10^{-17}	CoS(α)	4.0×10^{-21}	$Ni(OH)_2$	5.47×10^{-16}
AgSCN	1.03×10^{-12}	CoS(β)	2.0×10^{-25}	NiS	1.07×10^{-21}
Ag_2CO_3	8.45×10^{-12}	CuS	1.27×10^{-36}	$Ni_3(PO_4)_2$	4.73×10^{-32}
$Ag_2C_2O_4$	5.40×10^{-12}	CuBr	6.27×10^{-9}	$PbCO_3$	1.46×10^{-13}
Ag_2CrO_4	1.12×10^{-12}	CuC_2O_4	4.43×10^{-10}	PbC_2O_4	8.51×10^{-10}
α-Ag_2S	6.69×10^{-50}	CuCl	1.72×10^{-7}	$PbCl_2$	1.17×10^{-5}
β-Ag_2S	1.09×10^{-49}	CuI	1.27×10^{-12}	PbF_2	7.12×10^{-7}
Ag_2SO_3	1.49×10^{-14}	Cu_2S	2.26×10^{-48}	$PbCrO_4$	1.77×10^{-14}
Ag_2SO_4	1.20×10^{-5}	$Fe(OH)_2$	4.87×10^{-17}	PbI_2	8.49×10^{-9}
Ag_3AsO_4	1.03×10^{-22}	$Fe(OH)_3$	2.64×10^{-39}	$Pb(OH)_2$	1.42×10^{-20}
$Al(OH)_3$	1.1×10^{-33}	$FePO_4\cdot2H_2O$	9.92×10^{-29}	PbS	9.04×10^{-29}
$BaCO_3$	2.58×10^{-9}	FeS	1.59×10^{-19}	$PbSO_4$	1.82×10^{-8}
$BaCrO_4$	1.17×10^{-10}	HgI_2	2.82×10^{-29}	PdS	2.03×10^{-58}
$BaSO_4$	1.07×10^{-10}	$Hg(OH)_2$	3.13×10^{-26}	PtS	9.91×10^{-74}
$BiAsO_4$	4.43×10^{-10}	HgS(黑)	6.44×10^{-53}	$Sn(OH)_2$	5.45×10^{-27}
Bi_2S_3	1.82×10^{-99}	HgS(红)	2.00×10^{-53}	SnS	3.25×10^{-28}
$CaCO_3$	4.96×10^{-9}	Hg_2Cl_2	1.45×10^{-18}	$SrCO_3$	5.60×10^{-10}
$CaC_2O_4\cdot H_2O$	2.34×10^{-9}	Hg_2I_2	5.33×10^{-29}	SrF_2	4.33×10^{-9}
CaF_2	1.46×10^{-10}	Hg_2SO_4	7.99×10^{-7}	$SrSO_4$	3.44×10^{-7}
$Ca(OH)_2$	4.68×10^{-6}	$MgCO_3$	6.82×10^{-6}	$Sr_3(AsO_4)$	4.29×10^{-19}
$CaSO_4$	7.10×10^{-5}	MgF_2	7.42×10^{-11}	$ZnCO_3$	1.19×10^{-10}
$Ca_3(PO_4)_2$	2.07×10^{-33}	$Mg(OH)_2$	5.61×10^{-12}	γ-$Zn(OH)_2$	6.86×10^{-17}
$CdCO_3$	6.18×10^{-12}	$Mg_3(PO_4)_2$	9.86×10^{-25}	β-$Zn(OH)_2$	7.71×10^{-17}
CdF_2	6.44×10^{-3}	$MgNH_4PO_4$	2.5×10^{-13}	ε-$Zn(OH)_2$	4.12×10^{-17}
$Cd(OH)_2$	5.27×10^{-15}	$MnCO_3$	2.24×10^{-11}	ZnS	2.93×10^{-25}

资料引自：Weast R C. 1988～1989. CRC Handbook of Chemistry and Physics. 69th ed. Boca Raton: CRC Press, Inc., 207-208。

附录Ⅳ 常用的缓冲溶液

pH	配制方法
0	1mol · L^{-1} HCl[1)]
1	0.1mol · L^{-1} HCl
2	0.01mol · L^{-1} HCl
3.6	NaAc · $3H_2O$ 8g，溶于适量水中，加 6mol · L^{-1} HAc 134mL，稀释至 500mL
4.0	NaAc · $3H_2O$ 20g，溶于适量水中，加 6mol · L^{-1} HAc 134mL，稀释至 500mL
4.5	NaAc · $3H_2O$ 32g，溶于适量水中，加 6mol · L^{-1} HAc 68mL，稀释至 500mL
5.0	NaAc · $3H_2O$ 50g，溶于适量水中，加 6mol · L^{-1} HAc 34mL，稀释至 500mL
5.7	NaAc · $3H_2O$ 100g，溶于适量水中，加 6mol · L^{-1} HAc 13mL，稀释至 500mL
7	NH_4Ac 77g，用水溶解后，稀释至 500mL
7.5	NH_4Cl 60g，溶于适量水中，加 15 mol · L^{-1}氨水 1.4mL，稀释至 500mL
8.0	NH_4Cl 50g，溶于适量水中，加 6mol · L^{-1}氨水 3.5mL，稀释至 500mL
8.5	NH_4Cl 40g，溶于适量水中，加 6mol · L^{-1}氨水 8.8mL，稀释至 500mL
9.0	NH_4Cl 35g，溶于适量水中，加 6mol · L^{-1}氨水 24mL，稀释至 500mL
9.5	NH_4Cl 30g，溶于适量水中，加 6mol · L^{-1}氨水 65mL，稀释至 500mL
10.0	NH_4Cl 27g，溶于适量水中，加 6mol · L^{-1}氨水 197mL，稀释至 500mL
10.5	NH_4Cl 9g，溶于适量水中，加 6mol · L^{-1}氨水 175mL，稀释至 500mL
11	NH_4Cl 3g，溶于适量水中，加 6mol · L^{-1}氨水 207mL，释释至 500mL
12	0.01mol · L^{-1} NaOH[2)]
13	0.1mol · L^{-1} NaOH

1）Cl^-对测定有妨碍时，可用 NO_3^- 。

2）Na^+对测定有妨碍时，可用 K^+。

附录V 常见配离子的稳定常数 $K_f^\ominus$(298.15K)

配离子	$K_f^\ominus$	配离子	$K_f^\ominus$
$[Ag(CN)_2]^-$	1.3×10^{21}	$[Fe(CN)_6]^{4-}$	1.0×10^{35}
$[Ag(NH_3)_2]^+$	1.1×10^{7}	$[Fe(CN)_6]^{3-}$	1.0×10^{42}
$[Ag(SCN)_2]^-$	3.7×10^{7}	$[Fe(C_2O_4)_3]^{3-}$	2×10^{20}
$[Ag(S_2O_3)_2]^{3-}$	2.9×10^{13}	$[Fe(NCS)]^{2+}$	2.2×10^{3}
$[Al(C_2O_4)_3]^{3-}$	2.0×10^{16}	$[FeF_6]^{3-}$	1.13×10^{12}
$[AlF_6]^{3-}$	6.9×10^{19}	$[HgCl_4]^{2-}$	1.2×10^{15}
$[Cd(CN)_4]^{2-}$	6.0×10^{18}	$[Hg(CN)_4]^{2-}$	2.5×10^{41}
$[CdCl_4]^{2-}$	6.3×10^{2}	$[HgI_4]^{2-}$	6.8×10^{29}
$[Cd(NH_3)_4]^{2+}$	1.3×10^{7}	$[Hg(NH_3)_4]^{2+}$	1.9×10^{19}
$[Cd(SCN)_4]^{2-}$	4.0×10^{3}	$[Ni(CN)_4]^{2-}$	2.0×10^{31}
$[Co(NH_3)_6]^{2+}$	1.3×10^{5}	$[Ni(NH_3)_4]^{2+}$	9.1×10^{7}
$[Co(NH_3)_6]^{3+}$	2×10^{35}	$[Pb(CH_3COO)_4]^{2-}$	3×10^{8}
$[Co(NCS)_4]^{2-}$	1.0×10^{3}	$[Pb(CN)_4]^{2-}$	1.0×10^{11}
$[Cu(CN)_2]^-$	1.0×10^{24}	$[Zn(CN)_4]^{2-}$	5×10^{16}
$[Cu(CN)_4]^{3-}$	2.0×10^{30}	$[Zn(C_2O_4)_2]^{2-}$	4.0×10^{7}
$[Cu(NH_3)_2]^+$	7.2×10^{10}	$[Zn(OH)_4]^{2-}$	4.6×10^{17}
$[Cu(NH_3)_4]^{2+}$	2.1×10^{13}	$[Zn(NH_3)_4]^{2+}$	2.9×10^{9}
$FeCl_3$	98		

摘自：Lange's Handbook of Chemistry. 13th ed. 1985(5)：71-91。

附录Ⅵ 标准电极电势(298.15K)

一、在酸性溶液中

电极反应	$\varphi^\ominus$ / V	电极反应	$\varphi^\ominus$ / V
$Li^++e^-=Li$	-3.040 1	$Mo^{3+}+3e^-=Mo$	-0.200
$Rb^++e^-=Rb$	-2.98	$AgI+e^-=Ag+I^-$	-0.152 24
$K^++e^-=K$	-2.931	$Sn^{2+}+2e^-=Sn$	-0.137 5
$Cs^++e^-=Cs$	-2.92	$Pb^{2+}+2e^-=Pb$	-0.126 2
$Ba^{2+}+2e^-=Ba$	-2.912	$Fe^{3+}+3e^-=Fe$	-0.037
$Sr^{2+}+2e^-=Sr$	-2.89	$2H^++2e^-=H_2$	0
$Ca^{2+}+2e^-=Ca$	-2.868	$AgBr+e^-=Ag+Br^-$	0.071 33
$Na^++e^-=Na$	-2.71	$S_4O_6^{2-}+2e^-=2S_2O_3^{2-}$	0.08
$La^{3+}+3e^-=La$	-2.522	$S+2H^++2e^-=H_2S(aq)$	0.142
$Ce^{3+}+3e^-=Ce$	-2.483	$Sn^{4+}+2e^-=Sn^{2+}$	0.151
$Mg^{2+}+2e^-=Mg$	-2.372	$Cu^{2+}+e^-=Cu^+$	0.153
$Y^{3+}+3e^-=Y$	-2.372	$SO_4^{2-}+4H^++2e^-=H_2SO_3+H_2O$	0.172
$AlF_6^{3-}+3e^-=Al+6F^-$	-2.069	$AgCl+2e^-=Ag+Cl^-$	0.222 33
$Be^{2+}+2e^-=Be$	-1.847	$Hg_2Cl_2+2e^-=2Hg+2Cl^-$	0.268 08
$Al^{3+}+3e^-=Al$	-1.662	$Cu^{2+}+2e^-=Cu$	0.341 9
$SiF_6^{2-}+4e^-=Si+6F^-$	-1.24	$Cu^{2+}+2e^-=Cu(Hg)$	0.345
$Mn^{2+}+2e^-=Mn$	-1.185	$[Fe(CN)_6]^{3-}+e^-=[Fe(CN)_6]^{4-}$	0.358
$Cr^{2+}+2e^-=Cr$	-0.913	$Ag_2CrO_4+2e^-=2Ag+CrO_4^{2-}$	0.447 0
$H_3BO_3+H^++3e^-=B+3H_2O$	-0.869 8	$H_2SO_3+4H^++4e^-=S+H_2O$	0.449
$Zn^{2+}+2e^-=Zn(Hg)$	-0.762 8	$Ag_2C_2O_4+2e^-=2Ag+C_2O_4^{2-}$	0.464 7
$Zn^{2+}+2e^-=Zn$	-0.761 8	$Cu^++e^-=Cu$	0.521
$Cr^{3+}+3e^-=Cr$	-0.744	$I_2+2e^-=2I^-$	0.535 5
$Fe^{2+}+2e^-=Fe$	-0.447	$I_3^-+2e^-=3I^-$	0.536
$Cd^{2+}+2e^-=Cd$	-0.403 0	$H_3AsO_4+2H^++2e^-=HAsO_2+2H_2O$	0.560
$PbSO_4+2e^-=Pb+SO_4^{2-}$	-0.358 8	$AgAc+e^-=Ag+Ac^-$	0.643
$Co^{2+}+2e^-=Co$	-0.28	$Ag_2SO_4+2e^-=2Ag+SO_4^{2-}$	0.654
$Ni^{2+}+2e^-=Ni$	-0.257	$O_2+2H^++2e^-=H_2O_2$	0.682

续表

电极反应	$\varphi^\ominus$ / V	电极反应	$\varphi^\ominus$ / V
$Fe^{3+}+e^- = Fe^{2+}$	0.771	$BrO_3^- +6H^+ +6e^- = Br^- +3H_2O$	1.423
$Hg_2^{2+} +2e^- = 2Hg$	0.797 3	$ClO_3^- +6H^+ +6e^- = Cl^- +3H_2O$	1.451
$Ag^+ +e^- = Ag$	0.799	$PbO_2+4H^+ +2e^- = Pb^{2+}+2H_2O$	1.455
$Hg^{2+}+2e^- = Hg$	0.851	$2ClO_3^- +12H^+ +10e^- = Cl_2+6H_2O$	1.47
$2Hg^{2+}+2e^- = Hg_2^{2+}$	0.920	$2BrO_3^- +12H^+ +10e^- = Br_2+6H_2O$	1.482
$NO_3^- +3H^+ +2e^- = HNO_2+H_2O$	0.934	$HClO+H^+ +2e^- = Cl^- +H_2O$	1.482
$NO_3^- +4H^+ +3e^- = NO+2H_2O$	0.957	$MnO_4^- +8H^+ +5e^- = Mn^{2+}+4H_2O$	1.507
$HNO_2+H^+ +e^- = NO+H_2O$	0.983	$Mn^{3+}+e^- = Mn^{2+}$	1.541 5
$Br_2(l)+2e^- = 2Br^-$	1.066	$HClO_2+3H^+ +4e^- = Cl^- +2H_2O$	1.570
$IO_3^- +6H^+ +6e^- = I^- +3H_2O$	1.085	$Ce^{4+}+e^- = Ce^{3+}$	1.61
$Cu^{2+}+2CN^- +e^- = [Cu(CN)_2]^-$	1.103	$2HClO_2+6H^+ +6e^- = Cl_2+4H_2O$	1.628
$ClO_4^- +2H^+ +2e^- = ClO_3^- +H_2O$	1.189	$HClO_2+2H^+ +2e^- = HClO+H_2O$	1.645
$2IO_3^- +12H^+ +10e^- = I_2+6H_2O$	1.195	$MnO_4^- +4H^+ +3e^- = MnO_2+2H_2O$	1.679
$ClO_3^- +3H^+ +2e^- = HClO_2+H_2O$	1.214	$PbO_2 + SO_4^{2-} +4H^+ +2e^- = PbSO_4+2H_2O$	1.691 3
$MnO_2+4H^+ +2e^- = Mn^{2+}+2H_2O$	1.224	$Au^+ +e^- = Au$	1.692
$O_2+4H^+ +4e^- = 2H_2O$	1.229	$H_2O_2+2H^+ +2e^- = 2H_2O$	1.776
$Cr_2O_7^{2-} +14H^+ +6e^- = 2Cr^{3+}+7H_2O$	1.33	$Co^{3+}+e^- = Co^{2+}$ (2mol · L^{-1} H_2SO_4)	1.83
$Cl_2+2e^- = 2Cl^-$	1.358 27	$S_2O_8^{2-} +2e^- = 2SO_4^{2-}$	2.010
$ClO_4^- +8H^+ +8e^- = Cl^- +4H_2O$	1.389	$F_2+2e^- = 2F^-$	2.866
$2ClO_4^- +16H^+ +14e^- = Cl_2+8H_2O$	1.39	$F_2+2H^+ +2e^- = 2HF$	3.053

二、 在碱性溶液中

电极反应	$\varphi^{\ominus}$ / V	电极反应	$\varphi^{\ominus}$ / V
$Ca(OH)_2+2e^- = Ca+2OH^-$	-3.02	$AgCN+e^- = Ag+CN^-$	-0.017
$Ba(OH)_2+2e^- = Ba+2OH^-$	-2.99	$NO_3^-+H_2O+2e^- = NO_2^-+2OH^-$	0.01
$Mg(OH)_2+2e^- = Mg+2OH^-$	-2.690	$HgO+H_2O+2e^- = Hg+2OH^-$	0.097 7
$Mn(OH)_2+2e^- = Mn+2OH^-$	-1.56	$[Co(NH_3)_6]^{3+}+e^- = [Co(NH_3)_6]^{2+}$	0.108
$Cr(OH)_3+3e^- = Cr+3OH^-$	-1.48	$HgO+H_2O+2e^- = Hg+2OH^-$	0.123
$ZnO_2^{2-}+2H_2O+2e^- = Zn+4OH^-$	-1.215	$Mn(OH)_3+e^- = Mn(OH)_2+OH^-$	0.15
$SO_4^{2-}+H_2O+2e^- = SO_3^{2-}+2OH^-$	-0.93	$Co(OH)_3+e^- = Co(OH)_2+OH^-$	0.17
$P+3H_2O+3e^- = PH_3+3OH^-$	-0.87	$PbO_2+H_2O+2e^- = PbO+2OH^-$	0.247
$2H_2O+2e^- = H_2+2OH^-$	-0.827 7	$IO_3^-+3H_2O+6e^- = I^-+6OH^-$	0.26
$AsO_4^{3-}+2H_2O+2e^- = AsO_2^-+4OH^-$	-0.71	$Ag_2O+H_2O+2e^- = 2Ag+2OH^-$	0.342
$Ag_2S+2e^- = 2Ag+S^{2-}$	-0.691	$O_2+2H_2O+4e^- = 4OH^-$	0.401
$Fe(OH)_3+e^- = Fe(OH)_2+OH^-$	-0.56	$MnO_4^-+e^- = MnO_4^{2-}$	0.558
$HPbO_2^-+H_2O+2e^- = Pb+3OH^-$	-0.537	$MnO_4^-+2H_2O+3e^- = MnO_2+4OH^-$	0.595
$S+2e^- = S^{2-}$	-0.476 27	$BrO_3^-+3H_2O+6e^- = Br^-+6OH^-$	0.61
$Cu_2O+H_2O+2e^- = 2Cu+2OH^-$	-0.360	$ClO_3^-+3H_2O+6e^- = Cl^-+6OH^-$	0.62
$Cu(OH)_2+2e^- = Cu+2OH^-$	-0.222	$ClO^-+H_2O+2e^- = Cl^-+2OH^-$	0.841
$O_2+2H_2O+2e^- = H_2O_2+2OH^-$	-0.146	$O_3+H_2O+2e^- = O_2+2OH^-$	1.24
$CrO_4^{2-}+4H_2O+3e^- = Cr(OH)_3+5OH^-$	-0.13		

附录Ⅶ　一些氧化还原电对的条件电极电势 $\varphi^{\ominus\prime}$ (298.15K)

电极反应	$\varphi^{\ominus\prime}$/V	介质
$Ag^{2+} + e^- = Ag^+$	2.00	$4mol \cdot L^{-1}$ $HClO_4$
	1.93	$3mol \cdot L^{-1}$ HNO_3
$Ce(IV) + e^- = Ce(III)$	1.74	$1mol \cdot L^{-1}$ $HClO_4$
	1.45	$0.5mol \cdot L^{-1}$ H_2SO_4
	1.28	$1mol \cdot L^{-1}$ HCl
	1.60	$1mol \cdot L^{-1}$ HNO_3
$Co(III) + e^- = Co(II)$	1.95	$4mol \cdot L^{-1}$ $HClO_4$
	1.86	$1mol \cdot L^{-1}$ HNO_3
$Cr_2O_7^{2-} + 14H^+ + 6e^- = 2Cr^{3+} + 7H_2O$	1.03	$1mol \cdot L^{-1}$ $HClO_4$
	1.15	$4mol \cdot L^{-1}$ H_2SO_4
	1.00	$1mol \cdot L^{-1}$ HCl
$Fe(III) + e^- = Fe(II)$	0.75	$1mol \cdot L^{-1}$ $HClO_4$
	0.70	$1mol \cdot L^{-1}$ HCl
	0.68	$1mol \cdot L^{-1}$ H_2SO_4
	0.51	$1mol \cdot L^{-1}$ HCl–$0.25mol \cdot L^{-1}$ H_3PO_4
$[Fe(CN)_6]^{3-} + e^- = [Fe(CN)_6]^{4-}$	0.56	$0.1mol \cdot L^{-1}$ HCl
	0.72	$1mol \cdot L^{-1}$ $HClO_4$
$I_3^- + 2e^- = 3I^-$	0.545	$0.5mol \cdot L^{-1}$ H_2SO_4
$Sn(IV) + 2e^- = Sn(II)$	0.14	$1mol \cdot L^{-1}$ HCl
$Sb(V) + 2e^- = Sb(III)$	0.75	$3.5mol \cdot L^{-1}$ HCl
$SbO_3^- + H_2O + 2e^- = SbO_2^- + 2OH^-$	−0.43	$3mol \cdot L^{-1}$ KOH
$Ti(IV) + e^- = Ti(III)$	−0.01	$0.2mol \cdot L^{-1}$ H_2SO_4
	0.15	$5mol \cdot L^{-1}$ H_2SO_4
	0.10	$3mol \cdot L^{-1}$ HCl
$V(V) + e^- = V(IV)$	0.94	$1mol \cdot L^{-1}$ H_3PO_4
$U(VI) + 2e^- = U(IV)$	0.35	$1mol \cdot L^{-1}$ HCl

附录Ⅷ 一些化合物的相对分子质量

化合物	相对分子质量	化合物	相对分子质量
AgBr	187.78	$(C_9H_7N)_3H_3(PO_4 \cdot 12MoO_3)$	2212.74
AgCl	143.32	(磷钼酸喹啉)	
AgCN	133.84	$COOHCH_2COOH$	104.06
Ag_2CrO_4	331.73	$COOHCH_2COCNa$	126.04
AgI	234.77	CCl_4	153.81
$AgNO_3$	169.87	CO_2	44.01
AgSCN	169.95	Cr_2O_3	151.99
Al_2O_3	101.96	$Cu(C_2H_3O_2)_2 \cdot 3Cu(AsO_2)_2$	1013.80
$Al_2(SO_4)_3$	342.15	CuO	79.54
As_2O_3	197.84	Cu_2O	143.09
As_2O_5	229.84	CuSCN	121.63
$BaCO_3$	197.34	$CuSO_4$	159.61
BaC_2O_4	225.35	$CuSO_4 \cdot 5H_2O$	249.69
$BaCl_2$	208.24	CH_3COOH	60.05
$BaCl_2 \cdot 2H_2O$	244.27	CH_3OH	32.04
$BaCrO_4$	253.32	CH_3COCH_3	58.08
BaO	153.33	C_6H_5COOH	122.12
$Ba(OH)_2$	171.35	C_6H_5COONa	144.10
$BaSO_4$	233.39	$C_6H_4COOHCOOK$(苯二甲酸氢钾)	204.23
$CaCO_3$	100.09	CH_3COONa	82.03
CaC_2O_4	128.10	C_6H_5OH	94.11
$CaCl_2$	110.99	$FeCl_3$	162.21
$CaCl_2 \cdot H_2O$	129.00	$FeCl_3 \cdot 6H_2O$	270.30
CaF_2	78.08	FeO	71.85
$Ca(NO_3)_2$	164.09	Fe_2O_3	159.69
CaO	56.08	Fe_3O_4	231.54
$Ca(OH)_2$	74.09	$FeSO_4 \cdot H_2O$	169.93
$CaSO_4$	136.14	$FeSO_4 \cdot 7H_2O$	278.02
$Ca_3(PO_4)_2$	310.18	$Fe_2(SO_4)_3$	399.89
$Ce(SO_4)_2$	332.24	$FeSO_4 \cdot (NH_4)_2SO_4 \cdot 6H_2O$	392.14
$Ce(SO_4)_2 \cdot 2(NH_4)_2SO_4 \cdot 2H_2O$	632.54	HBr	80.91

续表

化合物	相对分子质量	化合物	相对分子质量
$H_2C_4H_4O_6$(酒石酸)	150.09	$KHC_2O_4 \cdot H_2C_2O_4 \cdot 2H_2O$	254.19
H_3BO_3	61.83	KI	166.01
HCN	27.03	KIO_3	214.00
H_2CO_3	62.03	$KIO_3 \cdot HIO_3$	389.92
$H_2C_2O_4$	90.04	$KMnO_4$	158.04
$H_2C_2O_4 \cdot 2H_2O$	126.07	KNO_2	85.10
HCOOH	46.03	K_2O	92.20
HCl	36.46	KOH	56.11
$HClO_4$	100.46	KSCN	97.18
HF	20.01	K_2SO_4	174.26
HI	127.91	$MgCO_3$	84.32
HNO_2	47.01	$MgCl_2$	95.21
HNO_3	63.01	$MgNH_4PO_4$	137.33
H_2O	18.02	MgO	40.31
H_2O_2	34.02	$Mg_2P_2O_7$	222.60
H_3PO_4	98.00	MnO	70.94
H_2S	34.08	MnO_2	86.94
H_2SO_3	82.08	$Na_2B_4O_7$	201.22
H_2SO_4	98.08	$Na_2B_4O_7 \cdot 10H_2O$	381.37
$HgCl_2$	271.50	$NaBiO_3$	279.97
Hg_2Cl_2	472.09	NaBr	102.90
$KAl(SO_4)_2 \cdot 12H_2O$	474.39	NaCN	49.01
$KB(C_6H_5)_4$	358.33	Na_2CO_3	105.99
KBr	119.01	$Na_2C_2O_4$	134.00
$KBrO_3$	167.01	NaCl	58.44
KCN	65.12	NaF	41.99
K_2CO_3	138.21	$NaHCO_3$	84.01
KCl	74.56	NaH_2PO_4	119.98
$KClO_3$	122.55	NaI	149.89
$KClO_4$	138.55	$NaNO_3$	69.00
K_2CrO_4	194.20	NaOH	40.01
$K_2Cr_2O_7$	294.19	Na_2O	61.93
$KHC_2O_4 \cdot H_2O$	146.14	Na_2S	78.05

续表

化合物	相对分子质量	化合物	相对分子质量
$Na_2S \cdot 9H_2O$	240.18	$PbCrO_4$	323.18
Na_2SO_3	126.04	PbO	223.19
Na_2HPO_4	141.96	PbO_2	239.19
$Na_2H_2Y \cdot 2H_2O$（EDTA 二钠盐）	372.26	Pb_3O_4	685.57
Na_3PO_4	163.94	$PbSO_4$	303.26
Na_2SO_4	142.04	SO_2	64.06
$Na_2SO_4 \cdot 10H_2O$	322.20	SO_3	80.06
$Na_2S_2O_3$	158.11	Sb_2O_3	291.50
$Na_2S_2O_3 \cdot 5H_2O$	248.19	Sb_2S_3	339.70
Na_2SiF_6	188.06	SiF_4	104.08
NH_3	17.03	SiO	60.08
NH_4Cl	53.49	$SnCO_3$	178.82
$(NH_4)_2C_2O_4 \cdot H_2O$	142.11	$SnCl_2$	189.60
$NH_3 \cdot H_2O$	35.05	SnO_2	150.71
$NH_4Fe(SO_4)_2 \cdot 12H_2O$	482.20	TiO_2	79.88
$(NH_4)_2HPO_4$	132.05	WO_3	231.85
$(NH_4)_3PO_4 \cdot 12MoO_3$	1876.53	$ZnCl_2$	136.30
NH_4SCN	76.12	ZnO	81.39
$(NH_4)_2SO_4$	132.14	$Zn_2P_2O_7$	304.72
$NiC_8H_{14}O_4N_4$（丁二酮肟镍）	288.91	$ZnSO_4$	161.45
P_2O_5	141.95		

附录Ⅸ 国际单位制

国际单位制（International System of Units）是我国法定计量单位的基础，一切属于国际单位制的单位都是我国的法定计量单位。国际单位制的国际简称为 SI。

国际单位制的构成如下：

- 国际单位制
  - SI 单位
    - SI 基本单位（见附表1）
    - SI 导出单位
      - 包括 SI 辅助单位在内具有专门名称的 SI 导出单位（见附表2）
      - 组合形式的 SI 导出单位
  - SI 单位的倍数单位（见附表3）

附表 1 SI 基本单位

量的名称	单位名称	单位符号	量的名称	单位名称	单位符号
长度	米	m	热力学温度	开[尔文]	K
质量	千克(公斤)	kg	物质的量	摩[尔]	mol
时间	秒	s	发光强度	坎[德拉]	cd
电流	安[培]	A			

注：1. 圆括号中的名称是它前面的名称的同义词，下同。

2. 无方括号的量的名称与单位名称均为全称。在不引起混淆、误解的情况下，方括号中的字可以省略。去掉方括号中的字即为其名称的简称，下同。

附表 2 包括 SI 辅助单位在内的具有专门名称的 SI 导出单位

量的名称	SI 导出单位		
	名称	符号	用 SI 基本单位和 SI 导出单位表示
[平面]角	弧度	rad	$1rad=1m \cdot m^{-1}=1$
立体角	球面度	sr	$1sr=1m^2 \cdot m^{-2}=1$
频率	赫[兹]	Hz	$1Hz=1s^{-1}$
力	牛[顿]	N	$1N=1kg \cdot m \cdot s^{-2}$
压力，压强，应力	帕斯卡	Pa	$1Pa=1N \cdot m^{-2}$
能[量]，功，热量	焦[耳]	J	$1J=1N \cdot m$
功率，辐[射能]通量	瓦[特]	W	$1W=1J \cdot s^{-1}$
电荷[量]	库[仑]	C	$1C=1A \cdot s$
电压，电动势，电位(电势)	伏[特]	V	$1V=1W \cdot A^{-1}$
电容	法[拉第]	F	$1F=1C \cdot V^{-1}$
电阻	欧[姆]	Ω	$1\Omega=1V \cdot A^{-1}$
电导	西[门子]	S	$1S=1\Omega^{-1}$
磁通[量]	韦[伯]	Wb	$1Wb=1V \cdot s$
磁通[量]密度，磁感应强度	特[斯拉]	T	$1T=1Wb \cdot m^{-2}$
电感	亨[利]	H	$1H=1Wb \cdot A^{-1}$
光通量	流[明]	lm	$1lm=1cd \cdot sr$
[光]照度	勒[克斯]	lx	$1lx=1lm \cdot m^{-2}$

附表 3 SI 词头

因数	词头名称		符号	因数	词头名称		符号
	英文	中文			英文	中文	
10^{24}	yotta	尧[它]	Y	10^{18}	exa	艾[可萨]	E
10^{24}	zetta	泽[它]	Z	10^{15}	peta	拍[它]	P
10^{12}	tera	太[拉]	T	10^{-3}	milli	毫	m
10^{9}	giga	吉[咖]	G	10^{-6}	micro	微	μ
10^{6}	mega	兆	M	10^{-9}	nano	纳[诺]	n
10^{3}	kilo	千	k	10^{-12}	pico	皮[可]	p
10^{2}	hecto	百	h	10^{-15}	femto	飞[母托]	f
10^{1}	deca	十	da	10^{-18}	atto	阿[托]	a
10^{-1}	deci	分	d	10^{-21}	zepto	仄普[托]	z
10^{-2}	centi	厘	c	10^{-24}	yocto	幺[科托]	y

附表 4 可与国际单位制单位并用的我国法定计量单位

量的名称	单位名称	单位符号	与 SI 单位的关系
时间	分	min	1min=60s
	[小]时	h	1h=60min=3600s
	日(天)	d	1d=24h=86400s
[平面]角	度	°	$1°=(\pi/180)$ rad
	[角]分	′	$1'=(1/60)°=(\pi/10800)$ rad
	[角]秒	″	$1''=(1/60)=(\pi/648000)$ rad
体积	升	1，L	$1L=1dm^3=10^{-3}m^3$
质量	吨	t	$1t=10^3kg$
	原子质量单位	u	$1u\approx1.660540\times10^{-27}kg$
旋转速度	转每分	$r\cdot min^{-1}$	$1r\cdot min^{-1}=(1/60)s^{-1}$
长度	海里	n mile	1n mile=1852m(只用于航行)
速度	节	kn	$1kn=1nmile\cdot h^{-1}=(1852/3600)m\cdot s^{-1}$ (只用于航行)
能	电子伏	eV	$1eV\approx1.602177\times10^{-19}J$
级差	分贝	dB	
线密度	特[克斯]	tex	$1tex=10^{-6}kg\cdot m^{-1}$
面积	公顷	hm^2	$1hm^2=10^4m^2$

量、单位和符号的某些规定

(1) 量和单位的正确表达方式为 A={A}·[A]，式中 A 为某一物理量的符号；[A]为某一单位的符号，而{A}则是以单位[A]表示量 A 的数值。例如，钠的一条谱线的波长为 λ=589.6nm。

(2) 为了区别量本身和用特定单位表示的量的数值，尤其是在图表中用特定单位表示的量的数值，可用下列两种方式之一表示：①用量与单位的比值，如λ/nm=589.6；②把量的符号加上花括号，并用单位的符号作为下标，如$\{\lambda\}_{nm}$=589.6。但是，第一种方式较好。

(3) 在印刷中，量的符号都必须用斜体[①]，表示物理量符号的下标用斜体，其他下标用正体；单位符号都应当用正体；数一般应当用正体。单位符号与数值之间留一空隙，从小数点起，向左和向右每三位分成一组，组间留一空隙，但不得用逗号、圆点或其他方式。

附录X 希腊字母表

正体		斜体		英文注音	国际音标注音
大写	小写	大写	小写		
Α	α	*Α*	*α*	alpha	alfa
Β	β	*Β*	*β*	beta	bet'a
Γ	γ	*Γ*	*γ*	gamma	gamma
Δ	δ	*Δ*	*δ*	delta	delt'a
Ε	ε	*Ε*	*ε*	epsilon	ep'silon
Ζ	ζ	*Ζ*	*ζ*	zeta	zet'a
Η	η	*Η*	*η*	eta	et'a
Θ	ϑ，θ	*Θ*	*ϑ*，*θ*	theta	θit'a
Ι	ι	*Ι*	*ι*	iota	iot'a
Κ	κ	*Κ*	*κ*	kappa	k'app'a
Λ	λ	*Λ*	*λ*	lambda	lambda
Μ	μ	*Μ*	*μ*	mu	miu
Ν	ν	*Ν*	*ν*	nu	niu
Ξ	ξ	*Ξ*	*ξ*	xi	ksi
Ο	ο	*Ο*	*ο*	omicron	omik'ron
Π	π	*Π*	*π*	pi	p'ai
Ρ	ρ	*Ρ*	*ρ*	rho	rou
Σ	σ	*Σ*	*σ*	sigma	sigma
Τ	τ	*Τ*	*τ*	tau	t'au

① pH 是唯一的例外。因为在这里 p 代表数学运算符号，H 是元素符号，故均应使用正体。

续表

正体		斜体		英文注音	国际音标注音
大写	小写	大写	小写		
Υ	υ	$\mathit{\Upsilon}$	υ	upsilon	jup'silon
Φ	φ，ϕ	$\mathit{\Phi}$	φ，ϕ	phi	fai
Χ	χ	X	χ	chi	khai
Ψ	ψ	$\mathit{\Psi}$	ψ	psi	p'sai
Ω	ω	$\mathit{\Omega}$	ω	omega	omiga